U0938444

財神到

海外華人與香港金融中心建立

鄭宏泰　李潔萍　著

序

用失敗個案去說成功故事，甚有矛盾修辭法或逆喻（oxymoron）的色彩，是別具挑戰且極不容易成功的研究方法。因為俗語雖云「失敗乃成功之母」，就如社會學中的功能學派（functionalist）指越軌或違法行為其實亦有正面功能一樣，這些說法卻令人一時難以明瞭、摸不着頭腦，到底失敗如何轉為成功，反敗為勝，當中長期發展如何？後來的關鍵轉變在哪？竅門何在？等等，實在是引人注視、值得探討的重要課題。本研究捨易取難，選擇了這一極不易為的主題，目的希望能取得一點突破，尤其希望藉此說明香港國際金融中心的地位是如何建立，了解誰是最重要的推動者、支持者。

眾所周知，在資本主義社會，最吸引人注視的是資本，或是擁有資本的人，即資本家——通俗調皮點可稱之為「財神」。儘管學術界對資本或資本家並沒劃一嚴格定義，且有各種不同說法（黃仁宇，1997），但用普羅民眾的語言，說到底其實是有錢與極有錢的人，即俗語中的巨富（Yoshihara, 1988: 3-4）。由於錢代表了物質、資源，進而衍生支配與權力，可以成為「造王者」（king-maker），可見有錢人或資本家實在擁有不容低估的指點江山力量。

為甚麼有些人可以有錢，有些人則沒有？有了錢或財富之後，又如何或為何能代代相傳？進一步說，香港由小漁村搖身一變成為國際貿易轉口港，再轉變成輕工業生產的經濟體之後，為何又能打造成生財、聚財，吸引四方之財流入的國際金融中心，成為全球各地「財神」的雲集之地？對於這些引人好奇的問題，雖然我們無法直接回答，卻希望藉深入研究，了解當中一些運作或轉變邏輯，從而思考如何才能更好駕馭金錢或資本。

民間社會常有「聚沙成塔、集腋成裘」的說法，但我們常會忽略當中「成」的變化過程，因為沙要成塔、腋要成裘，並非單純地把沙或腋放在一起便可以，而需人為地作出組織、籌設，並解決當中必會出現或遭遇的各種問題，才能成功。同理，我們常有香港由小漁村變成大都會或世界金融中心的說法，亦忽略了當中如何「成」的變化過程，尤其低估那個可讓其「成功」的變化。

香港的故事絕不簡單，是中國由盛而衰的見證或傷痕，亦是中國由弱轉強、從傳統走向現代的核心一環，甚至是中國人由國內走向世界的門戶，當然亦是連結、整合海內外華人、溝通世界的極重要管道，在中國近代史上具有無可替代的地位。過去，哪怕有汗牛充棟的分析與研究，探討香港在這個歷史發展過程中的地位及角色，惟多從飄洋打工、創業經營、西風東漸等較為傳統的、根本的移民與商業發展及文化互動角度入手，尚未從家族企業與資本形成這兩個看似互不相關連，但對中國經濟由弱轉強、香港成為國際金融中心有重大影響的層面作綜合分析，尤其了解儒家文化如何有助創業，帶動經濟發展，又如何能促使資本形成，強化銀行金融力量，進而促進香港國際金融中心的建立。

若果從歷史發展進程上看，當英人東來，以武力擊敗清兵，迫使大清割地賠款、開放商埠，標誌着中國國力急速滑落。至於國門被打開，既讓洋人或世界不同地方的人民走向中國，亦讓天朝大國的子民走出去，雖然當中絕大多數是迫於無奈才飄洋出海謀生，走向世界不同角落。而這些海量的海外華人，在日積月累之後則產生了重大變化，呈現出三項發展特點：一、觀念上，由強調「父母在，不遠行」、以中國為中心，轉為走向世界，看到了世界；二、位置上，香港在大量華人華工出洋的過程中位置吃重，是他們出洋的管道，同時亦因此溝通內外，地位從此變得更為關鍵；三、角色上，華人華工的出洋，不只是貨物外輸，更是生命有機體到海外經營謀生，尋找更好出路，他們日後衍生更多物質與非物質的需求、關係與交往，令香港作為溝通內外華洋的角色更為多元多樣，內涵和性質更為豐富。

從歷史看，香港能從小漁村發展成為國際金融大都會，海外華人能從身無分文到積累不少財富，創出跨國企業，兩者均牽扯到最為核心的儒家文化問題。至於自 1950 年起，中國內地與香港及海外華人的關係突然因「貿易禁運」被阻礙了，令海外華人匯款回鄉的資金被迫停留香港，同時亦吸引不少海外華人企業及家族的落戶，因此成為推動香港經濟與金融發展的一股極為重要的核心動力。

就香港而言，無論是早期為轉口貿易打下重要基礎，或是 1950 年代起支持香港走向工業化道路，海外華人均扮演重要角色；在逐步把香港打造為國際金融中心的道路上，他們更成為最為關鍵的力量，背後又與儒家文化的深遠影響有關，因為海外華人在外謀生時，並沒切斷與中國內地親人鄉里的關係及聯繫。自 1950 年代起，持續不斷的「僑匯」資金帶動了資本形成，最終在香港積聚，然後投資在不同層面上，促進了香港的金融與經濟發展，成為把香港打造成國際金融中心的其中一股最為巨大的力量。

就海外華人而言，他們哪怕受到多重不利因素影響，仍在以家為本、光宗耀祖、「工字不出頭」或「寧為雞口，莫為牛後」等觀念影響驅使下，不少走上了創業之路，在辛苦經營下闖出新天；他們無論在甚麼艱難環境下均堅持匯款回鄉、供養親人，同時仍有衣錦還鄉的觀念，因此長期保持與家鄉的緊密關係。

自 1950 年代起，與家鄉的關係突然被割斷，他們便將本來打算寄回家鄉的資金集結在香港，因此壯大了香港金融與資本的力量。到後來，海外華人已在旅居地定居下來，公司亦在該國落戶，但仍因為與故里及香港之間的緊密關係，加上香港的自由開放有利營商，視香港為第二故鄉，持久不斷地投資、設立企業，成為建設香港國際金融中心的極為重要力量。

必須承認的是，要探討海外華人在推動香港發展成為國際金融中心上所扮演的角色，同時分析家族企業如何成為促進香港及海外華人創業與經營的力量源泉，進而思考儒家思想與中國文化在支持亞洲「四小龍」經濟發展上所發展的作用，無疑屬於別具挑戰、不易完成的研究任務。

在研究探索的道路上，已故恩師黃紹倫教授一直是我們家族企業研究團隊的引領者、啟發者，他除了長期叮囑我們要專心做學問，不要分心，還經常提到海外華人華商這個特殊群體具有很多地方值得深入研究，以南洋一帶尤其重要。所以在 2023 年 10 月中，我們曾到南洋走了一趟，主要到新加坡拜訪一生致力推動海外華人研究的王賡武校長，然後又到檳城進行社會與歷史考察，與當地歷史與文化研究者作深入交流互動。

不幸地，那次研究考察回港不久，黃教授證實患上癌症，屢醫無效，於 2024 年 12 月 2 日不幸辭世。他的突然離去，不但令家人親友深感悲痛，也是我們研究團隊及學術界的巨大損失，令人傷痛不已。黃教授雖然辭世往生，我們研究團隊仍會秉承其一生專注學術研究的職志，砥礪前行，繼續在儒家文化與現代化、家族企業、社會調查與社會指標，以及香港商業和歷史等不同領域繼續深耕細作，上下求索，貢獻一己研究力量。

對於本書能夠出版，研究團隊其他成員如孫文彬博士、周文港博士、王國璋博士、閻靖靖博士、梁佳俊博士、李明珠小姐、俞亦彤小姐、黃碧珩小姐、盧諾希先生等，曾給予不同層面的協助和幫忙，尤其有過多方面「腦震盪」的交流互動，令研究方向更清晰、學術理論更紮實，在此致以衷心謝忱。

搜集資料的過程中，更要感謝香港歷史檔案館、香港公共圖書館、香港中文大學圖書館、香港大學圖書館的信任和支持，尤其是在這些組織工作的前線朋友，他們為我們提供很多有用資料，表現專業、友善，是香港研究者的最強後盾。雖無法向他們逐一致謝，但他們的耐心及協助實在令我們萬分感激，謹此鳴謝。

無論在出版評審，或是校對與編排出版等工作上，香港三聯書店的李毓琪、寧礎鋒及出版團隊的同事們，曾作出巨大努力，因此須作出衷心致謝。本書可視為《佳寧神話》的延續或姐妹作，亦因應所研究的個案中所發生的事件，不少曾屬報章的頭版新聞或廣告，十分吸引讀者視野，因此擷取當中部份作為附圖，希望能讓讀者領會那時的新聞或廣告掀起的轟動和熱潮。另一方面，因應連串人物的舊照片較難取得，亦風格不一，乃以繪圖方式描繪牽涉其中的各個主要人物，為全書添加一些趣味，希望能給讀者留下一個全新印象。

雖然得到各方友好和機構的大力幫助，但仍因無法完全掌握時局的急速轉變、市場的風浪起落、企業興衰和人生順逆，出現不少糠粃錯漏；對於某些疑而未決、含糊不清的地方，雖努力求證，但仍無法做到完美無瑕，這雖是不願看見的，卻很難避免，但望讀者有以教我，指正批評，讓研究可以更紮實、豐富。如對本書有任何意見，請致函香港新界沙田香港中文大學香港亞太研究所或電郵 vzheng@cuhk.edu.hk 聯絡。

鄭宏泰、李潔萍

目錄

第一章

打造國際金融中心

金融蛻變的
力量源頭探索

二戰後，在全球發展層面上，非殖民地化的浪潮銳不可當，歐美等國的諸多殖民地先後走向獨立，惟這些新獨立的國家大多政治爭拗不絕、社會甚為動盪，經濟表現長期不佳，惟獨東亞及東南亞地區的政治和社會較穩定，經濟表現亦較為突出。其中的亞洲「四小龍」——新加坡、中國香港、中國台灣、韓國，從 1960 年代起在經濟和商業發展方面取得十分亮麗的成績，吸引了全世界的視野，學術界更視之為奇蹟，討論尤多（Vogel, 1991; World Bank, 1993; Eun, 1998）。

亞洲「四小龍」之所以招來眾多討論，是因為著名社會學巨匠韋伯（Max Weber）在其重要理論中指出，捨新教倫理的其他社會（即非歐美等西方國家），難以踏進現代資本主義殿堂（Weber, 1976）。可偏偏屬於儒家文化圈的東亞及東南亞地區，自二戰之後卻走上發展道路，進入 1980 年代時，哪怕經歷過一場嚴重的銀行金融危機，隨後亦能重新上路，表現更為突出，因此引來不同方面的爭辯，其中一方以此作為例證，指出儒家思想或文化其實並不壓抑或窒礙經濟與商業發展（余英時，1986；Hofstede and Bond, 1988）。

研究主題切入

由於儒家文化注重人情、面子及關係網絡，長期以來被貼上負面標籤，指容易滋生裙帶主義（cronyism or nepotism），有分析因此將東亞及東南亞這些經濟體的發展道路，形容為「替代式資本主義」（ersatz capitalism），區分其與歐美和日本資本主義之不同（Yoshihara, 1988），不是「正統」或「典型」的現代資本主義，暗示其發展不可能持續，早晚必垮。另一些評論指，其經濟持續增長只是大量廉價勞動力或資本投入所造成的粗放式發展，實質效率及生產力提升不足，貨品增值有限，亦沒引入太多科技或創新，科技含量不如歐美發達經濟體，因此認為東亞及東南亞的所謂經濟奇蹟，其實不值一哂（Krugman, 1994）。還有其他一些批評，例如指其經濟雖有一定發展，但始終無法消除社會貧窮等（Stiglitz and Yusuf, 2001）。甚至亦有論述將東亞及東南亞這些文化及經濟體所孕育的世界級巨富，貶稱為「亞洲教父」，諸多批評（Studwell, 2007），好像歐美或日本的那些世界級巨富便沒「教父」色彩，只是儒家文化獨有。

惟不論受到如何批評，東亞或東南亞這些地方巨富所掌控的跨國企業，卻十分進取地在世界不同地方進行多元投資和併購，令自身不斷壯大起來，與歐美及日本等巨企分庭抗禮，甚至把對方吞併收購，引起世人關注。更令世人驚奇的，則是香港這個本來只屬彈丸之地的小漁村，卻能吸引四方資金與企業等匯集，發展成為國際金融大都會，可與世界級金融都會爭一日之長短。

然而，1980 年代初至中爆發的那場巨大金融危機，令包括謝利源金舖、大來財務集團和多明尼加財務公司等瞬間倒閉，恒隆銀行、海外信託銀行和香港工商銀行因擠提或瀕臨破產被政府接管，嘉華銀行、友聯銀行、康年銀行等則因各種原因被迫易手，各家銀行或公司又曾捲入刑事官司等。經濟、商業及社會多方面的大風大浪，對香港國際金融中心的建立和鞏固，有極為關鍵的影響，因為事件備受爭議，更揭示出本身在體制及監管上的缺陷。

隨後，香港在危機和動盪中確立了四個方面的重大發展，不但順利化解連串衝擊，亦令銀行金融業乘風破浪，獲得更大的發展力量，更上層樓，最終奠下了國際金融中心的地位，與紐約、倫敦並駕齊驅。有關那四個面向的發展，分別為：

一、中英兩國經過多輪激烈談判後最終達成共識，簽訂了《聯合聲明》，確立了 1997 年 7 月 1 日香港回歸後實行「一國兩制」，繼續實行資本主義，與中國內地的社會主義並軌而行，香港可在穩定環境下繼續發展。

二、在「一國兩制」之下，保持過去長期奉行的小政府、大市場，尊重私有產權，貨品、人力、資金及資訊等可以自由進出流通，尤其確立資本主義生活方式繼續維持。

三、確立了港元掛鈎美元的聯繫滙率制度，減少港元因為投資市場波動帶來的衝擊，令香港貨幣可以維持獨特地位，並可保持幣值穩定。

四、香港的經濟及金融發展力量在歷經那個年代的樓市、股市及銀行危機之後，可以作出修正、調適，從而邁出更穩健的發展腳步，金融體制更為廉潔、公正、透明，為市場注入信心與力量，因此更能吸引四方之財繼續湧到香港。

即是說，1980 年代的香港社會雖然風雲色變，政治前景欠明朗，商場上浪濤洶湧，出現各種挑戰和困難，令不少企業因此走向敗亡，整個銀行金融體系同樣備受衝擊，但在克服各種困難之後，便能更上層樓，不斷發展。

對於首三個原因，字面意思清楚易明，社會大眾一般不難理解，過去學術界的研究、分析和討論亦有不少，這裏不作補充或重複。但第四個因素則牽涉層面既繁又廣，當中不同部份相互糾纏，轉變過程甚為漫長，不少更沒外顯，非一般人所能全面掌握與了解，遑論有多少人認識到那時的連串危機或困難極為巨大和嚴重，幾乎到了瀕於崩潰的地步。

由此帶出的連串重要疑問是：到底那次危機為何會出現？反映了甚麼發展歷程？相互扣連的銀行、金融機構倒閉又為何沒拖垮香港，窒礙其前進腳步，反而令香港獲得更強大的發展動力，把社會與經濟推上更高台階？以上眾多疑問很自然地引起我們的研究興趣和好奇，作出深入探討。所謂「失敗乃成功之母」，因為失敗的深刻教訓更易於汲取，危機亦最能考驗制度的健全與發展，如能化險為夷、轉危為機，便能奠定備受各方肯定的區域國際金融中心地位。而導致失敗的前提，則是之前曾有不少發展，取得成績、登上高位，然後因為犯下多重失誤，或是無法應對急速變遷的環境，才走向敗亡，因此便值得了解事件的來龍去脈，作出全方位綜合檢視，這樣才能更好地掌握成敗興衰的因由與規律。

站在剛進入 1980 年代那個關鍵歷史節點看，無論樓市、股市、經濟及就業，基本上均呈現一片各行各業欣欣向榮的狀態，惟隨後經濟與商業發展走勢卻突然逆轉。這一方面與利息大幅急升有關，另方面亦受匯率大幅波動牽引，中英兩國有關香港前途的談判出現互不相讓的激烈爭拗，亦大大影響了投資氣氛，股市與樓市因此急速回落，接着則出現了企業倒閉與工人失業潮，更有不少銀行及財務公司相繼陷於困境。當中部份銀行遭到政府接管或是部份財務公司被吊銷經營牌照，更發現某些銀行或企業曾在發展陷入困難時在不同層面上弄虛作假、犯法違紀，引來中外社會高度注視。

到了 1983 年底，在經濟和金融最為動盪且瀕於崩潰之時，政府確立了港元兌美元的聯繫匯率制度，然後是 1984 年中英兩國最終達成協議，簽訂《聯合聲明》，確立了 1997 年 7 月 1 日香港回歸後實行「一國兩制」，維持資本主義制度及生活方式 50 年不變，令投資信心逐步恢復。可到了 1987 年 10 月又爆發股災，惟因那次股災之前，銀行與財務公司早已「大洗牌」，政府亦已作出較嚴格的監管，衝擊乃沒想像般巨大，但卻揭露了股票交易所的陋習及上市制度的不足，引起國際社會高度關注，政府及業界須作出制度完善。

處於 1980 年代那個風高浪急的歷史十字路口，銀行、股市與相關金融行業按自由市場優勝劣敗的原則自我調節，因此有了連串提升效率、強化管理或企業併購等舉動；政府及業界亦認識了當中問題，汲取了各個事件的重大教訓，一方面修改法律，堵塞漏洞，撥亂反正，強調業界操守，另一方面亦進行廉政建設，提升守法意識，對違法行為作出鍥而不捨的打擊，令香港建立廉潔、公正、透明的市場體制和營商氛圍，打下更穩固的基礎，在隨後的年代更上層樓，取得更大發展。進入新千禧世紀後，香港與紐約和倫敦鼎足而立，於2008年被別具創意地合稱為「紐倫港」（Nylonkong）（Elliot, 2008），即紐約（New York 的縮寫 Ny）、倫敦（London 一字的前半部份 lon）及香港（Hong Kong 的 kong）三個地方名詞的結合，奠定全球三大國際金融中心的地位。

由此引伸出來的研究或理論問題是：彈丸之地的香港為何能登上世界級金融中心的崇高地位？因為按照前述韋伯的理論，能夠走上現代資本主義道路者，捨新教倫理的社會無他；包括儒家思想在內，建基於其他思想體系的社會，實在與現代資本主義「無緣」，只能望門興嘆，遑論摘下現代資本主義社會的最高

2008年，美國《時代》雜誌提出「Nylonkong」這個說法，將香港與紐約、倫敦並列，在全球金融佔舉足輕重的位置。

桂冠，打造成國際金融中心。然而，香港卻奇蹟似地登上頂峰，與紐約、倫敦這兩個國際金融大都會相比肩，分庭抗禮。

毫無疑問，香港能夠打造成國際金融中心，成為亞洲地區重要金融樞紐，絕非偶然或無緣無故，過程更非一蹴而就；其能夠雀屏中選，突圍而出的原因亦非孤立單一，而是紛雜多面，更有一定的歷史大勢助力。對於促進香港由小漁村發展成自由貿易港，或是隨後走上輕工業發展道路的核心動力和「主要推手」（prime mover），中外社會均有一定認識，研究亦多，惟對於何種力量能夠促進其從輕工業生產進一步躍升為國際金融中心，吸引四方之財聚集投資這一重大節點，卻存在研究不足與了解欠全面等問題。

其中一點長期被忽略者，是香港點滴積累，從而建立起國際金融中心的進程。到底香港所吸納的資金或企業，長期以來——或者說最「長情」的——到底來自哪裏？是哪些人或企業？更具體直白地說，那些通俗地被稱為「財神」的人——即銀行家、財務公司或大小企業老闆等——到底來自哪個地方？與香港有何關係？他們為何會選擇在香港創業，或是設立分公司，甚至推動旗下企業在香港股票市場上市集資？這些企業又有哪些特殊背景？香港的資本市場——股票市場——有何重大發展特點？各家銀行、財務公司，乃至上市公司等組織、股份分佈與經營手法等又有何種特點？這些公司如何促使香港走上金融中心的道路？這是本研究關注的主題，要回答這些環環相扣的疑問，便要先回到較深較廣的歷史與文化層面，作扼要的背景或基本理論耙梳。

人口的力量

先就基本理論而言，法國著名歷史學家布羅岱爾（Fernand Braudel）在其重要著作《文明與資本主義：15 至 18 世紀》（*Civilization and Capitalism, 15th-18th Century*）的第一冊《日常生活的結構》（*The Structures of Everyday Life*）一書中，提出兩個極為重要的經濟或商業發展特點觀察，可帶來重要啟發，因此值得在此提出，作為本研究綜合討論的切入點。

歷史學家布羅岱爾巨著：《文明與資本主義：15 至 18 世紀》

第一點，布羅岱爾指人類社會的發展，粗略可整理出一種或多種「進化模式」（pattern of evolution），或者說經濟結構可分為三個層次（甚至可視為三個階段），即最底層或最早階段的自給自足經濟（subsistence economy），生產只供本身消費，亦以物易物，維持基本物質生活，豐盈須看天時環境；居於中間者為市場經濟（market economy），即各種生產與交易的機制，令經濟作業與企業、市集與交易所等可以相互連結起來，而市場的有效運作，又意味着開放與世界不同經濟體的接觸和聯繫；居於最上層或最後階段者為資本主義（capitalism），主要凸顯在少數商人因擁有巨大資本，成為資本家如銀行家、交易所大王等，組成了有錢有勢的社會統治集團，壟斷資源，主導秩序，成為造王者指點江山，長期主導大局。

第二點，布羅岱爾以「數字的份量」（weight of numbers）為題，指出了人口的力量，認為「在任何情況下，數字是個一級指針」（in any case number is a first-class pointer）。他舉例說，在一般情況下，15 至 18 世紀人口的升跌，會牽動其他各種變化，當人口上揚，生產及貿易便上揚，荒廢或沼澤之地會用於耕種，令生產製造增加，村莊膨脹，人口移動亦同步增加，因此帶動其他各種環環相扣的良性互動。但當人口增長過大，又難免因為爭奪資源或生存問題而發生爭執或戰爭，最後回到過去的平衡，而過去的人類歷史，基本上在那個潮漲潮落的循環中進行。由是之故，他指人口增長既是物質進步的成因，同時又可以是其結果（Braudel, 1981: 23-34）。至於人口作為「數字的份量」最關鍵的「指針」，自然在於「多」與「少」的層面，當數目已達海量水平時，哪怕每人力量有限，加在一起的總和，亦可以是實力無匹的。

細看香港的發展歷程，布羅岱爾所提及的兩點觀察確實很具參考價值，既可扼要歸納出香港經濟結構的進化或蛻變歷程，亦點出了令其持續發展的動力源泉應在於人口之上。在香港十分特殊的環境下，人口增長其實不單單只限於本身長住人口（居民），還有進進出出的流動性臨時人口，尤其飄洋海外的華人，他們既是促使香港發展的成因，同時又是促使其蛻變的結果。

眾所周知，香港這個中華大地偏南一隅的彈丸之地，能夠在近代中國與世界歷史中脫穎而出、異軍突起，實在是一個異數。其最重要的生存空間或突圍要點，在於經濟發展，而經濟發展的門路，說穿了便是中國傳統文化所輕視的商業，即士農工商的下層、末等。但這個群體或活動，卻能在香港獲得充份發展，背後原因既有滿清皇朝衰落令科舉功名走向終結、資本主義的西學東漸，以及鴉片戰爭敗北後的領土割讓，令香港的商業活動在英人治下落地生根，逐步發展起來。關鍵之處或發展力量源泉，是英人渴望對華貿易、開拓市場，令來自五湖四海的商人在香港有了用武之地。

正是在那個極為重要的歷史轉變時期，在制度或發展意識的重大改變下，哪怕香港早期人口不多，本身缺乏天然資源，卻因為擁有水深海闊的港口，可供遠洋輪船停靠上落，因此成為貿易發展的生命線，亦被視為自由貿易的要塞，直白地說便是華洋各方人馬停留活動、一展所長的舞台。結果，在「百無」的條件或環境下，香港卻能取得突出發展，逐步發展成為自由貿易港。

從香港社會與經濟結構轉變的角度看，在 1841 年前，據嘉慶朝編纂的《新安縣志》記載，尚未成為獨立地方行政單位的香港，以漁業為主體，生產基本上供應本地村民所需，屬自給自足的農業經濟，市集乃主要交易場域，參與者只是本地或附近的村民與小商販（舒懋官，2003）。香港開埠之後，商業興起，市場經濟得到發展，主要是轉口貿易，與世界其他港口或經濟體有了多方面連結。直至二戰之後，因為大量移民湧入，加上資本、設備等集結，聯合國又對中國內地實施「貿易禁運」，令香港的轉口貿易戛然而止，經濟模式因此變更，走上了輕工業生產道路，從而帶來更多資本積聚。再之後的 1970 年代起，股票市場開放，激發了全新的發展動力，香港逐步走上了金融之路，日後打造成地區性國際金融中心。

無論是以漁業為主的自給自足經濟結構、以轉口貿易為主的市場經濟結構，甚或是以輕工業為主的工業化經濟結構，對於每一次經濟轉型和發展的核心動力，社會上的認識均較為明確。例如 1841 至 1950 年逾百多年間，促進發展的主要推手是華洋貿易商人，尤其是南北行的各式行莊；走上工業化道路之後，則是工業家（廠商），尤其是來自上海的棉紡企業家。惟對於香港經濟結構如何從製造業與貿易登上更高台階，蛻變為區域性國際金融中心，則長期以來較少有人談論或研究，無法看清或掌握到底是甚麼核心動力支撐了香港的金融發展進程。

若沿着布羅岱爾的基本理論看——即「進化模式」與「數字的份量」，在 19 世紀中，儘管呈現出西風壓倒東風、中國綜合國力日衰的大歷史或大環境，令中國的發展在某些人看來覺得一無是處，但其遼闊廣袤的幅員及散佈全球無與倫比的人口數字，仍成為香港走向全球，經濟逐步壯大，最後登上資本主義頂峰的最大及最持久的力量泉源。雖然近代中國出現諸多變化，但簡單地可反映在市場力量上，人口數字則有更多更大的伸延意義。布羅岱爾指出，人口增長既是物質進步的原因，同時又是結果。把他的觀點套用到中華大地上，龐大的人口既是人力資源，亦是潛在的巨大消費市場，可過去只聚焦於中華大地，甚少放眼海外華人。由於海外華人的數目實在不少，其「份量」或市場潛能自然不容小覷，但有關此點，在過去的研究中則常被忽略。

對於海外華人到底有多少的問題，由於缺乏一致的官方數字，不同時期的說法甚有差異，[1] 但截至 2017 年的統計，總人口約多達 5,800 萬，粗略分佈為亞洲 4,400 萬、北美洲 685 萬、歐洲 300 萬、拉丁美洲 150 萬、非洲 150 萬、大洋洲 115 萬。即絕大部份分佈在亞洲，尤其是古稱南洋的東南亞地區，便達 4,100 萬（莊國土，2020；陳旭，2023）。由此可見，海外華人的市場潛力巨大，他們與香港之間有着緊密關係，長期成為促進香港經貿發展的其中一股關鍵力量。

連結內外的管道

在強調安土重遷的中國，卻有大量人口移居海外，那絕對是十分引人好奇的現象。促使他們這樣做的背景，是國家綜合力量由盛而衰，給無數個人、家族、企業的生存和發展帶來巨大困難和挑戰；其中戰亂、天災，甚至大量「洋貨」——西方輕工業製品輸華傾銷的衝擊，導致中國傳統手工業式微，令無數小企業及民眾無以為繼，瀕臨破產，逼於無奈之下走上了飄洋海外的謀生之路。

無數鄉民飄洋出海，遠赴歐美或南洋，為當地的金礦、鐵路、水壩、甘蔗園、橡膠園、煙草園等事業提供廉價勞動力，形成一種劃時代的人口遷移現象，不但影響了歐美各國在全球殖民擴張的進程，亦影響了中國本身的發展腳步，香港則成為一浪接一浪華人移民海外的關鍵連結，且不斷發展起來。

這場持續不斷的華工出洋浪潮，給中國、新舊金山、南洋、中南美洲、東非，乃至全世界帶來的影響，當時已極為巨大，在俟後的歲月亦不容小覷。因為人力的流動不同於貨物、資金或資訊的流動，那是有生命、有思想、懂求存、會爭取不斷延續和發展的無數自由個體；當中能夠捱過苦難，在旅居地生存下來，甚至取得突破與成就者，絕對是適者生存的最直接表率。

在接下來的歲月中，這些海外華人始終與家鄉故里維持緊密關係，且每遇重大變故時隨即動身離去，返回家鄉，反映趨吉避凶、謀求發展的意識已深入他們骨髓。居住地政府在政治因素左右下，始終不願對華人移民平等視之，而是看作外人、二等公民，諸多排擠歧視，移民一代只能以各種應變降低風險，例如在風吹草動時選擇離去，或是分散投資，以保家庭安全。

從滿清在第一次鴉片戰爭中一敗塗地，被迫簽訂第一條不平等條約起，一浪接一浪華工飄洋出海，在海外與家鄉親人各種音信往來、僑匯回鄉，以及後期他們在旅居地遭遇排擠，決定「此地不留人，自有留人處」時，在中華大地偏南一隅的香港，均成為海外華人營商、生活或分散投資風險的其中一個不容忽視的重要選擇，由此帶出香港在中國近代史中甚為特殊的地位。

從概念上說，正如前文粗略提及，在 1841 年前，香港置於新安縣管轄之下，沒有明確獨立的行政單位劃分。可是，自英國佔領後，即有了較清晰的地理上的行政邊界，初期以香港島為主體，人口規模十分有限，後擴張至九龍半島及包括大嶼山等二百多個離島在內的新界，與中華大地區別開來。香港逐步落入英人之手，資源、活動與發展空間擴大，人口規模亦不斷膨脹，其發展過程見證了滿清皇朝的不斷滑落，雖有連番變革圖強，卻遭遇各種各樣的困難和挫折，仍是衰落不止。

就香港總人口而言，截至 19 世紀末，包括香港島、九龍及新界在內仍不過 30 萬，經濟和商業底子仍十分薄弱。不難想像的是，由於中國綜合國力的持續下滑，大量華工飄洋謀生，香港則憑着連結華洋內外的特點，成為華工出洋與南北西東貿易的主要管道，得以持續發展，逐漸扭轉劣勢，克服彈丸之地、缺乏天然資源等多重不利條件，無論經濟或商業均漸漸壯大起來。

更引人注視的是，香港不但是華工出洋的重要管道，更是華工從海外向家鄉故里寄回各種土產及生活物資的管道，同時亦是中國土貨外輸與洋貨東銷的重大門戶。俗稱「南北行」的華洋貨品貿易公司或綜合業務中介公司，如金山莊和南洋莊等，便是其中關鍵所在，而且香港的轉口貿易是雙向而行、多方互動的，因此歷久不衰，長期取得突出發展，不少研究對此已有很多分析和出版（Szczepanik, 1958; Endacott, 1964; Chiu, 1973; Hamilton, 1999），不贅。

即使如此，我們仍很難想像香港如何在缺乏天然資源的條件下，從貿易港或輕工業生產主導逐步發展成為國際金融中心。因為國際金融中心必然不能只看人口指標，亦必然不只是貿易、輕工業製品出口，還有更為重要的資本和企業集結、金融互通；尤其不能只有本地，還需要吸引來自其他地區，甚至是全球的資本和企業在香港落戶。至於「聚財」的先決條件，則是「生財」，在此經營的企業能夠賺到錢，再把賺到的錢繼續投入，以錢生錢；並從「生財」、「聚財」，逐步發展出「理財」（財富管理）及「散財」（用於慈善公益的資金）的優勢，即以專業協助管理財富、支援慈善公益活動，讓其發揮更大效果。接着的問題是：香港何解能夠既生財又聚財呢？

商業力量的變化

從歷史發展的角度看，二戰結束乃香港經濟及社會發展的重要分水嶺。中國政權改朝換代、朝鮮半島戰爭爆發，以及聯合國在美英兩國主導下對中國實行「貿易禁運」，連串重大歷史事件交疊出現，對香港長遠發展產生了兩大重要影響。其一是令轉口貿易戛然而止，促使香港走上工業化道路，隨着生產力提升，有了更多生財空間；其二是令香港吸引多方資本——尤其海外華人資本——持續流入，促進了地產及金融等產業的壯大，兩者對金融底層基礎力量的凝聚或強化至關重大。

關於香港如何走上輕工業發展道路，社會長期十分關注，學術界討論尤多（Szczepanik, 1958; Riedel, 1974; Chen, 1979; Berger and Lester, 1997; 饒美蛟，1997）。簡單來說，是因為移民大量湧入，人口規模發生重大轉變。日佔時代剛結束的 1945 年 8 月初，香港人口處於低位，大約 60 萬人；到抗戰勝利後急速增加，進入 1950 年代，已倍升至逾 200 萬，與 19 世紀末不足 30 萬相比，有如天壤之別，更不用說之後每十年總人口便以 100 萬的規模大幅上揚，到 1980 年代已達 500 萬，反映了人力資源與內需市場的持續急速膨脹。這是香港經濟及社會發展的核心力量，從 1950 至 1970 年間，有近 200 萬人口的大幅增長，過去亦甚少有人提及。

由於大量勞動力集結，加上香港有一定的企業家、資金、設備與商業網絡，結合這些生產要素的工業應運而生，包括紡織、製衣、塑膠、玩具、鐘錶、電子等有了突破性發展。然後是社會耳熟能詳的論述：大量輕工業產品，以價廉物美的市場口碑出口到歐美不同地方，令香港工業騰飛（Riedel, 1974; Chen, 1979; Chen, Nyaw and Wong, 1991; Berger and Lester, 1997; 饒美蛟，1997），普羅市民不但能賺錢餬口，亦積累了一些財富，置業安居。更重要的是，大小企業賺到錢，既可擴大生產，亦能進一步投資；同時因香港產業興旺、有利可圖，吸引其他地方不同資本的投入，這些資金又再促進生產，帶動多方面投資，如滾雪球一般成為香港經濟和金融發展的力量。

一如人口的升跌會左右經濟及社會發展，企業的多寡和起落，亦反映了綜合經營和生產力變化，是促使香港經濟和商業力量不斷壯大與蛻變的基石。撇開二戰前香港社會對於有限公司模式的了解不全面，加上註冊手續複雜及每年申報的費用高昂等，令註冊數目長期偏低不談；自二戰之後，有限公司的優點漸為人知，乃逐步受到歡迎，成為發展商業的最重要載體，數目逐步上升，因此有限公司在不同年代登記註冊或成立的數量，可看作是香港商業實力處於哪個水平的指標，亦是創業動力旺盛的反映，當中的絕大部份則屬家族企業。

從公司註冊處的統計資料看，自 1865 年通過公司法，直至 1946 年近 80 年間，商業登記冊內的有限公司只有 1,104 家。在那個年代，儘管那些有限公司都具相當實力，但數目實在甚少，進一步說明二戰結束之初香港商業實力仍甚為薄弱。其後，有限公司數目的增長腳步明顯比二戰前快，到 1949 年突破 2,000 家，即短短三數年間的增長幾乎是過去 80 年的總和，當中不少是由上海轉到香港的。然後到 1967 年突破 10,000 家，1978 年突破 50,000 家，1983 年突破 10 萬家，1983 至 1987 年基本上在 11 萬至 17 萬家之間，1988 年逼近 20 萬家（表 1）。

自 1946 年以還，有限公司數目的迅速增長，實乃香港經濟及商業力量急速擴張的最好反映。深入一點看，初期每年增長以百為單位（三位數），進入 1960 年代每年增長以千為單位（四位數）；1970 年代升勢尤急，商業力量開始出現重大轉變；到 1980 年代起每年增長以萬為單位（五位數），可見其增長幅度及速度出現爆炸性上升，與二戰前近 80 年間長期只有單位或雙位數字的緩慢增長截然不同，清楚地反映了香港經濟和商業力量的壯大與蛻變。

當然，其間的數目曾有波動，如 1956、1966 及 1967 年社會動亂、1970 年代初

表 1 ｜ 1946 至 1988 年香港註冊成立公司數目（家）

年份	新註冊公司總數	登記冊內公司總數	淨增長 / 減少
1946	4	1,104	4
1947	427	1,529	425
1948	279	1,797	268
1949	229	2,008	211
1950	276	2,255	247
1951	186	2,278	23
1952	248	2,440	162
1953	229	2,521	81
1954	202	2,629	108
1955	250	2,805	176
1956	284	2,618	-187
1957	260	2,791	173
1958	353	3,045	254
1959	351	3,322	277
1960	491	3,732	410
1961	694	4,342	610
1962	910	5,191	849
1963	1,149	6,209	1,018
1964	1,251	7,354	1,145
1965	1,420	8,638	1,284
1966	1,286	9,761	1,123
1967	1,428	10,970	1,209
1968	1,215	11,889	919
1969	1,868	13,372	1,483
1970	2,812	15,848	2,476
1971	3,461	18,993	3,145
1972	3,953	22,514	3,521
1973	5,389	27,530	5,016
1974	5,050	32,278	4,748
1975	4,439	36,228	3,950
1976	4,613	40,194	3,966
1977	5,543	45,240	5,046
1978	6,862	51,232	5,992

年份	新註冊公司總數	登記冊內公司總數	淨增長 / 減少
1979	9,261	59,667	8,435
1980	11,907	70,863	11,196
1981	15,162	85,133	14,270
1982	14,850	99,149	14,016
1983	12,679	110,862	11,713
1984	11,986	121,477	10,615
1985	14,080	134,318	12,841
1986	17,990	150,551	16,233
1987	18,722	166,807	16,256
1988	27,024	190,935	24,128

註：按《公司法》註冊的公司有不同類別：有公眾公司、擔保有限公司及私人有限公司，當中絕大部份為私人有限公司。

資料來源：吳世學，2013：80-81。

股市熱潮及 1980 年代初中英就有關香港前途問題談判等原因；亦有外圍政經條件發生變化的影響，如 1950 年的「貿易禁運」、1973 年「石油危機」等，香港這種自由開放的外向型經濟體尤其備受衝擊。就以 1988 年的數字為例，有限公司已多達 190,935 家，說明那時香港商業的綜合力量，已達相當巨大的水平，與 1940 年代末只有 2,000 家左右相比，實在已不可同日而語了。惟很可惜的是，數據難以清楚說明那些企業到底來自哪裏，屬於哪個族群，或是有何獨特背景。

資金積聚的變化

關於香港如何吸引各方資金流入，海外華人乃本研究的最主要思考方向，因為從 1950 年代的歷史發展進程看，海外華人本來打算匯寄回鄉供養親人、建設桑梓的資金，突然因為中國內地與海外連結被切斷之故，出現了「此路不通」的問題，因此便把匯款或資金集結在香港；亦有不少海外華人在當地社會遇上排華或不如意遭遇，甚至生活不習慣，晚年開始要考慮最後歸宿時，選擇轉到香港發展；當然還有如分散風險等其他考慮，令香港成為海外華人滯留資金或分散投資風險的重要選擇。即是說，那些來自四面八方的資金，其實多與海外華人華商有關。

問題是，海外華人每年匯寄回家鄉的匯款（僑匯）真的那麼多嗎？有那麼巨大的力量嗎？會影響香港金融和經濟發展嗎？在香港的資金流轉上有何角色與轉變呢？由於這些資金轉移一般在民間以不同方式進行，長期缺乏確實統計，上落差異亦甚大，很難有一致或清晰的答案。不過，據經濟學者雷默（Charles F. Remer）透過對銀行調查資料的估計，在 1928、1929 及 1930 年間，透過香港匯回中國內地的總金額分別為 2.17 億、2.42 億及 2.73 億元（本書所提及的貨幣單位，除特別標明外，均指港元），[2] 佔全部進入中國內地的僑匯逾九成，另有不足一成透過廈門直接寄回中國內地（雷默，1937：171-173）。由此可見香港對海外華人匯寄資金回鄉的重要性。

另有分析估計，在 1931 年，華僑匯款高達法幣（本段下同）4.21 億元，而當年中國的對外貿易逆差為 6.55 億元，即因為有了華僑匯款，民國政府才可抵消巨大貿易逆差。到了 1936 年，華僑匯款為 3.22 億元，但貿易逆差為 2.35 億元，即僑匯大於貿易逆差，有了資金淨流入（Hicks, 1993: 173）。即是說，海外華人匯款回鄉對中國內地平衡國際貿易逆差作出了很大貢獻。

抗日戰爭爆發後，香港成為抗日資金及物資的重要轉運站。就整體資金流入中國內地而言，1937 年達法幣（本段下同）4.74 億元，1938 及 1939 年分別升至 6.64 億及 10.27 億元，1940 年再升至 13.29 億元。1941 年大跌至只有 2.79 億元，那年底香港落入日軍之手。之後的 1942、1943 及 1944 年，因為香港已被日軍佔領，失去了管道角色，透過其他途徑流入中國內地的資金分別為 4.21 億、12.08 億及 7.43 億元（Wong, 1958: 7）。由是可見，由海外流入中國內地的資金確實相當巨大，在國家遭到侵略、陷入危機關頭時尤甚，反映了海外華人強烈濃厚的民族情感，而那些資金不少都是利用香港作為管道流入中國內地，到香港落入日軍之手後才突然終止這一角色。

抗日勝利後，香港恢復了二戰前連結華洋內外的管道角色。可是，中國國民黨與中國共產黨不久又因爭奪政權陷入另一次內戰，各種生活或戰爭物資、資金自然再透過香港流轉。那些物資或資金來自五湖四海，反映了香港的外部連結並不局限於一時一地，無論在吸納僑匯或中國內地物資、投資方面，均建立了有效管道，並發展出別具獨特性的網絡（Wong, 1958）。

到共產黨取得江山，國民黨敗走台灣，不少資金或企業乃轉到香港，隨後成為推動香港走向工業化的核心力量，因此長期吸引社會注視，亦有不少研究（黃紹倫，2022）。惟接着爆發的朝鮮半島戰爭和聯合國對中國實施的「貿易禁運」，則更為深刻地改變了海外華人資金的流向；親共產黨及親國民黨的兩個網絡，當中既有相互抗衡亦有重疊，亦有變更政治立場者；更不用說歐美不少殖民地先後宣佈獨立，全球政治力量發生巨大變遷，令海外華人這個網絡或連結更為複雜。至於這些資金的流向與運用，雖然亦影響了香港經濟、商業和金融的發展，卻較少受到充份注視。

扼要地說，自 1950 年代起，香港成為海外華人資金滯留或避險的集中地。據不完整的估計，那時期海外華人每年匯寄回鄉的資金約為 7 億元，其中逾七成來自美洲，逾二成來自東南亞，餘下不足一成來自其他地區，反映海外華人群體不但為數不少，亦深具財力，以美洲地區尤甚。這些資金只有約三成最終會轉寄返回中國內地，逾七成會保留（滯留）在香港，即每年近 5 億元（Wong, 1958: 9-10）。

另一較為深入的研究則指出，在 1949 年，海外華人流入香港的資金，每年約有 3 億至 4 億元，1950 至 1953 年顯著下跌，每年約為 2 億至 3.3 億元，1953 至 1958 年每年約為 5.33 億至 6 億元，1959 年 6 月至 10 月的五個月升至 3 億元，估計全年為 7.2 億元，1964 年則每年為 10 億元（表 2）。研究進一步估計，那些資金絕大多數留在香港，其中三分之二流入物業房產，一成八進入工業或商業投資，一成半則作組合式多元投資，並指出這些華人資金成為推動香港（及新加坡）金融市場的主體力量（Wu and Wu, 1980: 95-96）。

在 1950 年代，香港的進出口貿易總額由 1950 年的 75.03 億元持續攀升至 1959

表2｜1949至1964年流入香港的華人持有資金（億元）

年份	總資金	每年平均
1949	3.00-4.00	3.00-4.00
1950-2	6.00	2.00
1953-5	10.00	3.33
1955	6.00	6.00
1956-8	16.00	5.33*
1959 年 6 月至 10 月	3.00	7.20**
1954-64	44.00	4.40
1964	10.00	10.00

* 原數字每年平均為 4.00 億元，應為誤植。若按 1956 至 1958 年三年計，每年平均應為 5.33 億元；若按每年平均為 4.00 億元計，則年份應是 1955 至 1958 年共四年。

**3.00 億元為 6 月至 10 月的數字，若按全年推算，則為 7.20 億元。

資料來源：Wu and Wu, 1980: 95

年的 82.27 億元。按此再參考 Wu and Wu 的僑匯資金數字，可以看到，那時僑匯資金每年約佔香港進出口貿易總額一成左右。若只計算保留在香港的部份，則每年約佔 6% 左右。雖然每年佔比尚不算高，且甚為波動，但若從累積的角度看，數目無疑十分巨大。因為單是粗略地從 1949 至 1964 年前後 16 年間的統計，便逾 73 億元，即幾乎是 1950 至 1959 年間香港其中一年的進出口貿易總額，其停留香港所發揮的投資作用，自然不容小覷。

從歷史看，在 1940 年代末至 1950 年代初，由於大量移民和資金聚集，人口增長，香港房屋供不應求。雖然受「貿易禁運」的衝擊，香港經濟一度十分低迷，可租金仍居高不下，一般民眾的居住環境十分擠逼和惡劣，不少人只能居住在山邊木屋或街道上，連一些工廠亦只能設於近郊的山坡旁，因此才有「山寨廠」的俗稱。正因社會對房屋的巨大需求，租金居高不下，乃吸引不少海外華人把滯留香港的資金投進房屋市場。後來，香港經濟成功走上工業化步伐，不少工廠從中獲得厚利，又吸引另一批海外華人把滯留資金參與到工業生產之中。即是說，海外華人為滯留資金尋找出路，從多層面投入到香港的經濟和商業活動之中，其累積數量更是拾級而上，這便有助於香港發展成國際金融中心。

當然，更值得注視的，是地產和資本市場在二戰後急速發展，相互拉動，促進香港經濟和商業結構的蛻變，兩個市場成為香港的「資金池」或是「儲水庫」，吸納大量資金聚集，成為香港作為國際金融中心的其中一個重要支撐（Wu and Wu, 1980: 95-96）。地產市場方面，自 1960 年代起，逐漸出現以地產開發為主業的公司，發展規模亦逐步擴大，吸納大量資本投入其中，地產市場蓬勃發展，令民眾生活條件得到改善（馮邦彥，2001）。資本市場方面，遠東交易所（俗稱「遠東會」）於 1969 年底投入營運，打破香港證券交易所（俗稱「香港會」）的長期壟斷，成為香港資本市場發展的里程碑，加上金銀證券交易所（俗稱「金銀會」）和九龍證券交易所（俗稱「九龍會」）相繼出現，形成四會鼎立的局面，有助企業走向現代化（鄭宏泰、黃紹倫，2006）。

更為重要的發展，是股票市場在四會鼎立的激烈競爭下四出招攬企業上市，哪怕企業規模不算很大，實力尚未很雄厚，也獲得了寶貴機會，可採用不同模式上市集資。在這些新上市公司中，華人資本佔了絕大部份，一改過去由英人資本主導整個資本市場的局面。從表 3 可見，在股票市場尚未開放之前，上市公司數目只有 59 家，當中華資有 16 家，英資有 37 家，另有猶太或日本等資本 6 家，即英人資本佔最多，逾六成，華人資本佔不足三成，餘下一成為其他資本。

自 1969 年底股票市場逐步開放，股票交易所在兩三年間由一間增加至四間，吸引華資企業紛紛掛牌，市民投資股票者有增無減，上市公司的數目乃由 1969 年的 74 家上升至 1970 年的 94 家及 1971 年的 107 家，在此三年中，屬華人資本的上市公司分別有 25、35 及 42 家，屬英人資本的分別有 42、52 及 53 家，屬其他資本的分別有 7、7 及 12 家。到了 1972 及 1973 年，上市的企業又再大幅上升至 199 及 305 家，當中分別有 121 及 221 家屬華資企業，62 及 65 家屬英資企業，而屬其他資本的則有 16 及 19 家（表 3）。單從上市公司數目看，自 1972 年起，華人資本已大幅超越英人資本，成為股票市場中的主體力量，亦反映股票市場開放對華資企業發展助力之巨大。

表 3 | 1968 至 1973 年按主要資本背景劃分之香港上市企業數量轉變（家）

年份	華資	英資	其他	總數
1968	16	37	6	59
1969	25	42	7	74
1970	35	52	7	94
1971	42	53	12	107
1972	121	62	16	199
1973	221	65	19	305

資料來源：Zheng and Wong, 2009

惟可惜的是，1973 年發生了股票市場開放後的首次大型「股災」，部份尚未站穩腳跟的公司無法生存下去，倒閉告終，或是遭到吞併，隨後則缺乏按資本背景劃分的統計資料。事實上，企業上市之後，由於股權較分散，甚至有些控股家族不一定擔任公司主席或總經理等職，控股權亦不一定以家族名義持有，而是透過代理人公司等，令掌控人或家族的身份變得很難準確或清晰了解。另一方面，就算在華人資本中，亦很難區分哪些屬本土華人資本、哪些屬海外華人資本，更不要說一些本來在海外謀生經營的華商，其實在不同年代選擇了落腳香港，哪怕他們已被視為香港本土資本，仍然維持着很強的海外關係。[3]

同樣難以分辨或了解的是，包括上市企業在內，不少投身工業生產、金融或地產生意的企業，其股權分佈甚為分散，不再如過去般大多屬單一家族持有，而是由多個主要家族合夥，當中部份股東可視為香港本土，部份則來自海外，後來亦包括了內地，可見相關企業的組織及股權結構已很難如過去般，按某些單一指標簡單分類。即是說，海外華人資本在多個層面上融入了本地資本，相互糾纏，不易分辨出來，其力量與貢獻因此長期被忽略與低估，起碼對於香港的經濟及商業發展而言，學術界便甚少有研究從海外華人資本的角度作出深入分析。

若果以海外華人自 1950 年代起滯留香港的資金為切入點，深入研究脈絡，不難發現，在 1960 至 1980 年代，「南洋幫」是海外華人群體中最備受注目的，其中佳寧集團的陳松青更一度被視為迅速崛起的「神話」（鄭宏泰、李潔萍，2024）。惟撇除這種具爭議性的人物或企業不談，二戰結束後「南洋幫」長期活躍於銀行、財務、地產以及股票市場等，引起社會及傳媒的高度注視（譚隆，1982）。一個十分自然的理論問題是：為何他們會有那麼雄厚的資本積累？為何把資本投入到銀行金融這個過去甚少或較難有優勢的行業中？由此引伸出更多值得關注和探討的問題，例如海外華人或華商到底從哪裏獲得資金？可以積累下來？又是哪來的經營現代銀行的專業知識，甚至是從哪裏學習或建立起金融網絡？

海外華人與現代銀行業

在資本主義社會，綜合管理並利用金錢或資本的企業，叫做銀行，而創立與負責經營銀行的，則稱為銀行家。儘管在大文豪蕭伯納（Bernard Shaw）眼中，銀行家只是那些「每天早九晚六在一個悶熱侷促房間數着別人金錢的人」（Parsons, no year: 27），沒甚人生意義或樂趣，認為這不是有吸引力的職業。在功名掛帥的中國傳統社會，亦覺得惟有讀書高，並不看重這些「數着別人金錢的人」。可是，自鴉片戰爭之後，看到西方船堅砲利與西方商人指點江山，為中國帶來了重大的觀念與價值變遷；晚清取消科舉制後，對考取功名的追求讓位於發財致富，令創業營商在經濟和社會中佔據重要位置，銀行家更成為不少人夢寐以求的職業。

問題是，在資源十分匱乏、生存亦不容易的社會，要累積資本，達到下一個發展台階的「資本形成」（capital formation），或者說馬克思（Karl Marx）所指的「原始累積」（primitive accumulation），[4] 實在談何容易，不少家族哪怕花了多代人的巨大努力，儉吃儉穿，亦未必能夠達成這一目標，把家族財富或地位提升至另一水平。銀行家在社會、經濟或政治領域的位置雖極為吃重，卻只有極少數人能登上這一寶座，就如科舉年代讀書人無數，卻鮮有人能雀屏中選，成為狀元，所以銀行家才那麼吃香，成為不少人可望而不可即的職業。例如，在 1970 年代被稱為新鴻基「三劍俠」之一，與新鴻基地產創辦人郭得勝、恒基兆業話事人李兆基齊名，外號「證券大王」的馮景禧，據說「生平最大願望是成為銀行家」（齊以正，1985：220），可見一斑。在西方世界，相對於從事貿易或工業的商人，銀行家無論社會名聲地位均高高在上，是經濟與商業的造王者、話事人。

回到中國歷史的現實場景中，自鴉片戰爭連番戰敗，被迫打開國門、割地賠款，體制弊病叢生，接着的其中一個發展路向，是農村經濟遭到巨大衝擊下，無數村民被迫飄洋出海謀生，他們的苦難亦有不少記錄和討論（陳翰笙，1981-1984）。這批為數眾多的海外華工——或者學術點說的「離散群體」(diaspora)，卻能如猶太人般，因為本身文化與信仰特點，轉化為極為重要的發展動力。當然，與猶太人不同，中國人多屬身無分文者，但卻以人多勢眾取勝，因此可印證布羅岱爾口中「數字的份量」。

更確實地說，海外華工哪怕他們絕大部份均身無分文，但在海外為當地的採礦、種植等不同產業，或興建鐵路、水壩等工程提供廉價勞力，畢竟能獲得一定薪酬，而當這些薪酬集中在一起，便是巨大的金融力量。另一方面，當地政府在推行相關產業開發或工程時，多會採用「餉碼制度」（tax farming），類似於民間商業的承包安排，這種制度與「以親引親、以鄉引鄉」的傳統宗族及鄉里等族群網絡（陳樹森，1994）高度結合，成為其中一個有利因素，有助華人華商落實獲得首階段的資本形成與積累，可以走向現代資本主義。

政府餉碼制度或民間承包安排的最大特點，是把一些大型開發項目的經營和管理權，交由單一營運者如企業或組織負責。餉碼主或承包商提供「一條龍」服務，從中國招聘工人、再把他們運送到海外，然後在當地開發作業，進行各種工程，甚至負責工人們在當地的一切生活所需及與中國家鄉的各種音信往來等，這樣便形成一個資源最後高度集中到餉碼主與承包商手中的局面。就算個別人士初期是零星分散到不同地方工作與生活，但他們其實亦非全球四散的「自由行」，反而最後必會在旅居地通過族群或鄉里關係的文化因素，將他們連結或聚集在一起；又因他們均懷有落葉歸根的觀念，必會把辛勞所得匯寄回鄉供養家人，於是產生了僑匯，或把物資交到那些餉碼主或承包商手中的緣故，產生群聚效應，這與中國人強調「團體生活」的文化論述（梁漱溟，1963）基本一致。

這裏很自然地要連結到中國歷史與儒家文化因素。簡單地說，海外華工長期保持着中國文化、儒家思想，強調以家為本，所以華人到海外謀生，總是省吃儉穿，把辛勞所得匯寄回鄉，因此令 19 至 20 世紀間僑匯持續不減，背後同時反映了海外華工常常把收入與積蓄匯寄回鄉，養活家人，買田買地——因他們不少人退休後都會選擇返回故土，落葉歸根。對於海外華人把工作所得的一定積蓄收入匯寄回鄉，甚至在異地去世後把屍骨運返家鄉安葬的文化，黃紹倫（2016）曾以此與印度文化和信仰作系統性比較，呈現兩者在生前死後不同追求的差異和特點，從而論述經濟與商業行為的不同發展軌迹，別具參考價值。

這樣的傳統思想所締造的華人在海外謀生賺錢後匯寄回鄉的特殊行為，很自然地孕育了海外華商獨特的業務經營及資本形成模式，因為海外華工這種匯款回鄉以供養親人及落葉歸根的思想需求，很自然地產生了貨幣兌換與華僑匯款（僑匯）這巨大而持續不斷生意，出現眾多諸如錢莊（或稱錢局）、銀號（或稱銀樓）以及匯兌店（或稱找換店）等業務。[5] 更扼要地說，無數海外華人每天辛勤努力的收入，最後大多會集結到從事貨幣兌換與僑匯的公司（一般都由餉碼主或承包商組成）手中，令這些公司的手上，可以集結大量資本，當然還有各種鄉里物資與海外新事物轉寄回鄉等貿易生意，惟因這方面非本研究焦點，且略去不表。

進一步說，不同地方的貨幣集結與匯兌，兌換率在不同時期或條件下會有所不同；至於匯寄與交易，又免不了出現「時差」問題，給投資套利等行為帶來巨大市場空間。在海外生活、接受教育，對西方資本主義有一定了解的華人華商，很自然地看到當中的巨大金融潛力和機會，因此利用無數海外華工辛勞集結下來的匯款，發展銀行、財務與保險等金融業務，而這些生意一般而言則只有海外華商（或具海外網絡者）才能經營，外商或中國內地商人則難以置喙。

由此可見，華人華商的資本集結與形成，並非如其他國家或文化——尤其歐美或日本——的常見個案般，來自個人或家族財產（如擁有龐大農莊、生意做強做大）、開發重大天然資源（如石油、礦產等）、得到政府保護（取得電報專利、壟斷電力供應），或是透過資本市場集資等，反而只是透過眾多海外華人辛勞工作的點滴聚集和匯款回鄉而成。這些匯款回鄉的數額，又隨着飄洋海外的人口增加而愈趨巨大，這亦是布羅岱爾所指，「人口增長既是進步成因，但同時亦是結果」的重要註腳所在。具敏銳商業目光的企業家，便是看到無數海外華人匯款回鄉的資金潛能，走上了創立銀行的道路，並在取得成功後吸引更多仿效者，令愈來愈多華資銀行創立，當中部份更採取了現代化銀行經營模式——因此亦造就了無數海外華商的迅速崛起，二戰之後尤其明顯。

綜合以上分析，大量華人因不同原因飄洋海外，僑匯的流動讓不少商人從中達成了一定的資本形成或集結，部份具野心、眼光或相關金融閱歷者，乃在進入 20 世紀時作出突圍，創立了現代銀行，登上銀行家的寶座。例如據汪敬虞的研究，在 1912 至 1927 年的 15 年間，中國內地便有多達 304 家華資銀行創立（汪敬虞，2001：2198），揭示了銀行業的蓬勃發展。在內地以國家或政府資本創立的現代銀行不論，在香港，東亞銀行於 1918 年籌劃創立，便是走在時代浪尖的私營銀行先行者之一（Sinn, 1994）。隨後，在時局急速轉變之下，很快便湧現不少民間創辦的華人銀行，如康年銀行、嘉華銀行、恒隆銀行等，惟當中不少仍未擺脫傳統錢莊或銀號模式的營運窠臼，真正以現代化方式經營者甚少（Schenk, 2001），遑論能在實力及政治後台上與洋人銀行家一較長短，所以無論影響力、知名度或社會地位均難望其項背，但畢竟已算邁出極重要一步（張郁蘭，1957：51）。

華商在進入 20 世紀後有更大實力創立現代銀行，可說是劃時代的歷史現象，亦是本身強調積蓄及把辛勞所得寄匯回鄉供養親人的特殊文化有助資本積聚的一種間接反映。對設立銀行的限制沒過去嚴謹當然是原因之一，儘管如此，以當時中國積貧積弱，綜合國力大不如前，海外華人又多屬契約勞工的背景而言，實在很難實現資本形成或集結的目標。可是，那時卻又爆發抗日戰爭，海外華人關心自身民族生存受威脅，家鄉桑梓遭到蹂躪，在那個危難情懷的召喚下，海外華人曾四出奔走，作大規模動員，尤其籌款匯返祖國，支援抗日，過程中更建立並強化了從資本籌集、兌換到輸送的重要渠道，金額亦大幅上升，有助資本形成與集結，讓不少華商從中獲得營運經驗，成為下一階段發展銀行業的重要基礎。至於創立銀行的落腳點，又機緣巧合地落到香港這個彈丸之地上。

最為關鍵的轉捩點，是二戰後的時局急變，給香港帶來前所未見的獨一無二的機會。經歷了國共內戰，中華人民共和國成立，實行社會主義，而朝鮮半島在 1950 年再次爆發戰爭，以美國為首的西方世界又對中國內地實施「貿易禁運」，令僑匯資金難以匯寄返回家鄉，只能在香港滯留集結。在這個因緣際會的歷史環境下，不少規模大小不一的華資銀行，便在 1950 年代後如雨後春筍般發展起來，凝聚成為香港金融體系中最為巨大，亦最為基本的力量。

銀行業的發展

銀行金融業自香港開埠起已逐步發展起來，惟當中多以傳統的錢莊、銀號、當押或找換店等模式經營，以現代銀行模式經營者少，香港金融業長期以洋人資本為主，亦由其壟斷。粗略的資料顯示，自 1865 年第一家以現代商業模式註冊和經營的本地銀行——香港上海匯豐銀行（簡稱匯豐銀行）——成立後，直至 1915 年，據非正式的記錄，在香港經營的現代化洋資銀行有 11 家，同時亦有 37 家股份經紀行，絕大多數屬英資掌控。不過，在華人社會，卻有數目甚多的傳統金融投資或類似金融的投資公司，由華商經營，如有 133 家典當行、63 家匯兌店、33 家華人銀行、234 家銀號、36 家錢枱找換、3 家儲蓄店（鄭紫燦，1915）。[6] 隨着海外華人群體不斷壯大，南北西東貿易活躍，這些傳統金融服務與之相互配合，亦相互扣連。換言之，海外華人乃它們最大的支撐力量，那時的政府則沒甚麼監管。

到香港淪陷前的 1940 年，據《香港華僑工商業年鑑》的記錄，有關金融類的統計中，銀行類別列出 49 家，惟沒細分到底是英資、華資，是現代銀行或傳統式銀行；另外還有 78 家銀號、8 家儲蓄公司、65 家找換店、9 家信託公司、53 家匯兌店及 5 家當押行（協群公司編輯部，1940）。即是說，傳統金融投資或類似金融的投資公司數目仍然不少，與香港服務於轉口貿易及連結海外華人群體的不同金融需求有關。

二戰結束後，香港的銀行制度與戰前沒太大改變。據《遠東經濟評論》（*Far Eastern Economic Review*）的粗略統計，在 1947 年，香港共有 262 家從事銀行與金融服務的商行，其中 14 家歐美銀行、32 家華資商業銀行、120 家本地銀行、76 家外幣兌換店及 20 家包括保險公司在內的其他類別（*Far Eastern Economic Review*, 19 November 1947）。若將這時《遠東經濟評論》與 1940 年《香港華僑工商業年鑑》的數字比較，不難發現兩者大體相若，反映戰後的銀行業已粗略回復到 1940 年的水平，儘管綜合金融力量仍相當薄弱，主要特點仍是洋人現代銀行數目甚少，但華人傳統類似金融公司則為數甚多。

對香港銀行業發展歷史有深入研究的 Catherine Schenk 提到，那個時代的銀行業良莠不齊，缺乏監管更屬臭名昭著（notoriously unregulated），大部份銀行只提供例如貨幣兌換或匯款相關的有限度服務而已，政府對銀行的監管極為鬆散，沒有儲備金要求，亦沒法定流動性比例，更沒要求銀行須向公眾公佈財務報表，只要向政府繳交 5,000 元牌照費便可以營業。她進而提及，若只計算持牌銀行的數據，在 1948 年全港共有 131 家，其中 13 家為歐美銀行，8 家為中國的國家銀行，32 家為華資商業銀行及信託公司，78 家為本土銀行或金銀經銷行。接着數年，受中國內地局勢轉變的影響，持牌銀行數目持續下降，到 1954 年減少至 92 家，1959 年更減少至 82 家（Schenk, 2001:45）。即是說，在那個時期，銀行業的景氣並不好。

持牌銀行數目在 1948 至 1959 年間雖呈顯著下滑，但正如前述，國民黨在戰場上頻頻失利時，不少資金相繼湧入香港避難，這些資金或移民，日後大多投身工業生產，推動了香港工業化（黃紹倫，2022）。到中華人民共和國成立後不久，朝鮮半島爆發戰爭與聯合國向內地實施「貿易禁運」時，原來計劃匯寄返回家鄉的僑匯資金便滯留香港（Wong, 1958）。這些僑匯資金較習慣透過傳統銀號、找換店、匯兌店、儲蓄公司或信託公司等進行流動，大多數應該沒有進入持牌銀行的正規體系之中，因應當時物業投資的回報較具吸引力，那些資金或者逐漸流入該領域，亦有一些進入剛起步的工業生產之中。

同樣據 Schenk 的研究，在 1960 至 1965 年間，持牌銀行的數目亦變化不大，基本上維持在大約 100 家之間。雖然如此，她發現那些銀行所設立的分行數目卻急速上揚，在 1960 年約有 150 家，到 1965 年已大升至逾 300 家，令「銀行密度」（banking density，即每萬人口的分行數目）從 1960 年或之前的 0.40 左右，急速上升至 1965 年的 0.82 水平（Schenk, 2002: 60-61）。從銀行分行數目的急速增長可見，那時持牌銀行的數目雖變化不大，但投入銀行業務的資金卻明顯有很大增幅，反映曾有擴張性發展。

事實上，僑匯資金無法返回內地，除了轉為集結香港外，東南亞亦有其他地方因此受惠，促使當地華資銀行的發展。例如據日本學者吉原久仁夫所指，在泰國，華人資本於二戰後獲得很好的發展。1938 年，當地的外資銀行多於泰資銀行，大約十年後的 1949 年，局面大變，泰資銀行 13 家，外資銀行 10 家；若從各自擁有的分行數目（包括總行）看，變化尤為明顯，13 家泰資銀行共有 41 家分行，而 10 家外資銀行只有 11 家分行。即是到了 1980 年代中期，外資銀行增至 14 家，分行數目為 20 家；泰資銀行雖只增至 16 家，但分行數卻大幅增至高達 1,816 家。吉原認為，這些泰資銀行其實絕大多數由當地華人掌控，而導致這一轉變的關鍵，除了華人精於商業經營，亦是政府限制外資進入與營運之故（Yoshihara, 1988: 48-49）。儘管吉原久仁夫把泰國銀行業發展的重大變化歸因於泰國政府限制外資的政策，卻始終沒解釋當地華人金融力量為何能不斷增大。

回到香港的銀行業發展進程上，1960 至 1965 年間銀行分行數目雖曾出現一段時期的急速增長，惟 1965 年初香港突然爆發銀行擠提，導致廣東商業信託銀行和明德銀號等瞬間倒閉，連一直作風穩健、實力雄厚的恒生銀行亦受波及，最後落得出售控股權給匯豐銀行的結局；其他不少華資銀行如廣安銀行、永隆銀行與嘉華銀行等亦一度受到衝擊，促使他們的經營在俟後一段時間變得保守。在那次擠提之後，政府收緊了銀行牌照的簽發與經營監管，暫停發出新的銀行牌照，抑遏了行業的發展，惟對財務公司（接受存款公司）的監管則仍舊甚為鬆散。由是之故，以數目論，銀行的增長腳步從此放緩，但財務公司則保持明顯增加。

據 1980 年代先後出任香港證券監理專員及銀行監理專員的霍禮義（Robert Fell）所指，1970 年代初股票市場熾熱，財務公司的數目多逾 2,000 家，股災之後才急速回落。到 1981 年，香港共有 123 家持牌銀行（licensed banks）和 350 家接受存款公司（deposit-taking companies）。翌年，統計數字增加了受限持牌銀行（restricted license banks）及本地代表處（local representative office）兩個新類別數據，1982 年，持牌銀行有 131 家，受限持牌銀行 18 家，接受存款公司 343 家，另有 117 家本地代表處（Fell, 1992: 249）。

接着八年，持牌銀行的數目錄得穩步增長，到 1990 年上升至 168 家；受限持牌銀行的數目亦呈上揚之勢，惟 1987 及 1988 年略有回落；本地代表處亦然，

表 4 ｜ 1981 至 1990 年間香港銀行業的發展（家）

年份	持牌銀行	受限持牌銀行 *	接受存款公司	本地代表處 **
1981	123	--	350	--
1982	131	18	343	117
1983	136	30	319	117
1984	140	33	311	122
1985	143	36	277	134
1986	151	38	254	144
1987	155	35	232	143
1988	160	35	216	152
1989	165	36	202	160
1990	168	46	191	155

原註：

* 受限制持牌銀行（原為持牌接受存款公司）於 1981 年引入，而第一個相關牌照於 1982 年發出。

** 對設立本地代表處的管控於 1982 年 4 月引入。

資料來源：Fell, 1992: 249

雖然大勢向上，但當中有些年份略為反覆；只有接受存款公司呈現持續的大幅收縮，其總數到 1990 年時已銳減至 191 家，與 1981 年的 350 家相比，減少了四成半之多（表 4）。

由此可見，在全球發展的視角看，二戰後不但出現非殖化與獨立運動等巨大浪潮、亞洲「四小龍」的冒起，更有早年無數海外華人在艱苦打拚下積累的一定資本與經營網絡。在 1950 年代無法把僑匯寄返中國內地的關鍵時刻，香港的特殊地位和條件，成為他們更好利用資金或企業進一步發展的「避風港」（Wu and Wu, 1980），其中一個重要發展歷程，便是資金進入銀行及財務公司等，令這些行業獲得了前所未見的發展空間，有助香港打造成為區域金融中心。

華商在進入 20 世紀才邁出創立或經營現代銀行的腳步（汪敬虞，2001），資金亦非來自本身生意獲利，只是無數華工在海外謀生所得的集結，儘管在 1950 年代起成長更為迅速，但並不代表這個發展過程一馬平川，無風無浪，創辦人或經營者亦非如一般人所想像般缺乏現代金融知識或經營才能。事實上，在政府沒有太多干預的自由市場環境下，由於參與其事者多為海外華人，當中更有不少是移民的第二代，他們或是在海外出生、成長，或是年幼時已隨家人移民海外，接受西方教育，不但對西方有深刻認識，亦具世界視野，對現代金融業發展的充份掌握，所以必須各師各法，各顯神通，爭取表現，成為促使他們走上現代金融之路的原因之一。

另一方面，能夠集結資本、創立銀行是一回事，擁有現代金融與銀行知識、具世界視野是另一回事；至於創辦現代銀行後能否將之辦好，帶動業務不斷發展，更是內外形勢是否配合及個人際遇的問題，考驗經營者領導銀行、創造盈利、風險管理與應對多重挑戰的能力。綜合各方資料顯示，在一般情況下，不少華商創立的現代銀行，起初大多表現得小心翼翼；經過一段時間摸索，確定站穩腳跟之後，才在強烈欲望的驅使下伺機開拓。若然投資目光準確，加上市場和經濟大勢之助，實力和規模便能不斷壯大，否則便會沒落或停滯不前。

更難避免的，則是市場上的尋租行為，或是部份人士遇到困難或危機時，為了自保、迴避困難，甚至可能為了尋求享受，爭取更大利潤，會不擇手段甚至犯法違紀。但若從科學客觀的立場出發，不難發現有關這方面的行為，並非某些文化或制度獨有，或某些文化或制度便能「免疫」，因為正如俗語所云「有錢賺的事便有人做」，違法行為在任何社會均屬難免，受儒家文化薰陶的商人亦是如此。所以在 1980 年代初香港經濟和商業環境逆轉時，亦無可避免地有不少企業因財困而作出弄虛作假的違法行為，最後導致了金融風暴。

重要的是，當發現有人違法，或是制度運作出現問題之後，如何因時制宜，作出適當應對，堵塞漏洞，撥亂反正，並從中汲取經驗教訓，重新上路，那才是一個社會或制度能否更上層樓或因此泥足深陷的分水嶺，最能考驗一個社會的生命力或集體智慧。本章開首提及多家銀行掉進困境，香港社會卻能化險為夷，隨後走上更堅實腳步，而非一沉不起，說明香港社會在那次危機面前的應對和表現極為突出，能夠準確看到問題，撥亂反正，具有良好體制，尤其可以從危機挑戰中不斷吸納經驗，提升競爭力，從而強化國際金融中心地位，十分值得其他經濟體或社會借鑑和參考。

研究方法與個案選取

毫無疑問，對於海外華人的研究，無論歷史、政治、商業、經濟、文化與落地化（或本土化）等等，數目實在汗牛充棟，為數不少，只是視野和關注點各有不同而已。當中，從海外華人華商促成香港金融中心發展的角度作研究或分析者，實在並不多見，原因一方面與缺乏資料和數據有關，另一方面又與海外華人華商在香港生活或經商，不易被清晰界定或分辨有關。哪怕他們在移居地生活已久，仍多以籍貫作區分，尚未普遍建立以移居地作區分的習慣，更不用說部份移居地在二戰後又有獨立運動，影響了他們身份或法律地位的界定與確立。

不過，若只集中於 1950 至 1980 年代香港大小報章的報導和分析看（《華僑日報》，1950 年 8 月 21 日、1965 年 8 月 10 日、1968 年 7 月 3 日、1970 年 9 月 12 日、1979 年 8 月 15 日），海外華人的資金流入香港，不但數目極為可觀，他們的創業、入股或兼併等各種投資舉動，亦十分引人關注，其中「南洋幫」

一詞更成為當時社會的流行用語（潮語），這既與海外華人較集中於東南亞一帶有關，亦與他們因應當地政經環境變化，更渴望把資金轉到香港發展有關，佳寧集團陳松青的個案、茂盛集團的羅盛茂個案，則是其中重要說明（鄭宏泰、李潔萍，2024；鄭宏泰、李潔萍，快將出版）。無論如何，海外華人持續流入的資金，成為那時香港銀行金融業發展其中一個力量源頭，不容忽略。然而這種趨勢，在殖民管治的敘事角度裏，卻長期被政府、社會及學術界所忽略，沒吸引太多研究目光，本研究以此作為重要關注點，深入了解其中的發展進程及狀況，一窺當中乾坤勢。

同時必須指出的是，本研究的目的與方向，不只限於海外華人與香港國際金融中心建立的關係，而是採取一個由點連線、再結成面的綜合分析方法，透過把單獨個案的起落興替及全面發展連結起來，再延伸分析大勢及全局，以了解整體發展，從紛紜變化的情節中尋找某些共同特點，找出導致變化的關鍵所在。概括而言，即是從近代歷史變遷的背景下，沿着移民、創業及企業傳承的脈絡，剖析家族企業的發展、挫折、接班，甚至走向敗亡的不同軌跡和經歷，尤其抽取失敗個案中的經驗教訓。

必須指出的是，各個個案不只是抽取其中的相關部份，其他則棄之不理，而是全面了解整個發展進程，再從諸多家族及企業的發展變化中，分析其如何成就香港傳奇，讓讀者更好及更全面地了解當中的際遇與變化。因為這些個案均發生在千變萬化的現實社會中，我們沒可能如同做物理實驗般，將其他各種條件或因素排除，做出完全自由或單向的判斷，或對所有事物均有全面掌握，這正是人文及社會科學研究的困難及與自然科學最大的不同。我們只能憑着各個個案的特點，系統地了解他們在本身文化及歷史影響下，作出各種經濟或創業舉動，進而了解其如何令香港及海外華人闖出新天。

正如其他相關研究會遇上的難題，本研究亦面對資料缺乏、不易獲得可靠文獻紀錄支持理論和分析的困境。一般而言，研究海外華人如何投資香港的問題，較適合或較容易的方法，自然是與不同相關人士深入訪談，從他們的親身經歷和商業運作中，了解當中的來龍去脈與全盤發展。可是，不得不承認的是，由於本研究探討的課題較多，亦較複雜，所發生的年代又是在半個世紀或更久之前，當事人大多早已去世，在生者則很多並非當年創業或經營的決策者或直接參與者，對相關事件或企業發展際遇的認識與了解並不全面；加上部份人物曾牽涉刑事案件，小部份更被判罪成入獄，有關這方面內容，不易從人物專訪中獲得客觀中立的回應，遑論這些目標人物亦非容易接觸，或是願意毫無保留地分享，可見深入訪談的方法受到多重制約，且缺點不少。

正因如此，本研究放棄與相關家族或企業的參與者作深入訪談，改為透過對檔案資料進行耙梳，從報章雜誌的報導，政府就重大事件所做的研究或調查報告、討論或聆訊的文件記錄，以及商業登記、公司賬目，法庭判決書和各種私人通信、族譜、遺囑、傳記等資料入手，了解不同家族、企業及重大事件的來龍去脈。這種方法雖有一定缺點，例如某些內情沒有相關文字記錄，或是文字記錄存在錯漏偏差，研究要花費更多時間與精力；但亦有其突出優點，例如文字記錄更為清楚確實，政府檔案更為權威可信，資料的來源和出處又容易查核驗證，因此較能令人信服。

由於本研究的多個個案與「南洋幫」有關，我們曾走訪新加坡和檳城等地，尋求當地研究者的協助，但因個案中的相關人士在當地沒留下太多記錄，或是中文、英文與當地文字記錄並不齊全，甚至公司或人物名字的翻譯並不劃一等，難以獲得具重大作用的資料，這亦是採取檔案資料作為主要研究方法的困難之一。幸好，透過對香港不同報章及檔案的仔細耙梳，還是有一些收穫，這或者間接證明香港乃包括「南洋幫」在內的海外華人打拚事業的重大舞台，所以才會在香港留下較多足跡。

在 1980 年代初及中，香港曾爆發連串銀行金融危機，主要涉及謝利源金舖、大來財務集團、恒隆銀行、多明尼加財務、海外信託銀行、香港工商銀行、華人銀行、嘉華銀行、友聯銀行、康年銀行等十家。這些企業部份先後倒閉，部份落得遭人收購或吞併的結局，部份則為政府接管，當中更有一些經營者捲入官非，鋃鐺入獄，因此給人一種印象，覺得海外華人乃「亂源」所在，本文開首提及的所謂「亞洲教父」的論述或形象（Studwell, 2007），相信亦與此有關。

儘管這些個案以失敗告終，且長期被人蔑視，相關家族後人亦對此諱莫如深，不敢再次提及，但我們認為，他們在發展進程中其實有助香港金融中心的建立，而其失敗的教訓亦更值得汲取，因此選擇以之為研究對象，作後來者的警示。失敗個案不表示沒有參考作用，恰恰相反，他們白手興家，由小生意做到跨國集團，在客觀上對香港經濟及金融發展作出了貢獻，若能從「不以成敗論英雄」的角度看，其發展經驗亦有不少值得借鑑的。此外，利用失敗的個案，可更好地反映政府監管、業界操守與制度設計等不同層面的問題，繼而作出修正、自我調節後，重新踏上發展腳步。

事實上，這種藉失敗個案說明如何走向成功的轉折方法，雖有矛盾修辭法（oxymoron）的特點，但卻呼應了功能社會學派所提出犯罪或越軌行為（criminality and deviance behaviour）其實具有社會功能的看法（Merton, 1957: 236-237）。因為人類社會既然定有不同規則，便必然有不服從規則的越軌者，其行為十分清晰地告誡大眾何為社會規則的邊界；對越軌者作出懲罰，有助鞏固與強化社會制度，從而提升社會整合，亦可促進社會變革，例如因應各種越軌行為修改法律，堵塞漏洞，更好地配合時代及社會發展潮流。由此可見，利用失敗個案以說明香港國際金融中心的建立，「舉非說是」或「言曲示直」，既符合學術探討邏輯，亦更具舉一反三的警示作用，在當前波譎雲詭的國際形勢下更具重大意義。

必須指出的是，本研究所挑選的這些個案，其牽頭創設並全力參與其中的股東，除了部份來自香港及澳門，更多的是來自南洋——菲律賓、越南、新加坡、馬來西亞、印尼、泰國、緬甸等，亦有不少來自美洲，如加拿大、美國、多明尼加、古巴等，甚至中東的巴林、沙地阿拉伯，以及東非的毛里求斯，反映海外華人分佈全球不同角落。同時必須指出的是，不能以這些失敗個案以偏概全，甚至以有色眼光視之，如 Studwell 般片面地以為海外華人企業與資本都是不成功或只懂弄虛作假。哪怕當中一些經營牽涉違法行為，但那只是在其他社會也可觀察到的人性舉動，如俗語所說「殺頭生意有人做、虧本生意無人做」，亦反映了樹大有枯枝的現實。

必須承認的是，透過這八個背景、際遇及質性不同的個案分析，確實很難具體地印證海外華人打造香港國際金融中心的貢獻，但應可讓人清晰地看到，來自全球不同地方的海外華人華商，在風雲色變的年代，在不同環境下選擇落腳香港，又利用族群、鄉里及親友等不同關係組織公司、開拓市場，以及在全球不同地方的營運和投資網絡。後者尤其可以作為香港透過海外華人聯繫全球的最具體說明，支持了香港作為區域國際金融中心的深層次發展，眾多海外華人是不容忽略的因素。

要說明海外華人如何在不同時期促進香港經濟和商業蛻變，論證他們對打造國際金融中心的角色或貢獻，並不容易，本研究一改傳統個案分析只聚焦於某時期、個別事件或專門主題的橫切面，轉為以長期追蹤、全盤與綜合分析的方法，由頭梳理相關銀行或財務公司的創立、發展與挫折等變化，尤其是危機應對或內部控股權轉移，以及控股家族本身際遇等，進而分析不同家族或企業（本地與海外華人華商）之間的生意及投資互動。然後梳理他們之間的不同人脈聯繫、商業網絡以及營商特點，綜合分析當中最值得汲取的教訓或發展經驗，藉以說明華人家族企業的發展特點，與香港金融中心成功建立的關鍵所在。

正因如此，讀者既可單獨只看其中一章一節，或是某一個案，了解其由始至終的發展與際遇、危機應對、控股權更易等故事，從而理解其如何在香港商場上打拚，爭取家族地位，及對打造香港作為國際金融中心的角色或貢獻。當然，更好的方法是多個個案一併閱讀，然後藉此作自身的判斷，作出綜合分析和比較，了解當中差異，畢竟不同家族或企業各有追求。

本研究基本上可讓人了解各個個案不同發展的來龍去脈，不會如其他分析般只抽取與討論相關的部份，作特定視角的分析，因此可以避免如瞎子摸象般只有單一面向或一種說法的認知，更能洞悉全局與內部矛盾或困難，當然亦能加深對社會發展大局及文化因素如何左右決策的了解。還有一點，由於整個研究從家族企業的發展視野出發，讀者若能從中國文化以家為本及祖先崇拜等視角作深入的多面向思考，應能看到當中的發展力量泉源或運作邏輯，領會儒家文化的內涵和影響。

各章摘要

就本書結構而言，第一章是理論思考和研究緣起，尤其討論亞洲四小龍的崛興與儒家文化對商業發展的影響，以及香港金融業發展的特點；接着八章是深入追蹤的個案，最後一章是本研究的重點觀察、分析和評論。

第二章以謝利源金舖為分析個案，闡述金舖存戶的黃金擠提，如何掀起一場環環相扣的銀行金融風暴，令多家財務公司和銀行受到牽連，如骨牌般相繼出事。謝利源金舖發祥於澳門，歷史悠久，1950 年代因部份家族成員——尤其謝志超——由澳門轉到香港發展，隨後亦在香港以謝利源的招牌開設金舖，並在 1970 年代經濟及股票市場開放的時刻迅速壯大起來。1973 年的股災雖給香港經濟和投資環境帶來一定打擊，但謝利源金舖仍能保持發展，在宣傳黃金儲蓄保值的市場策略推動下，取得重大突破，生意愈做愈大，隨後亦染指珠寶及地產等投資。惟 1980 年代初黃金市場出現巨大波動，謝利源因為投資失誤、忽略風險，在存戶爭相提取黃金而難以應對之下，遭遇了商海中的沒頂打擊。儘管香港的謝利源金舖因此走上了清盤之路，但經營相對穩健的澳門本店則存活至今。香港謝利源金舖的擠提事件，亦牽動了恒隆銀行一度發生擠提，問題雖迅速得到解決，但所掀起的衝擊波經已擴散，令那些經營不良、負債沉重的銀行及財務公司因為相互扣連，先後如骨牌般倒下。

第三章聚焦的個案是大來財務集團。上文提及恒隆銀行因受牽連而出現擠提，為求自救，促使其收緊銀根、停止發出借貸，此舉雖讓恒隆銀行成功化解一場來勢洶洶的危機，卻因其停止發出借貸，引發依賴其借貸操作的大來財務隨即「爆煲」。此財務公司過去曾以「支票輪」（cheque-kiting）的手法向恒隆銀行套取借貸，造成巨大虧損，所以當大來財務戛然倒下時，亦拖累了長期向其提供借貸的恒隆銀行。大來財務集團的主席楊碩鐘生於澳門，1970 年代因香港經濟和股票市場興旺，乃轉投香港發展，而參與到生意中的夥伴，則多屬來自菲律賓的華商，日後亦有 1950 年代從上海移民香港的商人加入。大來財務的生意輾轉上揚，不斷擴張，曾藉收購上市公司取得公眾公司地位，且與恒隆銀行及海外信託銀行等建立緊密關係，作出了「連鎖董事」（interlocking directorate）的安排，惟同時亦捲入了「支票輪」業務操作，掉進了支票金額愈滾愈大，難以自拔的困境，最後恒隆銀行突然煞停借貸，大來財務因資金鏈斷裂而「爆煲」，留下的巨額債務則衝擊了恒隆銀行及海外信託銀行等公司。

第四章集中討論恒隆銀行。恒隆銀行本來由開平籍的關能創、關能睦（又名關沃池）、關能基三兄弟在 1940 年創立，歷經戰亂與不同時代發展，控股權屢變，到 1960 年代末落入陳錦泉、莊順成、蔡普中等南洋華商家族手中，由莊榮坤、李海光等主理日常行政。此銀行在大量資金注入下不斷擴張發展，自 1970 年代起更因與同樣由南洋華商家族掌控的海外信託銀行關係密切，兩者有了股權互控，甚至結為「聯營企業」（associate companies），提升競爭優勢，銀行業務持續壯大。然而，這個節節上揚的業績背後，恒隆銀行與多家銀行及財務公司的關係糾纏複雜，例如莊榮坤和李海光因為同時擔任大來財務集團的董事，而捲入了大來財務「支票輪」操作所累計的借貸，數額極為巨大。因此當相關財務公司突然「爆煲」，巨大的借貸瞬間變成壞賬，令恒隆銀行亦陷入負債纍纍的困局，結果銀行遭到政府接管，日後則賣盤轉手，落入了馬來西亞華商郭令燦家族掌控的道亨銀行手中。

多明尼加財務公司是第五章重點討論的個案。此公司由 1950 年代移民香港的福建籍華商葉椿齡於 1979 年創立，股權結構並不複雜，經營的時間亦不算很長，但其與多明尼加共和國撲朔迷離的複雜關係，卻引起社會及市場注視。葉椿齡及其兒子曾分別擔任該國駐香港的名譽領事和名譽副領事，葉椿齡兄長葉椿壽更是上市公司玫瑰針織的話事人，在行業中享有一定地位。到 1980 年代初，因應香港出現「信心危機」，多明尼加財務公司曾大力推廣「投資移民」，吸引那些對香港前途缺乏信心，正在尋求「太平門」的香港人到多明尼加共和國投資置業，惟公司卻於 1985 年因資金鏈斷裂陷入泥沼。背後原因，是公司曾經連結海外信託銀行的「支票輪」操作，騙取資金，藉以支持葉椿齡的業務發展，卻因蒙受巨大虧損而走上倒閉結業的終章，葉椿齡亦因此鋃鐺入獄，其他涉案人則逃往海外。

第六章集中討論海外信託銀行、香港工商銀行這兩家二為一體的銀行，同時略述曾由海外信託銀行掌控的華人銀行控股權變化。海外信託銀行主要由馬來西亞及新加坡籍華商張明添聯同曹耀、黃錫彬、黃克立等人於 1950 年代中創立，以服務海外華人為市場定位。到 1960 年代中，泰國籍華商楊錫坤、李木川、黃子明等人創立香港工商銀行，張明添等海外信託股東亦曾給予支持；後來海外信託銀行吸引菲律賓籍華商桂華山及莊清泉（莊順成家族）等入股，同時增加對香港工商銀行的股權吸納，之後更將香港工商銀行吸納為子公司，令兩家銀行的發展腳步緊密地結合在一起，成為海外華人資本在香港創立銀行的龍頭。在張明添的帶領下，海外信託銀行和香港工商銀行不斷成長，到了 1970 年代，藉着股票市場開放的時機，張明添推動海外信託銀行上市，香港工商銀行則在十年後上市，上市後兩家銀行的擴張腳步更快更急。然而，就在 1980 年代初，海外信託銀行捲入了「支票輪」操作，到 1982 年初，張明添突然去世，集團領導出現重大轉變。其中最受關注的，是作為第二大股東的莊清泉家族，出售其持有的海外信託銀行股權，以換取張明添家族的恒隆銀行股權，令張明添家族維持對海外信託銀行和香港工商銀行的掌控，莊清泉家族則可全面掌控恒隆銀行，兩者各走各路，終止了過去的「聯營企業」關係。惟因兩間銀行早已捲入「支票輪」，在大來財務和多明尼加財務相繼「爆煲」後，同樣陷入財困泥沼，政府發覺問題極為嚴重，決定全面接管，最終令海外信託銀行和香港工商銀行落得了賣盤轉手的結局。海外信託銀行由郭令燦家族旗下的道亨銀行收購，香港工商銀行則由寧波籍王時新家族所掌控的大新金融接手。華人銀行本由周錫年家族創立經營，1980 年代初周錫年長子周啟賢突然去世後乏人接班，控股權輾轉落入海外信託銀行手中，但到 1985 年則因海外信託銀行陷入財困而賣盤，售予印尼華商李文正，而李文正日後又將之轉售予華潤企業，可見華人銀行數度易主，發展進程甚為曲折。

海外信託銀行和香港工商銀行遭到政府接管一事，嚴重地衝擊了香港銀行體系與金融市場，令多家華資銀行受到牽連，第七章聚焦探討的嘉華銀行個案，便是其中之一。嘉華銀行創立於 1920 年代初，在廣州、上海及香港同步開展業務，在當時社會甚為少見。1930 年代，銀行一度因投資失誤而清盤，在連串努力掙扎後得以復業，卻又在日軍侵華、香港淪陷及中華人民共和國成立等重大歷史事件中遇到不同挫折。自 1950 年代起，只剩下香港業務的嘉華銀行，控股權落入林子豐手中，逐步走上發展腳步，無論資本、業務及分行數目均穩步上揚。

不過到了 1970 年，林子豐家族卻選擇出售控股權，嘉華銀行落入夏威夷華商家族劉本贊、卓觀信及菲律賓籍華商林子明家族手中。惟無論林子豐在生時，或是其諸子林思顯、林思進等，在出售股權後仍留在董事局，此安排甚為特殊，備受關注。新控股家族接管嘉華銀行後，曾有連串擴張舉動，惟 1973 年的股災令經濟和商業十分低迷，打擊了銀行的發展，因此到了 1970 年代中，控股權再度更易，由來自新加坡的華商劉燦松、劉燦賢、劉燦成三兄弟接手，並在隨後數年隨着香港經濟復蘇不斷壯大起來。到了 1980 年代，劉氏兄弟更推動嘉華銀行上市，令業務獲得更大發展。然而，當海外信託銀行爆出資不抵債危機，遭到政府接管時，嘉華銀行亦因與之關係緊密而受波及，更從中揭露出銀行亦存在嚴重賬目問題，資不抵債，促使政府作出多方干預，嘉華銀行最後落入中國信託投資公司手中。

同樣受海外信託銀行被政府接管一事所衝擊的，還有友聯銀行和康年銀行，第八、第九章分別以它們作為個案進行深入討論。友聯銀行創立於 1960 年代中，由印尼華商溫仁才家族掌控，其他主要投資股東則有同樣來自印尼的華商黃村生、葉觀炎及張仲增等。由於此銀行作風較為穩健，同時偏向於地產投資，銀行業務發展並沒如恒隆銀行、海外信託銀行及香港工商銀行般急速，盈利卻長期優於同業。1970 年代，友聯銀行同樣因應股票市場開放而上市集資，獲得了更好的成長。然而到了 1980 年代初，經濟及投資環境出現巨大波動的時期，溫仁才因投資失利而掉進困境，不但未能迅速應對，反而選擇了逃避，結果令問題愈演愈大，難以收拾，友聯銀行負債纍纍，控股權最終落入中國招商銀行手中。

康年銀行乃早年赴舊金山謀生經商的四邑商人李煦雲、黃衍堂、李煜堂、李星衢、馬敘朝等人於 1920 年代在香港創立，長期採取甚為保守的經營及投資策略，業務表現亦一直保持平穩，控股權基本上由李星衢及李煜堂兩個家族把持。哪怕在日佔時期，銀行仍繼續經營。到二戰後，尤其在 1950 年代末起，銀行業有了長足發展，不少銀行均以進取方法開拓市場時，康年銀行仍一如既往地保持着保守作風，促使部份控股家族成員另闢蹊徑，參與到廣東商業信託銀行的發展之中。惟這一進取策略不久便在 1965 年的擠提風潮中遭遇致命打擊，令原來堅持保守策略者更加規行矩步，就連借貸放款的業務亦不敢開拓，只集中於長期以來的熟客戶，惟這樣又導致了放貸高度集中，且若相關客戶掉進財務困局時，銀行將無法自拔。而政府則在海外信託銀行「爆煲」後加強對各家銀行的監管，認為康年銀行在單一借貸客戶無法償還借貸下，銀行流動比率未符合銀行法例，乃以脅逼方法促使其賣盤，最終落入印尼華商林紹良家族掌控的第一太平實業手中。

第十章因應以上各個案的不同組織、資本來源、市場策略及發展際遇，提出一些綜合分析和觀察。一方面，從宏觀或大環境角度，檢視 1980 年代全球銀行和金融發展的情況，了解高度開放的香港經濟和商業如何與美歐等國銀行和金融的起落同步，以及分析那時香港業界、政府及社會在那次銀行和金融危機中的應對，尤其是俟後的法制完善和市場變遷。另一方面，則會檢視 1980 年代那次巨大金融危機的衝擊和行業「大洗牌」下不同資本之間的相互競逐，更會重點剖析香港如何從聯通華洋中外的角色，蛻變成海外華人第二故鄉，吸引他們落腳，令海外華商成為促進銀行與金融業不斷發展的重大力量，進而檢視他們遍及全球的商業網絡和俟後的變化。中國內地企業及資金自 1980 年代起趁着回歸過渡期進入香港，壯大香港經濟、商業及金融的「體格」，有助香港打造成國際金融中心。除此之外，更會從家族企業發展與傳承的角度，扼要談談在儒家文化影響下香港及海外華人家族企業的發展特點和去向。

結語

香港從貿易轉口港發展成輕工業生產經濟，進而打造成區域性國際金融大都會，與紐約、倫敦齊名，成為「紐倫港」國際金融中心一員，表面上似乎輕而易舉，有如神話一般，說變就變，社會上卻沒太多人思考蛻變背後的原因，及其核心動力源頭到底來自哪裏。由 1841 年至 1940 年代末長逾一個世紀，香港高度依賴轉口貿易，南北行的金山莊或南洋莊等乃最大的支撐。自 1950 年代起，香港走上了輕工業發展之路，來自上海的移民企業家及大量在 1940 年代末湧到香港的廉價移民勞動力，成為這波輕工業發展的力量源頭。然而，自 1950 年代起，到底是何種力量催生並壯大香港金融業，將其經濟結構推上更高台階，逐步發展成為國際金融中心，則長期沒有人研究，社會對此亦沒有太多認識或提及。

自經歷兩次世界大戰，大英帝國的實力已大不如前，其遍及全球不同地方的屬地相繼獨立，便是最好的證明。以資本結構為分析視角的資料亦揭示，二戰後英人資本在香港的主導地位已江河日下，逐步收縮；中國內地過去長期是香港發展的最大後台，卻由於「貿易禁運」，令香港突然失去往昔支援。過去在亞洲地區具有較強經濟力量的日本，二戰後只能埋首自身重建；可是同一時期的香港卻能作出突破，既走向工業化，隨後又逐步增大金融力量，發展成為國際金融中心。促進這一巨大轉變的核心動力，除了有中國內地的資金和企業大舉湧入，本地華人資本在發展進程中亦迅速壯大，至於海外華人資本、人口及企業的大幅增長，成為那個年代推動香港經濟與產業不斷發展的重要源頭，令香港銀行和金融業不斷取得突破。

當然，這個過程並非無風無浪、一馬平川。因為相關金融體制及市場運作規則尚沒完全建立，一如既往採取相對鬆散的自由市場原則運作，容易滋生問題，讓尋租行為有機可乘，某些舉動甚至超越法律底線，給公眾投資者及社會帶來傷害。幸而危機及問題過後，社會、政府及業界能汲取教訓，因時制宜，撥亂反正，令香港金融、經濟和社會重新踏出健康的發展腳步，建立更為公正、透明、廉潔的體制，因此吸引資金及企業絡繹不絕到來，造就香港崛起成為與倫敦和紐約鼎立並肩的國際金融中心。由此帶出一句名言：危機與困難乃成功的試金石，或民間俗語「失敗乃成功之母」。本研究聚焦於 1980 年代那場銀行金融危機之中的眾多個案，正是基於這一視角的分析。

註

1 例如，據經濟學者 Lewis 在 1970 年代的估計，海外華人的數目便達 5,000 萬（Lewis, 1978: 14）。另外，據 Ch'ng 在 1990 年代的估計，海外華人約有 5,500 萬，其中亞洲佔比逾九成，達 5,030 萬，美洲佔 340 萬，餘下約 130 萬分散全球其他地方（Ch'ng, 1993: 26）。一如不同年代不同地區的人口統計，數據不少均存在巨大偏差，只能作為一個粗略參考。

2 在 1928 至 1930 年的三年間，香港政府全年的財政收入分別 2,496.8 萬、2,355.4 萬及 2,781.8 萬元（*Hong Kong Blue Book*, various years）。按此估計，即每年由香港匯回中國內地的僑匯資金，約為香港財政收入的十倍，數目之巨可見一斑。

3 這些海外華人家族的另外一些特點，其一是家族成員分散各地，部份在香港，部份移居海外不同地方，很有「聯合國」的色彩；其二是他們亦與不同種族通婚，參與到不同地方的政商網絡之中，令其人脈關係網絡無孔不入；其三是他們的居住地變得較為流動，一般不單單持有單一護照，所以無論居住地或身份上，均顯得甚為「流動」。

4 在馬克思心目中，要達至原始累積，只能採用諸如武力、計謀、新發明或金錢去獲取，說明當中之困難，且須以犧牲他者為代價（黃仁宇，1997：11）。

5 在英文著作或文獻中，中國傳統的錢莊、銀號或找換店等，有時會翻譯為英文 bank 或 native bank，但這些商行與現代化或西式銀行有很大差別。二戰結束初期，香港銀行體系中的銀行主要分為四類：現代銀行、本地銀行、外國銀行及中國國家銀行（Schenk, 2001）。

6 那時的商業名錄中亦有列出 10 家物業租賃公司及 10 家置業公司，揭示早在那年代已有以物業作為長期投資，惟數目尚且不多。

第二章

老舖不衰

謝利源金舖的發展進程與波折

1985 年 4 月 8 日，香港報章紛紛以大字標題報導，謝利源金舖前東主謝志超在其住所內服下 80 多粒安眠藥，昏迷送院獲救，警方在現場找到一封長達五頁的遺書，內容提及「一名姓容（譯音，原註）的女子（該女子曾是謝利源某分行經理，原註）離他而去，他死後囑家人把他的遺體火化」。由於住所環境沒異樣，警方初步將案件列為企圖自殺處理（《大公報》，1985 年 4 月 8 日；《華僑日報》，1985 年 4 月 8 日；*South China Morning Post*, 8 April 1985）。謝志超曾因謝利源金舖而名噪一時，卻又因經營失敗而招來不少譴責與責難，給他帶來不少壓力。

謝志超企圖仰藥自殺的表面原因，似乎與感情問題有關，但從其親友對記者透露的一言半語中，可看到那時已年過 64 歲的他，因事業遭遇滑鐵盧而耿耿於懷，甚至有「愧對祖先」的感受，不願與親人見面（《華僑日報》，1985 年 4 月 8 日）。事實上，在他經營下，謝利源這間「百年老店」確有不少突破，成為眾人羨慕的焦點；而且謝利源出事之初，本來尚有生機，卻因種種原因導致生意全線崩潰，欲救無從，謝志超亦失去了往昔馳騁商場時的志大氣銳、豪氣干雲。號稱「百年老店」的謝利源金舖到底是一家怎樣的企業？有何傳奇發展？其起落興衰在商場上掀起了怎樣的波濤風浪？其發展進程又反映了家族、企業、文化及社會的哪些特質？在討論這些問題，作出系統分析前，且先從這個家族和企業的百多年前談起。

本港新聞

前謝利源金行東主昏迷送院

謝志超仰藥獲救

致電親信叮囑代辦後事留下一封長信

送院洗胃後無礙警方列為企圖自殺案

老職員及時趕到謝氏寓所救人

謝志超對醫生表示

曾吞八十粒安眠藥

謝志超企圖仰藥自殺報導，《華僑日報》1985 年 4 月 8 日。

老字號的起始、發展與傳承

謝利源乃發源於澳門的一家老字號金舖，它曾轉到香港「開枝散葉」，蓬勃發展，卻在 1982 年突然遭遇滑鐵盧，香港門店全線結業，只剩澳門一店得以維持，並在當地持續發展至今（O' Che 1867，沒年份）。就如其他百年老字號，謝利源亦飽經風雨，不但凝聚了家族多代人的汗水，亦見證了港澳的歷史變遷，足以作為家族企業發展與傳承的重要案例。綜合各方資料顯示，謝利源於 1867 年（同治六年）由一位名叫謝瑜堂的年輕人創立，他原為銀器工匠學徒，心靈手巧，當掌握了金屬飾品的製作技巧又積有一些資本後，便自立門戶。門店初時落腳於澳門橋仔頭，後來搬到紅窗門街（吳秋全，2007：10），地點雖不能說是澳門商業中心，卻也人流暢旺。

有分析指出，謝瑜堂祖籍南海，1850 年生於澳門（Lo, 2021）。按此推斷，其父母在這之前已由南海移居澳門，令謝瑜堂得以在這個華洋混雜的文化與社會背景下成長。他創業時只有 17 歲，但對金銀器的製作技藝已有相當掌握，且積有資本，可見他不但年少有為，相信亦擁有一定商業網絡與人脈關係，因為經營金舖並非一般小生意，而是涉及「類金融」的特性，金銀器是奢侈品，在那個年代不是一般小本商人所能參與的。

除了金舖，據說謝氏家族後來還經營了不同類別的生意，包括售賣食米及生油的利豐油米行、生活雜貨的繁華百貨行，以及進口化妝品、絲綢等物的繁華絲綢莊（吳秋全，2007；Lo, 2021）。由於三類生意性質甚為不同，相信那時家族應是「有生意便做」，每當有人提供或拉攏某些生意門路，便投入其中，不受市場定位或策略所影響，由此亦反映家族在社會中的人脈關係與商業網絡相當廣泛。

家族之所以出現這種發展狀況，亦與家族生意的生命週期有關。不同資料顯示，謝瑜堂育有多名子女，但參與金舖生意的，主要是四子謝再生和六子謝永生，兩子的年齡據說相差十多歲（吳秋全，2007：22）。謝瑜堂子女數目雖然不少，惟只有謝再生和謝永生常常被提及，應是因為他們靠金舖業務打出名堂，而其餘各子負責管理的不同生意則未能發圍，故默默無聞，亦不排除當中有人早逝。此外，據謝家第四代人謝嘉亮憶述，謝再生和謝永生其實不是他們的本名，而是兩人在光緒年間皈依了基督教後再取的名字，反映信仰對他們的生命或事業具重大意義，同時向別人、教友或教會表明心跡（《時代雙月報》，2000）。事實上，宗教信仰對謝家不少成員而言都相當重要，亦是這個家族不斷發展的重要助力，可視為宗教資本。

受資料所限，自 1867 年創業至 20 世紀初的約半個世紀期間，無法查明謝利源金舖的發展，但相信應如不少老字號般點滴積累、緩緩前進；謝瑜堂亦從年輕小伙子成家立室、子孫成群，再到垂垂老矣。進入 20 世紀，年過半百的謝瑜堂一如其他創業家長，逐步把生意交到兒子手中，而接手金舖的便是謝再生和謝永生兩兄弟。

據在謝利源工作大半生的老員工憶述，謝再生和謝永生兩兄弟繼承父業後，合力打理金舖超過 60 年，十分合拍。其中謝再生性格樂觀，處事謹慎，雖然只上過一年書塾，凡事靠自學，但腦筋靈活，點子極多。據報導，在 1930 年代，他想到發行購物禮券的推銷手法，禮券可於謝家名下四間店舖聯通使用，據說大受歡迎（《文匯報》，2009 年 12 月 7 日）。至於謝永生則為人和藹，是虔誠的基督徒，十分愛惜員工，沒有架子，與員工打成一片。據謝利源第三代謝志成補充，其父（謝再生）與叔叔（謝永生）感情深厚，兩兄弟娶了一對姊妹為妻，所以他的嬸嬸亦是他的姨母，「兩家（房）人關係十分密切，兄弟姊妹彼此間相處非常融洽」（吳秋全，2007：18-19 及 24）。

到 1920 年代，謝利源門店搬到營地大街 24 號（《大公報》，1982 年 9 月 7 日）。營地大街遠比紅窗門街繁盛，是較重點的商業區，反映金舖生意愈見興旺。那時，謝瑜堂已年過 70 歲，不太「理事」（打理日常事務），金舖發展順利應是謝再生與謝永生兩兄弟的功勞，也說明生意順利交接。澳門經濟局於 1920 至 1930 年代出版的《澳門指南》，在「首飾店或打金店」的分類中常見「謝利源」（Chie-li-un，葡語拼音）的記錄，經營地址註明在澳門街 24 號（24 Rua dos Mercadores，即營地大街）。由於能列入指南的商號多為較有規模或歷史者，反映金舖已建立起一定市場地位與名聲。

到 1930 年，謝瑜堂 81 歲生日時，家人齊集為他祝壽，並拍下全家福（吳秋全，2007：10），那時他看來仍身壯力健，甚為難得。不過，在 1930 年代初，受歐美經濟嚴重衰退的外圍環境牽引，澳門經濟甚為低迷，連日常所需的食米、生油、生活雜貨等生意亦相當受影響，謝家經營的奢侈品生意如化妝品、絲綢以及謝利源金舖，相信所受衝擊更大，考驗謝再生和謝永生的經營能力。

不過，局面很快出現轉機。1937 年 7 月 7 日，日軍侵華，在戰火影響下，內地大量人民流離失所，湧入港澳。黃金在逃難時有保值功能，自然受到搶購，價格有升無跌，糧食與各種民生用品亦供不應求。按一般情況推論，那時謝利源的生意必然一反早年劣勢，火紅暢旺，家族其他生意如食米、生油、生活雜貨等亦必更為活躍。

之後的 1941 年，香港亦告淪陷，澳門則因葡萄牙宣佈保持中立，不捲入戰爭而得保和平，不少人為逃避戰火移居當地，當中包括何東、韋達、何鴻燊、周埈年等香港名人巨富，令大量資金、資源及資訊流入澳門。澳門社會、經濟和商業變得異常繁榮和複雜，黃金交易更是十分活躍，澳門亦成為穗、港、湛，以及華南一帶糧食與生活日用品買賣與流轉的要塞。正因如此，經營金舖的謝利源，相信應有一定發展，而不應如《流金歲月》一書的介紹：「金舖艱苦經營，幸好還能苦撐下去」（吳秋全，2007：20）。

無論是謝瑜堂獨力經營的時期，或是謝再生與謝永生兩兄弟接手後，謝利源及其他家族生意的規模並不大，但經營歷史在澳門算是較長。其中謝利源所售金飾「手工精巧、貨真色足」，「大受歡迎」，喜慶婚嫁的「妝嫁文定信物，無不是謝利源的出品」，謝利源在市場上逐步建立起良好的口碑和地位（吳秋全，2007：32）。謝家雖未因此成為一時巨富，畢竟還是有不少積累，家族亦得以不斷繁衍。資料顯示，謝再生娶了多於一位太太，育有 13 名子女，謝永生則有 8 名，各房子女多接受不錯的教育，部份更到內地、香港乃至負笈海外，升讀大學或大專。

謝利源金舖當時的經營情況雖已不可考，但從家族成員的回憶，還是可看到一鱗半爪。據曾任浸會大學校長的家族第三代謝志偉所言，他孩童時常到謝利源門店，看到客戶與掌櫃講價，掌櫃在還價時會翻看價牌，但謝志偉察覺價牌背面並沒寫明價目，只有一些莫名其妙的文字，如「待誠元」、「慎應世元」等。他後來才從父親謝再生口中得知，原來那些文字便是謝家獨特的價錢密碼，因為公司把「待人應謹慎，處世貴忠誠」十個中文字的順序，作為阿拉伯數字 1 到 0 的代碼，所以「待誠元」即是 10 元，「慎應世元」便是 537 元，用這種方式讓客人不能窺見底價，但掌櫃卻能掌握成本，在討價還價時自然更易拿捏，知所進退（吳秋全，2007：27）。這一細節技巧，反映了謝氏兄弟將做人處事的原則與營商秘訣相結合，達到潛移默化之效。

由澳轉港另闖事業

1945 年 8 月 15 日，日軍投降，中華大地重見和平，香港亦結束淪陷歲月，澳門卻因此驟然失去戰時「孤島」的優勢，曾經一枝獨秀的繁盛經濟在難民離去後變得低迷。相對而言，重光後的香港迅速踏上重建之路，雖然初期仍步履蹣跚，但隨着國共內戰爆發，在難民與資金湧入的帶動下，經濟迅速發展起來。謝氏家族的成員亦在一推一拉的多方因素左右下，重新思考生意及各自的人生路向。

事實上，那時的謝氏家族和企業正經歷生命周期的轉變。當時第三代不少成員已經長大，部份亦開始踏足社會工作，但謝利源等店舖卻非大企業，單是謝再生與謝永生兩兄弟已有多名子女，故只有少數人能進入家族生意，大部份人須向外發展，各自謀求出路。另一方面，那些有一定教育水平或專業資格的年輕成員，卻未必有興趣繼承傳統的金舖或雜貨舖。由是之故，進入 1950 年代，謝利源還是由謝再生與謝永生兩兄弟主力打理，第三代則各有抱負，選擇走上不同的事業道路。

面對澳門和香港發展此消彼長的局面，不少謝家第三代選擇轉到香港發展。對於不少澳門人而言，鄰近的香港並不陌生，因為港澳就如姐妹城市，交流頻密，不少家族更長期在港澳兩地投資置業，形成「兩頭住家」或「兩邊走」的格局。謝氏家族的情況亦是如此，甚至可能在香港亦有親友及投資，視為人生事業分散風險的不同舞台。

將謝利源引入香港的，是謝再生的長子謝志超。謝志超 1921 年生於澳門，於中華基督教會創辦的蔡高中學接受教育（《時代雙月報》，2000）。他約於 1940 年中成家立室，元配為鄭鳳儀，長子謝嘉亮於 1946 年出生。[1] 雖然謝志超是謝再生的長子，但或許當時澳門謝利源有父親及叔父主理，故他沒留在澳門幫助父親打理金舖，而是在 1940 年代末或 1950 年代初轉到香港，尋找自己的事業道路。

從僅有的文獻資料推斷，謝志超到港後，初期應在一家巴斯人經營的出入口貿易公司 H.N. Pahilaj & Company 工作，位於中環華人行。1952 年 12 月底，公司曾刊登告示，指「自 1952 年 9 月 1 日起，謝志超已不再與本公司有任何關係」（*South China Morning Post*, 25-28 December 1952）。從用語看，一來謝志超的職位應不是純粹打工，很可能屬享有佣金或分成的營業代表之類，亦不排除為合夥人；二來從他離開後三個月，公司才刊登廣告，可能顯示離職後他從事的商業活動，與原來公司相似，甚至形成競爭，促使原公司刊登告示以澄清關係。至於謝志超當初為何能在香港的巴斯洋行找到工作，是有熟人推薦或是自己求職，現時已沒法找到答案。

離開 H.N. Pahilaj & Company 後一段時間，沒什麼關於謝志超的記錄。直至 1959 年，資料顯示他創立了捷昌洋行（C.C. Tse Agencies Co.），主要經營生活雜貨（百貨）的出入口代理，基本上屬於貿易中介，既與前公司同一性質，亦可能與家族在澳門的生意有聯繫，但公司英文名稱 C.C. Tse，應是 Chee Chiu Tse 的縮寫，反映這是他個人的生意。公司初期為無限公司，至 1968 年 11 月以有限公司形式註冊，名稱亦改為捷昌出口代理有限公司（C.C. Tse [Agencies] Limited，下文簡稱捷昌洋行），地址是彌敦道 27-33 號善美大廈 2 樓（Annual Return of C.C. Tse [Agencies] Limited, 31 December 1968）。由此可以推斷公司的發展愈來愈好，業務不斷壯大。

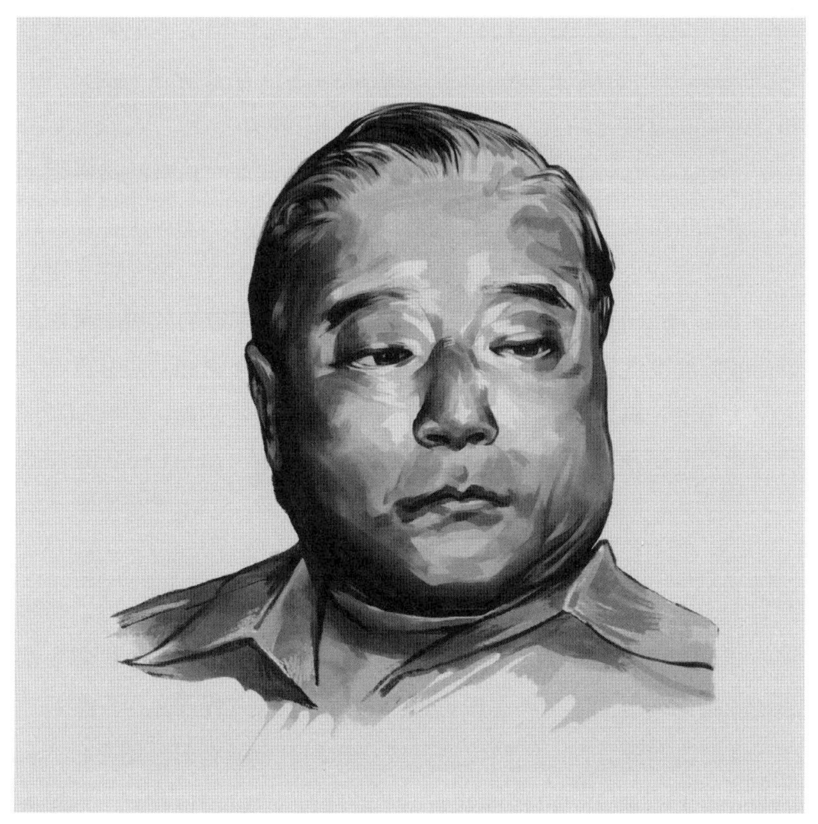

謝志超

由於資料不詳，不清楚公司創業初期的規模或發展情況，但在 1961 年，生意有重大突破，謝志超成為英國德士高公司（Tesco Stores Ltd.）的代理，那是一間擁有超過 550 家門店的大型連鎖百貨公司，因此謝志超的生意猶如踏上高速公路，飛速向前邁進。或者為了便利生意，又或是打算長留本地發展，他在 1962 年 11 月申請入籍英國，並按當時政府規定的入籍手續申請，政府隨後在報紙上刊登公告，確認其申請。從公告上可見，那時他居於銅鑼灣恩平道 44 號 2 樓（*South China Morning Post*, 24 November 1967）。

後來，捷昌洋行更被提升為德士高公司的香港代理，反映德士高公司滿意其表現。當時正值香港輕工業高速發展期，德士高公司每年均從香港購入大量成衣、鞋帽及玩具等，如單在 1966 年已透過捷昌洋行等公司購入總值 300 萬英鎊、折合 4,800 萬港元的貨品，乃香港百貨出口的大客戶（*South China Morning Post*, 8 March 1967）。謝志超是該公司的香港代理，自然能獲得滔滔不絕的生意，賺取可觀的中介費。

1967 年 3 月，德士高公司董事長兼總經理海氏夫婦與董事盧納夫婦由英國抵港，考察業務並接觸商貿夥伴，謝志超在中環大同酒家包下全廳，設宴款待。當天受邀出席的香港工商界精英達數百人，場面盛大，賓主盡歡，反映謝志超的生意甚有規模，亦已建立起一定人脈關係網絡（《華僑日報》，1967 年 3 月 10 日）。

除經營中介貿易外，謝志超亦看到謝利源這個老招牌的市場價值，於是將金舖引入香港。從公司廣告看，謝利源金舖應從 1967 年已開始在香港經營，那年剛好是謝利源創業一百周年，應是以無限公司模式營運。至 1968 年 11 月，他將捷昌洋行註冊為有限公司，同時又註冊成立謝利源金舖有限公司（Tse Lee Yuen Jewelry Limited），據公司註冊處的資料，註冊股本為 6,000 萬元，地址在彌敦道 699-701 號快富大廈（Fife Building，現址為番發大廈）401-406 室。無論捷昌出口代理有限公司或謝利源金舖有限公司，均由謝志超及其妻（參考下文討論）廖心如持有，謝志超仍報稱居於銅鑼灣恩平道 44 號 2 樓，職業為商人，廖心如則報稱居於銅鑼灣加寧街新城大廈，職業為家庭主婦。

從謝利源金舖的註冊地址並非地舖，而是大廈四樓推斷，很可能那時金舖並未開展零售業務，而是如捷昌洋行一樣從事金銀的出入口貿易。至於公司另一名登記股東廖心如是謝志超的二太太，資料顯示，謝志超有兩名妻子，元配鄭鳳儀長居於澳門。公司註冊中只有廖心如的名字，或許反映謝志超與元配關係欠佳，不過廖心如只持有 1 股，近乎是「湊人數」，應無參與公司運作。

謝志超選擇在 1968 年改變兩間公司的註冊模式，相信是香港經歷了 1967 年的社會動盪後，經濟走向復甦，商業環境有了重大改善，捷昌洋行或謝利源金舖的生意亦穩步向好，有見及此，決定進一步深耕本港市場。在謝志超改變公司註冊模式的這一年，他其中一名胞弟謝志偉自美國學成歸來，應聘為浸會學院（即現在浸會大學）數學系系主任；加上另一名早在二戰後就由澳門轉到香港，經營製衣出口生意的胞弟謝志新，可見家族不少人選擇香港作為人生及事業發展的平台（吳秋全，2007：20，《文匯報》，2009 年 12 月 7 日）。

自 1968 年至 1970 年代初，香港經濟欣欣向榮，謝志超的生意亦有很大發展，身家日豐，並於大埔購置一座大宅，取名「愛吾盧」，以彰顯身份地位。謝志偉的學術道路亦十分順利，在教育界嶄露頭角（參考下文討論）。兩兄弟雖身處不同崗位，但感情應相當深厚，亦會互相扶持，有財力的兄長謝志超，更會在胞弟有需要時給予助力。如在 1971 年 10 月，他借出新購置的大宅，讓剛榮升為浸會學院校長的胞弟舉辦聯歡會，接待浸會學院校董會成員、教職員百餘人以及新聞界人士。至 12 月，謝志偉的校長就職典禮過後，謝志超又於大宅設宴招待教育文化界人士，協助胞弟的公關工作（《華僑日報》，1972 年 1 月 14 日）。對於「愛吾盧」的環境，獲邀出席活動的記者這樣介紹：

> 「愛吾盧」為謝氏近年來精心建置者，有游泳池、網球場、花園亭台，面向吐露海峽，遠景雲山遼闊浩壯，近景花木秀茂。昨應邀參與盛會者均讚許「愛吾盧」之幽美環境及別緻設計。（《華僑日報》，1971 年 10 月 24 日）

1973 年 8 月，謝志超再慷慨解囊，捐出 30 萬元協助浸會學院興建辦公大樓，以支持該校發展，同時紀念他們的父親謝再生（《華僑日報》，1973 年 8 月 12 日）。今日，謝再生紀念館仍位於該校查濟民大樓，為浸會大學的師生服務。

不難看到，二戰後自澳門轉到香港發展的謝志超，創業初期另闢蹊徑，充當中間商，路程甚為暢順，憑代理出口衣履服裝等香港製造的生活百貨闖出名堂，積累財富。與此同時，到了 1960 年代後期，他察覺到金銀珠寶等貨品同樣有巨大市場，因此在謝利源開業一個世紀的歷史時刻，在香港設立首家謝利源金

謝志超捐三十萬元
浸會學院建新辦公大樓

【本報訊】香港浸會學院，本月九日收到一筆三十萬元捐欵。該卅萬元係由該學院校長謝志偉博士之令兄謝志超先生所捐贈者。

謝志超爲謝利源金行董事長兼總經理。於是日開幕儀式中，謝氏親將該卅萬元支票交予浸會學院校長謝志偉博士。

據悉，該項捐欵將用於興建浸會學院新辦公大樓，以紀念謝氏昆仲之令先翁謝再生先生。該新辦公大樓之建築圖則，亦業經工務局批准，一俟標投決定，即可興工。

圖爲謝志超先生將卅萬元支票交予浸會學院校長謝志偉博士。

謝志超捐建浸會學院辦公樓的報導，《工商晚報》1973 年 8 月 12 日。

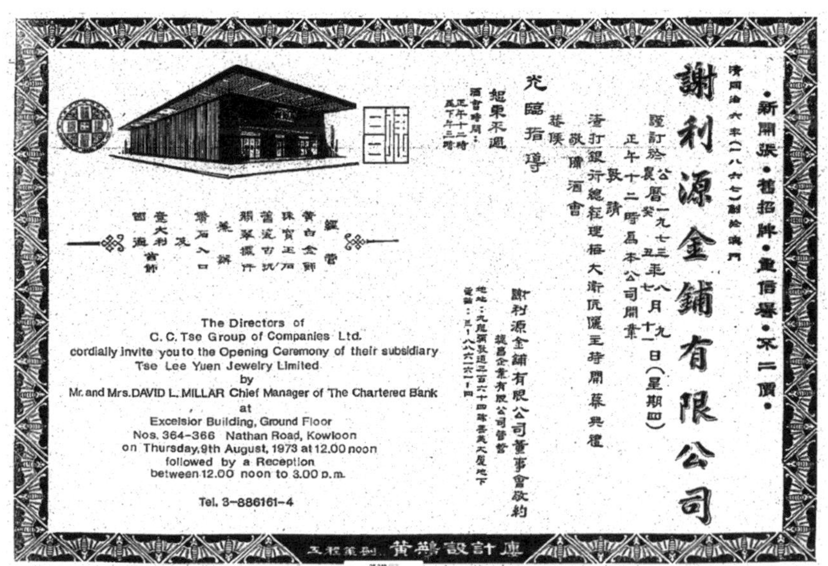

謝利源金鋪慶祝開張的廣告，《華僑日報》1973 年 8 月 9 日。

舖，並於翌年註冊成為有限公司，令謝利源的名字一度響遍香港。不過，從資本與股份分配上看，香港謝利源應是獨立公司，並非澳門謝利源的分店。

回歸祖業謝利源

從企業發展的角度看，進入 1970 年代，可能受到經濟及股票市場一片興旺的影響，謝志超的投資明顯更為進取。從公司註冊處的資料所見，在 1971 年底，謝志超先後註冊成立了捷昌企業有限公司（C.C. Tse Group of Companies Limited）及捷昌置業有限公司（C.C. Tse [Estates] Limited），主要仍由謝志超和廖心如兩人擔任股東，註冊地址均在彌敦道良士大廈（Alpha House）。而前文提及的捷昌出口代理（捷昌洋行）、謝利源金舖，以及剛成立的捷昌置業，大部份股票改由捷昌企業持有，即是以捷昌企業作為母公司，控股其他三家公司。與此同時，謝志超又增加了捷昌出口代理及謝利源金舖的股份，顯然有意乘勢擴張業務。

到了 1973 年 8 月，即謝志超捐款 30 萬元給浸會學院前後，他的事業再有重大發展。他在佐敦彌敦道 364-366 號善美大廈地下，開設了謝利源在香港的首家門店，更在本地各主要報章發出中英文請帖，大賣廣告，以「新開張、舊招牌、重信譽、不二價」為標題，強調謝利源金舖在「清同治六年（1867）創於澳門」，主要經營黃白金飾、珠寶玉石、舊瓷古玩、翡翠擺件；兼辦鑽石入口及意大利西德首飾。為了隆重其事，他特別請來渣打銀行總經理梅大衛（David L. Millar）伉儷主持開張儀式（*South China Morning Post*, 9 August 1973）。對於謝志超進軍珠寶金飾行業及謝利源開張，老主顧德士高公司及一對洋人夫婦（Letitia and Laurence Leigh）在《南華早報》刊登廣告，表達祝賀，後者的廣告更附有中文「大展鴻圖」四字，顯示他們與謝志超關係匪淺，亦對中國文化有一定了解。[2]

謝利源大張旗鼓開設零售門店之時，香港股票市場泡沫已破，經濟迅速滑坡，接着的全球性石油危機，更令世界經濟備受巨大衝擊，香港亦難免掉進衰退困局，不但捷昌洋行的出口代理生意受到影響，經營奢侈品業務的謝利源金舖更難有起色，各門生意均須緊縮開支、降低售價以爭取銷量。這樣的經營環境，無疑最能考驗一個人的管理能力，謝志超那時雖受經濟不景影響，但並沒有被拖垮，反而顯得游刃有餘，先人一步取得突破，迎來事業的另一重大發展。

到了 1975 年 12 月，當香港股市、樓市及經濟仍處於低谷時，謝志超相信是看準了金銀珠寶生意具有發展潛力，加上手頭又具充足資本，於是決定收購在珠寶業界具一定地位的仁成珠寶首飾有限公司（Perfect Jewellery Limited）。商業登記資料顯示，仁成珠寶首飾有限公司創立於 1965 年 8 月，落腳點在中環太子行，主要股東有林勇仁、嚴偉成、沈錫榮、謝潔如四人，當中林、嚴兩人在珠寶界較具名氣，相信亦是公司的主要股東，故名稱亦由二人之名組成。公司開張時，場面盛大，除了美國銀行和集友銀行高層，更有黃克競、黃篤修、鍾銘選、鍾江海、鄭植之、簡慶福等商界翹楚出席，揭示公司創辦人的社會網絡深厚（《華僑日報》，1965 年 8 月 15 日）。雖則如此，它仍撐不過 1970 年代中香港的經濟低潮，虧損嚴重，在 1975 年底打算結業。謝志超人棄我取，將之收購並易名為仁成珠寶（1975）有限公司（Perfect Jewellery [1975] Limited），一同納入捷昌企業的控股之下。

接着的 1976 年，當確定香港經濟已逐步走出低谷，有復甦勢頭，謝志超便在同年 6 月再收購和生織業有限公司（Hoo Sung Knitting Factory Limited）。該公司由周獻新、周筠筠和陳祥興等於 1960 年代創立（1967 年註冊成有限公司），在長沙灣甘泉街設生產工廠，主要業務為成衣織造，乃捷昌洋行其中一個長期客戶。謝志超收購該公司後，易名為捷昌紡織有限公司（C.C. Tse Textiles Limited），由王君潔、張文秀、劉小端和林富華任董事，同樣由捷昌企業控股，謝志超及廖心如則為主要登記股東。

同年 11 月，謝志超還註冊成立了羅曼首飾有限公司（La Mode Jewellery Limited），門店設於尖沙咀廣東道海洋中心。這間公司是謝志超開拓市場的新戰線，以售賣鑽石珠寶為主，相信是因為當時西方以鑽石作為愛情見證的思想開始流入本港，加上鑽石較其他貴金屬和寶石更昂貴，成為新興中產階級展現個人品味與經濟能力的標誌，故謝志超有意拓展鑽石飾品市場，並與較聚焦於黃金買賣的謝利源互補長短。至此，謝志超透過捷昌企業持有謝利源金舖、仁成珠寶及羅曼首飾三家公司，在金銀珠寶業已佔有一席之地。

1978 年 8 月 1 日，謝志超的母親鮑受真去世，享壽 82 歲。從家族發出的訃告看，謝再生與鮑受真共育有七子（志超、志新、志成、志達、志偉、志華、志滿）六女（維德、明德、佩德、寶德、美德、建德），[3] 子女成群。訃告中顯示，謝志超和謝志達均有兩位妻子，其中謝志超的妻子分別為鄭鳳儀和廖燊如，而廖燊如即為與謝志超共同持有多家公司股權的廖心如。

回到謝利源的生意發展。在 1970 年代末，謝志超旗下三家公司以三個品牌的模式經營，但有時會聯合推出一些具創新意念的促銷策略，例如為一定售價（初期為 500 元）以上的珠寶提供首年免費火災及盜竊保險。到了 1979 年，他將三家公司統一為同一個品牌，合稱為謝利源金舖，原來的仁成珠寶及羅曼首飾，則改稱謝利源的第二及第三門店，即是走連鎖店方向，與那時剛興起的連鎖店概念有關。

合併後，金銀珠寶生意的發展甚為理想，黃金價格持續急升令謝志超大獲其利，原來小心翼翼、步步為營的開拓計劃亦變得更大膽積極。在 1980 年，他一口氣在北角英皇道、上環皇后大道西、新蒲崗錦榮街、觀塘裕民坊及荃灣眾坊街開了五家分店，謝利源的門店迅速增至八家。同年 8 月，他又大手筆以 8,000 萬元購入彌敦道總行的舖位，一年多後在元朗教育路開設第九家門店，顯然有意將謝利源開遍港九新界。有報導指，謝志超打算在 1982 年將分店增至 30 家，並把業務擴展至新加坡及英美等地（《工商日報》，1982 年 9 月 8 日），反映在 1980 年取得的突破成績令他雄心勃勃。

謝利源的成功，除金價上升等外圍因素外，創新的市場推廣策略亦應記一功。如為了慶祝荃灣分店開業，謝利源尖沙咀海洋中心分店推出「珠寶自助餐」優惠，期間凡消費滿 50 元，憑發票可在 30 天內到謝利源總店，免費換取發票金額 20% 之千足黃金或首飾。[4] 若果不想換取黃金或首飾，也可按比例換取大快活或夏威夷餐廳餐券。這種優惠，在那時而言算是十分具有吸引力的市場策略。

事實上，謝利源不只在開設新分店時會推出這種別開生面、具吸引力的活動，就是平日也會花費巨款，在報章及電視上大賣廣告宣傳，推廣黃金儲蓄或珠寶鑽石的投資價值，吸引市民在有餘錢時買金或鑽飾保值。一時間，謝利源成為家傳戶曉的品牌，幾乎是金舖的代名詞，市民大眾若有意購買黃金，或是婚嫁喜慶時需要購買金飾，便會想到謝利源，可見其名聲響亮，風頭一時無兩。值得注意的是，那時謝利源不少廣告都是大力催谷鑽石珠寶銷售，但日後發現，原來當時鑽石珠寶入貨太多，但銷情並不理想，導致積存嚴重。

除黃金及首飾業務急速發展外，謝志超在 1980 年還開展其他生意，包括收購了一家名叫 Major Overseas Finance Company Limited 的公司，並易名為謝利源財務有限公司；其二是收購了一家名為 Astro Excelsior Limited 的公司，將之易名為謝利源保險代理有限公司。由於謝利源為客戶購買的金銀珠寶提供售後保險，謝志超購入保險公司，為自家珠寶鑽石提供保險服務，「肥水不流別人田」，自然有其需要或優勢。但他同時開拓財務生意卻顯得有點冒進，那時財務公司甚為流行，但不少人低估了當中的投資風險，結果損手收場。同年，捷昌企業易名為謝利源有限公司（Tse Lee Yuen Holding Limited），並繼續以此掌握各家附屬公司。

正如前述，1957 年謝志超創業時，採用自己的英文名字作公司名稱，帶有濃烈個人色彩，接着成立的多家公司仍是如此。可到了 1980 年，他卻把多家公司連同控股母公司捷昌企業，也易名為謝利源，可謂放棄了早年的個人色彩。雖然為何他有如此安排已不可考，但或許與他那時年過 60 歲，思想與目光有了重大轉變有關。這個甚有「回歸祖業」意味的決定，多少反映他有更長遠的傳承祖業意識。

「紙黃金」的成敗蕭何

進入 1980 年代，不但香港經濟繼續欣欣向榮，股市、樓市一片大好，金舖生意亦甚為暢旺，謝志超一口氣在港九新界合共開設五家分店，可見當時金飾銷情甚佳。當他看到社會對購買黃金保值的巨大需求，即想到一個新點子，推出俗稱「紙黃金」的「千足黃金積存計劃」，在社會中成為一時熱潮，謝利源的生意更進一步發展起來。

所謂「千足黃金積存計劃」，其實接近一種零存整付的儲蓄方式。參與計劃的市民，可在謝利源開立戶口，再按本身能力存錢進戶口，當存款足夠購入一錢（十分之一兩）黃金後，可選擇提走黃金，或繼續存於金鋪。由於存戶每次買賣提存，均不會實際取得黃金，只憑該份紙製的積存記錄冊「登記最新結存數量」，所以俗稱「紙黃金」。這種黃金買賣的方式，顯然對那些想投資黃金保值，卻無能力一次過購買黃金的市民甚具吸引力，據估計，計劃吸納資金超過1,000 萬元（《工商日報》，1982 年 9 月 7 日）。此計劃的性質與於銀行存款、銀行發出存摺相近，當然，銀行存款一般能收到利息，但存儲黃金「無利息增益或其他收益」，只會在提取時按當時市價計算（Tse Lee Yuen Jewellery Shop, no year）。

謝利源千足黃金禮券廣告，《華僑日報》1979 年 12 月 22 日。

與此同時，謝利源又推出鑽石珠寶保值與鑑證服務，催谷鑽石銷量（即促銷）。原來，從六、七十年代起，鑽石珠寶開始流行，但市民對這類貴價奢侈品認識不足，擔心買到假貨。謝利源為消除顧客疑慮，提出鑑證及保值服務，顧客購入鑽石後，六個月內若然不滿意，可把貨品原裝回售謝利源。不但如此，謝利源又聘有鑽石鑑證專家，為客戶檢定和評估各類鑽石珠寶（譚隆，1983：27）。

那時市民大眾對購買黃金作為儲蓄的行為甚為熱衷，主要受 1979 年環球黃金價格持續急升的熱潮所牽引；另一方面，1973 年的股災記憶猶新，不少人仍不敢沾手高風險的股票市場，種種因素均導致購買黃金的需求大升。謝利源緊抓市民這種偏向保守的投資心態，生意不斷發展。據悉，在 1979/1980 年度，謝利源的營業額已達 1.5 億元，到 1980/1981 年度，營業額更「躍升至近 6 億元，盈利達 1,700 萬元」，增長速度之快，令人咋舌。謝志超明顯亦從急速上揚的營業額中賺得巨大利潤，因此計劃在 1982 年將分店增至 30 家，同時將業務擴展至海外（《工商日報》，1982 年 9 月 8 日）。生意旺盛令謝志超更加雄心勃勃，想乘勝追擊，藉以開疆闢土，建立更大的商業王國。

民間有一句順口溜：「輸錢皆因贏錢起」，原意是告誡人不要賭錢，但其實亦切合人生或生意發展規律，因為「貪勝不知輸」是不少人的通病，也是生意失敗的開端。經歷過不少起伏的謝志超，晚年卻似乎忽略了這句古話背後的智慧，被勝利沖昏了頭腦，在生意興旺時不斷擴張、加大投資，結果當營商條件逆轉時，便遭遇了沒頂之災。

1982 年，香港經營環境大變，不但黃金價格波動，股市、樓市風高浪急，就連利息亦有巨大變化，持續攀升至雙位數字，長期居於 10 多至 20 厘的高位，不但對生意經營及投資造成巨大壓力，更影響了資金流動性，動搖到企業的生命線。在 1982 年 9 月 7 日（星期一），謝利源突然全線停業，翌日的中英報紙均大篇幅報導：

> 謝利源金舖有限公司總店及九間分店，昨日（9 月 6 日）突然停止

> 營業，加上外間對該公司的種種傳說，使本港珠寶金飾行業人士及居民為之震動，一些持有該公司的黃金券支票及曾在該金舖訂購金飾的人士，昨日得聞消息後，紛紛上門查看，並有些人到警署報案……跑到各間謝利源屬下金號查看，但只見重門深鎖，頗為徬徨。（《大公報》，1982 年 9 月 7 日）

受到謝利源金舖停業的消息影響，尚在千點關口徘徊的恒生指數應聲急跌，市場更憂慮會有其他公司受到拖累，或危及銀行系統：「昨晨股市上升之勢，突然下挫，恒生指數上午上升 24.52 點，但下午即回跌近 16 點…… 並憂慮會有其他公司或銀行受到拖累……」的確，接着真的有受「金行停業謠言牽累」的銀行，那便是恒隆銀行出現擠提，大批市民湧往提款，經各方澄清及多間大型銀行宣佈提供支持後，事件才告平息（《工商日報》，1982 年 9 月 7 日及 8 日），但由於恒隆銀行為了自保，收緊了流動性，因此影響了整個香港金融環境（詳見恒隆銀行一文）。

對於這家發源於澳門、具百年歷史傳統的家族企業，為何會掉進無法自拔的困境，有記者專程跑到澳門，採訪了那時澳門老店的話事人——謝志超叔父謝永生，一方面詢問對方對事件的感受和回應，同時亦藉此了解澳門和香港的謝利源金舖之間是否有金錢或股份上的關係。面對香港記者「綿裏針」的問題，那時已年逾 70 的謝永生表現得氣定神閒、波濤不驚，他率直地回應：「姪兒在港經營金舖，與他在澳門經營的金舖並無業務上的聯繫，他對其姪經營金舖的種種問題，由於不知情，因此不願置評」（《大公報》，1982 年 9 月 7 日）。簡單直接的回應，再次證實港澳兩地的謝利源只是名稱相同，實際上沒有任何股份或業務往來，與前文提及的商業登記資料吻合。

香港政府亦高度關注謝利源停業一事，除擔心當中涉及不法行為，破壞社會或商業秩序，政府亦被指對「紙黃金」買賣監管不足，需要審視是否做成法律漏洞。事實上，事件中受影響的市民眾多，截至 9 月 14 日，已有超過 3,400 名客戶或紙黃金存戶到警局報案，初步統計涉款達 2,750 萬元，亦有不少謝利源的員工向勞工處求助。警方商業罪案調查科開闢特別櫃台，24 小時處理前來求助的個案，又成立特別偵察組，深入了解謝利源突然關門的原因，表示若發現涉及犯罪行為，定會將其繩之於法（《工商日報》，1982 年 9 月 8 日至 14 日）。

三天後（9 月 9 日），高等法院在接獲三宗分別來自銀行、業主及僱員的入稟申請謝利源清盤後，頒出臨時清盤令。破產管理署被任命出任臨時清盤官，隨即派出職員到謝利源的十間門店張貼封舖通知書，並着手處理清盤事宜。包括銀行、業主、存戶、僱員及電力公司等債主，則入稟法庭，或透過勞工處或法律援助署採取集體行動，或繼續向警方報案，希望能夠追討欠薪欠債，或取回積存在金舖的點滴儲蓄（*South China Morning Post*, 10-12 September 1982;《華僑日報》，1982 年 9 月 10 至 12 日）。

當事件不斷發酵，社會鬧哄哄之際，身為老闆的謝志超卻一直未有露面，經傳媒多方打探，最後警方證實他在謝利源關門前兩天（9 月 4 日），已攜同兩名據說是妻妾及子女離港到了台灣。由於台灣與香港沒有引渡協議，一向被視為逃避法律制裁的「天堂」，更令人覺得謝志超是早有預謀，畏罪潛逃。台北刑警科表示，雖未接獲香港警方通知，但密切關注事件，亦曾約見謝志超了解他到台灣的因由（《工商日報》，1982 年 9 月 10 日；《華僑日報》，1982 年 9 月 13 日）。[5]

至 9 月 20 日，謝志超終於由律師陪同下返港。他先與商業罪案調查科探員會面，解釋與刑責相關的問題，又與律師會計師等開會，研究解決方案。面對記者連番追問，他親身交代事件始末，稱謝利源停業前已出現資金流動不暢，他四出與本地銀行聯絡，商討融資或賣盤等方案，惟未能成事。後來，有台灣財團對其生意表示興趣，所以他便飛往台灣與對方會晤，想不到他離港後公司的資金短缺惡化，下屬為免發生更大問題才將公司關門。他指自己事先不知情，但認為這個做法「相當好」，可避免引起更大混亂。謝志超更稱公司擁有賬面資產 1.7 億元，但欠債只為 1 億元左右，若將公司資產變賣足以還清債務，之後他會東山再起，利用餘下的資金重開謝利源（《工商日報》，1982 年 9 月 21 日；*South China Morning Post*, 24 and 26 September 1982）。

接下來謝志超四出奔走，包括向警方提供更多資料，又與主要貸款銀行聯絡，商討欠債與物業按揭事宜；最重要的是與破產管理處商討，如何將金舖存貨出售，謝志超指這樣做較清盤拍賣能套回更多資金，支付員工的欠薪及欠債。最後他與破產官達成協議，決定以低於成本價變賣金舖的存貨（《工商日報》，1982 年 9 月 23-24 日）。至 10 月初，相關安排終於落實，大批金飾鑽石於謝利源北角分店公開發售，為數不少的市民想乘機「掃平貨」，加上來看熱鬧者，人潮擠滿整條英皇道，有意購物的顧客抱怨要排隊數小時才能內進；且由於店舖面積不大，全日只能接待約 500 名客人，加上破產管理處規定交易須以現金結賬，對買家甚為不便，亦招來扒手小偷，場面混亂（《工商日報》，1982 年 10 月 7 日，《大公報》，1982 年 10 月 7 日）。

雖然公開發售表面上甚為熱鬧，後來更改往更寬敞的彌敦道總店進行，又一再延長發售期，但事實卻是「旺丁不旺財」，不少人似乎只是湊熱鬧，看的多買的少。而且，金飾與日用品的性質不同，要在短時間內將大量昂貴的珠寶飾品賣光，根本是不可能的任務；[6] 加上當時市場持續低迷，奢侈品的價格大幅下滑，令「清貨」套回的現金數目遠比預期少，只有約 4,500 萬元。為了讓員工盡早取回自己的「血汗錢」，在優先債權人政府不反對下，清盤官於 1983 年初撥出百多萬元，償還僱員欠薪及遣散費（《工商日報》，1983 年 1 月 20 日；《大公報》，1983 年 1 月 20 日）。

由於謝利源金舖大批存貨無法賣出，加上樓市不斷尋底，影響公司持有的物業估值，至 1983 年 1 月，公司欠債已上升至 1,210 萬元，另外還欠下南洋商業銀行 5,300 萬元，以及 7,500 多名「黃金積存計劃」的存戶共 3,900 萬元，早前售貨所得的 4,500 萬元根本不足以「填數」。至此，謝志超終於表示無力還清債務，東山再起的豪言壯語成空，謝利源在 1983 年 1 月 28 日正式被頒令清盤（*South China Morning Post*, 29 January 1983;《華僑日報》，1983 年 1 月 29 日）。

經過近一年時間的資產和債務點算、清貨與核查，清盤官終於完成所有工作，政府新聞處於 1983 年 12 月 21 日發出新聞公告，宣佈截至該年 12 月，謝利源金舖共有「超過一萬零二百個債權人⋯⋯ 其中包括七千七百二十四個『黃金積存計劃』的債權人」，總索償額（欠債）達 1.31 億元。清盤官在清算金舖資產後，將所得資產分兩次派發給債權人，第一次（期中）獲發欠債的 25%，第二次（期末）為 30%，兩次合共獲發欠債的 55%（Press Library: Jewellery--Tse Lee Yuen Jewelry Limited, 21 December 1983）。按此安排，大部份債權人有 45% 欠債泡湯，只有優先債權人獲全數償還。至於償還給債權人的兩期付款，到 1985 年中才算完結（*South China Morning Post*, 7 August 1985）。

謝利源金舖被清盤後，謝志超一度消失在公眾面前。不過，在債權人即將取回第二次欠款前的 1985 年 4 月，卻發生本文開首提到的謝志超服藥自殺事件。雖然報導提及他似因感情問題一時想不開，但任何人選擇結束生命的原因都非單一，對謝志超而言，謝利源的失敗顯然是其中一個令他「想不開」的原因，是步入晚年的他難以釋懷的夢魘和創傷。

失敗因由的多層面剖析

謝志超在二戰後從澳門轉到香港發展事業，是看準香港的環境更有利他一展所長。他從打工，再轉為生活百貨出口代理，憑此起家，展示他甚具商業觸角；到取得一定成績後，又將目標轉移至金舖生意，回歸祖業，在香港創立謝利源金舖，令他的人生和事業登上最高峰。其構思的無論是千足黃金積存計劃、鑽石珠寶保障計劃，甚至連串廣告宣傳手法，均令市場耳目一新，令謝利源迅速成為家傳戶曉的品牌。可惜他貪勝不知輸，低估了市場風險「看錯市」，未能因應營商環境急變作出應對，甚至可能因家族內部問題困擾而在應對危機時舉止失措，令辛苦建立的生意在短時間內全盤覆亡。

從 1967 年謝志超在香港打出謝利源這個家族招牌，以貿易形式牛刀小試算起，到 1982 年 9 月 6 日關門大吉，謝利源金舖的生意只維持了 15 年；若從 1973 年在香港正式開設零售門店算起，則只有 10 年而已；若從 1979 年他將仁成珠寶及羅曼首飾整合，統稱謝利源，並採取連鎖店模式經營算起，更只有短短三年左右。其生命之短促，與細水長流的澳門謝利源相比，無疑是曇花一現，令人唏噓。

對於謝利源金舖在如日方中之時突然殞落，坊間曾有不同分析，提出各種原因，部份更牽扯到諸如投機炒賣虧損導致賠上生意等含沙射影的推測，如有報章社論指「……任何一間經營金融事業的機構，如果脫離了商人計成本、求利潤的正宗手法，走向冒險的博取方面，利用他人的貪圖利益，套取別人資金，來作自己的投機事業」（《工商日報》，1982 年 9 月 14 日）。亦有分析指金舖業界時有不良行為，將金舖吸納的資金投放到股票市場炒賣（李雨田，1982），暗示謝利源的突然倒閉或與此有關，反映不少人相信謝志超參與了投機炒賣。惟日後清盤官的報告中並未提及此項，警方亦指事件不涉及刑事，揭示他應沒干犯相關不良營商手法。

綜合多方看法，謝利源金舖的致命因素之一，應是黃金市場價格大幅波動，謝志超應對失宜，導致金舖最終在驟升急跌的黃金價格中沒頂。謝志超首創的「千足黃金積存計劃」，既令謝利源攀上高峰，同時也是金舖走上沒路的因由。評論有這樣的分析：

> 黃金戶口是種資金的保管，類似銀行的存款，所不同的只是用黃金作為交收工具，但金價波動極大，金行需要負頗大的風險。通常辦理這種服務的公司，應該有一定的黃金儲備，客戶購入若干數額的黃金後，拿了黃金券，金行便需從市場購回同等數量的黃金『補倉』，賺取的只是代客戶買賣的差價。（譚隆，1983：27）

下頁圖 1 是 1979 至 1982 年間黃金價格的走勢，基本上可分為三個時期：1979 至 1980 年 2 月的持續急升期、1980 年 3 月至 1982 年 7 月的輾轉下滑期、1982 年 8 月至 1982 年 11 月的反彈上揚期。在第一個時期，香港九九金價格在國際金價不斷攀升的帶動下，由 1979 年 1 月的每兩 1,292 元，持續急升至 1980 年 2 月每兩 3,940 元，一年間升幅逾兩倍。這個時期，因為市民看好後市，相信金價會不斷上漲，所以哪怕存儲黃金沒利息可收，仍對謝利源金舖推出的紙黃金計劃趨之若鶩，紛紛開立戶口，金舖因此打響了名聲，營業額節節上揚。即是說，第一時期的黃金持續飆升，造就了謝利源金舖的急速崛起，吸引不少客戶光顧。

之後的 1982 年 3 月至 1982 年 7 月一段較長時間內，價格初期甚為波動，隨後從高位輾轉下滑，到 1982 年 7 月時每兩價格下調至 2,200 元，較 1980 年 2 月高峰期鋭減四成多。在這兩年多時間內，謝利源金舖維持一般金舖生意，同時繼續大賣廣告促銷。不過，雖然謝利源金舖每天經手大量黃金珠寶交易，但不可思議的是，它並非香港金銀業貿易場或香港珠石玉器金銀首飾業商會的會員（《大公報》，1982 年 9 月 7 日）。要知道香港金銀業貿易場是本地黃金交易的主導市場，掌握着金價波動的最新消息，而商會則是同業交流的重要場所。據説，在謝利源「爆煲」前半年，謝志超曾以 150 萬元購得金銀業貿易場的會員（買賣交易）牌照，但三個月後卻以 170 萬元轉手（譚隆，1983），反映他曾興起加入的想法，惟後來或許覺得會員牌照有價，因此選擇轉手獲利。這種短視的做法，令他難以全盤掌握黃金買賣、市場資訊與同行互動等情況，進而影響他對風險的評估和分析，成為他「看錯市」的原因之一。

此外，謝志超可能在經營金舖期間，建立起固化看法，認為金價走勢會輾轉向下，而 1982 年中段金價不斷下滑，又「印證」了他的評估正確，強化其「看淡後市」的觀點或判斷。由於看淡後市，當存戶在謝利源金舖存入黃金後，謝志超並不會即時從市場「補倉」，反而會等待一段時間，或待存戶提取黃金時才購入，因為當時金價已再下跌，金舖便能獲得更多利潤。日後資料顯示，謝志超確實是站在看淡後市的立場上，所以在吸納存戶存款後，沒在市場上作風險對沖、進行「補倉」，因此種下了惡果。

接着的第三個時期是 1982 年 7 月之後，金價又掉頭向上，在 1982 年 9 月時已升至每兩 2,959 元，即是較 1982 年 7 月上升了 34.50%。進入 1982 年，國際金價急速上升，到 8 月份升幅更急，「在短短的四五個星期內，港金每兩漲近一千五百元」（譚隆，1983：28），可見黃金價格波動之巨大。就在這個時期，因為謝志超對市場走勢缺乏準確掌握，加上一直看淡後市，遲遲沒有購回黃金「補倉」，但不少存戶卻在金價反彈上升的時刻選擇獲利吐現，向謝利源提取積蓄，在無法應付下，謝利源金舖只能停止營業，以近乎「鴕鳥」的方式處理。

除了錯估金價外，謝志超顯然亦對投資者心理了解不足。簡單而言，當金價下

圖 1 ｜ 1979 至 1982 年九九金價格走勢

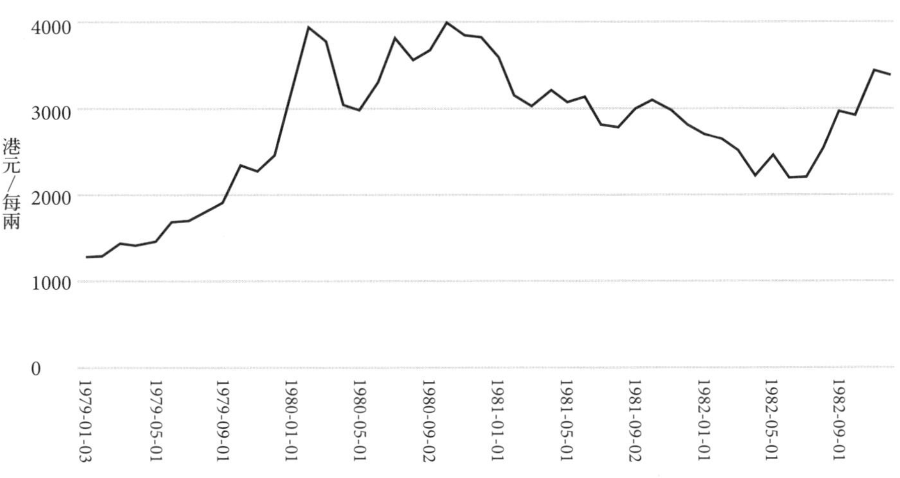

資料來源：*South China Morning Post*, various years.

跌時，為了避免虧蝕，一般情況下多數存戶都不願意提取套現，寧可再等一會，期望價格回升，即俗稱的「博反彈」；到了金價上揚，尤其是有一定盈利時，不少存戶則會選擇提取早前存下的黃金，獲利離場。由於謝利源金舖過去沒有設立黃金儲備，只憑日常買賣交易的黃金流應對每天交易存取所需，謝志超在金價上升時才倉卒在市場上購入黃金「補倉」，自然為時已晚，那時黃金價格愈升愈高，他蒙受的虧損便愈見巨大。

由是可見，黃金價格的急速上揚與下跌，成為謝利源金舖發展進程的雙刃劍。1979 年金價急速上揚，令謝利源金舖乘時而起，闖出名堂；但經歷 1980 至 1982 年中金價長期下滑，至 1982 年反彈上揚，情況卻反過來成為催命符，背後一來與企業規模有關，二來則與風險管理有關。企業規模較細小時，吸納的存戶黃金不多，負擔不重，遇有風吹草動，單憑一己財力亦能應對；當企業規模壯大了，吸納的存戶黃金大增，負擔沉重，遇上市場氣氛逆轉時，一己之力已難應對，只能尋求他人協助，惟助力者畢竟極少，問題由是而生。生意經營或投資須具風險意識，如在戰場上一樣，勝利容易削弱風險意識，當事業一馬平川、生意愈做愈旺時，往往便容易高估自己實力、低估泥坎低窪，不會花心力於風險對沖，成為生意前進路途的陷阱。

從謝利源金舖的清盤報告可見，令謝志超生意敗亡，甚至沒有餘資東山再起的因素，除了金價波動外，還有諸如存貨太多、利息開支過巨，以及清理存貨的效果不如預期等因素交疊影響，並非單單因為欠缺黃金儲備或沒有對沖。在謝利源金舖關門兩天後，法庭委派了賀達（A. R. Hearder）為清盤官，接管謝利源金舖的資產並核查賬目，其後向商業罪案調查科呈交了一份公司截至 1982 年 9 月 13 日的財政狀況評估報告。報告指出，截至 1982 年 7 月 31 日，謝利源金舖的資產大於負債，資產方面，固定資產 64,646,586.39 元，[7] 存貨 84,597,549.13 元，另有集團旗下公司欠款 8,866,810.48 元，總資產為 158,110,946.00 元；負債方面，主要是銀行借貸與透支 54,273,743.20 元及應付賬款 49,455,882.18 元，總負債為 103,729,625.38 元。按此計算，即資產多於負債 54,381,320.62 元，數字與謝志超自台返港後對傳媒所說的雖略有出入，但基本圖像並無二致。

不過，報告同時指出，若干負債被低估，而資產價值則被高估，同時亦提及導致謝利源金舖掉進困境的最主要原因，是「過去數年擴張過急」，並概括出以下多項弊端：

· 擴張過急，令裝修、添置傢俬等開支過巨；
· 物業價格向下，公司期望用物業高價套現變得不現實；
· 存貨多是過去一年高價時購入，且存量過巨，其中鑽石佔比不少，但鑽石那時價格大跌，套現較為困難，因此影響了資金的流動性；
· 購貨資金來自銀行貸款，但利息高企令存貨成本大升，單在 1982 年 4 月 1 日至 1982 年 7 月 31 日一個季度的貸款利息開支，便達 3,882,552.50 元；
· 公司總店物業押給南洋商業銀行，其原欠債為 52,745,182.57 元，金舖出事後的逾期欠款連利息，已升達 5,700 萬元，即當中約 425 萬元為金舖出事後逾期未付的利息；
· 公司的黃金積存計劃所累積黃金總數達 13,300 兩，但公司只以較早前每兩約 2,440 元入數（約 32,452,000 元），可是，到 1982

年 9 月 9 日，金價已升至每兩約 3,655 元（約 48,611,500 元），說明公司負債被低估，而單是這次金價突然上升，便令謝利源在短時間內錄得高達 1,616 萬元的賬面損失。

· 不清楚公司有否透過一家 C. C. Tse Bullion Company 進行黃金對沖，若然確實沒有或沒有隱藏，金價的上漲必令其處境更困難。

最後，報告作出結論，指公司確實面對資金流問題，能否克服要看存貨銷售的狀況，以及銀行會否在利息及按揭方面給予壓力等因素。此外，公司沒就黃金存量作對沖，亦會令潛在負債大增。報告還特別提到，曾與公司一位受薪董事蔡蓉華（Fanny Tsoy Yung-wah，譯音）面晤，[8] 對方認為過去業務擴張過急，加上鑽石價格大跌而黃金價格卻大升，成為謝利源金舖崩潰的致命原因（Tse Lee Yuen Jewellery Shop, 13 September 1982）。

由是可見，謝利源金舖敗亡的原因，不純粹是黃金價格急升，還有擴張過急以及鑽石存貨太多。先說擴張過急引起的問題。公司在 1980 至 1981 年間業務急促擴張，但當中是以借貸作支撐，利息高企為公司帶來沉重負擔，不但增加了經營成本，亦窒礙了資金流動，令生意難以為繼。圖 2 是 1980 年 1 月至 1983 年 12 月最優惠貸款利率的變動狀況，不難看到，1980 年 1 月的最優惠貸款利率高達 14.5%，那年謝利源金舖剛購入彌敦道總店的物業，該物業的按揭與購貨其他貸款，一般均以最優惠貸款利率略為加減計算，所以單是那間 5,000 多萬元的物業，每年利率開支便高達 725 萬元，負擔沉重。到 1981 年 1 月，最優惠貸款利息更飆升至 17%，1982 年 1 月雖略為回落，亦維持在 16 % 的高位，到 1982 年 9 月謝利源金舖出事時，仍居於 12% 的水平。之後的 1983 年，公司清盤仍在進行中，最優惠貸款利率仍在雙位數 10%，到年底則為 13.5%。可以看到，高昂利息開支就如懸掛在謝利源金舖頭上的利劍，利息開支愈積愈多，流動資金無以為繼，公司自然舉步維艱。

其次是鑽石存貨過多的問題，有分析指鑽石價格從 1978 年起穩步上揚，到 1980 年初達到高位，短短兩年間上升逾倍，情況一如黃金，但「其後世界經濟嚴重衰退，利率上升至高峰，迫使鑽石價格暴跌，跌幅亦達百分之五十到七十五，交投量跟着大為減少」（陶世明，1984：28）。至於促使謝志超大量購入鑽石的原因，明顯是他受鑽石價格持續上升影響，對鑽石市場過於樂觀。換言之，他對鑽石價格的走勢，亦如黃金市場一樣「看錯市」。

須注意的是，謝利源金舖的業務是吸納客戶的黃金，賺取代客戶買賣黃金時的差價，因黃金價格持續下跌，謝志超看淡市場，沒有立即「補倉」，從而在金價急升時造成巨大損失。但鑽石是出售的商品，所以先要入貨，可謝志超高價入貨後卻遇上鑽石價格大跌因而滯銷，無法流轉；加上公司為了穩定客人購買的信心，推出可將鑽石退回的保證，令公司虧損擴大。至於造成另一沉重損失的關鍵，則是「借錢買貨」的利息開支，形成「多重虧損」的局面。

相對於黃金存貨不足，難以應對存戶提取，謝利源金舖那時卻是積存了太多鑽石。為了擴張業務，難免向外舉債，但舉債購入的鑽石卻不如黃金普及，且不易流通，哪怕謝志超已不惜巨資作廣告宣傳，仍然滯銷，進一步窒礙了資金回流。再加上那時利息長期居高不下，無論是物業按揭或是借貸購入鑽石的利息

圖 2 ｜ 1980 至 1983 年最優惠貸款利率變動

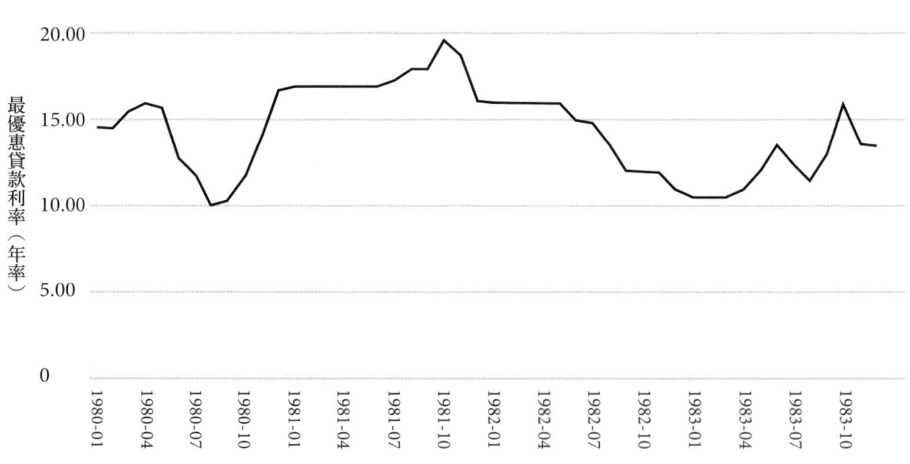

資料來源：政府統計處，各年

開支，均極為沉重，最終因缺乏現金應對存戶提現，甚至無力支付基本的人工、租金、電費等開支，公司全面崩潰。

報告特別指出的「負債被低估，資產被高估」現象，在整個清盤過中顯而易見，這亦與那時的投資市場風雨飄搖有關。正如前文粗略提及，在謝利源出售鑽石及珠寶等存貨時，初期以為低於市價 5% 便能回籠資金，結果卻大失所望，主要是由於社會投資環境低沉，大市持續下滑，就連公司店舖及貨倉等物業的價格，亦在 1982 至 1983 年間大跌。由是之故，本來賬面資產大幅高於負債的財政狀況，到清盤之時則呈現負債大幅高於資產，令不少債權人蒙受巨大損失，謝志超亦失去了東山再起的基礎和意志。

除了外部因素，若再擴大分析與觀察，可以看到家族內部有一些情感糾紛，甚至是企業內部的溝通管理，亦可能阻礙了問題出現時的應對之道。日後各方零散資料顯示，在謝利源「爆煲」前，謝志超與長子及元配之間已出現不少矛盾衝突。約生於 1946 年的長子謝嘉亮，早年在澳門求學，後負笈英國里茲大學（University of Leeds）主修電腦，1970 年代回港後，主力協助父親打理貿易、保險及紡織廠等生意，乃父親生意上的重要助力（《時代雙月報》，2000）。到 1970 年末，30 多歲的謝嘉亮與歌星奚秀蘭相戀，並有意結婚，謝志超大力反對，惟謝嘉亮卻堅持己見，父子關係變得緊張（創世電視，2020）。

最後，謝志超採取威脅的方法，指二人若要結婚，謝嘉亮便須離開家族公司及搬離家族大宅，自食其力，企圖逼使兒子回心轉意。可是謝嘉亮並沒因此與奚秀蘭分開，而是低調地於 1979 年在浸信會舉行婚禮，不過謝志超夫婦都沒有出席，父子關係近乎決裂（《華僑日報》，1979 年 4 月 13 日；《時代雙月報》，2000）。被「趕出家門」的謝嘉亮理應沒有太多個人儲蓄，但他卻在婚後不久開設了一間頗有規模的製衣廠，聘有不少員工，奚秀蘭則暫時放下娛樂圈的工作，全力協助丈夫經營生意。[9] 到底謝嘉亮何來創業資本？坊間並沒這方面的資料，惟從不同層面推斷，應與他母親鄭鳳儀有關。

謝嘉亮與奚秀蘭

先室**鄭鳳儀女士**痛於公曆一九八二年八月卅一日上午十一時壽終香港嘉諾撒醫院積閏享壽六十有一歲奉移世界殯儀館治喪謹定九月四日（星期六）中午十二時大殮下午一時在該館大禮堂辭靈隨即出殯安葬澳門孝思永遠墓園哀此訃

聞

夫 **謝志超**

孝男 **嘉亮** 媳 **奚秀蘭**
嘉舜
嘉孟 **盧勳荷**

孝女 **文倩** 婿 **林爆賢**
文顯 **鄧植鑾**
文詩

外孫女 **林尹菁**
林尹芝
林尹安

親屬繁衍 恕未盡錄

泣告

治喪處：世界殯儀館
地址：紅磡暢行道十號（連接火車總站紅磡碼頭海底隧道口）
電話：三一六二四三三一（十線）

鄭鳳儀訃文，《華僑日報》1982 年 9 月 3 日。

謝嘉亮與奚秀蘭

謝志超在香港創設了多家公司，但股東只有他和廖心如，沒有元配鄭鳳儀身影，可推斷謝志超與鄭鳳儀關係應不太好。謝志超雖因各種原因，與鄭鳳儀維持着名份上的婚姻關係，但她卻長期被「放養」在澳門；相反，廖心如顯然較受偏愛，與謝志超一起在香港生活。種種做法，相信不但令鄭鳳儀極為傷心，亦會影響由鄭氏所出的謝嘉亮對父親的觀感。當謝嘉亮與奚秀蘭談婚論嫁時，身為母親的鄭鳳儀應沒有反對，並可能在兒子婚後離開父親公司、自行創業時為他提供資本。鄭鳳儀採取與謝志超截然相反的做法，不但令謝志超的「封殺令」無效，亦加深了家人關係的裂痕。

在謝利源關門前，鄭鳳儀可能是患上重病，謝志超將她安排到醫療條件較佳的香港診治，不過最終她仍不敵病魔，1982 年 8 月 31 日在香港嘉諾撒醫院去世，享壽 61 歲，並於 9 月 4 日出殯，葬於澳門孝思永遠墓園。據報紙引述謝志超代表律師所言，謝志超是於 9 月 4 日到達台灣，金舖則於兩天後出事。可見為了生意與重病的妻子，他曾四處奔波，甚至一出席完妻子的喪禮便趕到台灣，可惜都是徒勞無功（《華僑日報》，1982 年 9 月 7 日；《大公報》，1982 年 9 月 7 日；*South China Morning Post*, 8 September 1982）。

有關謝志超與元配及兒子之間的關係，由於牽涉家族內部事務，缺乏文獻記錄，外人難以知悉。惟可以推斷，這些情感轇轕和關係張力，必然令謝志超感到困擾。就算關係不睦，但總算是相伴大半生的夫妻，鄭鳳儀的突然離世，難免令謝志超的情緒受到打擊，不排除因此影響了他應對危機的專注度或公司內部溝通。事實上，從事件發生後謝志超提及謝利源金舖的財政狀況看，公司雖有虧損，但不算致命，賬目上更是資產大幅高於負債。

事後看來，謝利源金舖的突然關門，顯然並非為了蓄意逃避債務或是挾帶私逃，很可能只是一時資金周轉不靈、內部溝通不暢，或是低估問題嚴重性、缺乏危機意識等因素引起。謝志超在妻子患病及過身期間四處奔走，與下屬溝通不足，下屬在公司面對營運困難、資金流斷裂等問題時，因未能與老闆及時聯絡，或溝通不夠全面，於是疑慮更大，最後自行關門大吉，令問題表面化，更難收拾，賠上了多年辛苦經營的一門大好生意。

事件衝擊與後續發展

「一石激起千重浪」，謝利源金舖突然停止營業，觸動了各方神經，因為在高利息因素困擾下，那時社會已有多家企業先後亮起紅燈，投資環境呈現外弛內張、山雨欲來的跡象。就在謝利源金舖關門翌日，受「停業謠言牽累」，加上「港金（每兩）一日暴升三百餘元」，股市又急挫，「出現一片拋售壓力」，令分行遍佈全港的恒隆銀行「整日出現提款長龍」，元朗及上水分行尤甚。更有一位患有心臟病的家庭主婦，在謝利源金舖門前苦候數小時，想提取所存黃金，「心焦之下舊病復發」，添加事件的戲劇性（《工商日報》，1982 年 9 月 8 日）。除恒隆銀行急急作出公開聲明外，政府與其他大型銀行亦發聲支援。隨後有多家財務公司與銀行如骨牌般倒下，演變成牽連更廣的金融風暴，嚴重衝擊了香港的金融體系（Fell, 1992），情況可參考其他章節的討論，在此不贅，下文將集中在謝利源金舖與其家族的後續發展。

先交代謝志超在香港謝利源金舖結業後的際遇。他身為「百年老店」家族的長子，過去事業又一帆風順，可到了晚年卻遭遇企業倒閉、名聲掃地的巨大衝擊，身家財富大量蒸發，無異於從天堂掉落人間。初時，謝志超或許仍有鬥志綢繆東山再起，其子謝嘉亮在父親仰藥自殺事件後接受記者訪問，提及他兩年前（約 1983 年）「在中環開設了一間貿易行，專代中國訂購電腦，生意過得去」，顯示謝志超失去謝利源金舖後立即更換跑道，轉投到那時方興未艾的電腦生意之中，主要充當中間人或代理商。從公司註冊處的資料看，1975 年被謝志超收購的仁成珠寶有限公司，在 1980 年易名為盈富電腦顧問有限公司（Info Computer Limited），揭示謝志超當時已開始涉獵電腦生意，相信與謝利源金舖引入電腦系統，記錄買賣交易有關，亦成為那時公司廣告的賣點。

由是觀之，綢繆東山再起的謝志超，順理成章地轉到這個曾接觸並有經驗的戰場，生意看來亦不錯。謝嘉亮在接受訪問時補充：「最近，因生意關係，（父親）也經常離港外出旅行，上月（1985 年 3 月）廿九日，他為一間中資公司購買一百部電腦，親自飛往美國羅省，本月一日始返國」（《華僑日報》，1985 年 4 月 8 日）。顯示哪怕經歷了謝利源金舖倒閉，他仍獲得中資公司的信任。

另一方面，據《大公報》報導，謝志超還經營早年賴以起家的貿易生意，惟規模、客戶與貨品等已不同以往。「他在中區一間寫字樓經營出入口生意，主要以工藝品貿易為主，經常穿梭來往於美國、加拿大、（中國）台灣、南朝鮮和東南亞之間」（《大公報》，1985 年 4 月 8 日）。即是說，謝志超仍活躍於商場，既有電腦生意，亦有工藝品貿易生意，並常常為了推動業務而奔走於世界各地。

儘管如此，報紙在報導謝志超企圖自殺一事時，卻又揭示他經歷個人與事業的巨大挫折後難以忘懷，一直未走出悔恨自責的陰霾，如本文開首提及他覺得「愧對祖先」，不但選擇獨居，有時甚至會借酒消愁，以及刻意疏離子女：「（謝志超）有三子三女，其中也有子女在港，但自他生意失敗後，他對家人一直不願多見」（《華僑日報》，1985 年 4 月 8 日）。自殺事件被傳媒廣為報導後，「其親人表示對一些傳聞感到不滿⋯⋯不希望記者打擾他」（《華僑日報》，1985 年 4 月 9 日）。之後，再沒在報章上找到與謝志超相關的報導，相信是他從此更趨低調，已無法東山再起了。

從公司註冊處的資料看，謝利源金舖有限公司雖在 1983 年被法庭頒令清盤，但作為其母公司的謝利源有限公司則仍繼續運作，保留商業登記直至現在。從 2022 年謝利源有限公司的「周年申報表」登記資料看，公司共有 2,000 股，股東除謝志超（99 股）外，還有廖心如（1 股）、文潤嫦（98 股）、彭靜碧（2 股）、張敬猷（1,700 股）及梁絢霞（100 股）。即是說持股最多者為張敬猷，餘下三個組合（謝志超與廖心如、文潤嫦與彭靜碧、梁絢霞）各持 100 股，其中廖心如的居住地址與文潤嫦相同，謝志超的居住地址與彭靜碧相同，而張敬猷的居住地址與梁絢霞相同。謝志超的登記資料注明他於 2016 年 11 月 22 日去世（Annual Return of Tse Lee Yuen Holding Limited, 29 December 2022），即享壽 95 歲，而他一直是謝利源有限公司的股東，這份堅持看來與他當年選擇回歸祖業，把捷昌企業易名謝利源的情懷基本一致。

相對而言，無論在謝利源金舖倒閉清盤、謝志超綢繆東山再起，甚至是企圖自殺等不同事件中，身為多家公司主要董事的廖心如，卻始終沒有找到她的身影或資料。雖然在謝利源有限公司的「周年申報表」上一直有她的名字，惟那時她的居住地址則與謝志超不同。另一個特別之處，是股東名單中不見其他謝姓之人，反映他多名子女並沒有參與或繼承公司，做法相當特殊。

香港謝利源金舖的曇花一現，並不表示澳門謝利源金舖的業務受到牽連。正如前文提及，記者到澳門訪問謝永生時，他已十分明確地表示，香港謝利源和澳門謝利源「無業務上的聯繫」，雖則如此，名聲受到衝擊仍在所難免。不過，謝氏家族人數眾多，一房遇到困難跌倒，也不會令整個家族或生意全盤崩潰，一方面仍有子孫前赴後繼，接棒發展，亦有一些子孫在其他人生與事業跑道上力爭上游，家族因此仍在港澳兩地發光發熱。

就澳門謝利源金舖的發展而言，據《流金歲月》一書的簡單介紹，生於 1924 年、過去一直在香港發展事業的謝志新，於 1984 年「將分散於家族成員的眾多股份，統統購回整合」，反映哪怕當時香港謝利源金舖清點資產與負債的餘波未息，年屆 60 的謝志新仍沒看淡澳門謝利源這個百年老店的招牌。促使他這樣做的另一原因，應與謝利源第二代領導人謝永生於那年「退休」有關。至於謝志新購入不同家族成員分散的股權，則「奠定了澳門謝利源日後發展的基石」（吳秋全，2007：12 及 24）。

在謝志新的領導下，澳門謝利源「進行業務改革更新」，到了 1992 年，因應澳門經濟與社會發展，謝志新擴充業務，將門店由營地大街 24 號遷至俾利喇街 105A 號。到了 1996 年，謝志新次子謝耀宇加入，標誌着家族第四代正式接班，注入新動力（《經濟日報》，2008 年 3 月 25 日）。[10] 資料顯示，謝耀宇從小在香港生活，中學時赴英，在倫敦大學帝國學院數學系畢業後繼續進修，取得牛津大學科學碩士學位。回港後，謝耀宇沒有加入謝利源，而是到貿易公司工作。後因見到父親在港澳兩地奔波，才決定繼承父業，投身其中（《東周刊》，2012）。

一心希望把謝利源招牌發揚光大的謝耀宇，除了繼續發展公司本來業務，還邁出擴張開拓的腳步，先後開設兩個新品牌，其一是 1997 年在高士德大馬路的利源軒，「專營時尚鑽石、珍珠、意大利 18K 金首飾，走年青（輕）化路線，創澳門同業先河」，其二是 2007 年在威尼斯人渡假村大運河購物中心「開設全新概念分店」——謝利源珠寶 O' Che 1867 店，其後再在多家大型渡假酒店設立銷售點（吳秋全，2007：14-15）。據謝耀宇表示，三間店舖各有不同的市場定位：謝利源主要走傳統路線，以本地客為主；利源軒同樣針對澳門市場，但走年輕人路線，兩間門店的本地客源佔八成，旅客佔兩成。至於謝利源珠寶主力接待高消費的旅客，九成客戶是遊客（《商訊》，2012）。此外，他又為公司設計了新標誌，為這家百年老店注入年輕氣息與活力。

從歷史發展進程看，自回歸尤其在博彩專營權開放之後，澳門經濟與社會出現了脫胎換骨的變化，人口規模持續壯大，不但旅客訪澳人次急速上揚，商業與投資活動亦更趨活躍，謝利源的業務因此獲得突出發展（《文匯報》，2009 年 12 月 7 日）。那塊百年老店的金漆招牌，成為吸引無數遊客光顧「打卡」的熱點，甚至被澳門特區政府視為澳門商業的名牌，長期置於各種推廣澳門特色旅遊的宣傳推廣之中（澳門特色店，沒年份）。

由於生意不斷發展，謝耀宇決定走出澳門，先是 2017 年在內地經營網店，開拓線上銷售的新市場；接着的 2018 年，再在珠海開設實體分店（澳門特區政府旅遊局，沒年份；Lo, 2021）。不過，公司的業務推進過程顯得小心翼翼，沒有急速擴大規模，與謝耀宇思想與行動敏捷的個性甚不相符，這種「小心駛得萬年船」的發展策略，隱約讓人察覺是為了避免重蹈謝志超當年因擴張過急而招致敗亡的覆轍。畢竟，百年老店歷久不衰的秘訣，除了強調創新開拓，更應兼顧守成固本，時刻做好風險管理。

家長成員各有發展

在繼承問題上，中國文化的特點，其實是讓各房子孫因應家族需要、現實與個人志趣各展所長，不一定要求他們全都加入家族企業，因此呈現榕樹式的發展

（Zheng , 2009; 鄭宏泰、高皓，2019），根深葉茂、人丁眾多的謝利源家族亦然。謝永生一房因缺乏子孫後人資料，略去不談；至於謝再生諸子的情況，由於謝志達、謝志華、謝志滿等同樣缺乏資料，難以討論，但從其餘四子的發展中，可見兄弟多途並進、相互輝映的特點，粗略可分為從商與學術兩條不同軌跡：謝志超和謝志新兩兄弟選擇從商，人生事業各有經歷，謝志成與謝志偉則選擇教育及研究，亦在學術界做出成績，享有清譽美名。

先說謝志成，他 1931 年生於澳門，早年在澳門成長及接受教育。中華人民共和國成立後，他返回內地升學，並考入清華大學，主修材料力學，畢業後留校從事教研組織工作。「整風反右」運動期間，謝志成認識了被周恩來稱為「三錢」之一的錢偉長，[11] 結下緣份，之後協助錢偉長從事材料力學的研究（孫自法，2010；謝志成，2012；李江濤，沒年份）。

文革期間，一如不少科研人員與學者，錢偉長和謝志成亦被迫終止研究工作，一同被下放到首都鋼鐵廠旗下的特殊鋼廠從事勞動，期間二人雖有接觸，但並不密切。文革後，錢偉長開展力學研究，謝志成再次充當其助手，加深了雙方學術上的交流。據說，當錢偉長授課時，謝志成總會當一名「旁聽生」，從中學習，謝志成更一直強調，哪怕他不是錢偉長的學生，但視之為老師，兩人建立起亦師亦友的深厚關係（孫自法，2010；謝志成，2012）。

改革開放後的 1982 年，錢偉長獲任命為上海工業大學校長，二人不能經常碰面，但仍保持緊密通訊（謝志成，2012）。不久後的 1983 年 3 月，透過謝志成，浸會學院邀得了錢偉長來港作公開講座，留在清華大學力學教研組工作的謝志成亦一同前來，擔任演講嘉賓，主題為「力學的前景」及「分區混合的廣義變分原理及其在有限元法中的應用」（《大公報》，1983 年 3 月 23 日）。在當時香港與中國內地學術界聯繫尚不密切的環境下，這個安排自是非常難得。

1980 年代中，謝志成獲任為清華大學航天航空學院教授，接着的 1988 及 1995 年，更連續兩屆（第七及第八屆）獲選為教育界全國政協委員，標誌着個人教育與科研成績獲得了認許（清華大學校史館，沒年份），他大半生亦在清華校園度過，直至退休。

相對於謝志成，謝志偉在香港和澳門教育界的名聲無疑更為響亮。生於 1934 年的謝志偉，早年在澳門成長及接受教育，在澳門培正中學畢業後，選擇負笈美國，入讀位於德薩斯州的 Baptist Baylor University，這所大學由浸信會興辦，被稱為全球最大的浸信會大學。謝志偉取得科學碩士學位後，轉到匹茨堡大學攻讀博士，於 1965 年取得物理學博士學位（Fong, 1988），然後轉到紐約哥倫比亞大學做研究，1968 年 10 月獲聘為浸會學院數學系主任（《華僑日報》，1968 年 10 月 21 日）。

1971 年 4 月，浸會學院創校校長林子豐突然去世，剛到校任教不久的謝志偉臨危授命，獲校董會委以重任，接替空缺，成為該校第二任校長（*South China Morning Post*, 4 May 1971）。那時謝志偉只有 37 歲，年輕力壯，充滿魄力和理想，無論在推動校務、爭取社會資源、提升學歷認可與發展高等教育等不同方面均悉力以赴；謝氏家族在澳門和香港均有一定人脈關係網絡，又有一定宗教資本，前校長林子豐家族亦在背後給予各種助力，因此能帶領這家同樣年輕的學院向前邁進。

到了 1983 年，在謝志偉帶領下的浸會學院，取得另一重大突破，那便是獲大學及理工教育資助委員會（即現今的大學教育資助委員會，UGC）批准，成為政府資助的專上學院之一。這不但代表浸會學院能取得更多政府及社會資源，亦大大提升其教育名聲與地位，從此與兩間大學（香港大學及香港中文大學）及兩間理工學院（理工學院及城市理工學院）並肩，成為獲政府認可有資格「授予學位」的專上院校之一（degree-conferring institutions）。

因應香港政治生態變化，剛過 50 之齡的謝志偉於 1985 年參加立法局（現稱立法會）功能組別選舉。他在競選發言中表示，擔任立法局議員可充當溝通政府與社會大眾的橋樑角色，亦有助浸會學院的校務發展。結果他擊敗對手成功當選，躋身議事堂，參與議政論政的工作（*South China Morning Post*, 17 and 27 September 1985）。正因有了政治力量，加上浸會學院校長的身份，他於 1986

年 7 月獲時任港督尤德（Edward Youde）委任為行政局（現稱行政會議）議員，進入了政府決策核心（*South China Morning Post*, 2 July 1986）。

謝志偉出任「兩局議員」期間，浸會學院在多方面均取得更大發展，不但學系數目、教職員及學生人數，甚至是獲社會捐款的金額等，均持續上揚，學院在本地社會、地區及國際上的名聲亦不斷提升，甚至先人一步在香港創立中醫藥學院，那是殖民統治長期被忽略的重大範疇。經過多年努力，到了 1994 年，在謝志偉帶領下，浸會學院再度取得重大突破，終於獲政府升格為大學，即現時的浸會大學（Mak and Wong, 2016）。

香港回歸前後，謝志偉在確保平穩過渡、維持繁榮等不同層面上作出貢獻，例如獲委任為港事顧問、基本法諮詢委員會委員等要職。正因如此，他與兄長謝志成一樣，獲委任為全國政協委員，分別是 1998 年的第九屆及 2005 年的第十屆。兩兄弟前後腳出任全國政協委員，成為港澳社會一時佳話。

2001 年，謝志偉宣佈放下沉重工作，從 30 年的校長崗位中退休（*South China Morning Post*, 28 April 2001）。那時他雖已 67 歲，但仍身壯力健，時任澳門特首何厚鏵看中他的領導能力以及在教育界的聲望，加上謝志偉在澳門出生，乃地道的澳門人，因此在改組澳門大學校董會之時，委任他為校董會主席，希望藉謝志偉的才幹、名聲和國際網絡，帶領澳門大學邁向更好的前景，提升其在澳門、地區及國際上的學術地位，並更好地配合澳門經濟與社會發展。

自香港回到澳門的謝志偉，在澳門大學校董會主席的新崗位上，積極推行校制改革，制定大學的十年發展規劃，並於 2008 年起推行大學領導團隊的全球招聘，從不同層面上提升澳門大學的學術水平。澳門大學發展的里程碑，是於 2009 年成功爭取到中央政府的特別政策安排，在珠海橫琴撥出大片土地作為新校園。謝志偉親自督導建設，並於 2014 至 2015 年間完成大學校園搬遷，澳門大學從此脫胎換骨。

除了校董會的工作，謝志偉還出任中華文化交流協會會長、澳門特區政府可持續發展策略研究中心主任、澳門大學發展基金信託委員會副主席及國際中醫藥學會理事長等眾多政府或民間要職。由於他在香港和澳門的政府或公共服務領域均成績卓越、貢獻良多，獲得無數勳章、頭銜和社會大眾的高度稱譽，令謝利源家族引以為傲。

另一位較常出現在公眾面前的謝家成員為謝嘉亮。如前述，他與歌星奚秀蘭婚後自立門戶，經營製衣廠，五年後約 1984 年轉投金融業，任商貿及投資顧問，後曾於香港高等法院擔任「內幕交易審裁處」（現為市場失當行為審裁處）委員，空閒時還到神學院進修。據奚秀蘭在訪問中透露，謝嘉亮因先天問題影響生育，無法誕下兒女，但二人互相扶持，還不時出現在娛樂新聞版面。如奚秀蘭多次到內地演出，甚至於 1984 年成為首位獲邀參與北京春節聯歡會（春晚）的香港人時，亦攜夫北上；當她復出準備開演唱會時，二人亦一同接受訪問。此外，作為虔誠的基督徒，他們熱心出席教會活動，積極參與世界各地的佈道會作分享見證，又出資灌錄及發行宗教唱片。二人沒有子女，也沒有大富大貴，生活雖然平淡，但看來相當幸福美滿（《華僑日報》，1984 年 1 月 13 日、1987 年 10 月 3 日；《晴報》，2019 年 12 月 10 日；《時代雙月報》，2000；《傳書雙月刊》，2001）。

毫無疑問，無論是謝志新、謝志成、謝志偉，或下一代的謝耀宇、謝嘉亮，他們的人生各有際遇，有人另闢新徑，在學術界深耕多年；有人緊守祖業，為延續家族事業而奮鬥；亦有人選擇「婦唱夫隨」的生活，在宗教與屬靈道路上盡己所能⋯⋯反映一個家族子孫滿堂時，成員不一定要全體投入家族企業，而是可以按各自興趣發展，如自行創業、從政，甚至走學術或專業之路。在中國文化裏，只要子孫成就卓越、光耀門楣，整個家族都與有榮焉；一旦失敗招來罵名，又會因為「愧對祖先」而耿耿於懷，反映了以家為本的文化情懷。

對打造香港國際金融中心的影響

對於謝利源金舖的個案，不少人或者會疑問，到底這與香港成為國際金融中心及與海外華人有何關係？表面看，關係不大，亦不直接，但若深入看，這其實反映了香港自二戰之後的巨大吸引力，連鄰近的澳門居民——包括居澳土生葡人，亦選擇轉來這裏發展，更不用說海外華人了。這背後則與香港工業、貿易及經濟活躍，市場極為自由有關，確實是香港能夠打造成國際金融中心的基石所在。

由此引伸出來的另一重點，是澳門所代表的葡語系社會及經貿網絡，以及澳門華人社群中，不少人均把家庭、企業及資本轉移到香港，例如羅郎也家族（Noronha family）、布力架家族（Braga family）、羅保家族（Lobo family）及羅理基家族（Rodrigues family）等（丁新豹、盧淑櫻，2014），令香港成為他們打拚事業的大本營，吸納了他們不少資產。更為重要但相信長期被忽略的是，香港亦因此吸納了葡人過去三百多年在澳門所經營的海外網絡與連結，成為亞洲地區連結葡語系國家或經濟的金融與商業中心，這方面隨後所產生的效益，過去甚少人提及，但對香港發展為國際金融中心而言，是不容低估的力量。

由於當年被葡國管治，且城市規模不大，澳門長期具有資金與移民來去自如的特點，在非常時期，例如香港淪陷時，黃金白銀等具貨幣功能或地位的商品仍能在澳門自由進出；哪怕是二戰結束初期，澳門在這方面仍遠較香港突出，但隨着香港逐步建立起黃金白銀的交易和進出制度，澳門的相關業務乃逐步沒落。由於香港的金銀交易市場與世界接軌，有助壯大香港的金融業務，謝利源金舖在 1970 年代亦因此獲得重大發展，說明貴金屬市場在香港不斷發展，有助打造香港作為地區金融中心。

最顯而易見的因素，當然是國際金融中貨幣流通及資本融通等相互扣連的關係。當謝利源金舖出現擠兌時，存戶及市場出現恐慌反應，便指向了銀行——主要是被指有緊密業務往來的恒隆銀行，此點雖令恒隆銀行「無辜受累」，卻反映社會或市場對於謝利源金舖與銀行之間微妙和緊密關係的「自然聯想」。由此讓人看到，若然金融業發展起來，金銀珠寶等「類金融業」亦必然會有重大發展，彼此間一榮皆榮、起落同步。

確實地說，謝利源金舖的個案，與香港金融中心的建立並非毫無關係。一方面，平平凡凡的千家萬戶及不同企業，各有謀生和發展，點滴凝聚，成為香港的發展力量。另一方面，在發展的不同進程中，會因為某些層面或業務的壯大和蛻變，令原來的制度難以應對、負擔；亦不排除個別人士或企業渾水摸魚，最後演變成影響深遠的巨大危機，此點亦反映經過長期積累的金融運作與力量，因為各種弊病無法維持，因此才爆發出來，牽一髮動全身，影響其他大小金融機構，促使業界、政府及社會必須作出全面應對、調整及變革，香港才能打造成國際金融中心，寫下濃彩重墨的一筆。

結語

任何百年老店總有其長壽秘方，因為在其漫長的歷史中，無論商業、經濟、社會乃至家族本身，常常會遇上重大變故與挑戰，若然不能作出正確的應對，克服各種困難，便無法延續。在謝利源金舖的個案中，第一代匠人創業，憑技藝取勝，強調穩紮穩打，不敢冒險，是穩步發展的主因；到第三代自立門戶，雖採用謝利源金舖的老字號招牌，但屬於商人創業，較強調壯大開拓，爭取多快好省與最大利潤，搶攻市場佔有率，惟因過於冒進，低估風險，最後因市場巨大波動而沒頂。這一失敗事例，不但深刻地讓家族成員看到了市場風險的不容忽略，亦體會到「小心駛得萬年船」的道理。社會大眾亦應明白當中教訓，如急速擴張卻缺乏風險管理，可能需要支付高昂代價，不能不防、不可不慎。

對於家族企業，中西社會頗有不同看法。最基本的差異，是西方多從企業角度看問題，中國多從家族角度看問題；企業的角度較注重利潤效率，從企業自身發展考慮，家族的角度較注重主導掌控，從配合家族發展考慮。所以西方家族企業較易擺脫自我，把企業交由非家族人士管理，甚至出售，不會有太大感情負擔；中國家族企業則較難擺脫家族掌控，視家族和企業為命運共同體，若經營不善、企業敗亡等同有辱門楣，愧對祖宗，感情負擔較重。當然，子孫眾多的中西家族仍有一些相似點，如不鼓勵所有子女都投身家族企業，反而希望他們在不同專業、不同範疇努力，達至家族人材或事業的多元化，謝利源家族第三代便展示了這種特點。不過，隨着第四、五代子女數目銳減，這種多元化的發展狀況亦已有了巨大變遷。

註

1 謝志超育有三子三女，三名兒子分別為謝嘉亮、謝嘉舜與謝嘉萬，女兒為謝文倩、謝文穎、謝文詩（《華僑日報》，1982 年 9 月 3 日）。

2 從日後的不同研究中，不難發現某些看來不似是中國人的姓名，其實是海外華人，他們因為宗教皈依或入籍某個國家之故，改了外國的姓名。正因如此，這裏的 Letitia and Laurence Leigh 夫婦，未必是一般情況下的「洋人」，亦可參考本書其他各章。

3 按謝志成所言，他們 13 名兄弟姐妹是同父異母（吳秋全，2007：24），即謝再生不只有一位妻子，惟缺乏相關資料。

4 即按已購買千足黃金或首飾的價值，獲二成回贈，用於換取等值首飾或千足黃金。

5 傳媒爭相報導謝利源「爆煲」之事時，《英文虎報》（*Hong Kong Standard*）曾犯上馮京作馬良的錯誤，將謝志超寫成浸會學院校長謝志偉。有浸會學院學生在該校的學生報紙 *The Young Report*（1 October 1982）中投訴，不過《英文虎報》似乎沒有作出道歉或澄清。

6 據報導，謝利源的存貨中，近四成為鑽石、三成為玉器，其價值較難估算，亦較難在短時間內售出。（《工商日報》，1982 年 10 月 7 日）

7 固定資產主要是：土地與物業（53,973,333.33 元）、傢俬及固定裝置（5,776,302.42 元）、建築裝修與改建開支（4,049,421.35 元）、空調設備（766,269.49 元），以及貨車（81,259.80 元）。

8 這位蔡蓉華，未知是否與謝志超在企圖自殺時所寫遺書中提及的那名「姓容女子」有關。

9 日後，奚秀蘭接受訪問時稱，丈夫謝嘉亮是「白手興家」的，每月支付工人薪金也要十多萬，壓力甚大。而丈夫經營製衣廠五年後轉投金融業，不需她幫手，她才全面復出歌壇（《華僑日報》，1987 年 12 月 11 日）。藝人對娛樂記者說話真真假假，宣傳成份佔多，難以分辨真偽，但這番話多少引證了謝嘉亮脫離父親後開設了製衣廠，且聘有不少員工，至 1984 年左右才結業。

10 謝志新於 2012 年 1 月於澳門去世，享年 88 歲（《東周刊》，2012）。

11 「三錢」是中國三位享負盛名的物理學家錢學森、錢偉長、錢三強的合稱。錢偉長亦是新儒學大師與香港中文大學新亞書院創辦人錢穆之姪兒。

第三章

大來財務

多個家族如迷似幻的關係與盛衰

1982年11月15日，謝利源金舖倒閉與恒隆銀行第一次擠提事件兩個多月後，股票交易所突然接獲大來財務集團（Dollar Credit Holding Limited，簡稱大來集團）申請，停止所有有關該公司的股票買賣，消息令過去一年多以來深受股市和樓市雙雙回落衝擊的投資市場山雨欲來。「股市今晨繼續向下調整，藍籌股備受拋售壓力，銀行類股及藍籌股均告下跌……大來財政出現困難，今晨停牌。益大（即鍾正文家族掌控的益大集團）至今停牌兩週，重整計劃能否順利通過，引起大家關注」（《工商晚報》，1982年11月15日）。

由於大來集團規模不大、股票交易有限，且集中於金融財務生意，社會及市場起初對其停牌一事不以為然，但隨後爆出公司過度借貸及連串違法造假等行為，更牽連多家銀行與財務公司，眾人才如夢初醒，驚覺問題只屬冰山一角。進一步資料顯示，公司「爆煲」的觸發點，是與大來集團毫無關係的謝利源金舖倒閉，引致恒隆銀行擠提，令銀行收緊流動性，想不到這樣卻牽一髮動全身，大來集團因資金鏈斷裂被迫停牌，結果又反過來影響恒隆銀行及其他公司，就如學術界所說的「蝴蝶效應」，掀起一場令人措手不及的金融風暴，衝擊香港金融體系，無數投資者因此蒙受巨大損失。大來集團的歷史和發展不算複雜，但由於資料不多，加上牽連甚廣，分析時有一定難度，本文將以關鍵人物毛豐翔、毛凱元父子及楊碩鐘三人為主要脈絡，再旁及恒隆銀行骨幹領導莊榮坤、李海光等，介紹其崛起與發展，再總結其失敗因由，以讓後來者鑒。

毛豐翔在滬港與琉球的足跡

毛豐翔家族曾在上海經商，二戰後移居香港，雖然現在已沒多少人認識毛豐翔及毛凱元父子的名字，但在 1950 至 1980 年代，二人卻是商界的風雲人物，生意做得有聲有色，叱咤一時，惟當中亦有不少地方充滿爭議。到底這個家族有何來頭？從事何種生意？發展上有何特殊經歷？又帶來何種影響？要回答這些問題，可從移居香港第一代的毛豐翔說起。

從文獻記錄看，毛豐翔祖籍浙江，在 1940 年代末或 1950 年代初落腳香港，經營一家名叫義豐行的出入口貿易公司，核心業務為航運及木材貿易，主要往來中國香港、中國台灣與菲律賓之間（*South China Morning Post*, 12 October 1985）。公司註冊處存有義豐行更改註冊為有限公司的資料，年份是 1953 年，主要股東為毛豐翔及其妻子汪慧芳，那時夫婦居於英皇道 60 號，另有兩名董事黃雄飛和徐龍英（Annual Return of Yee Fong Hong Limited, 1954）。

不過，毛豐翔並非來到香港才開始經商，早在 1940 年代的上海，他與家族已經營生意，並曾惹上一宗「情節離奇之江海關官商大舞弊案」，細查當時上海的報刊，可以找到毛豐翔及該官司的資料。1947 年，上海海關人員尹蘭蓀等，被控藉審核並批出進口許可證的權力，勾結奸商，貪污舞弊，從中勒索受賄，而涉嫌勾結關員的「奸商」，便是毛豐翔等人。當時，毛豐翔與弟弟毛潤翔在上海經營一家名為怡豐行的公司，做代客報關的生意。一次，他們代陸根記營造廠辦理報關手續時，行賄海關人員，且假借海關扣留關單為由，向陸根記營造廠索取財物，甚至侵吞陸根記用於建築的白鐵。但原來陸根記營造廠大有來頭，其東主陸根泉與國民黨高層如戴笠等關係甚深，陸根泉於是向國民黨檢舉，「蔣主席聞訊大為震怒，即手令警備司令部會同偵查」，毛豐翔自然引火燒身（《漢口導報》，1947 年 12 月 11 日）。

有記者深入發掘怡豐行的資料，指其似非獨立經營的公司，因為怡豐行落腳於九江路花旗大樓 413 號，「附設於志大華行內，故怡豐僅有寫字台六具⋯⋯據志大華行王某稱，對怡豐一切情形均不詳，志大係美國人所開設，現怡豐行職

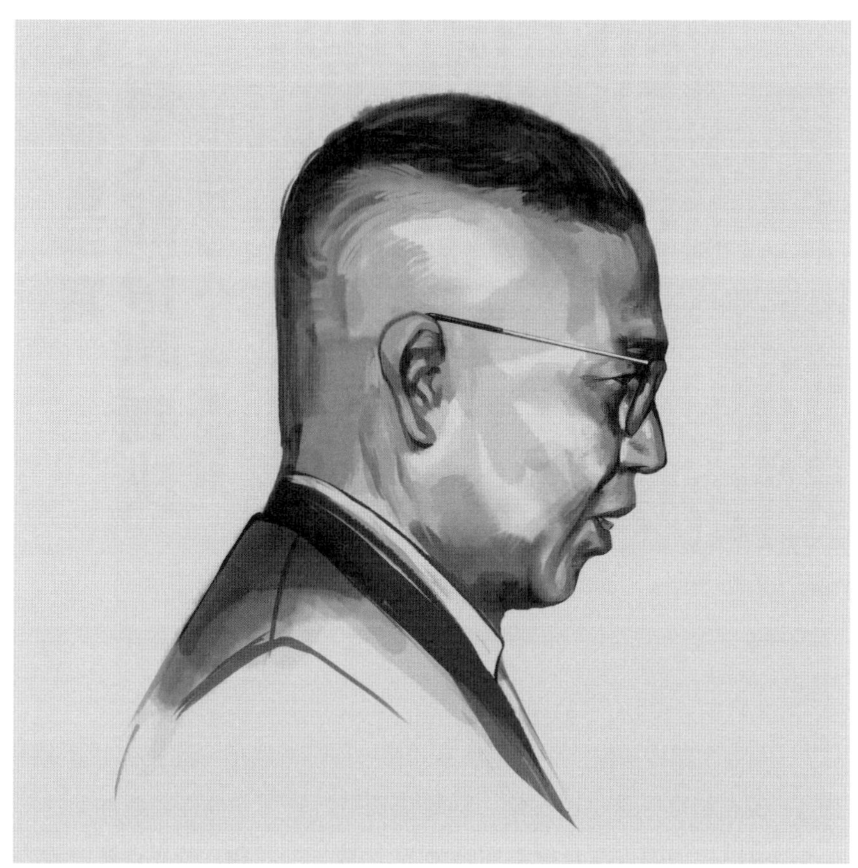

毛豐翔

員均已不知去聞。另傳怡豐或即志大為一體」(《大眾夜報》，1947 年 11 月 29 日)。暗示此案牽涉的或許不止是毛豐翔等人，美國公司亦與此有關。

案件於 1948 年 1 月被送上南京地檢處法庭審理，其中涉及「受賄者四人、行賄者八人，『手續費』達國幣十二億」，毛豐翔亦因行賄成為被告之一(《日事新報》，1948 年 1 月 10 日)。最後各人罪名成立，量刑由死刑、終身監禁至入獄五年不等。被視為關鍵人物的關員尹蘭蓀、岳新民及張淵被判死刑，張寶匯終身監禁，毛豐翔則被判入獄十年，遞奪公權十年(《中華時報》，1948 年 2 月 3 日；《力報》，1948 年 2 月 3 日；《前綫日報》，1948 年 2 月 22 日)。

江海關貪污案
商人部份昨判決
毛豐翔等八人各處徒刑

對毛豐翔貪污案判決的報導，《中華時報》，1948 年 2 月 3 日。

涉事人之一的毛潤翔亦被拘捕，惟他涉案的程度沒那麼嚴重，因此與上述案件分別審訊。他在法庭上作供時提到，他雖是怡豐行經理，但僅負責油類進口事項，又提及他在怡豐行沒有資本或股份，「怡豐係毛豐翔八成，與另一外人『伊拉克籍』二成合股設立者」，他本人「僅屬職員地位」，以此撇清與案件的關係（《新聞報》，1948 年 3 月 24 日），最後逃過一劫。

台北國史館亦保存了這宗案件的內部文件。當年國防部保密局長毛人鳳處理此案後，撰寫報告呈交總統府參軍長，再摘要轉交蔣介石。文件提及的案情和報紙報導相若，但較側重毛豐翔在案件中的角色及更多內情。報告指毛豐翔代陸根記營造廠辦理報關手續時，與關員尹蘭蓀等「假借海關抑留關單，要求索財物之事由，從中互相勾結」，甚至「侵佔陸根記白鐵皮廿噸」，反映毛豐翔涉案甚深，本應被控多項罪名，罪成判刑亦應較重（〈毛人鳳呈蔣中正摘述江海關人員勾結奸商貪污舞弊案過程並附尹蘭蓀毛豐翔等〉，1948）。

不過刑偵局調查案件，發覺法庭在提控問題時「多錄避重就輕」，經「分析研究」後，指這是毛氏家屬為減罪責，四出託人關說的結果。報告這樣寫：「其……目的有三：第一做到該案移送普通法院辦理，第二毛氏兄弟中保釋一人，第三要求行賄罪起訴勿以貪污勒索罪起訴。如能做到一項，即可酬以美金三五萬元」(〈毛人鳳呈蔣中正摘述江海關人員勾結奸商貪污舞弊案過程並附尹蘭蓀毛豐翔等〉，1948）。

毛人鳳進一步指出，在知悉毛氏家屬行賄後，最高法院院長夏勤的妻子，竟派人到上海「邀請毛潤翔妻來京面洽」，並稱「託事已有辦法，不必再向其他方面進行」，毛潤翔妻子即到南京，並將美金十萬元交予夏勤。收到賄款的夏勤「即多方設法使該案拖延敷衍，首都地方法院判決尹蘭蓀、岳新民及張淵三犯死刑」，[1] 惟送給最高法院的覆刑文件，「並不發交刑庭，推事審理，而私行擱置，嗣後故意以書記官室名義，將該案送交首都高等法院辦理，以圖拖延時間」(〈毛人鳳呈蔣中正摘述江海關人員勾結奸商貪污舞弊案過程並附尹蘭蓀毛豐翔等〉，1948）。

函件於 1948 年 6 月 9 日發出的「擬辦批示」一欄中寫下了「最高法院院長夏勤，竟向首都地方法院請託關說，為被告開脫罪名，並有接受鉅額美金，代為活動事情，經呈奉鈞批審，電司法院居院長，嚴予切實警告」，並有上級（簽名潦草，不確實是誰，相信乃當時總統府參軍長薛岳）「如擬，令夏勤來見」數字的批覆（〈毛人鳳呈蔣中正摘述江海關人員勾結奸商貪污舞弊案過程並附尹蘭蓀毛豐翔等〉，1948）。由於證據確鑿，夏勤於 1948 年 7 月被免職。尹蘭蓀、岳新民及張淵等上海海關人員則於同年 10 月行刑，「於老虎橋首都監獄內伏法，均一彈畢命」(《益世報》，1948 年 10 月 26 日；《南洋商報》，1948 年 11 月 3 日）。

此案反映當時上海商界卧虎藏龍，表面平平無奇的公司老闆亦能與政府最高層「搭通天地線」，而且政府腐敗不堪、貪污成風，下至普通關員，上至最高法院院長都「見錢開眼」。不過，相關情況因與本文關係不大，暫且撇下不論，單從本案已可發現關於毛豐翔多個值得注意的特點：

一、毛豐翔經營怡豐行，從事代客業務，反映他應具深厚的海外關係，並精通英文等外語。因為報關須與外國公司聯絡，亦要填寫英文文件，他可能曾在外國居住，或有較高學歷。此外，怡豐行有伊拉克籍股東，辦事處又設於美國人開設的公司之內，且有傳言指「怡豐或即與志大為一體」，可見毛豐翔的背景並不簡單。

二、從毛豐翔兩兄弟被捕後的發展，亦反映他們並非來自普通人家。首先，其家屬四出奔走關說，竟能接觸最高法院院長之妻，說明人脈關係不薄。此外，毛家能在短時間內拿出「美金十萬元」賄款，這金額在當年乃天文數字，引證家族財力深厚，因此才成功令其中一人脫罪，毛豐翔亦獲得相對較輕的判刑。

三、毛豐翔的公司沒有獨立辦公室，又「僅有寫字台六具」，可能是公司業務正處於草創階段，才會有眼不識泰山，惹上陸根泉這名他們得罪不起的人物；亦可能是報關業務性質特殊，較多外勤工作，只需有個落腳點作通訊地址便可開展生意；當然，也不能排除他一開始就沒有「正當」經營的打算，只想在報關時物色好欺負的「獵物」，索勒甚至侵吞財產，故公司只有簡單的設備，方便萬一出事可以隨時打包走人。

四、毛豐翔行賄尹蘭蓀等海關人員，應不是單一或一次性事件，相反很可能是冰山一角，他代關員索取賄賂，從中賺「中介費」，食髓知味，膽量也愈來愈大，後來連客戶廿噸白鐵的貨物亦想侵吞。過去或許亦有客戶不甘損失而舉報，但被相關人員擺平，最後上得山多終遇虎，事件才曝光。而從多名海關人員被判以極刑看來，反映他們或涉及多次賄賂，並非單因此案而被重判。

無論如何，毛豐翔被判刑十年，本應在牢房度過漫長歲月，就算出獄後亦因長時間脫離社會而難以重投商海。但當他身陷囹圄不久，國民黨便在戰場上節節失利，最後敗走台灣。毛豐翔的家人相信是乘此空隙，透過深厚人脈與資金助他脫離監禁。毛豐翔重獲自由後亦不敢留在內地，而是一如其他上海商人般，在政局急變之時選擇離去，在 1940 年代末或 1950 年代初轉到香港，開展新生活。

由於過去一直從事貿易生意，毛豐翔到港後應很快便重投商海，開設了名字與舊公司相近的義豐行。義豐行與怡豐行只有一字之別，或許反映他希望維持某些聯繫。因為若深入一點看，會發現無論怡豐或義豐，名字都與一家於 19 世紀末開立、名為祥豐的寶號相關。這間祥豐公司是由毛鼎和開設，經營南貨，毛鼎和亦因此被人稱為「毛祥豐」或「祥豐老闆」，而毛鼎和之女毛福梅乃蔣介石的元配，二人育有一子蔣經國（王成斌、劉炳耀、葉萬忠、范傳新，1988：459）。雖無法肯定毛豐翔家族與蔣家是否真有親戚關係，但毛豐翔無論姓氏、人名與公司名字（翔與祥同音）等，均讓人聯想到毛福梅娘家，加上毛家在上海異常強大的人脈及資產，讓毛豐翔成功脫險逃往香港，他日後在港經商時又顯得與國民黨高層熟稔⋯⋯。種種跡象，均令人傾向相信就算兩家不是直系親屬，亦有可能是血緣接近的旁枝（*South China Morning Post*, 23 December 1989）。

無論毛豐翔的背景是否與蔣介石有關，他逃離內地來到香港重開貿易公司，希望大展拳腳，可是隨即因國際局勢大變而受到打擊。1950 年，朝鮮半島爆發戰爭，以美英為首的聯合國對中國內地實行貿易禁運，令香港的轉口貿易完全停頓，經濟十分低迷，毛豐翔重啟外貿生意的如意算盤亦告落空，促使他須另作綢繆。而他接下來選擇的再起步點，在今天看來是相對較冷門的地方——琉球群島（又稱沖繩）。

琉球曾被福建省秘書長形容為「位居本省北方，具有重要戰略地位，與我方隔海毗鄰，唇齒相依」，但當時因應《波茨坦公告》，已被美軍佔領，並由美國實施「信託管治」。朝鮮半島戰爭爆發後，琉球的軍事、經濟及商業地位變得極為吃重，營商環境隨之變化。[2] 由於局勢敏感，只有那些早已定居當地或與美國有特殊關係的商人，才能立足琉球經商。二戰前，琉球的華人主要集中於閩人 36 個姓氏，如林、梁、鄭、金、蔡等，不包括毛氏，顯示毛豐翔家族並非當地的「原住民」，他較可能是透過美國關係，才能在琉球商界成功開展生意。雖然因資料所限，不清楚生意的發展情況，但可以肯定成績應該不俗，故毛豐翔於 1953 年將義豐行改為有限公司模式，在香港註冊，反映公司已站穩腳跟。註冊有限公司的手續雖較複雜，但有助減低投資與經營風險，便利他的跨境生意運作。

之後，毛豐翔及義豐行的名字開始於香港報章出現，如在 1956 年，聖約翰救傷隊賣旗籌款，義豐行（Yee Fong Hong Limited）作出捐款，報紙上其名字與本地名士如羅文錦、李冠春、郭琳褒等並列。接着，拔萃女書院籌款興建千禧世紀大樓，毛豐翔又以其英文姓名簡稱「F.S. Mao」大手筆捐款 800 元。一年後，拔萃女書院公佈捐款名單，毛豐翔夫婦（Mr & Mrs F.S. Mao）名列其中（*South China Morning Post,* 18 June 1956, 12 July 1956, 13 May 1957）。無論是聖約翰救傷隊或是拔萃女書院的捐款，不只反映毛豐翔慷慨解囊的一面，更顯示他行為西化，與本地精英甚有交往，並應與這兩個組織有一定淵源或關係。到了 1963 年，毛豐翔申請入籍英國，那時報稱的居所是舊山頂道 5 號翠峰園（*South China Morning Post*, 5 August 1963），屬於豪宅地段，可推斷他的生意與財富已進入另一階段。

1970 年 2 月，毛豐翔與太太到訪台北，會見僑務委員會委員長高信，並獲時任台灣當局副領導人嚴家淦接見，留下多張合照（〈嚴家淦接見琉球僑領毛豐翔〉，1970）。同年底，台灣「海軍官校學生艦隊」以參加關島琉球等地演習為由，到訪琉球，毛豐翔曾以旅琉華僑身份參加接待學生的儀式，在不同層面上配合台北安排（〈我海軍官校學生艦隊敦睦演習訪問關島琉韓國等〉，1970）。毛豐翔與國民黨高層之間的連串接觸與活動，逐步強化了社會對其有深厚「台灣關係」的印象。

接着的 1971 年 3 月 17 日，中琉文化經濟協會前理事長方治，致函時任台灣當局領導人幕僚長張群，提及毛豐翔。方治表示，琉球華僑協會經兩年籌劃，準備於 1971 年 3 月 21 日在那霸市舉行成立大會，當地政府及工商領袖將有多人參加，並指中琉文化經濟協會時任理事長宮城仁四郎及「旅琉僑領毛豐翔諸先生」均致函邀請方治赴琉，「用示我政府及民間對於旅琉僑胞之關切與重視」（〈張群呈蔣中正文電簡報表一〉，1971）。由此可見，那時的毛豐翔在琉球已打下重要基礎，獲稱為「旅琉僑領」。

1975年4月，蔣介石去世，毛豐翔以琉球華僑總會理事長的名義，聯同當地華僑向宋美齡發電報弔唁（〈琉球華僑總會理事長毛豐翔暨全體華僑電總統府秘書長鄭彥棻轉呈總統夫人宋美齡之元首蔣中正哀弔文〉，1975）。其他文件亦顯示，毛豐翔曾在1975及1977年積極在琉球社會活動，接觸不少當地政商人物（〈日本雜卷十一〉，1975；〈日本雜卷十二〉，1977）。

另一方面，毛豐翔在香港的生意亦繼續發展。如1973年，義豐行在報紙上刊登有關船務的通告，其營業部門擁有四個電話號碼（*South China Morning Post*,13 October 1973），可見業務頗有規模。至1976年，義豐行又登報宣稱因丟失了九龍倉的股票憑證（股票編號E-65043），因此該股票憑證作廢（*South China Morning Post*, 29 May 1976）。到1979年，義豐行擁有一艘名叫Everton的輪船，掛巴拿馬國旗（*South China Morning Post*, 26 April 1979）。

至1980年10月8日，方治寫給嚴家淦一封信函，主要是向其獻策，建議將琉球劃入亞太地區的海外僑選民意代表範圍內，當中提及不少關於毛豐翔的資料，有助更進一步了解他的背景。據信函所述，那時毛豐翔擔任「琉球華僑總會」理事長，是上海聖約翰大學畢業生，符合他早年有能力經營報關行的背景，並指他「旅居琉球已三十餘年」，即應在1940年代末已到了琉球，惟所謂「旅居」實在可圈可點，因沒指出每年居住時間長短，與他在香港營商的情況不抵觸。函件尤其提及毛豐翔「聲譽卓著，平日關心僑社事務，富有領導能力……深受旅琉僑胞之愛戴，並為當地政經工商各界以及各國旅琉人士所推崇。」

接着，方治又指毛豐翔曾獲「派任僑務委員會委員，協助推展僑政」，當時他「兼負中華文化復興委員會琉球分會，會務宣揚我國文化」，「殫精竭慮，頗多建樹」；然後方治筆鋒一轉，推薦毛豐翔擔任「僑選立委」，認為他乃「最適當之人選」。文件還提及，琉球與台灣之間的往來仍然緊密，1972年「美日強權協商將琉球復歸日本統治，但我方迄未承認，而琉人為爭取自治，對我期望亦至殷」，進而指出應「利用毛先生旅琉多年，與當地歷任首長以及各界領袖私人情感素稱融洽，周旋折衝，毫無窒碍」，並指過去與琉球方面的接洽磋商，「多承協助處理，賴以順利完成任務」（〈中琉文化經濟協會理事長方治函

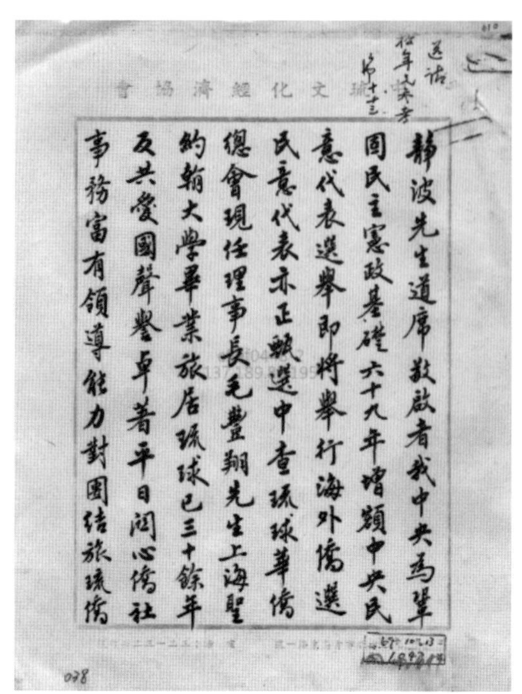

琉文化經濟協會

靜波先生道席 敬啟者我中央為鞏固民主憲政基礎六十九年增額中央民意代表選舉即將舉行海外僑選民意代表亦正甄選中查琉球華僑總會現任理事長毛豐翔先生上海聖約翰大學畢業旅居琉球已三十餘年反共愛國聲譽卓著平日關心僑社事務富有領導能力對團結旅琉僑

方治向嚴家淦推薦毛豐翔的函件

呈嚴家淦陳述應將琉球劃入亞太海外僑選民意代表區域之意見〉，1980）。日後的不同資料揭示，毛豐翔在方治大力推薦下，獲得了琉球「僑選立委」的職位（《華夏導報》，1981 年 12 月 23 日）。

綜合以上資料看，毛豐翔無疑是一名富爭議的傳奇人物。儘管其出生與家庭背景缺乏全面資料，但較確實的是，他從上海聖約翰大學畢業、早年經營怡豐行及從事報關業務、擁有美國等地海外關係、捲入行賄與侵吞財物重案後能夠成功脫險；加上無論怡豐行、義豐行或是其姓氏，均似與蔣介石元配即蔣經國生母毛福梅有親屬關係，可見其背景殊不簡單。此外，他移居香港不久即成功入籍英國，又在琉球扎根成為當地僑領，既出任琉球華僑總會理事長，又是台灣當局在琉球的「僑選立委」，可見他在台北、琉球與香港之間自由行走，很容易融入不同環境。

毛凱元和楊碩鐘的出道打江山

綜合不同資料看，毛豐翔次子毛凱元（Johnny Mao 或 Mao Kai Yuan，亦有誤寫為毛啟原）應生於 1946 年，按此推斷生於上海，[3] 隨同父母在 1940 年代末移居香港。中學時期，毛凱元應入讀聖貞德中學（St. Joan of Arc School），有一定表現，初中時的 1958 年，曾參與校際中文詞朗誦比賽，獲第三名（*South China Morning Post*, 21 March 1958）。1960 年代中畢業後負笈美國，入讀賓夕法尼亞大學（University of Pennsylvania），取得機械工程學士及工商管理碩士學位（*South China Morning Post*, 6 April 1976）。

從日後法庭審訊資料看，毛凱元於 1970 年畢業，迅即獲一位名叫楊碩鐘（Willie Yu、Yu Sit Chiong 或 Willie Wu，因英文寫法特殊，常引人誤會，有誤譯為余薛昌、余燮清等不同姓名）的朋友介紹，轉到加拿大多倫多一家公司工作，惟不知道工作性質。在此之前，毛、楊兩個家族之間應有交往，才會在畢業時即獲推薦，而這位楊碩鐘同具特殊背景。

楊碩鐘約在 1930 年（另說 1933 年）生於澳門，較毛凱元年長十多歲，楊氏在澳門屬富有人家，開辦了一家甚有規模的建築公司。到 1970 年代，香港股票市場一片火熱，經濟興旺時，年過 40 歲的楊碩鐘據說把建築公司賣掉，套回 1,000 萬美元資金，可見此公司實力不俗，轉到香港發展。由於他將資金存入恒隆銀行，因此與該銀行高層莊榮坤和李海光接觸更多（*South China Morning Post*, 23 December 1989; 參考恒隆銀行一文討論）。他之所以選擇恒隆銀行，是否因為他與莊榮坤等有較強的菲律賓或福建關係，因此早已認識？答案已不可考。無論如何，楊碩鐘開始利用那筆資金，大力投資香港。

值得注意的是，那時楊碩鐘亦有到日本發展，證據是葡國駐東京大使館曾致函澳門總督，核查楊碩鐘的葡籍身份，獲澳葡政府確證，指楊碩鐘的澳門出生證號碼是 7630 號（Pedido de confirmacao da nacionalidade portuguesa ao cidadao Willie Wu, alias Yu Sit Chiong.., 1971）。由此可見，楊碩鐘曾以葡籍身份在東京從事某些生意或活動，故葡國大使館須核實其身份，以便提供支援、證明或保護。日後不同資料亦顯示，楊碩鐘在日本社會有不少人脈，部份更曾參與到他的生意經營中，例如一家由楊碩鐘於 1976 年創立的志信企業（Cheersome Enterprise Co. Ltd.），股東除了毛凱元及李海光外，還有一位日本人 Imiko Kobori。[4]

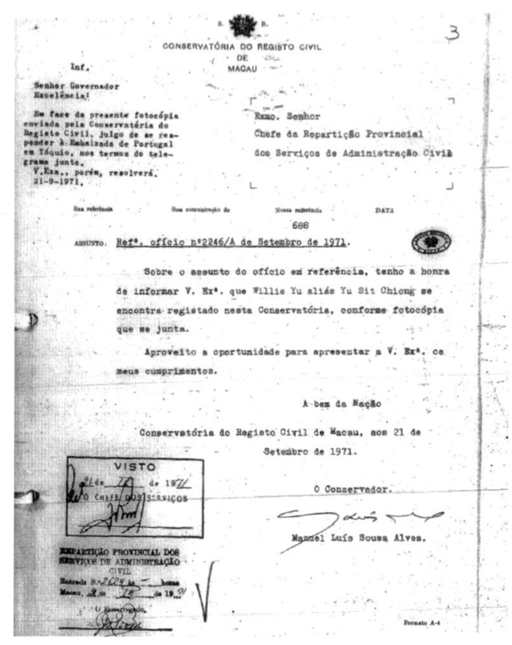

S. R.

CONSERVATÓRIA DO REGISTO CIVIL
DE
MACAU

Inf.

Senhor Governador
Excelência!

Em face da presente fotocópia enviada pela Conservatória do Registo Civil, julgo de se responder à Embaixada de Portugal em Tóquio, nos termos do telegrama junto.
V.Exa., porém, resolverá.
21-9-1971.

Exmo. Senhor
Chefe da Repartição Provincial
dos Serviços de Administração Civil

Sua referência — Sua comunicação de — Nossa referência 686 — DATA

ASSUNTO: Refª. ofício nº2246/A de Setembro de 1971.

Sobre o assunto do ofício em referência, tenho a honra de informar V. Exª. que Willie Yu aliás Yu Sit Chiong se encontra registado nesta Conservatória, conforme fotocópia que se junta.

Aproveito a oportunidade para apresentar a V. Exª. os meus cumprimentos.

A bem da Nação

Conservatória do Registo Civil de Macau, aos 21 de Setembro de 1971.

O Conservador.

Manuel Luís Sousa Alves.

VISTO
21 de [illegible] de 1971
O CHEFE DOS SERVIÇOS

REPARTIÇÃO PROVINCIAL DOS SERVIÇOS DE ADMINISTRAÇÃO CIVIL
Entrada N.º 2624 às — horas
Macau, 2 de [illegible] de 1971
O Encarregado,

Formato A-4

澳葡政府發出關於楊碩鐘的身份證明文件

到底毛凱元與楊碩鐘是如何結識的？楊碩鐘又為何找上剛畢業的毛凱元，且介紹他到多倫多工作？同樣無從稽考。按毛凱元的說法，開始工作約一年後的 1971 年，他回到香港，相信一方面是看到香港經濟向好，股票市場日趨熾熱，另一方面則有協助父親打理生意的考量。他順理成章地加入了義豐行，成為父親的左右手，當時的義豐行經營航運與木材貿易，主要往來於香港與菲律賓、中國台灣、琉球之間。到 1972 年，義豐行一名經理辭職，毛凱元填補其位，同時兼任義豐行董事，這是一般家族企業的接班進程。不過，1973 年 3 月恒生指數達至高位後迅速回落，然後持續尋底，加上第一次世界性「石油

毛凱元

楊碩鐘

危機」爆發的衝擊，香港經濟在 1973 至 1975 年一直十分低沉（鄭宏泰、黃紹倫，2006），航運業成本上漲，受到的打擊尤其沉重，而 1975 及 1976 年又發生海員罷工事件，給義豐行帶來巨大壓力，經營出現困難。

就在各方資金均十分緊絀的關鍵時刻，一家名叫大來財務有限公司（Dollar Credit and Financing Limited，下稱大來財務）的企業，於 1975 年 10 月 31 日註冊成立，[5] 專營借貸與財務生意，隨後取得登記接受存款公司（registered deposit-taking company）的牌照，並可進行股票交易買賣，在那個年代，政府對相關業務的監管相對寬鬆。公司註冊署文件顯示，大來財務的牽頭人為楊碩鐘，另有蔡章銶、高建華、Jack Sumitani 三人，後來增加了麥翠嫻、楊碩磐、毛凱元、李回謀、許文墨、雷金元、施鴻藻等人，其中高建華和麥翠嫻（於 1975 年 11 月辭職）為英國籍，楊碩磐、許文墨、施鴻藻為菲律賓籍，Jack Sumitani 為日本籍；楊碩鐘原稱中國籍，於 1976 年後則改稱葡萄牙籍（Particulars of the Directors of Dollar Credit and Financing Limited, 1975-1976）。從國籍層面上看，大來財務的董事局或資金可謂相當國際化，並以菲律賓籍較多，股東組合在那個年代並不多見，而楊碩鐘更於 1978 年改為入籍菲律賓（參考下文討論）。

大來財務的股東大多為福建籍菲律賓華商，且不少都大有來頭，如蔡章銶乃酒店業巨子，1960 年代在台北興建了台北統一大飯店，又在 1970 年代中擔任香港保良局總理，是港台商界的重要人物；許文墨是銀行家，乃聯合銀行（Allied Banking Corporation）副主席，又參與創立菲律賓中國銀行（China Banking Corporation），1978 年在香港開設聯合金融有限公司（Allied Capital Resources Limited）；雷金元乃菲律賓「椰仁大王」，又是恒隆銀行董事；施鴻藻是董事中較年輕的，那時是香港青年商會成員。正因如此，公司予人實力雄厚、銳意在經濟低迷期開拓市場的印象。

據楊碩鐘的代表大律師日後在法庭上所說，大來財務是在毛氏家族建議下，由十多位友人合力創立，楊碩鐘當時投入 1,000 萬元，出資最多，因此出任董事局主席（*South China Morning Post*, 23 December 1989）。即是說，自 1975 年起，楊碩鐘開展了借貸與財務生意。至於公司的創立雖說是毛氏家族建議，但因毛凱元才初出茅蘆，實際上的建議者應是毛豐翊。當然，毛凱元那時亦已在社會上嶄露頭角，如他在 1975 年獲推舉擔任保良局總理，與他同期在保良局擔任總理的，還有年齡及名望均較大的莊榮坤和蔡章錶（《華僑日報》，1975 年 4 月 12 日；*South China Morning Post*, 6 April 1976）。

大來財務的不斷擴張

大來財務設立後，負責跑在前線、開拓業務的，主要為楊碩鐘、毛凱元及高建華三人，他們的名字出現在 1976 年的香港報章上，且與上市公司資訊有關，反映大來財務走上擴張腳步。在 1976 年 4 月，《南華早報》提及一家備受市場注視卻有不少爭議的上市公司——亞洲置地（Asia Lands and Properties）——的董事會有四名新面孔，他們便是楊碩鐘、毛凱元、高建華，以及一位名叫關正基（Kwan Cheng-kee，譯音）的人，並由楊碩鐘出任董事會主席。四人特別強調他們「與控股亞洲置地的茂盛集團管理層沒有任何關係或連結」，至於他們持股量共有 900 萬股，佔總發行股份 3,942 萬股的約 23%（*South China Morning Post*, 29 May 1976）。

亞洲置地的爭議點，一方面是其控股權經常變換，且其上市過程亦有利益衝突之嫌。公司的前身為壽德隆地產（Sutherland Estates），於 1961 年由 Raymond Edward More 及 James C.B. Slack 創立，主要從事地產發展（*South China Morning Post*, 12 January 1962）。後來控股權變更，由郭仲晶、李福兆、張奧偉、方心讓、周旭東、伍仲賢和李文彬等任董事，並於 1970 年 3 月 1 日在遠東會掛牌，成為該會在 1969 年 12 月創立後「上市新股之第一宗」，但首次發行股份只有 143 萬股，每股作價 6 元，集資額只有 858 萬元而已，據說市場反應「踴躍」，出現「認股額滿」的情況，公司更曾因此刊登啟事，向無法認購者致歉（《工商日報》，1970 年 3 月 1 日及 5 日）。但之後卻有股民投訴，指多次到遠東會或股票經紀行索取招股書或申請認購，都不獲回應，質疑該公司是否真的向公眾招股：「如果壽德隆不是想向一般大眾發售股份，他們應告知公眾，這樣可免浪費時間」（*South China Morning Post*, 7 March 1970）。

此外，壽德隆於遠東會掛牌，但遠東會主席李福兆同時又是該公司董事，出現自己批核自己公司上市的情況，這種身份重疊自然惹來利益衝突的爭議。日後，李福兆多次做出這種「既是裁判又是球員」的行為，既擔任申請上市的公司董事，同時又負責批核其上市，不但招來不少批評，後來更因此在 1988 年被廉政公署拘捕，最終被判入獄四年（Fell, 1992: 214-228；《文匯報》，2014 年 12 月 30 日）。

壽德隆上市後一年多的 1971 年 12 日，再被金門建築（Gammon Limited）收購，成為其全資附屬機構，原來的董事全部退場。不過未滿一年，金門建築又於 1972 年 8 月將之轉售予一間名為堅榮投資（Canwin Investment）的私人公司，惟最重要的核心資產壽德隆大廈，則「已悉數撥入金門公司之附屬機構」（《華僑日報》，1972 年 8 月 26 日）。換言之，堅榮投資其實只買下壽德隆公司的外殼及上市地位而已。堅榮投資不久又將壽德隆轉售予英資證券投資財團——利獲家證券（Slater Waker Securities Limited），並易名為亞洲置地。在多次轉手下，公司的名字、股權、核心資產早已全數變更。到了 1974 年，公司落入茂盛控股之手，由華洋混血的馬來西亞、新加坡商人羅盛茂（Amos Dawe）出任主席。

到 1976 年 5 月底，亞洲置地舉行股東會，楊碩鐘獲選為新主席，毛凱元、關正基及高建華確認為董事。儘管控股權更易，董事局有了新面孔，四人又強調獨立股東身份，但小股東仍有疑慮，質疑他們是否真的「獨立股東」，及他們與原股東及管理層有沒有任何關係或連結（*South China Morning Post*, 1 June 1976）。

楊碩鐘、毛凱元上場後要特別強調公司「與控股亞洲置地的茂盛集團管理層沒有任何關係或連結」，核心原因是亞洲置地的母公司（控股公司）茂盛控股，那時正遭受不少批評及質疑。有消息指羅茂盛背景複雜，甚至可能是蘇聯間諜，在香港進行滲透工作（Heaver, 2018），至於他所持的亞洲置地及茂盛集團控股權則約二成半左右，佔比不算很大，卻得以出任兩間公司的主席之職（《星島日報》，1975 年 12 月 12 日）。

楊碩鐘擔任亞洲置地主席後，在 1978 年 8 月宣佈，亞洲置地向莫斯科人民銀行（Moscow Narodny Bank）新加坡分行支付 80 萬元補償，以此換取對方放出九龍太子道地皮的業權，反映亞洲置地確實與蘇聯資金有投資上的合作與糾纏。無論如何，賠錢換地的做法雖招來批評，認為是給蘇聯輸送資金，但至少令地皮得以擺脫過去多年的業權糾紛，能夠正式發展（*South China Morning Post*, 20 August 1978）。

除了亞洲置地外，楊碩鐘還從郭仲晶手上購入大信置業（Tai Shun Estates Limited）的 80% 股權（18,456,000 股），作價每股 1.06 元，總交易金額為 19,563,360 元。初期，整項交易在私底下進行，沒向公眾透露買家姓名，只由恒隆銀行充當代理人，等如把市場和小股東蒙在鼓裏，加上交易完成後大信置業的股價又跌回 0.95 元，因此引來市場批評，認為此舉有違法規（Surry, 1976）。後來，市場終於證實買家為楊碩鐘，他隨後擔任大信置業主席，並把大來財務納於大信置業之下，成為其全資附屬公司（*South China Morning Post*, 28 December 1976）。按此發展進程看，單在 1975 及 1976 兩年間，楊碩鐘先後收購了亞洲置地及大信置業兩家上市公司，反映他在香港商場迅速崛起。

這裏先簡單介紹大信置業的背景。從公司註冊署的資料看，公司於 1970 年 3 月註冊成立，主要創立人為林文琰及林文珣兩兄弟。[6] 僅有的資料顯示，林文琰於 1967 年歸化英籍，1971/72 年獲選為東華三院總理（*South China Morning Post*, 4 October 1967 and 1 April 1971），至於林文珣則早於 1965 年已歸化英籍，持有遠東交易所的經紀牌照，反映他活躍於股票市場（*South China Morning Post*, 28 December 1965, 29 June 1970）。由是觀之，林文琰及林文珣不但在社會上有一定名氣，在商界亦有一定地位。

1972 年 9 月，林氏兄弟創立的大信置業在遠東及金銀兩個交易所申請掛牌上市，註冊股本 500 萬元，每股 1 元，實收資本 2,270 萬元，首次發行 570 萬股，由廖創興銀行承包（《華僑日報》，1972 年 9 月 20 日）。在掛牌首日的 10 月 5 日，便錄得 198.2 萬股成交，收市價為 2.125 元，兩天後最高曾升至 2.5 元（《華僑日報》，1972 年 10 月 6 日；*South China Morning Post*, 6 and 8 October

1972），但實質上成交量十分有限。日後，約在 1970 年代中，大信置業的控股權轉至前文提及的郭仲晶手上，惟確實交易日期、售價等均沒有資料，應該亦是私下進行，背後原因可能與 1973 年初股市泡沫爆破，然後投資環境持續低沉有關。

業績一直沒甚麼表現、交投呆滯的大信置業，在郭仲晶接手後變化亦不大，然後便在 1976 年再度易手，轉到楊碩鐘手中（*South China Morning Post*, 28 December 1976）。按傳媒觀察，楊碩鐘改變了原來大信置業主要投資地產的生意方向，逐步將物業出售，套回資金發展金融財務生意（《工商晚報》，1982 年 11 月 15 日）。

一個甚為清晰的發展圖像是，楊碩鐘和毛凱元以大來財務作為重要發展工具，在商場上馳騁的身影日趨頻繁。毛凱元看來獲其父及楊碩鐘栽培，成為走在前台的代表，這應與他學歷亮麗，又長袖善舞，善於交際，形象正面有關。早在 1975 年，毛凱元已獲選保良局總理，可與年資深厚的蔡章銶及莊榮坤同列。

有意思的是，在 1977 年 3 月，美國運通銀行（American Express Bank）刊登於《南華早報》的一則大版面廣告，便以毛凱元為主角，指他乃香港著名貿易公司義豐行的董事經理，義豐行則是該銀行的大客戶（*South China Morning Post*, 4 March 1977）。銀行以成功人士亦使用該行服務作招徠，本是平常事，但當時只有 31 歲的毛凱元在商界仍是初出茅蘆的新丁，一般人對他及義豐行也毫無認識，因此，這個廣告對毛凱元及義豐行的宣傳作用，恐怕較運通銀行還大，背後運作耐人尋味。

之後，相信家族有意提升毛凱元的曝光率，令他更頻繁出現於公眾場合，其戀愛等新聞亦獲得圖文並茂的報導，例如在 1977 年 7、8 月間，他與戀人劉懿珠（Yvonne Lau）便常出現在社交動向的新聞中，吸引不少目光。同年 8 月中，兩人高調地在富麗華酒店舉行訂婚儀式，場面熱鬧（*South China Morning Post*,14 July and 15-16 August 1977）。

1978 年 8 月初，《華僑日報》以「殷商義豐行東主」毛豐翔與著名西醫劉寶熙「喜結秦晉」為標題，報導毛凱元與劉寶熙四女兒劉懿珠結婚的消息，指新郎新娘均為留學美國的高材生。男女雙方先在香港大會堂婚姻註冊處舉行結婚典禮，然後在富麗華酒店設宴，毛劉兩家親友到賀者多逾數百人，場面十分熱鬧。婚禮更由恒隆銀行董事總經理莊榮坤致賀詞，反映毛氏家族與莊榮坤家族交情甚深（《華僑日報》，1978 年 8 月 3 日）。

由大來財務到大來集團

若從業務拓展的角度看，哪怕楊碩鏞等於 1976 年已收購了大信置業，卻不多見開拓業務的舉動，反而大來財務的名字則時有出現在媒體上，相信金融財務才是楊碩鏞等人當時的重點發展方向，而大來財務的借貸業務亦確實表現較佳。至 1977 年 5 月，公司發出公告，指不再從事股票證券業務，日後將專注財務信貸（*South China Morning Post*, 7 May 1977）。

隨後，大來財務的辦公室由康樂大廈搬到銅鑼灣希慎道 6-8 號恒隆銀行大廈 13 樓，並添加了電話號碼、電報號等通訊設備，且登報說明公司擴張業務。日後發現，原來大來財務與恒隆銀行關係深厚，不只楊碩鏞當年把資金轉移到香港時全數存入該銀行，恒隆銀行的董事總經理莊榮坤和副總經理李海光，亦同時是大來財務的董事。1978 年 11 月，海外信託銀行大廈落成，大來財務以「大信置業全資附屬公司」的名義刊登廣告致賀（*South China Morning Post*, 29 November 1978）。

1979 年，香港物業市場興旺，但利息高企，不少企業「求財若渴」，大來財務曾在報紙上大賣廣告，以高息吸納存款，支持其他業務發展。相關廣告特別注明定期存款的利息：一個月 12%，兩個月 12.25%，三至六個月 12.5%，九個月 11.5%，一年 11.25%，一年以上面議，最低存款額為 5 萬元（*South China Morning Post*, 6-27 June 1979）。到了 1979 年底，大來財務仍會不時刊登廣告，但已不單是以高息吸引客戶，亦強調業務多元化，如提供存款（5 萬元或以上）、物業按揭、集團借貸、外匯兌換、票據貼現及貨幣市場操作等（*South*

China Morning Post, 27 November 1979），可見公司的金融業務有更多元化的發展。

到 1980 年 1 月，楊碩鐘以開拓業務為由，宣佈大信置業增發股份 22,700,000 股，每股 1 元，在香港會掛牌（*South China Morning Post*, 26 January 1980），預計能再吸納 2,270 萬元資金。同年年中，楊碩鐘退任亞洲置地主席，由立發置業（Lipak Investment）的李興裕（Stephen Li Hing Yue，譯音）接手，換人原因不明（*South China Morning Post*, 20 May 1980）。

同年 9 月，大信置業公佈半年業績，其未經核實利潤達 13,203,346 元，相對於去年同期增長逾 66%。大信置業最大的利潤來源，乃其全資持有的附屬公司大來財務，反映財務生意乃大信置業的最大部份，並預期大來財務在下半年的利潤貢獻會更大（*South China Morning Post*, 4 September 1980）。顯然，由於財務生意興旺，大信置業將投放更多資源，令子公司大來財務的地位愈趨吃重。

DOLLAR
CREDIT & FINANCING LIMITED
(Registered Deposit Taking Company)

TIME DEPOSIT

TERM	FIXED DEPOSIT (PA)
1 Month	12.00%
2 Months	12.25%
3 Months	12.50%
6 Months	12.50%
9 Months	11.50%
1 Year	11.25%
Over 1 Year	Negotiable

(Minimum Deposit HK$50.000)

For further details, please call Mr. Ng, Miss Cheung, Mr. Wu or Mr. Hung at 5-7901011
13th Floor, Hang Lung Bank Bldg.,
8, Hysan Avenue, Causeway Bay, Hong Kong.

大來財務宣傳以高息吸納存款的廣告，*South China Morning Post*, 18 June 1979。

可是，香港的市場氣氛隨即因利息高企而逆轉。自 1980 年中至 1981 年底，銀行優惠利率由 1980 年 8 月的年息 10 % 持續飆升至 1981 年 10 月的 19.61%（政府統計處，各年），物業與股票市場承受巨大壓力，整體經濟發展亦蒙上陰霾。大來財務及大信置業的生意自然亦受到巨大打擊，從日後資料看，那時不但大來財務出現財務危機，毛豐翔經營的義豐行亦掉進困境，但這一問題當時沒有公開，反而呈現截然不同的圖像。

1981 年 1 月，大信置業公佈過去一年業績，稱資產已增至逾 5.3 億元，除稅後溢利達 0.31 億元，成績亮麗，並指「公司將於短期內遷往聯合中心新辦事處」（《大公報》，1981 年 1 月 24 日），暗示公司會有更好發展。到了 1981 年 12 月，楊碩鐘將大信置業易名為大來財務集團（Dollar Credit Holdings Limited，簡稱大來集團）（《工商晚報》，1982 年 11 月 15 日），即母公司名稱改與子公司一致，表面上是要強化公司形象，惟對實際經營並沒甚麼作用。

1982 年 6 月，大來集團按慣例召開股東周年大會，通過議決，把股本由原來的 1.2 億元增至 3 億元，新增的股本 1.8 億元以每股 1 元發行，並聲稱在完成此後，「會在七月尾入信給予銀行監理處，申請為持牌接受存款公司，希望本年底能批出，轉為持牌接受存款公司」（《工商晚報》，1982 年 6 月 22 日）。單從這則新聞看，增加股本似是為了申請接受存款公司的牌照，原因與政府收緊對財務公司的監管及資本要求有關，但能否升格卻屬未知之數，難免令人覺得消息是為了刺激股價與股份交易。

這裏補充一點關於當時政府對財務公司牌照的監管。早期，政府採取寬鬆的制度，從事相關業務的公司，只須做較簡單的登記即可，那些公司稱為「登記接受存款公司」（registered deposit-taking companies）。1981 年起，政府加強管制，包括提升註冊資本額及本地註冊資本佔比，又設立高一級別的「持牌接受存款公司」（licensed deposit-taking companies，後改稱「受限制持牌銀行」，restricted licence banks），以區分業務，首家受限制持牌銀行的牌照於 1982 年批出（Fell, 1992: 155 and 249）。由此可見，那時大來集團所指，大來財務要「申請為持牌接受存款公司」，便是希望大來財務的牌照由原來的「登記」改為「持牌」，提升市場地位。

到 1982 年 7 月 20 日，大來集團公佈上半年業績，聲稱純利由 2,909 萬元增至 5,532 萬元，增幅達 90%，每股盈利由 0.37 元增至 0.54 元，增幅 46%，董事會因此宣佈派中期息每股 0.1 元，同時建議每 10 股送一紅股（《大公報》，1982 年 7 月 21 日；*South China Morning Post*, 22 July 1982）。以增股時每股 1 元計，中期息每股 1 毫，又十送一紅股，幾乎等於短時間內獲股息 20%，那絕對是十分吸引的回報了。

然而，就在公佈半年業績後不久，集團卻突然於 11 月 14 日宣稱，因遭遇預料之外的資金鏈斷裂打擊，暫停在股票市場交易。之後揭發原來公司一直從事違法的「支票輪」（cheque kiting）操作，楊碩鐘、楊立磊（Yu Lap Lui）、毛凱元、高建華（賓加，1986：106），甚至毛豐翔等均牽涉其中，事件不但導致大來集團及大來財務倒閉，多家銀行與財務公司亦受牽連而「爆煲」，嚴重衝擊香港的金融體系（Fell, 1992）。

一個誤會觸動骨牌倒塌

1982 年 9 月 6 日，謝利源金舖突然關門，由於有數以千計的市民參加了該公司的「千足黃金積存金計劃」，公司一旦倒閉將血本無歸，因此引發社會與市場巨大震動（詳見謝利源一文）。翌日早上，有謠言指恒隆銀行有大量人群聚集準備提款，當時人心惶惶，不少人亦湧向銀行，導致恒隆真的出現擠提。為了應對這個來勢洶洶的危機，恒隆銀行董事總經理莊榮坤基於保存銀行流動考慮，下達命令「停止一切美金支票或銀行匯票」（The Queen v Wai Yu Tsang: Judgment, 1990），客戶的資金鏈被突然打斷，大來集團的財政問題由是爆發。

相信莊榮坤本人亦預想不到，他的這個「收水」決定，雖有效化解了銀行一場山雨欲來的擠提風潮，卻觸動了另一危機。原來，大來集團一直透過不同的跨境公司，進行違法的「支票輪」操作，套取銀行資金來維持運作。如今失去恒隆銀行的「水源」，流動性突然斷裂，因此轟然倒下，然後一環扣一環地衝擊了不少銀行、財務公司及大小企業，甚至恒隆銀行最後亦受拖累而倒閉。

所謂「支票輪」，是一種利用支票過戶兌現的時間差，以貼現套取資金的方法。例如在 1970 年代，支票過戶兌現需時五至六天，若是跨國跨時區更達六至七天，因此發出支票的一方就算賬戶沒有足夠存款，其支票在七天內仍能用作支付債務、結算貨款等用途。若然拿支票到銀行貼現，則可套取現金，其流動性可用於短期炒作。不少從事財務金融的業者均察覺這個漏洞，亦有人抵不住誘惑，藉「空頭支票」貼現套取現金，進行電匯等炒作，若然掌握得好，買賣得宜，便可從匯率變動中獲利；若然掌握不好，錯判形勢，則會蒙受巨大虧損。這手法雖牽涉手續費及利息，亦有不少風險，但若能精準運用，則可無本生利，成為支持「支票輪」持續運作下去，且不少人樂於鋌而走險的原因（參考多明尼加財務及海外信託銀行的例子）。

失去了恒隆銀行這資金來源，大來集團旋即於 1982 年 11 月 14 日因「負債到期無法應付，故申請暫停買賣」的局面。停牌前，公司股價每股 1.72 元（《工商日報》，1982 年 11 月 16 日），消息初時只引起部份市場人士注視，尚沒太大實質反應。至於監管當局則察覺到公司兩個月前才公佈可觀的盈利增長，卻突然無法應對負債，認為事情發展不尋常，表示會成立調查委員會作調查（《大公報》，1982 年 11 月 18 日）。事實上，除大來財務之外，那時還有多家財務公司如億上國際（Axona International Holding Ltd）及德捷金融（Tetra Finance HK Ltd.）等，亦傳出流動性有問題，正在尋求商人銀行協助（*South China Morning Post*, 24 November 1982），反映大來集團「負債到期無法應付」的問題，只是冰山一角。

同年 11 月 24 日，傳出美國運通銀行入稟法庭，向大來集團股東楊碩鐘、莊榮坤及李海光追債，金額高達 4,500 萬元的消息，更指集團總欠債額高達 6.2 億元（《大公報》，1982 年 11 月 25 日）。但公司主席楊碩鐘在大來集團宣佈股票停止交易後一直沒有露面，日後證實他在集團「爆煲」後已迅即離開香港。接着的 12 月 13 日，美國多家銀行如運通銀行（American Express Bank）、國安銀行（Crocker National Bank）與柏克萊國際銀行（Barclays International

大來財務昨停牌買賣
恒隆銀行稱與其無關
强調其附屬公司並無經營地產業務
大來及監理處均不願談論有關問題

【本報訊】大來財務（集團）有限公司，昨日以電話及書面正式向它所掛牌的交易所，申請暫時停牌買賣，並獲得批准。恒隆銀行昨晚發表聲明稱作為該公司代理人，其董事總經理莊榮坤及董事兼總經理李海光因個人有投資於大來財務，已於前日辭職。大來財務及港府接受存款公司監理處均不願向記者談論有關問題。

大來財務（集團）有限公司停牌之後，恒隆銀行發表聲明，內容是否認銀行有投資大來財務，而恒隆銀行（代理人）有限公司所持有的大來財務股份，純為代客戶擁有，與銀行本身無關。

該銀行強調，母公司及一切附屬公司均無經營地產及建築業務。

不過，聲明承認恒隆銀行董事總經理莊榮坤及董事兼總經理李海光，個人確有投資於大來財務，並為大來的董事。為此，他們因要親自處理大來的業務，故已於十一月十四日（星期日）向恒隆董事會辭職，並獲得接納。

大來財務（集團）有限公司的行政人員，昨日沒有發表談話。該公司一位職員向記者稱，他們現時很難透露有關情況。不過，遲些時會有進一步的公佈。

接受存款公司監理處的官員，也對事件保持緘默。

副金融事務司黎定高說，他不願意對該公司在股市的停牌買賣表達任何意見，理由是它所碰到的是流動資金的問題，而港府通常不會論及個別公司的流動資金困難，這純是公司的業務來往事務。

黎定高說，大來財務經營較為獨特的業務，它業務碰到困難，並不反映到本港經濟的一般問題，實際與海外有關。因此，大來財務的流動資金問題並不會有廣泛牽連。同時，大來財務的事件，與地產市道沒有關係。

被問及財政司彭勵治前些時預料地產業出現困境，港府要加強監理銀行及接受存款公司經營活動以來，有沒有財務機構出問題時，黎定高說：「暫時仍沒有發生過類似財政司所估計的情況。通常來說，當銀行或接受存款公司遇有困難，它會通知銀行監理處長。」

港府證券監理專員辦事處高級證券主任蘇偉賢說，在大來財務還未停牌買賣之前，他曾在股票市場略有所聞。不過，事前它並未與證監處聯繫，事後也一直未與該處接觸。停牌是大來財務自己提出。至目前為止，證監處不會對大來財務採取什麼措施，只能夠是等待。

蘇偉賢說，由於大來財務（集團）有限公司是一間接受存款公司，因此，銀行業監理處有權監理它，而不是證監處。大來財務碰到的是流動資金問題。

他表示，目前未有收到有其他公司有流動資金出問題的消息。

「現時是否在股市集資以解決資金問題的最佳時候？」記者問。

蘇偉賢說，股市最近波動很大，表現是波動的，所以，這是在股市集資最壞的時候。市場最近有謠傳，說有一間大規模地產財團有集資的謠傳，但至今未有證實。

大來財務（集團）有限公司，是在一九七〇年三月以大信置業有限公司的名義成立。它於七二年八月上市並公開出售五百七十萬股。至一九七八年，該公司收購大來財務有限公司的全部已發行股本後，於八一年十二月才正式改名為大來財務（集團）有限公司。

該公司董事局主席為楊碩鐘，董事局成員包括莊榮坤、李海光、蔡森鎮、黎家駒、李慶鋆、蔡永源、毛凱元及高建華。

大來財務股票面值一元，上星五收市價為一點七二元。

大來財務主要業務為接受存款及貸款業務，其間接附屬公司包括大來管理有限公司、大來代理人有限公司、大來證券有限公司、伊利諾財務（香港）有限公司、大來財務地產有限公司、大來電腦、建築及貨倉等多間機構。這些公司均是百分之一百擁有，另有一間銀倉有限公司佔有百分之六十五股權。

大來財務停牌買賣的報導，《大公報》，1982 年 11 月 16 日。

Bank）均向大來集團提出訴訟，其中美國運通銀行更向香港法庭申請將大來財務集團清盤，變賣其資產還債（《工商日報》，1982 年 12 月 14 日）。

1982 年底，大來集團被勒令清盤，由普華會計師樓（Price Waterhouse & Associates）擔任臨時清盤人。那時，再有一家 Rainier International Bank 入稟法庭，向大來集團追討 100 萬美元欠債，其中莊榮坤和李海光被列為被告（*South China Morning Post*, 17 December 1982 and 1 January 1983）。

大來集團「爆煲」後，不但主席，連個別董事及相關人物如毛豐翔、毛凱元父子及楊立磊等亦相繼失蹤，相信已離開香港。仍留在香港的恒隆銀行董事總經理莊榮坤和總經理李海光，由於同時是大來集團董事，自然承受各方壓力。察覺到問題嚴重，在大來集團「爆煲」翌日，恒隆銀行發出通告，盡力撇清與大來財務的關係，指銀行沒有投資該公司，亦沒有經營任何地產及建築業務，且宣佈莊榮坤與李海光已於 11 月 14 日辭去恒隆銀行職位，以便他們「能全力處理大來財務的事件」（《工商日報》，1982 年 11 月 16 日）。據說他們還出售名下資產，包括兩人持有的恒隆銀行股份、世界發展股份及位於美國的兩幢樓宇，不過仍不足以償還欠債（華克，1983：21-22）。[7]

1983 年 1 月 3 日，接受存款公司監理處處長宣佈吊銷大來財務有限公司的接受存款公司登記牌照，指經研究，認為公司已「無希望重組公司資產償還債務」。[8] 與此同時，監理處又暫停億上國際金融有限公司、香港存款及保證有限公司、德捷財務香港有限公司及偉豪財務有限公司（Whitehall Finance Ltd.）四間早前已傳出有問題公司的登記註冊（《工商日報》，1983 年 1 月 4 日）。稍後，政府以「流動性不足設定要求」為由，吊銷偉豪財務及 America and Panama Finance Co. Ltd. 兩間接受存款公司的牌照（*South China Morning Post*, 18 January 1983），反映政府已察覺當時財務公司出現不少問題，立即加緊注視與監管（Fell, 1992: 158）。

到了 1983 年 1 月底，已確定有兩間銀行及九間財務公司先後入稟法庭，申請把大來財務有限公司清盤，獲法庭批准。報導指，公司涉及欠債 6,000 多萬元，包括 1,000 萬港元及 800 萬美元（《華僑日報》，1983 年 1 月 26 日）。不過，日後揭示出來的金額遠遠不止此數，反映情況較表面看嚴重。由於大來財務「爆煲」，曝露了當時不少財務公司的經營劣習及債務問題，猶如骨牌效應，令不少財務公司接着倒閉或被清盤。

據先後出任證券監理專員及銀行監理專員的霍禮義（Robert Fell）統計與分析，在大來財務尚未「爆煲」前的 1981 年，全港共有接受存款公司（財務公司）350 家。正如前述，自 1981 年起，政府加強相關業務的管制，設立較高一級的「受限持牌銀行」，並於 1982 年發出首個受限持牌銀行牌照。至同年底吊銷大來財務、億上國際及德捷金融等的登記牌照時，接受存款公司數目減至

343 家；接着的 1983、1984 及 1985 年，進一步減少至 319、311 及 277 家，到 1990 年更只剩下 191 家，即是十年間減少了 159 家，減幅達四成半。同時期，持牌銀行、受限持牌銀行及境外銀行在香港代表處的數目則穩步上揚（參考第一章表 4），可見自大來財務倒閉後，出現財務公司的結業潮。

霍禮義進一步提到，大來集團的倒閉，令美國銀行界收緊給予多家香港財務公司的放貸額度，影響這些財務公司與銀行及客戶之間的流動性，投資市場瞬間陷入冰點，政府則認定財務公司是導致金融危機的源頭之一。由於大來集團是上市公司，政府指示霍禮義以證監會專員身份進行調查，發現市場對該公司的股票缺乏興趣，交投稀疏，沒有異樣，因此問題並不出在證券市場，而是在銀行層面，主要是財務公司存在不良陋習，例如過度借貸，債仔（客戶）太集中，且都關係糾纏，借貸又缺乏足夠抵押等（Fell, 1992: 83 and 157-158）。之後，政府對銀行業大力整頓，而那些陋習或問題，則隨着涉事人先後被告上法庭而更清晰地揭露出來。

毛凱元自願回港受審

大來財務「爆煲」後，警方立即立案展開偵查，發現問題不只集中於大來集團及其連串子公司，還有大來集團的「最活躍客戶」義豐行（*South China Morning Post*, 12 October 1985），涉案骨幹人物除了董事及管理層如楊碩鐘、莊榮坤、李海光、高建華、楊立磊、胡江水等人，[9] 更有毛豐翔、毛凱元父子。毛凱元自 1979 年後不再出任大來財務董事，但保留大來集團董事職位，毛豐翔則是大來財務最主要的借貸客戶，同時是義豐行的「話事人」。兩父子更跟楊碩鐘一樣，在大來財務「爆煲」後聞風先遁，離開香港，到了台灣。[10]

警方調查資料進一步揭示，大來財務與恒隆銀行關係密切，恒隆銀行代理人公司（Hang Lung Bank Nominee Ltd.）乃大來集團的第二大股東，截至 1981 年 3 月 28 日，持股量達 26.64%，只略低於大來代理人公司（Dollar Nominee Ltd.）的 31.52% 。其次，這兩間公司又與亞洲置地、世界發展（Worldwide Properties Corporation）關係緊密，截至 1983 年 8 月 19 日，恒隆銀行代理人公司持有 39.77% 亞洲置地及 31.47% 世界發展的股份；而截至 1981 年 3 月 28 日，大來代理人公司則持有 30.75% 亞洲置地及 52.28% 世界發展的股份（*South China Morning Post*, 6 March 1985）。

由此可見，大來集團、恒隆銀行、亞洲置地等各家企業關係糾纏，出現董事重疊的現象，如莊榮坤和李海光既是大來集團董事，又是恒隆銀行的管理核心，出任董事總經理及董事副總經理；高建華是大來集團董事，又是亞洲置地董事。惟不知道恒隆銀行與恒隆銀行代理人公司之間有否相互持股，因為代理人公司的資料屬私密性質，外人無從知悉。

大來集團「爆煲」後，由於主席楊碩鐘離開香港，去向不明，警方因此於 1983 年對他發出通緝令（《大公報》，1989 年 1 月 26 日）。至於另外兩名關鍵人物毛豐翔及毛凱元，由於已到達台灣，警方只能聯絡毛凱元，以信函方式約他到與香港沒有引渡協議的地點面晤，遊說他自願投案。據後來毛凱元在法庭上所言，大來財務「爆煲」一兩天後，父親毛豐翔已迅速離開香港，他自己則聽從一位在美國花旗銀行（又稱萬國寶通銀行）工作的朋友的意見，[11] 於 1983 年離港赴台。同年 8 月，香港警方與他接觸，雙方曾在日本秘密會晤，他強調，會晤內容原本只供警方調查之用，不能作為檢控他的證據。毛凱元日後解釋，他那時之所以願意與警方見面，不是家庭（父親）原因，而是希望獲得免被起訴權，同時澄清傳媒或社會指他捲款潛逃等各種不實指摘（*South China Morning Post*, 21 December 1985）。

警方遊說毛凱元回港受審期間，負責大來集團清盤的會計師樓經過近兩年深入核對後發表報告，指公司賬面上擁有資產總值「達九億六千萬，現在只餘下三千三百萬港元」。更嚴重的是，「約八億五千九百萬元的放款中，只有約一千六百四十萬元在清盤後可以收回，即總數的百分之二」，即幾乎等於全數虧損。會計師進一步指出，大來集團的最大借款者，是毛豐翔家族的義豐行，「欠款總數約為六億二千七百一十萬，佔欠款總額三分之二以上」（《工商晚報》，1984 年 7 月 4 日）。由是可見，大來集團幾乎是為義豐行服務的財務公司。霍禮義進一步指出，那些提供給義豐行的借貸，由毛凱元擔保，他同時是大來集團的董事（Fell, 1992: 158），而義豐行的控股權則握在毛豐翔手中，揭示無論義豐行的生意或大來財務的借貸，均為毛豐翔所用。

同年 7 月，毛凱元與律政署人員在新加坡再度會晤。對於毛凱元提出免被起訴權的要求，律政署作出讓步，表示起訴不能完全免除，但可撤銷部份控罪。至於警方向毛豐翔發出拘捕令一事，毛凱元日後在法庭上強調，案件與父親無關，並指出直至 1985 年，沒人告訴他警方已對其父親發出拘捕令，但在新加坡的會晤中，警方曾向他保證所有對其父親的檢控會被撤銷，他亦是在那次會晤後自願返港受審。到了 8 月，毛凱元在警方人員陪同下回港，並於 9 月被送上法庭，主要控罪為串謀詐騙，其他不少控罪則被撤銷（*South China Morning Post*, 21 December 1985）。

法庭上，控方指自 1977 年 9 月起，毛凱元串同楊碩鐘、高建華、李海光、莊榮坤等人，利用三家名稱不同但主要由毛凱元掌控的巴拿馬註冊公司：Lavander Maritime、Capri Maritime 及 Overseas Maritime 進行「支票輪」操作，騙取恒隆銀行及海外信託銀行巨額借貸，其中 Lavander Maritime 自 1977 年 9 月至 1980 年 2 月合共行使空頭支票累計達 25 億美元（約 195 億港元）、Capri Maritime 自 1980 年 2 月至 5 月合共行使空頭支票累計達 150 億美元（約 1,170 億港元）、Overseas Maritime 自 1982 年 5 月至 9 月合共行使空頭支票累計達 42 億美元（約 327.6 億港元），三者行使空頭支票累計高達 217 億美元（約 1,692.6 億港元），甚至被稱為歷史上「其中一個最大金額」的「支票輪」（Fell, 1992: 158）。到 1982 年 9 月，「支票輪」崩潰造成的實質損失高達 1.53 億美元（約 11.93 億港元），受到牽連而倒閉的財務機構有大來財務、恒隆銀行及海外信託銀行等公司（*South China Morning Post*, 12 October 1985）。

細查巴拿馬的公司註冊檔案，不難發現除了毛凱元，毛豐翔和楊碩鐘也在當地註冊成立了不少公司。就以毛豐翔為例，他在 1967 至 1982 年的 15 年間先後成立了八家公司，分別為 Compania Marietta Naviera Ltd.、Elios Compania Naviera Ltd.、Westernland Maritime Co. Ltd.、Splendour Maritime Co. Ltd.、Bloomfield Maritime Ltd.、Glamour Maritime Ltd.、Tuamotu Maritime Co. Ltd. 及

Dreybus Investment Co.。當中毛凱元乃多家公司的董事，其他一些董事應是當地人，如 Arosemena Guardia Ruben、Morgan Morgan Y.、Teresa Vence Maria 等，另一些應是華人，如 Tse Ching Lee、Norman Choi Chung Ming、Wilson Ying、Thomas Tam 等。[12] 由此反映毛豐翔無論生意、業務與投資方面，均有深謀遠慮的佈局（Panama Director Reports: Mao Feng Siang, Various years）。

回到相關案件上，毛凱元選擇認罪，對控方的案情陳述不作反駁。在求情時，其代表律師指出，自 1975 至 1976 年間，由於一直經營菲律賓航運及木材生意的家族企業義豐行出現財困，為拯救公司於既倒，毛凱元才於 1977 年起走上了「支票輪」的不歸路。[13] 到 1979 年，他辭去了大來財務董事職位（*South China Morning Post*, 12 October 1985），多少反映他知悉「支票輪」屬違法操作，想藉以撇清與大來財務的關係。

由於毛凱元自願返港受審，並轉為控方證人，協助頂證其他疑犯，加上承認控罪，結果被判監三年。然而，毛凱元認為刑期太長，提出上訴，主要理由是他自願由台灣返港投案，協助警方調查，應獲輕判。他又提到進入監房後，曾被一囚犯威脅，指如果他轉為證人，會「溶（melt）了他」，因此他是冒生命安全為警方作供，應獲更多「寬待」。此外，他還透露當時妻子正計劃與他離婚，妻子與年幼女兒已沒和他聯絡，且兄弟姐妹等都在海外，他在香港已沒有至親。在聽取各方理由後，上訴法官認為量刑已考慮他提及的各種因素，基於罪行嚴重，判入獄三年合適，因此維持原判（《大公報》，1985 年 12 月 11 日；*South China Morning Post*, 11 December 1985）。

由於毛凱元一力承擔罪責，令毛豐翔逃過一劫，不過，不少人都相信毛豐翔在案中扮演相常重要的角色。如當毛凱元以控方證人身份，於同年 11 月為高建華和胡江水案件作供時，曾被對方大律師質疑他與警方達成協議，由他一人背起所有罪責，以免其父毛豐翔被控，但毛凱元反覆強調案件和父親沒有任何關係。不過，他的說法畢竟難以令人信服，因為大來財務的借貸絕大多數落入義豐行賬戶，而義豐行九成九股份均由毛豐翔控制。據毛凱元透露，他在事件中並無獲取實質利益，而其父自 1982 年 11 月離開香港後便遊走世界不同地方，因此，很可能大部份從「支票輪」獲得的金錢都落入毛豐翔手中，成為事件的最大得益者（*South China Morning Post*, 21 December 1985;《華僑日報》，1985 年 12 月 11 日）。

刑事訴訟雖然落幕，但義豐行及毛氏父子卻遭債權人追討欠債，例如在 1986 年，已被政府接管的恒隆銀行向法院入稟，追討義豐行 7,480 萬元欠款，毛凱元及兩家公司（Beeford Enterprise Limited 及 Thring Trading Limited）同列為被告（*South China Morning Post*, 10 January 1986）。包括義豐行的相關公司最後亦走上清盤結業之路，至於當中不少資產相信早已作出轉移。

另外一則有趣消息是，事過境遷後的 1996 年，毛豐翔和毛凱元入稟高等法院，向 Sou Chiu Thang、Angela Huei Chiu Wen 及 Danny Yuen Chiu Tsui 及 Warhai Enterprise Limited 等追討債務（*South China Morning Post*, 19 September 1996），惟沒說明金額，亦不知結局如何，但畢竟已無關宏旨。到了 2012 年，毛豐翔去世，因處理其身後遺產的文件沒向外開放，無法了解遺產詳情、由誰人繼承與辦理等情況（Mao Feng Siang: Letters of Administration, 2012）。

控告高建華與胡江水

大來集團「爆煲」後，楊碩鐘、毛氏父子等關鍵人物先後離港，警方經調查後，拘捕了仍留在香港處理日常業務的管理層高建華和胡江水，並於 1985 年 3 月 6 日將二人送上法庭，成為事件中第一批被告。他們的主要控罪包括串謀詐騙、造假賬及盜竊，損害股東及債權人利益，牽涉款項高達 8,300 萬元。參與合謀詐騙的，還有大來集團主席楊碩鐘、前董事毛凱元、義豐行老闆毛豐翔、銀行家楊立磊、商人鄭華典，以及另外一些尚未披露姓名的人士（*South China Morning Post*, 6-7 March 1985;《大公報》，1985 年 3 月 7 日及 9 日）。

聆訊程序啟動後，控方因毛凱元答應回港，且承認控罪並轉為控方證人，乃押後高建華和胡江水的審訊，直到完成毛凱元審訊後的 1985 年 11 月再行開庭。由於高胡二人否認控罪，控辯雙方就案情不斷爭辯，披露出更多串謀欺詐案的細節。如在 1982 年 9 月 7 日恒隆銀行出現擠提前，由 Overseas Maritime 發出的一批空頭支票，為恒隆銀行帶來 1.24 億美元（約 9.67 億港元）的潛在損失。為了隱瞞此事，高建華參與到一個新的「支票輪」之中，利用楊碩鏞控制的 Norrington Shipping Co.，發出另一批空頭支票，並以假賬的方法填補相關損失，且在明知沒有足夠擔保及妥善還款安排的情況下，把高達 4,900 萬美元（3.82 億港元）的款項匯給美國的公司，對大來集團股東及債權人造成巨大損失。毛凱元則以控方證人身份出庭，指證高建華在事件中負責造假賬等主導角色（*South China Morning Post*, 12-13 November 1985）。

高建華在法庭上自辯，提到自己是 1975 年加入大來財務，數年後出任總經理，主席楊碩鏞對大來財務的掌控嚴緊，很多由他簽發的支票其實都是楊碩鏞指示和批准的，他以為是公司恒常運作的一部份，因此各項交易並非出於個人的不誠實。他承認沒對每一項交易作出懷疑是愚蠢的表現，但他並沒從「支票輪」中獲益。楊碩鏞又曾告訴他，那些支票是支付為台灣「收集情報」之用（for the purpose of gathering intelligence），[14] 因義豐行毛氏家族與台灣當局高層有深入聯繫（*South China Morning Post*, 7 March 1986）。

經過近四個月聆訊，傳召多達 54 名證人，法庭上展示的證物文件多達 6,000 頁，由七人組成的陪審團經近七小時商討後，於 1986 年 3 月 6 日作出判決。胡江水罪名不成立，當庭釋放，高建華串謀訛騙及 15 項造假賬罪名成立，法官宣佈翌日在聽取辯方律師求情後再量刑判決（*South China Morning Post*, 7 March 1986;《華僑日報》，1986 年 3 月 7 日）。

翌日，代表律師求情時指出，高建華生於 1949 年，1966 年畢業於華仁書院後，負笈美國修讀工商管理，1971 年學成回港，初期在海港酒店工作。1975 年大來財務成立時，他轉投該公司，由助理經理一直晉升至總經理，深得楊碩鏞重用，負責公司恒常運作。他不但不是主謀，更因相信公司，將個人積蓄全都投入大來集團的股票，公司倒閉已令他的積蓄化為烏有，說明他亦是其中的受害人，且沒在「支票輪」中獲得任何直接利益。另一方面，高建華平時熱心慈善工作，服務社會等，請求法官輕判。

法官量刑時提及，由於被告所犯罪行牽涉的款項「幅度巨大」（gigantic scale），雖然只是按楊碩鐘的指示辦事，但他作為集團的董事總經理，乃公司決策人，責無旁貸，其行徑亦濫用了小股民及債權人對他的信任。法官指出，本來該案最高判刑可達七年，但考慮到被告沒案底、品格良好，判入獄六年，各控罪同期執行，同時宣告被告刑事破產。高建華妻子聞判後甚為激動，認為判決不公，犯罪主謀（指毛凱元）才判刑三年，丈夫卻須入獄六年（*South China Morning Post*, 7-8 March 1986；《華僑日報》，1986 年 3 月 7 日及 8 日）。

高建華之後提出上訴，上訴庭法官楊鐵樑在同年 10 月作出審結，指定罪判決無可質疑，但就量刑而言，主審法官以最高七年作為起點，是沒有考慮高建華並非「支票輪」的推動者（prime mover），且他確實沒有從中獲取實質利益，因此將最高量刑的參考降為六年，並因應高建華沒有案底與熱心慈善等求情理由，減刑兩年，即是由原來的六年減為四年（*South China Morning Post*, 25 October 1986）。

追緝及控告楊碩鐘

大來財務集團主席楊碩鐘，自集團「爆煲」後已經失蹤，警方雖發出通緝令，可是一直未能將之捉拿歸案，至 1989 年 1 月才成功將他引渡回港。日後資料證實，他先是「由香港逃往內地，曾輾轉到日本，再到菲律賓，八六年七月他在菲律賓被捕，發現他是被國際刑警通緝」的疑犯，因此聯絡香港警方，最終把他轉解香港（《大公報》，1989 年 1 月 26 日）。當年，中國內地及日本與香港均沒有引渡協議，楊碩鐘逃往當地相當合理。但菲律賓與香港卻有相關條例，他為何會冒此風險？是百密一疏，還是因為他有親友在當地，打算前往投靠？或是另有不為人知的因由？

菲律賓警方拘捕了楊碩鐘後，即時聯絡香港警方，打算將他引渡回港。楊碩鐘向菲律賓法庭提出反對，理由是他於 1978 年已入籍菲律賓，即是菲律賓國民，故不應被引渡返港。有關楊碩鐘生於澳門，擁有葡國國籍一點前文已述，這裏不贅。至於他在 1978 年申請入籍菲律賓，確實原因不可考，但相信與生意及業務發展有關。由於擁有菲律賓國籍，楊碩鐘可能以為自己會得到該國的法律保護，免於被送回香港受審。

不過，令楊碩鐘失望的是，他的申請卻被法庭駁回，原因是在 1980 年的一些公司註冊文件中，楊碩鐘只是填寫了他的葡籍身份，沒有採用菲律賓國民身份，法庭認為這是「構成一種放棄（菲律賓國籍身份）的表達」（*South China Morning Post*, 26 January 1989），所以判其申請無效。

楊碩鐘自然不服菲律賓法院的判決，提出上訴，並稱自己患有高血壓，以健康理由拒絕被遣返。法庭雖維持原判，但仍因應他的健康問題，將他送往波尼法西奧軍事基地（Fort Bonifacio）的軍隊醫院扣留，再安排飛機遣送返港（*South China Morning Post*, 28 December 1988）。楊碩鐘抵港時，警方派出包括醫療人員在內的團隊到機場接收，令聲稱身患重病的楊碩鐘一下飛機，便可立即被送往伊利沙伯醫院羈留及接受治療，算是「特殊待遇」（《大公報》，1989 年 1 月 26 日及 29 日）

之後，法院曾盡早就案件安排審訊，但一直被楊碩鐘以健康欠佳為理由押後（*South China Morning Post*, 3 February 1989），直至 1989 年底才開庭。主要控罪指楊碩鐘串謀毛凱元、高建華及楊立磊等，於 1982 年 9 月 7 日至 11 月 15 日以不誠實手法，偽造大來財務賬目，並以「支票輪」騙取銀行信貸，欺騙存戶、小股東及債權人等。已無法再拖延的楊碩鐘只能選擇認罪，為自己的作為負上刑責。

被告代表律師在求情時，提出了楊碩鐘一方的立場，當中關鍵部份與毛凱元早前的說法有出入，特別指案件是由毛豐翔及毛凱元父子所操控。生於澳門富裕家族的楊碩鐘，出售澳門的家族生意後到香港發展，結識了恒隆銀行高層及富裕的毛氏家族，並指該家族與台灣當局高層官員有深厚交往。在毛氏父子建議下，楊碩鐘以千萬元資本成立了大來財務，毛氏父子為大來財務及恒隆銀行帶來不少生意，令公司獲得很大發展。

代表律師進而提到，毛凱元曾告訴楊碩鐘一個故事，指毛家的資金是來自台灣當局，部份用於購買敏感物資，餘下的可作流通，因此在中國大陸和美國關係正常化後才不會被沒收。代表律師承認，楊碩鐘無疑過於單純地相信了這個故事，但其實不少海外銀行的高層都同樣信以為真。可惜真實情況是，巨額資金不是來自台灣當局，而是「支票輪」計劃，該計劃一直由毛凱元操作且持續多年，直到無法控制的地步。

當恒隆銀行在 1982 年 9 月首次擠提，令事件被揭發時，累計沒支付的支票金額已高達 12.4 億美元，即 967.2 億港元。毛凱元當時向楊碩鐘解釋，因為台灣當局在其他地方臨時需要資金，已努力尋求資金填補，楊碩鐘最後才醒覺那些資金要由他承擔。面對債務巨洞，他與高建華等策劃一次性籌集 4,900 萬美元（約 3.82 億港元）的「支票輪」，以爭取時間拯救恒隆銀行及大來集團。代表律師指出，在這個「支票輪」中，楊碩鐘個人沒任何得益，他只想挽救因毛凱元的欺騙（背後應是毛豐翔）造成的問題。代表律師更指楊碩鐘亦受到巨大打擊，請求法官從輕量刑。聽取了被告代表律師的說詞及求情理由後，法官楊鐵樑判楊碩鐘入獄四年（*South China Morning Post*, 23 December 1989）。楊碩鐘沒有提出上訴，案件因此劃上句號，大來集團及大來財務的糾紛亦算走到終結。

在楊碩鐘與高建華的供詞中，矛頭均指向毛氏家族，楊碩鐘更直指長期沒露面的毛翔豐才是罪魁禍首，因毛豐翔一直把自己塑造成與台灣當局高層有深厚關係，甚至有台灣的雄厚資金作後台，且牽涉搜集情報，再以其子毛凱元走在「前台」操作不同業務。楊碩鐘最後才發現，那些資金只是透過「支票輪」左手交右手的操作套得，不過是一種故作神秘的掩眼法。的確，毛豐翔在香港商界一直表現低調，長居幕後，是因為早年在上海一次被蛇咬後不願再走上前台，寧可由兒子作代理人？抑或因為他選擇了琉球僑領的身份，在香港不宜高調，以免身份重疊曝光時受質疑？或是另有任務或原因？儘管真正原因已不得而知，但毛豐翔閱歷年資較眾人深厚，又推動了大來財務公司的創立，以至於大來財務及義豐行崩潰後，巨額借貸的大部份得益相信都落入他一人之手。因此，毛豐翔雖沒親自現身，影響力卻無所不在。

順作補充的是，在楊碩鐘被引渡到香港，安排上庭接受審訊的 1989 年 2 月，已被政府接管的恒隆銀行入稟法庭，向楊碩鐘追討 9,000 萬元欠債，原因是楊碩鐘曾為三家已清盤公司（Thring Trading、Texas Finance 及 Southseas Finance）的債務作擔保人（*South China Morning Post*, 22 February 1989）。或許楊碩鐘早已做了各種財產安排，名下財產沒法確定，相關追債行動自然難有所獲，起碼未能在香港法庭記錄中找到相關債務了結的資料。

對打造香港國際金融中心的影響

從打造香港作為國際金融中心的角度看，大來財務的個案無疑帶來巨大傷害，既令無數股民及大小投資者蒙受損失，亦嚴重衝擊投資者對香港金融制度的信心。不少以正當方法經營的財務公司受到連累，亦有不少有問題的財務公司接連「爆煲」，陷入財政危機，被政府吊銷牌照甚至告上法庭，在市場及社會上引起不少恐慌。

大來財務對香港金融業的巨大衝擊，自然體現於「支票輪」的違法操作，利用各種網絡、制度及商業營運的空隙，上下其手，騙取銀行資金以維持一己生意，或是作為碰到流動性困難時的救命符，由此帶出金融制度的不少漏洞，及不斷完善制度的重要性。儘管部份涉案人最後逃之夭夭，始終沒法將之捉拿歸案，但香港警方及廉政公署對相關案件高度重視，鍥而不捨，令楊碩鐘、高建華及毛凱元等最後受到法律制裁，彰顯了香港打擊害群之馬的決心和努力。必須承認的是，要打造香港成為國際金融中心，沒可能一蹴而就，必須走過充滿挫折和困難的過程，有效應對危機與挑戰，不斷完善體制，才能贏得內外投資者的信心。

就以財務公司的營運為例，大來財務由不斷發展到問題叢生，證明了寬鬆的監管有可能產生尾大不掉的嚴重後果。至事件爆破，大來財務突然倒閉，不但令無數股東、債權人及存戶損失慘重，亦衝擊金融制度，促使政府正視問題，修改法例和監管制度，堵塞漏洞，令財務公司的營運重納正軌，成為支持香港國際金融中心發展的其中一個重要組成部份。

大來財務的個案，亦帶出過去較少受注視的香港與海外華人——尤其菲律賓華商——的關係網絡，亦牽涉台灣及琉球的連結。1950 年代聯合國對中國內地實行「貿易禁運」，全球經濟及貿易發生巨大轉變，國民黨致力發展海外華人網絡，吸引他們到台灣投資，或是加強與台灣關係。美國在中國台灣、菲律賓等地都有巨大影響力，又令那些在當地擁有一定親屬關係及商業網絡的海外華人華商，獲得了重要的活動舞台。香港的特殊地位，則令其可以吃四方財，連結各方，金融市場因而獲得真正的國際性與多樣性發展。

就家族或企業的發展而言，無論是毛豐翔父子、楊碩鐘，乃至莊榮坤、李海光、楊立磊及高建華等個人或家族，雖然都是商業精英，在商場上獨當一面，取得亮眼成就，卻誤入歧途，在尋找生意門路的過程中，越過了法律的底線。他們的行為或許能在幸運之神眷顧下獲得一時僥倖，逃過制裁，卻絕非長遠穩妥之道。所謂上得山多必遇虎，或是貪勝不知輸，結果只會兵敗如山倒，鬧得身敗名裂、鋃鐺入獄，這實在是所有渴望光宗耀祖、尋求發展長遠基業的有為企業家們應引以為戒的。

結語

綜合而言，香港建立成國際金融中心的過程充滿傳奇，財務公司的業務與制度不斷發展完善，更是其中重要一環。此環節雖沒股票市場及銀行系統一般重要或亮眼，卻相互扣連，不可或缺。大來財務與大來集團從創立、發展到敗亡的進程，恰好見證了行業由良莠不齊、汰弱留強至完善體制的過程，說明成功之路一點也不容易，流汗水、交學費總是少不了。

由於缺乏天然資源，香港最大的發展王牌，是長期奉行自由市場，人物、貨物、資金與資訊均自由進出，不受太多管制；不但如此，政府亦一直實施重商依商的政策，給予商人很大的活動空間，藉以調動其積極性。但是，隨着社會日趨富裕，教育水平不斷提升，在走向成熟的過程中，不良商人鑽制度的空子，利用漏洞謀求一己之私，危及社會整體利益。例如股票市場上大股東隻手遮天，操弄交易及股價，便損害了小股東與公眾投資者的利益，因此招來各方批評，要求加強監管、堵塞漏洞的呼聲愈趨熾烈（*South China Morning Post*, 12 February 1983）。香港在 1980 年代那場巨大的銀行金融危機中沉着應對，鍥而不捨地對違法者作出全面打擊，並修改法例堵塞漏洞，撥亂反正，又加強公眾教育，最後令香港躍升為與紐約及倫敦並肩的國際金融中心。

註

1 日後，有報導指此案件是陸根泉「存心要他們死，先是行賄，後向湯匪（應指時任南京衛戍司令湯恩伯）告發」（《亦報》，1949 年 7 月 29 日）。

2 1955 年底，越南戰爭爆發，琉球的重要性又進一步提升，令其作為圍堵中國內地的位置更形吃重，對外貿易獲得更好發展。

3 日後，毛凱元在參與香港社會服務——如保良局總理時——稱自己為「上海人」（《華僑日報》，1976 年 4 月 6 日），可見他如父親毛豐翔般，以「上海人」自居。

4 正如〈謝利源金舖〉一文提及，海外華人群體中，某些人的姓名雖然看來不似中國人，但其實他們本來有華人姓名，只是因為入籍或信仰皈依之故，按定居地要求或傳統，改了當地姓名，正因如此，這裏所指的 Imiko Kobori，未必是一般情況下的日本人。

5 大來財務的公司名稱，與大來公司（Diners Club International）或大來信用卡（Diners Credit）相似，因此容易引起誤會或混淆，實際上兩者毫無關係，中文名稱相似只屬巧合。

6 網上有說法指林文琰乃恒生銀行關鍵創辦人林炳炎的弟弟，惟從林炳炎祖籍清遠，但林文琰則祖籍新會來看，似乎有出入，此點適宜存疑，不可斷定。

7 據報導，大來集團董事局成員包括楊碩鐘、莊榮坤、李海光、蔡章銶、黎家陶、李慶銳、葉永源、毛凱元及高建華（《工商日報》，1982 年 11 月 16 日）。

8 1983 年 1 月 14 日，政府刊登《憲報》，撤銷大來財務註冊，是第二家被撤銷註冊的接受存款公司，首家為隆亨（香港）授信有限公司，早於 1980 年 6 月 6 日被撤銷（《大公報》，1983 年 1 月 15 日）。

9 莊榮坤、楊立磊之後一直「失蹤」，未有接受審訊；李海光一度被控，但後來控方撤銷控罪，他獲當庭釋放（詳見恒隆銀行一文），再之後又捲入轟動中外的胡禮運（Warwick Reid）貪污賄賂案。

10 當時法律有一嚴重漏洞，哪怕警方已立案偵查，但竟然沒權力要求涉案人交出旅遊證件，一些擔保外出的嫌疑人往往藉機逃走，益大集團的鍾正文便是主要例子（參考筆者另一著作《佳寧神話》）。據警方日後聲稱，在 1983 至 1986 年間，已有 12 名人士因此逃走，同時期亦有七名人士在警方與之進行首次會晤後失蹤。逃走的目的地主要為台灣，其次為東南亞的日本、菲律賓及印尼等（*South China Morning Post*, 19 June 1986）。事實上，那時不少企業主在生意失利後選擇賴債外逃，引起社會高度注視，呼籲政府堵塞漏洞，但說易行難，問題長期無法解決（林鴻籌，1986）。

11 毛凱元所指的「某位來自花旗銀行的人」（somebody in the Citibank），未知是否自 1980 年 7 月至 1982 年 6 月出任花旗銀行香港區副總裁的毛觀瀾（Mao Kwan Lan）。此人 1963 年在香港預科畢業，後赴美國留學，取得紐約富咸大學工商管理碩士及俄亥俄州立大學數學系碩士，求學背景與毛凱元相似。不過，他畢業後沒立即回港，而是進入美國花旗銀行工作，到 1977 年才被調到香港，擔任該銀行市場推廣總監，其後升為分行總監，並於 1982 年中被調回紐約總部，「主理紐約州外業務」（《華僑日報》，1980 年 7 月 18 日及 1982 年 6 月 22 日）。

12 當然，一如前文提及，哪怕姓名看似當地人寫法，亦不一定表示他們便是一般意義上的當地人，也可能是皈依或入籍當地的海外華人。

13 法庭聆訊時，毛凱元說主意由他提出，應是為了包庇父親之故，不能盡信。他當時加入公司只有數年，年紀又輕，沒可能有這種決定權力。

14 有關個人或企業捲入情報或間諜爭議的問題，可參考筆者另一著作《真假特務：羅盛茂的暴起暴落》。

第四章

恒隆銀行

不同家族的爭逐與飲恨

1982 年 9 月 6 日，謝利源金舖在全港的多家門店突然關門，如一石激起千層浪，引發社會與市場巨大震動（參考謝利源金舖一文）。翌日早上，據法庭文件所指，「一名新界的士（計程車）司機，誤會一家銀行分行門前正在等待開門作一般市場交易的排隊人龍，為存戶在等待取回存款，並錯誤地將這種個人看法或理解，透過的士電台的分享散佈開去，因此導致一場銀行擠提」（The Queen v Wai Yu Tsang: Judgment, 1990）。當天，位於元朗及上水的某銀行分行門前，「整日出現提款長龍」（《工商日報》，1982 年 9 月 8 日），那家受謠言拖累導致擠提的，正是本文的研究對象恒隆銀行。

一名的士司機錯誤傳播的信息，之所以會觸動存戶神經，產生蝴蝶效應，反映那時社會對香港的銀行金融體系早有憂慮，信心不穩。原因一方面是謝利源金舖突然關門，令不少民眾有如驚弓之鳥；另一方面，則與不少銀行及企業在股市或地產投資中失利，「出現財政困難」等消息，「早已傳遍商場」有關（華克，1983a：21）。加上當時投資市場正吹淡風，股價樓價「跌跌不休」，呈現持續下滑之勢，市民很容易因風吹草動杯弓蛇影、慌張失措。

不過，正如俗語「真的假不了，假的真不了」，消息一開始只屬誤傳，那時恒隆銀行的營運與流動性並無問題，所以在迅速應對下順利化解了危機。可是，當時的銀行及金融體系又確實存在過度炒作及借貸失利等問題，更牽涉不少違法行為，最終因為不良操作而被揭露出來。於是在環環相扣的影響下，這家創立逾半個世紀的銀行最後也逃不過厄運，不少相關人物因而入獄，銀行亦落得被政府接管、賣盤轉手的下場。在揭開這家銀行的發展篇章之前，且先聚焦銀行管理層如何應對這次擠提事件。

危機下的應變

面對因誤傳而導致的突發危機，身為銀行領導又掌握管治實權的莊榮坤（董事總經理）、李海光（高級經理）及韋如錚（總會計）迅速作出應對。公開的行動包括「急調大批現金應付」以免存戶恐慌，並立即召開記者招待會闢謠，同時在報章上以大版面發表「鄭重聲明」，澄清事實。沒公開的行動是莊榮坤作出指示，「不再購入美金支票或銀行滙票」（The Queen v Wai Yu Tsang: Judgment, 1990），等同停止給客戶批發借貸，即俗語「收水」，讓銀行保留更多流動資金應對局面。換言之，在危機當前，管理層沒有怠慢，迅速作出各種應變。

在公開聲明中，銀行一方面澄清「本銀行與謝利源金舖及其集團成員並無任何往來」，二來聲稱「本銀行之流動資金比率為存款之百分（之）五十（銀行法例之規定為百分之廿五）」；且信心滿滿地在報紙上公開了銀行 8 月份的綜合資產負債表，藉以說明銀行現金充裕，房地產投資佔比甚少，資產足以應對負債（《工商日報》，1982 年 9 月 8 日）。聲明亦特別強調「恒隆銀行與恒隆地產集團的名稱只屬巧合，兩者都是獨立公司，無股權關係，平常業務往來亦不多」，藉分割恒隆銀行與恒隆地產之間的關係，[1] 以免銀行受到波及（華克，1983a：21）。

連串應對策略似乎收效，問題沒有惡化下去，翌日到恒隆銀行大小分行排隊提款的人龍大幅減少，「元朗分行昨晨仍現人龍，市區恒隆銀行情況如常」，而銀行在短短兩日間，被客戶提取的款項「估計有七千萬元」（《工商日報》，1982 年 9 月 9 日）。恒隆銀行在同月 10 日刊登「謝啟」，聲稱「本銀行日前因謠言誤傳引致擠提事件，承蒙政府有關首長發表談話支持、警察當局派員協助維持秩序、新聞、傳媒界報導真相公正評論、本港及海外同業鼎力支持、客戶信賴、友好關懷、得使事件迅速平息、隆情厚愛、至深銘感」（《華僑日報》，1982 年 9 月 10 日）。假的真不了，因的士司機誤傳而起的擠提危機被化解於無形。

不過話音剛落，兩個月後，大來財務集團有限公司（簡稱大來集團）突然宣佈其股份停止在股票市場交易（《工商晚報》，1982 年 11 月 15 日），再次衝擊恒隆銀行。原來大來集團旗下的大來財務，過去一直從事違法的「支票輪」（cheque kiting）操作，積累了極龐大的虧損，令債權人及股東損失慘重。而恒隆銀行不但業務上與大來財務扣連極多，莊榮坤及李海光同時亦是大來集團的董事，反映無論在個人或企業層面，雙方的關係都糾纏複雜。

受到大來集團停牌的衝擊，為了切割關係，莊榮坤和李海光迅速辭掉在恒隆銀行的職位，以便「全力處理大來財務（集團）的事件」（華克，1983a：21；（《工商日報》，1982 年 11 月 16 日）。據隨後大小報章的資料顯示，大來集團負債高達 8 億元，在當時猶如天文數字，更被多家債權銀行入稟法院追討債務，莊榮坤及李海光亦是被追討對象，消息轟動社會（見大來財務一章）。真的假不了，恒隆銀行在大來財務一事捲入太深，因而大受衝擊的消息，在市場和社會上不脛而走。

到了 1983 年 9 月 26 日，恒隆銀行門前再現擠提人潮，而這次迅速採取行動的，不是恒隆銀行，而是政府。財政司彭勵治（John Bremridge）在 9 月 27 日宣佈，「為保障存戶利益，並確保本港金融體系的完整穩定」，立法局（今立法會）三讀通過法案，接管恒隆銀行，由政府「承擔一切債務」（《星島日報》，1983 年 9 月 28 日；South Chin Morning Post, 28 September 1983）。恒隆銀行成為二戰後首家被政府接管的華資銀行，事態相當不尋常，因為在此之前，廖創興銀行、廣東信託商業銀行、明德銀號及恒生銀行等，亦曾因種種原因發生擠提，但政府都沒有直接接管，只是任由銀行清盤再作處理；或是由渣打、滙豐等大銀行出面拯救，承諾給予無限量的流動性支持；甚至由龍頭銀行收購出問題的銀行股權，變相吞併出事銀行或公司。

銀行初創與早期發展

相對於廖創興銀行、廣東信託商業銀行和明德銀號，恒隆銀行不但歷史更悠久、更具規模、後台更強勁，發展過程亦相當曲折。惟因控股大權屢變，銀行亦結業多時，留下的資料甚少，現今社會對其背景及走過的道路了解不多。綜合而言，恒隆銀行原名恒隆銀號，於 1940 年代由關能創、關仲敏（即關能睦，又名關沃池，為統一起見，一律稱關沃池，直接引文除外）及關能基諸兄弟共同創立，並因長兄關能創的政商經歷和社會關係深厚而著名（Hang Lung Bank Limited: Return of first allotment, 1953;《華僑日報》，1965 年 3 月 30 日）。

關能創

關沃池

關能創生於 1903 年，祖籍廣東開平赤坎，「童年受教於光盛館，為老秀才關逑彭門生」（劉偉森，1996：77）。至年紀稍長，入讀廣州省立廣雅中學，畢業後「赴南洋緬甸深造」，後在當地的育德學校執教，歷時三年，但亦有說法指他是在緬甸經商。他約在 1920 年代中回國，經營錢銀業，「主要的業務是辦理滙兌，特別是僑滙，素以快捷穩妥，信用昭著見稱」（丁代，1947：21）。其事業於 1941 年有所突破，「在香港創設恒隆銀行（號），接濟僑匯，拓展金融事業」（劉偉森，1996：78），按此說法，恒隆銀號應於 1941 年創立，日後香港報章提及恒隆銀行歷史，亦以 1941 年為開端。在 1947 年出版的《銀行通訊》中，則這樣介紹關能創：「學成後，赴仰光經商，及後返國，矢志金融事業，苦心經營，先後在廣州、香港、赤坎、長沙等地開設銀號，業務大展，信用昭著」（《銀行通訊》，1947：7）。

從關能創早年遠赴緬甸，並在當地工作三年推斷，他本人或家族在緬甸應有一定人脈網絡；相信他選擇經營僑匯或匯兌業務，亦是以海外華人的鄉里、族群人脈網絡為經緯。至於他在廣州、香港、赤坎、長沙四地以不同字號開設和經營銀號，既有地區要塞的考慮，亦有各地市場焦點略有差異的考慮，可惜找不到早年那些銀號的設立日期、股本及股東組成等資料，未能深入研究其運作。日軍侵華曾給關能創的業務發展帶來衝擊，但公司應沒有完全停止經營，就以香港為例，在 1943 年出版的《電話番號簿》（頁 70）中，找到「恒隆號」的記錄，電話號碼為 23907，地址在永樂街 38 號，與二戰後恒隆銀號的落腳地相同。

另一方面，香港淪陷後，由於澳門仍保持和平，經濟及商業十分活躍，吸引不少商人到當地謀求發展。1942 年 9 月，有一則「恒隆銀號今日開幕」的消息，指「新馬路裝修宏偉之恒隆銀號，定今日舉行揭幕，接駁各地匯兌、找換各國錢銀」（《大眾報》，1942 年 9 月 4 日），惟沒提及是否由關氏兄弟所開。不過，關能創二弟關沃池（生於 1904 年）那時全家居於澳門，一女（關玉芳）一子（關量才）分別就讀培正中學及小學部，關沃池經營的「益榮」公司更是交稅戶之一，相關記錄顯示，1943 年交了稅款 103 元（《大眾報》，1944 年 4 月 12 日及 10 月 29 日）。

抗日勝利後，關能創曾「協助政府編練抗敵團隊，主持籌供餉糈」，因此「迭受層憲嘉勉」。他早年創立的銀號生意亦迅速恢復，「勝利復員後，廣州國源銀號、香港恒隆銀號、長沙恒生銀號、赤坎民信銀號相繼復業，均任總經理，自統其成」（《銀行通訊》，1947：7），可見他經營的銀號生意不少。更為重要的是，廣州市銀錢商業同業公會於 1946 年成立，他擔任理事長，反映他在行業的領導地位。

與此同時，關能創先後擔任廣東省商會聯合會常務理事、全國商會聯合會監事、全國錢商業同業公司理事，以及開平縣參議會副議長、廣東省參議員等職，並於 1948 年獲選為「國大代表」——中華民國國民大會代表（《工商日報》，1947 年 7 月 20 日；《華僑日報》，1947 年 10 月 30 日；《銀行通訊》，1947；《開平華僑月刊》，1948：8-9）。二戰結束後，關能創的事業和生意可謂冉冉上升，有了更突出的發展。

由於關能創乃行業領導，在全國商聯會有高職，且是國大代表，可謂有頭有面，生意持續取得突破。從 1949 年一宗新聞報導，可推斷銀號當時的發展情況。該年 7 月，恒隆銀號的一名收賬員因挪用銀號 56,373 元款項「炒金」，給銀號帶來巨大損失，被告上法庭。案情披露，犯案人「戰前即開始任職於該銀號，和平後繼續工作」，「不久以前，（銀號）曾被一職員挾帶款項逃走，故原告人希望法庭能重視此案」，結果，犯案人被判「苦監」兩年（《華僑日報》，1949 年 11 月 11 日）。由此可見，恒隆銀號在日軍侵略香港前已開始經營，且生意應該不錯，員工有機會接觸巨款，亦相信銀號或有參與金銀買賣，甚至炒買貴金屬。不過，銀號接連發生員工挪用公款、挾帶私逃等情況，反映管理上存在不少漏洞。

不過，國民黨在戰場上連番失利，最後退守台灣，令關能創的生意和事業受到巨大打擊。由於他的政治立場親國民黨，更曾在國民政府出任官職，中共建國後自然難以在內地立足，因此他與兩名弟弟關沃池和關能基選擇移居香港，只有關能楫留守家鄉赤坎。[2] 而廣州、赤坎及長沙三地的生意，在內地推行「公私合營」政策後，相信亦關門告終，關能創昆仲自 1950 年起，將香港的恒隆銀號作為事業發展的重點。

1950 年代初，朝鮮半島爆發戰爭，美英兩國又藉聯合國之名對中國內地實施貿易禁運，令過去高度依賴轉口貿易的香港經濟一度陷入困境。惟不久後，香港依靠其積累的資本、機器設備、企業家及大量移民勞動力，走上工業化道路，經濟恢復發展動力，恒隆銀號應如其他商行企業般，取得了不少進展。

到了 1953 年，據報紙報導，恒隆銀號改以有限公司模式註冊，「額定資本三百萬元」（《工商日報》，1953 年 3 月 24 日）。從銀號的註冊文件上，可見那時名為「恒隆銀號有限公司」，英文為 Hang Lung Bank Limited，地址永樂街 38 號，股份共 10,000 股，每股 100 元，分為兩類，一類是普通股，共 7,000 股，對銀號沒有管理及決策權，分配情況不詳（Hang Lung Bank Limited: Return of first allotment, 1953）。

另一類是銀號創辦股，對銀號有管理及決策權，共 3,000 股，其中關能創佔 1,170 股，關沃池佔 1,630 股，關能基佔 200 股。三兄弟更簽下協議，同意日後若然出售業務，須按此股份佔比作損益承擔和分配（Kwan Nang Chong, Kwan Chung Man & Kwan Nang Gay and Hang Lung Bank Limited: Agreement, 28 April 1953）。[3] 從股份分配看，關沃池佔比逾 54.33%，乃大股東，不過銀號董事長一職由關能創出任，關沃池任董事總經理，即主管實質業務。銀號還有四名董事，包括關能基、譚少庭和劉樹柏，以及一家同樣登記在永樂街 38 號的恒源有限公司。

從公司註冊處資料看，恒源早於 1948 年 9 月 25 日已採用有限公司模式註冊，由關沃池一房所有，那時共發行 5,000 股，每股 100 元，其中關沃池與妻子司徒美琴各佔 1,500 股，女兒關玉芳及兒子關量才各佔 1,000 股（Hang Yuen Company Limited: Return of first allotment, 1948）。

進一步資料揭示，關沃池在穗港澳三地都表現活躍，除擔任恒隆銀號董事總經理的實務，還參與不少社會服務，如出任四邑工商總會副理事長、保良局首總理、南華會會長、開平商會主席、香港金銀場主席等職位，在商界甚有名望。1956 年，關沃池申請入籍英國，2 月獲批，個人身份因此發生變化（《工商晚報》，1956 年 2 月 24 日；《華僑日報》1956 年 5 月 24 日）。

到了 1957 年，恒隆銀號向政府提交更新股份分配的登記，總股份為 10,000 股，每股 100 元，其中關能創佔 3,900 股、關沃池佔 3,560 股、恒源有限公司佔 2,000 股、關能基佔 520 股、譚少庭和劉樹柏各佔 10 股（Hang Lung Bank Limited: Return of share allotment, 1957）。由於恒源有限公司乃關沃池一房所有，即兩者合共持有 5,560 股，佔銀號總股份 55.6%，與本來的股份佔比沒太大分別，關沃池仍為大股東。

不幸的是，1959 年 3 月 2 日，關沃池突然因肺病去世，享年 55 歲，正值壯年（《工商日報》，1959 年 3 月 3 日）。此一變故，不但影響了恒隆銀號的發展，亦影響了家族生意與投資的佈局。關沃池只有一子一女，女兒關玉芳早已出嫁，年紀尚輕的兒子關量才則熱愛運動，乃保齡球健將，屢次在不同國際大賽中獲獎（《華僑日報》，1959 年 3 月 3 日；《工商晚報》，1969 年 7 月 9 日及 7 月 28 日），卻無心經營銀號。日後，關量才與同為保齡球好手的唐梅生結婚，並曾在香港保齡球總會擔任要職，全情投入到體育運動之中，雖為銀號董事，但始終沒沾手銀號業務，可見哪怕出生商人家族，子女後代亦未必便會走上從商之路。[4]

就算是過去馳騁金融界的關能創，那時的事業重心看來也不是香港的恒隆銀號。或許因兄弟有分工，且其弟關沃池才是大股東，故生意由他主力打理；又或是中國政局變化令他打算分散風險，故自離開內地後，與國民黨關係深厚的關能創，將較多時間投放在中南美洲發展，尤其在古巴尋找新商機，只是偶爾回港或到台灣考察。綜合各種資料可見，關能創的事業在 1950 年代明顯有較大發展，如 1953 年 5 月，他曾組織香港工商界到台灣基隆考察，與當地政商人士交流，探討投資發展機會；1953 年 11 月，他再往古巴，主要是在夏灣拿「開設銀號，頃已開業」，惟不知是否也用恒隆之名，亦不知規模如何。此外，關能創亦繼續活躍於台灣，如 1954 年 2 月，他專程由古巴返港，目的是到台灣出席「國民大會」，並成功獲選為「國大代表」。7 月，他取道美國，探望在當地求學的兒子關卓儒、關卓權、關卓山，之後重返古巴，繼續發展當地業務（《華僑日報》，1954 年 2 月 17 日、3 月 29 日及 7 月 6 日）。

接着一段不短的時間，關能創均留在古巴。1957 年，他曾夥同其他古巴華僑如蔣賜福等，集資在台北興建「龐大旅館」，藉以表達對國民黨的支持（《華僑日報》，1957 年 1 月 5 日），惟之後再沒相關報導，不清楚該投資有否落實、是虧是盈。1959 年，關沃池突然去世，關能創立即回港重掌恒隆銀號，並再度活躍於香港社會，如在 1959 年底獲選為旅港開平商會主席（《華僑日報》，1959 年 11 月 9 日）。惟過去十年，香港發展迅速，與古巴判若雲泥，想必令關能創深刻感受到今昔之別。

毫無疑問，那時香港的銀行金融業已較二戰前有很大發展，同業之間的關係變得更為複雜。關能創重掌恒隆銀號不久的 1961 年 6 月，廖創興銀行爆發擠提，雖然事件很快平息，但隨後又打起存款利息戰，反映行業競爭激烈，暗湧處處，必須費神應對。隨後，政府因應擠提事件於 1964 年頒佈了《銀行業條例》，並設立銀行監理專員，加強對行業的規管。惟新法例頒佈不久的 1965 年初，便接連發生廣東信託商業銀行及明德銀號擠提事件（《大公報》，1965 年 1 月 28 日），連實力雄厚的恒生銀行亦受拖累，最後逼於無奈把 51% 的控股權轉售予滙豐銀行（鄭宏泰，2015；陸觀豪、鄭心翹，2018）。

無論是廣東信託商業銀行和明德銀號清盤結業，或是恒生銀行的創辦人家族失落控股權，當時的銀行業可謂進退都不容易，關能創作為商場老手，對此明顯曾深入思考。加上 1965 年 1 月，其妻方鳳寶不幸病逝，享年 66 歲，相信亦令他對人生優次另有體會（《華僑日報》，1965 年 1 月 14 日），在與家族成員及政商友好多番探討後，他最後定下的應變策略，便是吸納更多投資者，自己及關氏家族則慢慢退場。估計他於 1965 年 2、3 月間那個銀行業十分低迷的時期，出售家族持有的恒隆銀號控股權，因此有了恒隆的第一次股權易手。

控股權連番易手

控股權易手後，有一番抱負的新投資者很快便在傳媒前露面，他們為張鎮漢和趙聿修，擔任銀行的正副董事長，[5] 再吸納劉鎮國、周有、陳仕森等投資者為董事，[6] 並以曾任港英政府副華民政務司的區煒森，以及具現代銀行管理經驗的施錦源和張鏡輝擔任銀行實務管理，加上關能創，[7] 組成一個陣容甚為鼎盛的管理團隊，給銀行注入新力量。更為重要的是，新投資者注入新資本，並宣稱根據剛頒佈的《銀行條例（1964）》第 37 部次節第 1 款進行註冊（*South China Morning Post*, 30 September 1965），名稱上不再採用銀號，自此稱為恒隆銀行。

張鎮漢

趙聿修

因應新的發展格局，亦因社會剛走出擠提陰霾，恒隆銀行不但吸納具現代銀行管理知識與經驗的人材，亦更重視「銀行公共關係」，認為應加強與社會各界溝通，減少誤解。另一方面，新領導層提出把恒隆銀行打造為「世界性僑資銀行」的口號，既以服務本地華人社會為本，亦強調爭取全球華人華商支持的重要性，予人氣象一新之感（《工商日報》，1965 年 3 月 27 日）。

為了配合重展腳步的方向，銀行公告天下，將於 1965 年 3 月 31 日舉行盛大的「擴張業務誌慶」活動。新領導層連續多天在本地中英報章大賣廣告，特別列出那些送上祝賀的海內外華洋團體或個人名稱，彰顯其「世界性僑資銀行」的特質。單計算 1965 年 3 月 31 日當天在《工商日報》及《華僑日報》刊登的廣告，已有 365 家機構、1,110 位個人向銀行送上祝福。[8] 對於那次擴張業務的活動，翌日報紙這樣介紹：「恒隆銀行昨日擴展營業，舉行一個盛大慶祝酒會，到賀中西嘉賓千餘人，冠蓋雲集，徇為本港銀行近年不多見的一大盛事」(《華僑日報》，1965 年 4 月 1 日）。酒會「到賀中西嘉賓千餘人」，與廣告上列出的名單數目相若。

銀行大張旗鼓投入發展不久，碰上 1966 年社會動盪，但因事件衝擊不大，管理層仍繼續其積極進取策略。1967 年 4 月，銀行總部更由原來的永樂街 38 號遷往中環干諾道中 55 號中環商業中心（《工商晚報》，1967 年 4 月 21 日）。由於地點更核心、樓面面積更大、裝潢更華麗，對客戶自然更具吸引力，銀行業務有不錯的增長。然而，就在遷行不久，香港社會又爆發了曠日持久的嚴重動亂，引致股市樓市大幅急跌，不但影響了營商及投資環境，亦給恒隆銀行的發展帶來一定打擊。

到了 1968 年，銀行控股權再有變化，來自新加坡、馬來西亞及菲律賓的華商——當時俗稱「南洋幫」——陳錦泉、莊順成和蔡普中等投資者入股並成為大股東，進入恒隆銀行董事局。陳錦泉成為銀行董事長，趙聿修退居次席，擔任副董事長，另一位副董事長為莊順成，蔡普中擔任總經理，副總經理有莊榮坤、趙公輔、王祖基等。[9] 自那時起，恒隆銀行可以說轉由南洋幫掌控，並因獲得更充裕資金而進一步擴張，於 1968 年 12 月在北角英皇道 293 號開設首家分行（《工商日報》，1968 年 12 月 22 日）。

這裏先介紹核心「南洋幫」股東的背景。據陳錦泉兒子（Tan Puay Seng Peter）在 Geni 上的簡略介紹，陳錦泉於 1926 年 2 月 16 日在馬來亞柔佛新山（Johor Bahru）出生，父親陳贊清、母親吳玉芝。坊間資料顯示，陳錦泉祖籍潮州，其父原為街邊小販，靠賣涼果起家，逐步積累財富，到陳錦泉長大後，家境已不俗，所以他無論在教育或經濟上都有很不錯的基礎。陳錦泉兒子還指出，陳錦泉與新山蘇丹關係密切，此點應是陳錦泉於 1960 年代獲頒拿督頭銜的關鍵，那時報紙指他「為歷代最年輕之受封者」(《工商日報》，1968 年 12 月 22 日）。後來，陳錦泉轉到新加坡，與友人先後創立了新加坡金融（Singapore Finance）、新加坡亞洲商業銀行（Asia Commercial Bank of Singapore）、新加坡海景酒店（Seaview Hotel of Singapore）及森林金隔集團（Sim Lim Group of Finance）等企業，其中又以於 1963 年出任新加坡亞洲商業銀行主席最受注目（Tan, no year）。

陳錦泉

蔡普中

恒隆銀行標誌

莊順成亦甚有來頭。他祖籍福建晉江青陽，其父莊材潤早年飄洋菲律賓營商，莊順成（1927 年生）及兄長莊清泉（1926 年生）在家鄉完成小學教育後亦轉赴菲島，協助父親的捲煙生意。莊清泉的商業觸角靈敏，他看到機械生產香煙的商機，不惜重金購入現代生產設備，成功憑此起家，再擴展至鋼鐵、紡織、地產旅遊和進出口貿易，成為菲律賓顯赫的華人家族，與當地政界交往尤深（晉人，2016）。

自 1950 年代，以莊清泉為代表人物的莊氏家族走出菲律賓，投資香港與台灣，其中最重要是在香港開設了莊材潤建業有限公司，投資地產，如銅鑼灣的新寧招待所及使館大廈等；同時又進軍銀行業，不但與張明添合夥投資海外信託銀行（參考海外信託銀行一文），亦投資恒隆銀行，莊順成與堂弟莊榮坤更參與恒隆董事局，各有不同分工。本地報紙有關莊順成的介紹為：「現任菲律賓南華煙廠股份有限公司副董事長、中央鋼鐵製造廠董事、台灣省東興實業有限公司及統一大飯店常務董事及香港莊材潤父子建築股份有限公司董事」《工商日報》，1968 年 12 月 22 日）。

出任恒隆總經理的蔡普中祖籍金門瓊林，生於 1926 年，與陳錦泉同齡，抗日戰爭爆發後隨父母南下新加坡，繼續求學。他踏足商場後創立了中南行有限公司，從事船務生意，之後擴展至出入口貿易及煙草，再與陳錦泉等創立亞洲商業銀行及亞洲商業金融，共同進退，成為陳氏左右手，負責實務工作（金門會館，2020）。1968 年，「南洋幫」收購恒隆銀行控股權後，蔡普中成為關鍵執行者，那時報紙介紹他為「亞洲煙草有限公司董事長、新加坡亞洲商業銀行及亞洲商業金融董事總經理」（《工商日報》，1968 年 12 月 22 日）。

關於蔡普中還有一些令人津津樂道的趣聞。由於他是一位「功夫迷」，修練太極拳，在新加坡出任武術協會副主席。在香港管理恒隆銀行期間，他因緣際會認識了以扮演黃飛鴻而聞名的演員關德興，決定拜關德興為師，更廣告天下，舉辦了一場隆重的拜師儀式，並寫下一首拜師學武的七言詩：「奉茶三跪禮儀週，喜有名師氣味投；立志修身為主旨，非圖演武練拳頭」（《工商日報》，1969 年 7 月 9 日）。[10]

莊清泉

莊榮坤

1960 年代末，香港股票市場走向開放，經濟與金融發展加快，以張明添、陳錦泉及莊清泉、莊順成家族為代表的「南洋幫」大力增加對香港的投資，甫進入 1970 年即加速了開拓銀行業務的腳步。1970 年 4 月及 12 月，恒隆銀行分別在油麻地彌敦道 503 號及元朗青山道 114 號開設分行，前者請來海外信託銀行主席張明添主持開幕儀式，說明彼此關係深厚，[11] 後者由趙聿修主持儀式，且請得新界理民府官員鄧樂及助理警務處長盧善出席，反映其地區實力與政界關係。在短短一年內增加兩間分行，可見「南洋幫」財力相當雄厚，且投資策略進取（《工商日報》，1970 年 4 月 12 日及 12 月 5 日）。

同年 12 月 7 日，莊材潤之弟、莊榮坤之父莊材忠在香港去世。報導指莊材忠育有三子：榮遠、榮坤、榮通，他本人早年經營礱米廠（可能因此與同樣經營食米生意的趙聿修有交往，並經其引介入主銀行），後來出任大西洋紙業廠董事長；長子莊榮遠在菲律賓、幼子莊榮通在婆羅洲經商，莊榮坤是次子，一直留在父親身邊，發展香港業務。莊氏家族除了上述眾人，還有莊清泉之弟莊長泰、莊杰華、莊允順等，可謂人丁壯旺，在不同層面與發展上各有分工，在南洋多地無論生意及商業網絡均根深葉茂（《華僑日報》，1970 年 12 月 7 日）。

由於恒隆銀行自「南洋幫」入主後發展勢頭突出，新世界發展創辦人鄭裕彤亦於 1971 年入股，並獲邀加入董事局。鄭氏在香港商界甚有地位，向以投資目光銳利見稱，這名本地著名華商的加入，反映當時恒隆銀行的業務確有亮眼之處，發展前景向好（《華僑日報》，1971 年 3 月 26 日）。

1972 年 2 月，恒隆銀行在西區皇后大道西 488 號再開設分行，由莊清泉夫人主持，場面熱鬧（《華僑日報》，1972 年 2 月 3 日）。同年 5 月，恒隆銀行獲外匯銀行公會接納為第四級銀行，其存款利率亦因應所屬級別的改動而作出了調整（《大公報》，1972 年 5 月 13 日）。

進入 1973 年，恒隆銀行再有更多投資者加入，由多倫多杜明銀行和張明添主理的海外信託銀行組成的國際合作投資公司，吸納了恒隆銀行的部份股票（《華僑日報》，1973 年 6 月 22 日）。此舉雖與陳錦泉和莊氏家族與張明添的私人交往有關，但亦反映恒隆銀行發展獲得肯定。接着的 7 月，恒隆銀行又獲得銀行公會提升為第三級銀行，再次提升服務水平，利率因此須作相應調整（《華僑日報》，1973 年 7 月 3 日）。同年 8 月及 12 月，恒隆銀行分別在深水埗長沙灣 173 號及土瓜灣道 80 號再開設兩家分行，開幕儀式同樣熱鬧，惟當時本地經濟及市場氣氛已由熱轉冷（《華僑日報》，1973 年 8 月 10 日及 12 月 15 日）。

自 1973 年股市泡沫爆破後，香港經濟迅速回落，全球性「石油危機」又令問題疊加，導致本地失業率上升、消費意欲下降，但恒隆銀行仍採取進取的投資策略。在 1974 年，恒隆銀行與澳門誠興銀行簽訂協議，合作開拓業務，落實「兩行往來存款戶經預定者，可在港澳兩地營業時間內提款或存款」，此本是便利客戶及吸引存戶之舉，想不到後來卻成了運作上的漏洞，有銀行職員藉機偷走客戶存款（見下文討論）。另一方面，為推廣業務，恒隆銀行又增設「特種禮券供旅客備用，面額由一千元起，可在澳門娛樂有限公司隨時兌現，不收任何手續費」（《工商日報》，1974 年 1 月 19 日）。

同年 2 月，為擴展業務，恒隆銀行購置英皇道 391 至 393 號物業，打算合併興建多層大廈。至 5 月，恒隆銀行再於屯門和灣仔增設分行（《工商日報》，

1974 年 2 月 6 日及 5 月 25 日），惟兩間分行正式開幕前的 1974 年 6 月 8 日，趙聿修去世，享年 72 歲（《工商日報》，1974 年 6 月 11 日及 6 月 21 日），加上香港經濟與商業環境的持續低迷，相關變化不但影響了銀行的發展，亦令各股東力量此消彼長，趙聿修家族的控股權逐步減少，莊清泉、莊順成家族的控股權則逐步增加。

走向復蘇的擴張

儘管自 1973 年起香港經濟在股票泡沫爆破與石油危機的雙重打擊下持續沉底，投資氣氛低迷，恒隆銀行卻憑着「南洋幫」的雄厚資金保持擴張，銀行級別一升再升，反映其地位獲得同行認許，而且分行持續增加、活期存款不斷上揚，經營利潤不斷改善等，均可見銀行在 1970 年代初的逆市中仍表現出相當活力。

從資料看，1974 年 6 月下旬，外匯銀行公會發出通知，指自該年 7 月 1 日起，恒隆銀行升級為第二級銀行，競爭力進一步增強（《華僑日報》，1974 年 6 月 23 日）。接着的 9 月，恒隆銀行宣佈將在長洲及上水開設分行，反映除了人潮如鯽的市中心商業區外，恒隆銀行亦積極發展較易被大銀行忽略的小市場，搶佔更多商機（《華僑日報》，1974 年 9 月 3 日及 10 月 27 日）。到了 1975 年中，哪怕恒生指數仍處於低位，恒隆銀行還是無懼市場淡風，維持「分行照開」的勢頭，在尖沙咀加連威老道開設分行（《華僑日報》，1975 年 5 月 26 日）。表面理由是便利不同地區客戶，深層原因是爭取市場佔有率，同時打造人退我進、別具實力和相對進取的形象。

在尖沙咀分行開幕時，恒隆銀行不少高層均現身慶賀。據報導列出的董事局成員名單，當時銀行董事長為陳錦泉、副董事長莊順成、董事總經理蔡普中、董事副總經理莊榮坤；董事則有陳建忠、馮崇萼、趙士廉、周有，還有董事兼總經理李海光、董事兼副總經理趙公輔等（《工商日報》，1975 年 5 月 26 日）。由此可見，莊氏家族在恒隆銀行的領導地位逐步得到強化，莊順成的地位僅次於陳錦泉，莊榮坤是第四把交椅，且掌握銀行實質營運大權。至於代表趙聿修家族的趙公輔，雖仍是董事兼副總經理，但排名則降至最後。

莊氏家族在恒隆銀行的重要性不斷攀升，莊榮坤在公益及社會服務領域亦日趨活躍，成為關能創、關沃池及趙聿修以外，恒隆銀行另一知名人物。資料顯示，1974 年，莊榮坤獲推舉為保良局總理，這是華商「富則兼善天下」的傳統，爭取社會名望和地位的必經之路。莊榮坤在參與保良局及其他公益事務時表現投入，成績突出，獲推舉連任多屆保良局總理，日益為社會所認識。其後，他獲邀加入並成為更多社會公益組織的領導，包括海外商業聯誼會理事長、圓玄學院副主席、香港道教聯合會名譽會長、布商業同業公會名譽會長等。不但如此，他同時擔任多家企業的要職，如新加坡酒店常務董事、統一機構有限公司（Federal Amalgamated Corporation Limited，簡稱統一機構）董事，[12] 無論在商界或社會服務界均炙手可熱（《華僑日報》，1975 年 3 月 9 日）。莊榮坤善長仁翁的良好名聲，亦有助提升恒隆銀行的市場形象和社會地位。[13]

到 1977 年，莊榮坤更出任保良局主席（《工商日報》，1977 年 3 月 10 日），任期內剛好是保良局創立一個世紀，他積極推動多項扶貧助弱、撫老恤孤的活動，例如發展婦孺福利計劃、增設弱能人士設施計劃、增辦學校及幼稚園計劃等，取得不少成果，亦因此與政商不同界別的領導——尤其政府官員——建立起人脈關係，有助家族及銀行業務的發展。由於莊榮坤在保良局主席任內表現出色，深受各方稱譽，港英政府亦按慣例，在他卸任後向英女皇爭取給他頒贈 M.B.E. 勳銜，以示嘉許（《華僑日報》，1979 年 2 月 15 日、18 日及 3 月 16 日）。

回到恒隆銀行的發展進程上。自 1975 年在尖沙咀加連威老道開設分行後，銀行的擴張速度暫緩了一陣子，到 1977 年 10 月，才再有引起市場注視的新發展，主要是位於銅鑼灣希慎道的恒隆銀行大廈落成，且在新大廈內開設新分行，那時恒隆銀行「總資產已超逾十億港元，總存款亦達九億多港元⋯⋯設有十二間分行、八間全資附屬公司」（《工商日報》，1977 年 10 月 27 日）。為了隆重其事，已深獲社會名望的莊榮坤，特別請得時任財政司夏鼎基（Philip Haddon-Cave），主持恒隆銀行大廈落成暨分行開幕儀式，吸引逾千友好及傳媒參加，場面熱鬧（《華僑日報》，1977 年 10 月 29 日）。接着的 11 月，恒隆銀行董事副總經理李海光獲柔佛州蘇丹授予太平紳士，反映其在馬來西亞的名望及人脈關係（《華僑日報》，1977 年 11 月 28 日）。

銅鑼灣恒隆銀行大廈落成使用後，銀行的擴張腳步走得更快。就以開設分行的數目為例，1979 年，為了配合沙田發展，銀行在世界花園開設分行（《華僑日報》，1979 年 7 月 23 日）；接着的 1980 年，更先後在慈雲山、佐敦、粉嶺及新蒲崗開設分行，分行數目迅速增至 19 家，逐步壯大為中等規模銀行（《華僑日報》，1980 年 7 月 6 日、11 月 24 日、11 月 29 日及 12 月 3 日）。

進入 1981 年下半年，恒隆銀行開設分行、擴張業務的勢頭更旺，幾乎每個月開設一間，如 6 月在屯門藍地、7 月中把干諾道中的總部改為中區分行，並將銀行主要業務及辦事處遷進金鐘統一中心，在那裏設立總行；同月底在觀塘物華街設分行。到了 9 月又在大埔寶鄉街，然後是 11 月及 12 月在九龍塘聯合道 320 號及葵涌葵星中心設立分行（《工商日報》，1981 年 6 月 9 日、7 月 21 日；《華僑日報》，1981 年 7 月 31 日、11 月 16 日、12 月 11 日）。至此，銀行分行數目已增至 27 家，1981 年成為銀行擴張速度最急速的一年。

到了 1982 年，恒隆銀行開設新分行的腳步明顯放慢，只有 6 月底在上環干諾道中誠信大廈設立多一間而已，分行數目略增至 28 家（《華僑日報》，1982 年 7 月 3 日）。投資放緩的原因，除了上一年發展過急，銀行須「回氣」的因素外，還與當時經濟和商業環境大變、投資風險驟升有關。更大的問題則是銀行領導及恒隆銀行關連企業的投資，在環境逆轉下出現嚴重虧損，令恒隆銀行遭遇了前所未見的巨大挑戰。

表 1 為恒隆銀行自 1970 至 1983 年間公佈於《南華早報》的每年資產負債表（balance sheet），從中可看到銀行的一些發展特點。活期存款（current deposit）方面，1970 年為 65,043,703 元，接着數年持續上揚，1973 年升幅尤大，至 1975 年略為回落，隨後又再大升，1981 年達 2,200,091,410 元，翌年銳減，惟 1983 年又飆升，反映當中雖有大波動，但走勢向上。

表 1 ｜ 1970 至 1983 年恒隆銀行主要財務指標變化

年份	活期存款	借貸	存貸比率	利潤（稅後）	年增長率
1970	65,043,703	18,586,521	0.29	2,328,462	--
1971	127,787,760	34,099,798	0.27	2,043,157	-12.25%
1972	199,844,486	88,286,858	0.44	2,930,653	43.44%
1973	410,739,245	193,028,090	0.47	4,643,687	58.45%
1974	490,751,136	212,232,194	0.43	6,675,709	43.76%
1975	454,822,524	224,248,865	0.49	7,517,666	12.61%
1976	621,077,588	276,630,394	0.45	8,521,700	13.36%
1977	862,380,296	369,495,856	0.43	10,390,222	21.93%
1978	917,541,791	388,847,916	0.42	11,408,453	9.80%
1979	1,129,935,212	471,372,941	0.42	14,477,191	26.90%
1980	1,358,147,036	606,817,838	0.45	27,126,761	87.38%
1981	2,610,072,551	1,143,226,733	0.44	41,757,686	53.94%
1982	3,842,329,044	1,929,263,793	0.50	48,860,464	17.01%
1983	3,875,143,509	2,675,514,317	0.69	23,612,349	-51.67%

資料來源：*South China Morning Post*, various years

客戶負債（liabilities of customers）方面，1970 年為 20,241,706 元，佔活期存款的 31.12%，接着數年持續急升，1974 年達 1,332,344,431 元，翌年大幅回落至 80,624,772 元，在活期存款中的佔比轉為 17.73%。之後數字大幅反彈，且持續攀升至 1981 年 578,628,553 元高位，接着兩年大幅回落，1982 年為 288,688,332 元，佔活期存款的 74.50%。

儲備方面，自 1971 年有了統計數字後，基本上保持突出增長，期間除 1976 年明顯回落，其他各年均保持上升之勢。1981 至 1983 年間增幅尤大，例如在 1983 年時，儲備金達 332,320,141 元，乃該年活期存款的 8.58%，佔比不少。

盈利方面，表現亦不俗，1970 年只有 151,664 元，翌年升至 522,821 元，接着的 1972 至 1975 年則只在 40 多萬元之間徘徊，略為遜色，與那時香港經濟與投資環境低迷有關。惟自 1976 年起即錄得亮麗表現，持續攀升至 1982 年高位的 48,860,464 元，雖翌年大跌，但亦有 33,252,678 元（表 1）。

總括而言，從資產負債表的各項主要指標看來，恒隆銀行在 1982 年前的表現其實相當亮麗，增長腳步相當快，哪怕有個別年份略為遜色，但主因與當時經營大環境低迷有關，實在不能苛責。

市場連番波動的衝擊

進入 1980 年代，香港投資市場呈現風高浪急的態勢，無論樓市或股市，均在 1980 年代初輾轉升達高位，隨後急速回落，並因息率持續大幅增加，令股市與樓市下滑速度轉急。加上中英兩國就香港前途問題進行談判期間的激烈爭拗，給投資氣氛造成很大困擾，港元兌美元更因自由浮動出現巨大波動，因而影響了不少個人或企業的發展，恒隆銀行及其控股家族亦然。

更特殊的是，恒隆銀行似乎成為了市場的風向標，只要一有風吹草動，便觸動其神經，牽動其發展。其中謝利源金舖的倒閉，引起了恒隆銀行第一次擠提，之後大來集團突然倒閉，又引起第二次擠提，最後更迅速遭政府接管。恒隆銀行為何從盈利拾級而上、分行不斷急增的淩厲發展勢頭，突然變得弱不禁風，且多次受到流言蜚語衝擊，最後落得被接管的結局？其轉變過程及轉折點如何？下文將作扼要分析。

恒生指數常被視為香港股票市場的寒暑表，其升跌反映了資本的散聚、進出與流通，左右投資者前進或撤退的方向。自 1980 至 1982 年的三年間，香港資本市場出現了另一次巨大逆轉，不少早前未曾作好預防，未能及時應變、拿出有效方法者，均在那次逆轉中掉進困境，恒隆銀行便是其中之一。

在討論恒隆銀行的困局前，先扼要介紹那段時期恒生指數的變化。進入 1980 年的第一個股票交易日，恒生指數為 889.13 點，接着甚有起落，但大勢向上，於 1981 年 7 月 17 日達至高位 1,810.2 點；之後一度大幅急跌，後來又顯

圖 1 ｜ 1980 至 1982 年恒生指數變化

資料來源：《工商日報》，各年。

著反彈，接着走軟，輾轉回落，到 1982 年 12 月 2 日達至低位 676.3 點，與高位相比跌了 62.64%，短短一年多時間跌幅之大，可見一斑。之後，指數出現技術性回升，於 1982 年 12 月 31 日達至 783.82 點（圖 1），惟市場信心仍相當薄弱（鄭宏泰、黃紹倫，2006）。

如前述，1982 年 6 月，恒隆銀行剛在上環干諾道中誠信大廈開設分行不久，謝利源金舖於 9 月 6 日倒閉時，市場已如驚弓之鳥，後因一名的士司機誤傳消息，引致恒隆銀行發生擠提，銀行領導莊榮坤當機立斷，迅速應對——包括停止放出借貸，保留本身流動性；召開記者招待會，澄清銀行財政狀況，指出銀行與謝利源沒有一分一毫來往，因此「絕無問題，有廿二億元可調動」，且已獲得渣打銀行全面支持等等（《工商日報》，1982 年 9 月 8 日）；加上政府發聲明給予支持，其中銀監處發出通告，指銀行可按法律規定，停止支付定期存款等，均令恒隆銀行成功化解一場來勢洶洶的擠提危機，整個應對過程可謂無懈可擊。

擠提事件平息之後，恒隆銀行應有作出檢討，並籌劃各種改善銀行發展的措施，其中之一相信是董事局主席陳錦泉在同年 9 月下旬接受記者訪問時，曾提及計劃將銀行上市，「希望藉着發新股上市使該銀行的業務加以擴大」，並指會由寶源投資（Schroders Investment）負責包銷（*South China Morning Post*, 22 September 1982）。成為公眾公司，自然能提升銀行形象和資本供應，亦可贏取公眾信心。惟當記者向各家交易所求證時，得到的回應是暫未接獲恒隆銀行的申請（《工商日報》，1982 年 9 月 23 日），反映上市之事，應只在初步籌劃階段，銀行高層提早「放風」，早作宣傳而已。可惜其後事態急變，計劃亦無疾而終。

與此同時的 1982 年 11 月 14 日，主力經營金融財務生意的大來集團，突然宣佈因無法償還債務而停牌。[14] 由於恒隆銀行董事總經理莊榮坤及高級總經理李海光亦為大來集團董事，市場擔憂恒隆銀行會被捲入大來集團的債務之中，為恒隆銀行帶來巨大壓力。為此，恒隆銀行曾刊登啟事，澄清「本銀行之母公司及一切附屬公司，並無經營地產及建築業務」，尤其強調「恒隆銀行（代理人）有限公司所持有之該公司股票純為代客擁有」，同時指莊榮坤與李海光「因個人有投資於大來財務（集團）有限公司，及為該公司之董事，故須親為處理該公司業務」，二人更於 14 日辭去恒隆銀行的職位（《工商日報》，1982 年 11 月 16 日）。

自莊榮坤和李海光退下領導職位後，恒隆銀行業務運作一如既往，甚至繼續擴張，如 1982 年 11 月下旬，位於皇后大道西 441 號的恒隆銀行西區分行大廈落成，並舉行盛大儀式，吸引傳媒視野。銀行又宣佈將引入全電腦化服務，提升效率（《華僑日報》，1982 年 11 月 23 日）。在同一時期，美國運通銀行入稟法庭，向大來集團股東楊碩鐘、莊榮坤及李海光等追討欠債，金額高達 4,500 萬元（《大公報》，1982 年 11 月 25 日）。

到了 1983 年 2 月 21 日，恒隆銀行突然公佈，指早前已辭職的莊榮坤和李海光，因沒牽涉大來集團任何實務管理，董事局通過議決，再任命二人擔任恒隆銀行的原職，重新成為銀行的董事總經理和董事兼高級總經理。這項安排自然

啓事

日昨外間謠傳本銀行投資大來財務(集團)有限公司，本銀行特此聲明絕無其事，而恒隆銀行(代理人)有限公司所持有之該公司股票純爲代客戶擁有。

本銀行之母公司及一切附屬公司「並無經營地產及建築業務。」

本銀行董事總經理莊榮坤先生及董事兼總經理李海光先生因個人有投資於大來財務(集團)有限公司，及爲該公司之董事，故須親爲處理該公司業務，於本月十四日向本銀行董事會提請辭去職務，經挽留無效，並委任執行副董事長莊清泉先生兼任董事總經理，趙公輔先生爲董事兼總經理接替。

恒隆銀行謹啓

恒隆銀行的澄清啟事，《工商日報》，1982 年 11 月 16 日。

引人疑惑，「本地一位著名銀行家形容這次委任行動極之不尋常，不過他婉拒進一步評論」（*South China Morning Post*, 22 February 1983;《工商日報》，1983 年 2 月 22 日）。

1983 年 3 月，恒隆銀行又因應上水業務發展，把原屬租賃、位於新豐路的分行，搬到新財街的自置物業繼續經營，新店面不但面積更大，且可免去租金開支（《華僑日報》，1983 年 3 月 3 日）。同年 8 月，恒隆銀行還在北角英皇道及土瓜灣購入兩項物業，不過，當記者向銀行查詢時，得知只是集團內部資源調配，因相關物業原本就屬「恒隆銀行本身所有，但曾給予附屬之財務公司經營，現時購回主要是拿為銀行所用，可說是內部轉讓」（《工商日報》，1983 年 8 月 25 日）。無論如何，連番擴張，確實有助恢復顧客存戶的信心，相信恒隆銀行仍是一家具實力的華資銀行，不會被早前倒閉的大來財務拖累。從年末公佈的財務資料看來，恒隆銀行在 1982 年的業務表現仍算不俗（參考表 1）。

當恒隆銀行持續擴張、不斷發展之時，中英兩國就香港前途問題的談判卻出現更多風波。談判氣氛的好壞直接牽動市場投資氣氛與社會人心，除了左右恒生指數上落，更影響港元兌美元的匯率，及長期被視為「走難保值」的黃金價格。例如 1983 年 9 月 23 日，中英第四輪談判結束後傳出氣氛惡劣的消息，不少投機炒作的資金爭相搶購美元，令港元匯率急跌至每美元兌 8.85 港元，黃金每安士則飆升至 4,296 港元，創三年間最大升幅，恒生指數一天大跌 63 點，跌穿 800 點關口，金融市場之動盪不安，可見一斑（《星島日報》，1983 年 9 月 24 日）。

毫無疑問，中英談判關係著香港未來的前途發展，牽動各方神經，社會高度關注不難理解。雖然中國政府早已表明一定會恢復對香港行使主權，但英國政府為保自己的利益，曾試圖以各種方法製造壓力，以爭取延續對香港的統治。因應英國政府尚未了解中國政府的立場與決定，到了 1983 年 9 月下旬，北京的《人民日報》及香港的《文匯報》、《大公報》，曾大力批評英國政府，為爭取延續香港統治而打「經濟牌」與「民意牌」，刻意製造金融與社會混亂，給中國政府製造壓力，增加自己的談判籌碼，但任何舉動均不會令中國政府屈服，1997 年 7 月 1 日收回香港是不會變更的（《大公報》，1983 年 9 月 24 日；*Hong Kong Standard*, 25 September 1983）。措詞強硬的言論，在人心虛怯的時期，自然又引起了投資市場的巨大迴響。

翌日（9 月 24 日），金融市場再現崩盤式下挫，「港元跌勢變本加厲」，「金價狂漲四百元，收市升至四七零五，美電暴漲至九六零，再刷新紀錄」（《星島日報》，1983 年 9 月 25 日）。有報紙更以「前途信心危機下瘋狂搶購美元，港元有如江河日下，十算關口岌岌可危」為大字標題，說明那時社會氣氛浮動不安（《工商日報》，1983 年 9 月 25 日）。由於「港元暴跌、人心搖動」，更出現「市民搶購糧食用品」的情況，導致「各超級市場部份貨品被搶購一空」（《明報》，1983 年 9 月 26 日），投資市場和社會彷彿被推到瀕臨崩潰的邊沿。

面對恐慌局面，銀行公會迅速採取行動，宣佈加息三厘，政府則動用外匯基金買入港元，以穩定港元兌美元的匯價。在雙重「落藥」拯救之下，「反常瘋狂狀態」的匯價略為穩定下來，港元兌美元報「八四五收市」，恒生指數亦止跌回穩，「重上八百關口」，至於金價則「急挫五百元」（《華僑日報》，1983 年 9 月 27 日；《明報》，1983 年 9 月 27 日）。

就在那個風雨飄搖的時刻，恒隆銀行的多家分行門前重現擠提人潮，觸動投資市場和社會神經，引起高度關注。不過，在這次危機面前，採取迅速行動的不是恒隆銀行本身，而是政府，時任財政司彭勵治在沒有與銀行管理層商量之下，召開立法局（今立法會）特別會議，「在二十分鐘內一次過三讀通過《一九八三年恒隆銀行（接收）法案》⋯⋯目的只是保障存戶利益，及維持市民對本港銀行業的信心⋯⋯政府未能估計此事對外匯基金的影響有多大，但政府接管恒隆銀行是目前唯一可行的方法」。政府同時表示，接管後的恒隆銀行，會由政府「承擔一切債務」，呼籲大小存戶不用為存款擔心，即是不用擠提（《工商日報》，1983 年 9 月 28 日；《華僑日報》，1983 年 9 月 28 日）。

對於突然接管恒隆銀行一事，彭勵治在立法局會議上解釋，指早在 1983 年 2 月中——即農曆新年過後，恒隆銀行的存款逐步上升，與此同時，主要股東亦曾向銀行注資。[15] 惟隨後港元大幅貶值，令銀行存款償還比率反不及 1982 年 9 月前。彭勵治進而提到，自 1982 年 9 月之後，政府一直密切注視恒隆銀行，留意到銀行財政狀況沒有改善，「出現資金不足的情況，即低於法定的最低水平」。到 1983 年 9 月，恒隆銀行再度出現危機，作為該銀行票據交換所的渣打銀行，曾私下向金融監管當局表示，不願繼續承擔票據交換所的角色，政府因此須採取其他應對計劃。彭勵治還指出，若讓恒隆銀行破產，在那個時刻實在不符合公眾利益，更會影響整個金融體系的安全，所以決定由政府接管（《工商日報》，1983 年 9 月 28 日；《星島日報》，1983 年 9 月 28 日）。恒隆銀行由私人擁有變成政府擁有，是香港前所未見，引起中外社會高度注視。

被接管後的恒隆銀行，由於「政府將會對存戶予以支持」，存戶不用擔心存款化為烏有，最大改動是原來的管理層被廢掉，失去了銀行控制權。政府任命金融事務司（Secretary for Monetary Affairs）白禮宜（Douglas Blye）為董事局主席，滙豐銀行助理總經理端納（David Turner）則擔任副主席兼總經理，掌管實務；加上立法局議員大律師施偉賢（John Swaine）、潘永祥等，以及兩名民事檢控專員加入董事局，恒隆銀行維持正常運作，員工照常上班（《工商日報》，1983年9月29日；《星島日報》，1983年9月29日）。

在市場虛怯、人心浮動之時，政府以快刀斬亂麻的手法接管恒隆銀行，穩定大局，此舉獲部份人士支持，認為可增強市場信心，保障存戶利益，避免衝擊社會及金融市場（《工商晚報》，1983年9月29日；《華僑日報》，1983年9月29日）。不過，早前亦有其他銀行發生擠提，如廖創興銀行、恒生銀行等，一般都由政府私下出面或是暗中斡旋解決，再由滙豐銀行或渣打銀行等實力較大的銀行作「包底」承諾或收購，給予支持；或是直接將之清盤，如廣東商業信託銀行和明德銀號等，卻從未出現由政府直接接管的情況。恒隆銀行成為特殊的先例，大眾自然好奇為何會有如此差別待遇，一時間議論紛紛。

當然，在自由市場主義者眼中，政府此舉無疑干預市場運作，直接注資等同以納稅人的錢來支撐經營不善的公司，與政府過去一直高舉自由市場、尊重私有產權的原則相違背。那時抗議聲音最強烈的，是銀行的原股東，例如當時銀行副主席莊清泉，他日後曾在訪問中嚴厲批評政府，指有兩件事做得不對，「第一是明知遲早會接管，還要恒隆的股東增資二億港元。第二是政府在接管前完全沒有跟股東開會討論這個問題，身為恒隆主要投資者，到頭來在看報紙時才知道銀行被接管」。他還補充指：「要是政府跟我們開會，說不定我們願意再拿錢出來經營下去。這樣我們在恒隆的投資，或許不會完全化為烏有，而香港政府也不致要動用香港納稅人的金錢來經營恒隆銀行」（《華僑日報》，1986年7月6日）。

接管與轉售

對於政府接管恒隆，不同人因立場不同而有不同觀點屬無可避免之事，且接管已成事實，同意與否亦無法改變歷史。更重要的是，政府向銀行注入大筆外匯基金，確保其流動資金充足，動用的是公帑，自然要衡量是否用得其所，如由政府接管是否較原本的投資者經營更能保障存戶及公眾利益？政府罕有地插手是否必要，如銀行內部早已腐敗不堪，只有接管才能避免銀行倒閉，產生骨牌效應，拖累其他企業、銀行或金融機構，衝擊金融體系？當銀行克服危機、重上發展軌道後，政府又應如何處理這間「官辦銀行」，是交回私人營運還是有其他安排？要回答這些問題，便要先了解恒隆銀行的後續發展。

哪怕政府接管恒隆銀行，動用巨資平息了擠提風波，投資市場和金融體系卻仍未立刻平靜下來，港元兌美元十分波動，加上中英談判僵持，投資氣氛低迷，在明在暗波動連連。直到 1983 年 10 月 15 日，政府採取更為果斷的舉動，宣佈改變自 1974 年 11 月 25 日起實施的港元兌美元自由浮動制度，自 10 月 17 日起改行港元掛鈎美元的聯繫匯率制度，並將匯率固定在 1 美元兌 7.8 港元的水平。在新政策下，兩家發鈔銀行（滙豐銀行和渣打銀行）日後發行鈔票時，需繳交外匯以換取等值負債證明書（《華僑日報》，1983 年 10 月 16 日至 18 日；《工商日報》，1983 年 10 月 16 日及 18 日）。自此政策出台後，原本讓人有機可乘的外匯市場終於安定下來（Fell, 1992: 159），「港元匯率面對外來震盪仍能保持穩定」（香港金融管理局，2000：10）。

匯率穩定後，社會慢慢恢復平靜，恒隆銀行亦繼續原來的開拓腳步，未有因管理層轉變而出現只守不攻。先是 1984 年 1 月在筲箕灣開設分行，開幕儀式更請來了接管恒隆銀行與推出聯繫匯率制度的「話事人」財政司彭勵治主持，招來大批記者採訪（《大公報》，1984 年 1 月 6 日及 19 日）。然後是 2 月份在北角電氣道開設另一家分行，維持開拓分行以帶動業務的發展策略（《華僑日報》，1984 年 2 月 23 日）。另一方面，銀行亦積極「擴展樓宇按揭業務」，因那是銀行最賺錢的業務（《工商日報》，1983 年 12 月 7 日）。

對外是如常運作，對內則是大規模「核對舊賬」（《大公報》，1983 年 11 月 11 日），而且顯然不只是一般新舊管理層交接時的賬目查核，而是主力查找銀行是否出現違法操作，以確定公司情況，為未來可能進行的刑事檢控提供證據。一如政府所料，經深入核賬後，發現銀行「壞賬極多」，有大批抵押不足的貸款，放貸對象主要是母公司（統一機構）、關連公司（世界發展有限公司，World-Wide Properties Corporation Limited，簡稱世界發展）及兩者的附屬或子公司等，導致銀行負債過重，亦是銀行財務困難的原因所在，而各家公司之間明顯存在董事重疊等問題（Fisher, 1983; Nicholls, 1983）。

為此，恒隆銀行按「法律程序追討貸款」，惟因當中不少是無抵押借貸，白禮宜估計成功追討的機會不大，如銀行曾在 1986 年入稟法庭，向義豐行東主毛豐翔追討 7,480 萬元貸款（*South China Morning Post*, 10 January 1986），結果一如所料，空手而回。白禮宜更指銀行雖如常運作，但估計需要兩至三年復元期，才能重踏正常發展軌道（《華僑日報》，1984 年 3 月 31 日）。期間，銀行仍按原來計劃開設或翻新分行，如於 1984 年 10 月翻新了長洲分行（《華僑日報》，1984 年 10 月 8 日），不過該分行的規模甚小，相信翻新動用的資金不大，目的明顯只是塑造仍保持發展的觀感。由於經營與收回放貸均不容易，儘管政府有意將銀行交回私人經營，但放手計劃仍遙遙無期。

此外，財政司在接收恒隆銀行時曾表示，如有需要，銀行前股東可獲賠償。至 1984 年 8 月，政府在憲報刊登了「一九八四年恒隆銀行（賠償前股東）規例」，指銀行前股東可在三個月內向政府提出成立審裁處，審核申請賠償，政府發言人指做法是「道義上的責任，目的是為股份被沒收的人士，提供一個尋求公平賠償的權利」（《大公報》，1984 年 8 月 4 日）。同年 11 月，政府宣佈成立審裁處，就賠償問題進行裁決（《工商日報》，1984 年 11 月 3 日），經過六次聆訊，聽取了前股東及政府代表的陳述，審裁處一致裁定在政府接收銀行當日，銀行股份已無任何價值，因此股東不會獲得任何賠償（《華僑日報》，1985 年 8 月 10 日）。一眾股東當然極度失望，但亦無力回天，只能接受當初的投資已全部成空。

經過兩年時間，恒隆銀行的業務發展漸上軌道，社會要求政府把銀行轉回私人經營的聲音日漸高漲。為此，政府在 1985 年 9 月委託獨立機構摩根銀行，就出售恒隆銀行一事進行評估，以防止勾結或黑箱作業等指控（《華僑日報》，1985 年 9 月 7 日）。由於當時中英兩國已達成協議，於 1984 年簽署了《中英聯合聲明》，確定香港將回歸祖國，擺脫了過去因前景不明引致的困擾，股市與樓市重展升浪，出現不少對恒隆銀行有興趣的買家（《大公報》，1986 年 9

月 6 日），令政府可以提高叫價，減少損失。

接著的 1987 年，恒隆銀行的盈利已略高於虧損。到 1988 年，不但存款及放貸水平持續增長，2 月份更在荃灣開設新分行（《華僑日報》，1988 年 2 月 2 日）。至 3 月公佈業績時，已錄得盈利 1,440 萬元，較上一財政年度只有 190 萬元跳升近七倍，累積虧損則為 3.62 億元。政府表示銀行已可開始物色買家，銀行董事局則指有十多個財團有意洽購（《大公報》，1988 年 8 月 6 日）。其後，政府又以 2,950 萬元出售恒隆銀行持有的一項物業，套現減債，令銀行財政狀況進一步改善（《大公報》1988 年 8 月 25 日）。

1989 年 9 月中，恒隆銀行公佈上一財政年度業績，盈利達 2,840 萬元，較上一財政年度又翻了近一倍。政府同時透露，早前與馬來西亞郭令燦家族掌控的道亨銀行（同樣屬「南洋幫」財團）商談出售恒隆銀行一事，已接近尾聲（《大公報》，1989 年 9 月 19 日）。至同月 30 日，雙方最終達成協議，政府把恒隆銀行——包括其全部已發行股本資本及九間全資附屬公司，如恒隆（財務）有限公司及 Loyalty Insurance Company Limited 等，以約 6 億元售予道亨銀行，終止政府對恒隆銀行逾六年的直接管理（《大公報》，1989 年 10 月 1 日及 21 日）。

在恒隆銀行的控股權轉至郭令燦家族那一年，恒隆銀行前副董事長莊清泉在台北去世，享年 63 歲（晉人，沒年份）。1990 年，恒隆銀行併入道亨銀行，恒隆銀行的名字從此消失成為歷史。2003 年，郭令燦家族又把道亨銀行與早前收購的海外信託銀行及廣安銀行合併，組成規模更龐大的星展銀行，強化市場競爭，整個發展過程見證了銀行業在社會和經濟急速發展下的巨大變遷。

對於政府直接接管恒隆銀行一事，1990 年 1 月，時任財政司翟克誠（Pier Jacobs）在立法局（今立法會）上披露，政府當年為了挽救恒隆銀行，從外匯基金注資達 17 億元。若簡單地按最後賣盤只有 6 億元計算，則政府虧損逾 11 億元，數目龐大。但翟克誠為政府做法辯護，表示「拯救恒隆銀行是正確的行動，若非如此，則會有嚴重影響」（《華僑日報》，1990 年 1 月 11 日）。

最後，簡述恒隆銀行母公司的結局，作為恒隆銀行被政府接管後的註腳。綜合資料顯示，恒隆銀行的主要控股公司為 Grand Alliance Ltd.，[16] 此公司持有恒隆銀行 80% 股權及載福投資有限公司（Twyford Investment Ltd.）49% 股權，至於 Grand Alliance Ltd. 的最大股東為統一機構，該機構在 1970 年代由馮宗蕚家族、1980 年代起由莊清泉家族掌控，第二大股東為世界發展，而統一機構和世界發展均屬上市公司。由是可見，恒隆銀行、統一機構及世界發展，形成了你中有我、我中有你的股權關係，三者間更有相互扣連的「連鎖董事」（interlocking directors）。統一機構和世界發展的主要業務為地產及酒店投資，恒隆銀行則專注銀行金融，彼此業務相互支援，可發揮巨大經濟效益。其中的代表作，便是在 1978 年 8 月的政府地皮拍賣中，世界發展以破記錄的 5.85 億元高價投得金鐘地皮（《工商日報》，1978 年 8 月 5 日），日後由世界發展與統一機構合作，興建一幢甲級辦公大樓，取名統一中心，而負責為整個項目融資的便是恒隆銀行。即是說，恒隆銀行乃世界發展和統一機構的「大水喉」，是最重要的融資集資源頭。

恒隆銀行被政府接管後，世界發展和統一機構頓失「大水喉」的資金支援，同時恒隆銀行新領導層立即向這兩家公司追討借貸（call loans），牽涉旗下多家子公司或關連公司；加上那時物業地產市場大跌，各家公司的資金流和資產值早已大受影響，恒隆銀行突然追討借貸，令它們腹背受敵，陷於困境（Nicholls, 1983; *South China Morning Post*, 3 December 1983）。雪上加霜的是，控股家族的關鍵領導人物或因擔心法律責任，先後離開了香港，不能親身應對危機。債主臨門，在群龍無首、資產大幅貶值、各家銀行或財務公司又收緊借貸的情況下，統一機構和世界發展被迫出售值錢的資產還債，最終走上清盤結業之路。

連串檢控

政府不按慣常做法，接管私人銀行，背後原因與早前連串財務公司倒閉或資不抵債的問題有關，因當中存在不少有違常規的經營（Fell, 1992: 163-165），恒隆銀行顯然早被注視。遑論此銀行曾先後兩次發生擠提，渣打銀行又私下向政府表示不願繼續承擔恒隆銀行票據交換所的角色，令政府認定其內部違規行為必定不少，所以在接手銀行後立即深入查核賬目，重點亦放在核證情況、收集證據等方面，特別是恒隆銀行與大來集團、海外信託銀行的董事間不但關係密切，且職位重疊，成為深入調查的重要環節或方向。然而，日後政府對銀行高層提出多宗刑事檢控，從中可以看到恒隆銀行的違法行為其實不算十分嚴重，問題至少較稍後同樣被接管的海外信託銀行輕（參考海外信託一文）。因此，在某程度上，恒隆銀行算是「死得冤枉」，並非因為銀行本身經營不善，反而是遭大來集團拖累的色彩更為濃烈，交疊董事的私相授受，更是連串作假欺詐的問題所在。

大來財務集團倒閉後，關鍵人物如楊碩鐘、毛豐翔及毛凱元等迅速離港，到政府接管恒隆銀行後，原銀行高層如董事局主席陳錦泉、副主席莊清泉及董事總經理莊榮坤等亦迅即人間蒸發（Fisher, 1983），引起社會關注。據報導，「該銀行董事長陳錦泉下落不明」，莊清泉「據說離港赴台，係採用偷渡的方式」（一知，1986：133），莊榮坤更毫無行蹤去向的資料。因此，政府無法從這些關鍵人物身上，了解恒隆銀行被接管前一段時間到底出了什麼問題，部份謎團至今仍然未解。

高層領導突然全數失蹤，情況極不尋常，更予人「此地無銀」之感。這與政府接管恒隆銀行後，《南華早報》一篇分析文章指恒隆銀行出現「不尋常交易」（in irregular deals）的說法應有關係。文章特別提到，在政府接管前一年，董事局主席陳錦泉才剛在業績報告中指，銀行股東資金（shareholders funds）達 2.36 億元，稅前盈利達 5,228 萬元，較上一年增加達 29%，各項表現甚優，卻突然出事，原因應與銀行的控股集團（統一機構）、關連公司（世界發展）以及其附屬或子公司出現不少異常借貸有關（Nicholls, 1983），暗示當中牽涉違法刑事行為，政府正在深入調查，促使部份管理層選擇急急離開香港。

事實上，在 1980 年代初，由於樓市、股市、匯市風高浪急，波動連連，多家大型上市企業如大來集團、益大集團、佳寧集團，以及其他如謝利源金舖、開文珠寶、康力集團等陷入財政危機，且後來都被證明牽涉違法行為，當中不少涉案人聞風先遁。恒隆銀行的一些管理層，很可能亦有相同看法，選擇在那個關頭離開香港，給警方調查帶來重大障礙，進度大受影響。

經過一段不短時期的調查，警方終於拘捕了仍留在香港的恒隆銀行前高層李海光和韋如錚，並在完成相關檢控程序後將二人告上法庭。控罪主要與大來集團的「支票輪」直接相關，重點指他們於 1982 年串同楊碩鐘、毛豐翔和莊榮坤等人，以不誠實的手法促使恒隆銀行購入一筆涉款達 1.24 億美元（約 9.67 億港元）的匯票，而明知該筆匯票是無效的；又偽造記錄，以隱瞞該筆美元匯票的交易對恒隆銀行的影響，損害銀行存戶、股東及債權人利益，二人獲准保釋候審（*South China Morning Post*, 13 and 27 June 1985;《大公報》1985 年 3 月 13 日及 6 月 27 日）。由此可見，案件的源頭——或者說造成最嚴重損失的關鍵連結——仍在大來集團身上，這其實只是執法部門找到足夠證據落案起訴的部份而已。

案件提堂後，李海光和韋如錚二人均否認控罪。由於牽涉大來集團的檢控亦在進行中，李海光及另一名恒隆銀行高層莊榮坤又是大來集團董事，角色重疊，加上自大來集團「爆煲」後離港的關鍵人物毛凱元，在與廉政公署討價還價後自願回港，協助律政署檢控工作；而海外信託銀行前高層張承忠又因突然離港被拘捕（*South China Morning Post*, 7 June 1985），因此，控方申請將檢控押後，待大來集團及海外信託銀行的案件結束後，再視乎最新情況及證據才審理本案（*South China Morning Post*, 21 December 1985）。

1986 年 10 月，大來集團及海外信託銀行案件的主要控罪大致審結，韋如錚及李海光的案件重啟。再經約一年多的 1988 年 2 月底，案件在高等法院正式提堂，卻出現峰迴路轉的發展。聆訊開始時，控方突指針對李海光的部份證據不適合呈堂，申請把韋如錚及李海光的檢控分開，並撤銷對李海光的控罪，[17] 當庭獲釋（*South China Morning Post*, 1 March 1988），令不少人大惑不解，情況有如佳寧案經過連串訴訟後法官柏嘉（Dennis Barker）以「無須答辯」（no case to answer）作結一樣（鄭宏泰、李潔萍，2024：209-211）。換言之，恒隆銀行案只剩下一名被告，審訊在同年 4 月份展開。開庭前，或許因為擔心經濟犯罪的案情較複雜，且涉及賬目等會計證據，法官特別提醒陪審員聆訊期間不要打瞌睡，應專注案情（*South China Morning Post*, 14 April 1988），如此提醒不免予人「兒戲」之感，[18]再次令人思考到底陪審員制度是否適合審理商業罪案。

審訊一開始，控方即指本案並不複雜，由於銀行高層領導莊榮坤及李海光的「錯誤管理」（mismanagement），令恒隆銀行成為大來集團「支票輪」的受害者。大來集團的楊碩鐘、高建華及毛凱元，透過集團及旗下多間公司操作「支票輪」，恒隆銀行的總會計韋如錚雖沒參與其中，但卻在「支票輪」事件「爆煲」，令銀行蒙受高達 1.24 億美元的損失時偽造記錄，並串通他人以不誠實手法隱瞞相關損失，藉以避免銀行破產。控方進而提到，在 1982 年發生首次擠提時，恒隆銀行仍有 1.8 億元儲備金，若當時將銀行虧損纍纍的事實公開，就算銀行因而破產，影響亦不致於那麼巨大，但韋如錚卻串同他人作出連串虛假交易和記錄，令虧損不被發現，風險無人得知，給存戶、股東及債權人帶來了巨大損失（*South China Morning Post*, 14 April 1988）。

之後，控辯雙方在法庭上列舉證據及證人，闡述各自的立場和觀點。經過 71 日聆訊，同年 9 月 8 日，陪審員在聽完雙方陳述與證供，經三小時的商討後，得出韋如錚一項串謀隱瞞銀行損失、偽造紀錄的罪名成立，法官依例判處韋如錚罪成（*South China Morning Post*, 9 September 1989；《華僑日報》，1988 年 9 月 9 日）。被告代表律師在求情時指出，被告不是主謀，只是按上司莊榮坤及李海光的指示辦事，犯案時只是從拯救銀行的立場出發，在事件中沒有任何得益，所以請求輕判。法官指被告違背了存戶及股東等的信任，連串虛假交易牽涉的金額極高，案情十分嚴重；但考慮到被告只是效忠上司，並非主謀，所以不從最高量刑四年的標準出發，最後判韋如錚入獄三年（*South China Morning Post*, 10 September 1988;《華僑日報》，1988 年 9 月 10 日）。

韋如錚不服判決，隨即由代表律師提出上訴。案件於 1990 年 6 月底在上訴庭聆訊，上訴法官認為，被告隱瞞賬目的證據充份，陪審團作罪成判決合理，維持原判（*South China Morning Post*, 28 June 1990; The Queen v Wai Yu Tsang: Judgment, 1990）。韋如錚再上訴至英國樞密院，主要爭論點是他沒參與「支票輪」的詐騙，只是按上司指示行事，但遭樞密院駁回。樞密院大法官指出，案件重點不是他牽涉「支票輪」，而是串謀隱瞞賬目，各項隱瞞行為是刻意和明顯的（*South China Morning Post*, 5 November 19901）。由於樞密院的判決是終審，哪怕韋如錚再不甘心亦只能接受，全案至此告一段落。

雖然韋如錚造假賬的出發點或許只是想拯救銀行，避免其因擠提而倒閉；或許只是屈服於老闆吩咐，聽令行事，本身更沒任何得益，但他作為專業會計師，不能造假賬是必須遵守的專業規條，他越過界線招致罪責，亦算是咎由自取。不過，參與「支票輪」導致恒隆銀行出問題的明明是銀行其他高層，但無論是參與「支票輪」的、指令韋如錚造假賬的，卻全都置身事外，不是失蹤就是因「證據不能呈堂」而脫罪，他覺得冤枉及憤憤不平亦可以理解。事實上，不但韋如錚極為不滿，相信就算一般市民，亦會覺得事件的主謀或主要推手（prime mover）沒有受到法律制裁，只由一名會計成為代罪羔羊，這樣的結果有欠理想。可惜的是一眾主犯早已潛逃，離開香港，政府亦鞭長莫及、無可奈何。

韋如錚案件審訊期間，還有一宗與恒隆銀行相關的審訊正在進行。政府接管恒隆銀行後大規模查賬，因而揭發恒隆銀行油麻地分行經理鄧興榮（Tang Hin Wing，譯音）於 1980 至 1981 年間，竊取客戶存放於澳門太平洋銀行的款項。本來案情並不複雜，理應能輕易將違法者繩之於法。

然而令人失望的是，律政署人員在處理上連番犯錯，先是審訊的排期，在沒有充足時間通知或準備不足下多番更改；到審訊時，又因提供證據及傳召證人安排失當，以部份證人未有時間出庭作證為由，不斷申請延期，不獲法官批准。法官指出，控方提出的相關證人及證據，於案件而言不很重要，堅持不能延期，繼續審理案件，控方因此申請「撤銷控罪」（nolle prosequi），獲法官批准（*South China Morning Post*, 12 November 1988）。

可是案件並沒因此終結，商業罪案調查科在鄧興榮獲釋走出法庭後，立即拘捕了他，並以同樣控罪將他送上法庭再審。被告律師提出嚴厲抗辯，因「撤銷控罪」的裁決，代表政府不能再以相同控罪作出檢控，可政府律政人員卻犯上這樣的低級錯誤，案件引起很大爭議，律政署最終撤銷控罪，並被判支付對方堂費（*South China Morning Post*, 16 and 22 November 1988 and 24 March 1989）。整件案件的處理，反映了當時律政署檢控工作的鬆散，質素低下，給社會造成多重損失，既沒把涉案人繩之於法，亦浪費公帑及法庭時間，令香港司法蒙羞。

另一案件更揭露了律政署的貪污腐敗，可視為恒隆事件的後續。1990 年，李海光再被起訴，控罪指他在 1986 年 12 月，串同大來集團「支票輪」案的代表律師黎家駒、大律師蘇志光，向時任律政署商業罪案檢控專員胡禮達（Warwick Reid）提供 400 萬元利益，作為李海光面對刑事檢控時給予有利意見或指示的報酬。不少心水清的市民立即恍然大悟，為何當年李海光的控罪會突然撤銷。胡禮達同時還被指收授其他曾牽涉刑事檢控的人物如李福兆、劉燦松等的賄賂（*South China Morning Post*, 14 June 1990;《大公報》，1990 年 6 月 22 日），涉款巨大，案情複雜，[19] 惟因不是本文焦點，略去不表 。

1992 年 6 月 2 日，高等法院宣判李海光串同黎家駒及蘇志光行賄胡禮達、妨礙司法公正罪名成立，因應案情嚴重，判李海光入獄七年（*South China Morning Post*, 3 and 4 June 1992）。李海光不服提出上訴，保釋等待上訴的申請也獲得批准，惟須交出護照旅行證件（*South China Morning Post*, 8 October 1993）。1994 年 6 月，上訴庭裁定李海光上訴得直，無罪釋放。離開法庭時李海光對事件不願多談，其朋友在接受訪問時則指他已將過去事情拋開，放眼將來（*South China Morning Post*, 9 June and 27 November 1994）。至此，與恒隆銀行相關的刑事訴訟全告一段落。

對打造香港國際金融中心的影響

恒隆銀行於日軍侵港前的 1941 年創立，隨後經歷日佔時代，到和平後重新上路，發展過程中控股權數度易手，最後於 1990 年併入道亨銀行，名字從此在社會上消失，前後剛好歷經半個世紀。銀行的規模由小到大、股權不斷整合，頗有一種早期回流的海外華商被後期的回流者追趕，甚至吸納的狀況。當中海外華人始終是一股極為關鍵的推動力量，銀行業務亦由單一走向多元，其發展歷程正正反映在海外華人不斷回流香港的帶動下，香港社會、經濟及金融出現了巨大變遷。此外，檢視恒隆銀行的成敗得失，便會發現當中蘊藏不少值得汲取的經驗。

從恒隆銀行主要股東與海外華人之間的聯繫看，便會發現其網絡幾乎遍及大半個地球。關能創早年在緬甸工作，後來踏足美國及古巴；關沃池曾在澳門生活創業，之後大多時間在香港；趙聿修、陳錦泉、蔡普中、莊順成、莊清泉、莊榮坤、李海光等，則在南洋不同地方均有政商社會網絡。即是說，銀行股東的背景具有高度「國際化」的特點。

進一步說，自 1960 年代起，恒隆銀行已提出了打造成為「世界性僑資銀行」的市場定位或策略。這既與其資本來自全球華人華商的特點相符，亦與服務對象多屬海外華僑有關，當然亦是推動海外華人華商進行跨地域貿易、投資及多方面互動的重要力量所在，香港因此成為促進相關業務發展和交流活動的樞紐，金融地位日見吃重，與不同地區海外華人的互動亦更見頻繁。

恒隆銀行最初由關能創三兄弟創立，規模細小，二戰後逐步吸引海外華僑垂青，甚至轉手，得到更多海外華僑資本注入，銀行規模因此不斷壯大。這一過程恰好說明海外華人資金不斷湧到香港，這些資金又利用銀行金融體系，投資到諸如工業製造、物業地產發展等不同層面的生意或投資之中，壯大了香港的經濟力量。由此可見，海外華人資本不但增強香港經濟力量，亦為將香港打造成國際金融中心作出貢獻。

儘管恒隆銀行因為捲入大來集團「支票輪」的違法操作而走向敗亡，但卻揭示了一個重要現實：這些業務運作跨越不同國家或經濟體，背後反映了商貿營運與投資遍及全球，當然還有各國貨幣的兌換、流動與金融聯通，說明了香港高度與國際貿易及金融體制融合，且佔有極為重要的地位。而主要參與者、經營者或領導者正是海外華人華商，可見他們在打造香港成為國際金融中心的過程中扮演了重要角色。

恒隆銀行的另一發展特點，是既與不同香港財團結成「聯盟」，例如海外信託銀行或統一機構，又與不少海外華人團體及台灣地區的投資者等維持多方關係，令其在推動海外華人華商參與到香港的商業和投資上，扮演重要角色，可吸引更多資本、企業及專業人材聚集。即是說，透過像恒隆銀行般的銀行組織，香港不但吸納海外華人的資本，亦強化了與他們的關係，哪怕一度遭遇挫折，但在克服危機後又能重踏發展道路，成為真正能與紐約倫敦並肩的國際金融中心。

另一方面，若從家族企業發展的視角看，恒隆銀行股權多變，多年來經歷不同家族管理及控制，可作為探討家族企業課題的重大思考點。不少人認為，家族企業應世代相傳，一旦轉手出售，不但會損害家族及企業的長遠發展，子孫更會被視為「敗家」、無能，有辱家聲。可是，從恒隆銀行的案例可見，做生意其實可以從理性計算出發，不用背負太多情意結，死命抓緊控股權不放。如恒隆銀行雖由關能創兄弟所立，但當創業者另有志向，或家族後人無意經營時，便爽快地套現離場，收回資金讓各人發展更適合的事業。到張鎮漢和趙聿修領導之時，察覺靠自身力量單打獨鬥效益不大、收穫不多，即吸納更多有實力的投資者一起經營，爭取更大效益或市場佔有率，這個決定亦是恒隆得以茁壯成長為中型銀行的關鍵。由此可見，家族企業發展可選的道路並非只有一條、目的地也不止一個，掌舵人應從不同角度思考，找尋最合適的出路。

其次，恒隆銀行、統一機構及世界發展三間公司本來合作無間，在擴張過程中「組團出海」，發揮「肥水不流別人田」的效果，組織、業務或投資項目相互扣連，形成「連環船」結構。這種模式雖然有其突出的優點，但其實亦有潛在風險，尤其容易受到個別公司的不利因素牽連，任何一個小節處理得不好，都有機會影響全局；或當上層管理做錯了投資或經營決定，便會產生骨牌效應，給整個集團帶來致命打擊，「一子錯，滿盤皆落索」。莊榮坤及李海光兼任恒隆銀行、大來集團及統一機構的董事及總經理等職，他們在大來集團做的錯誤決策，不但令大來集團被清盤，還連累恒隆銀行被接管，統一機構及世界發展兩家上市公司亦先後垮台，便是最有力的說明、最深刻的教訓。

結語

綜合而言，恒隆銀行的個案，揭示不同貨幣的兌換、跨地域或跨體系資金的匯寄等金融業務，因為華工出洋而興起壯大，催生了現代銀行業，而香港則成為他們發展相關業務的樞紐。在這個位置上，香港還吸引了不同時期回流的海外華人華商，先後來港投入銀行金融行業，不斷把生意做大，網絡不斷向全球不同角落延伸，令恒隆銀行打造為「世界性僑資銀行」。香港作為國際金融中心的地位，則在無數海外華人華商的資金不斷湧入，以及像恒隆銀行般的企業持續經營中，獲得壯大與強化。

誠然，1980 年代初恒隆銀行曾捲入連串弄虛作假的違法行為，給大小投資者帶來巨大損失，亦傷害了香港的金融制度，衝擊投資者信心，但政府一方面在巨大危機面前敢於出手，接管銀行，防止崩潰，另一方面則對違法者鍥而不捨地作出追捕，將之繩之於法——哪怕當中有不少人始終無法捉拿歸案，但他們亦已為此付出沉重代價。更重要的是，政府隨後針對制度漏洞，修改法例，加強監察，完善體制，此一系列動作對香港金融業影響深遠，打下更為堅實的基礎。經歷危機挑戰之後，香港在國際上的金融地位反而更為鞏固。

有關家族企業的發展方面，從恒隆銀行的個案看，任何希望家族企業世代相傳、長遠發展者，不但需思考發展的效益和風險如何平衡，經營時亦要義利相兼。恒隆銀行及其關連公司與家族的敗亡，恰恰是由於這兩大範疇的顧此失彼，尤其在某些投資或經營活動中犯下致命錯誤——跨越法律紅線，做出違法舉動，最終全盤崩潰。由此可見，建立在違法行為上的事業，就如建立在浮沙上的城堡，沒可能穩固，最終必然倒塌。晚清文人孔尚任劇作《桃花扇》所描述的：「眼看他起朱樓，眼看他宴賓客，眼看他樓塌了」是值得深思的註腳，從打造家族長存基業的角度思考，生意既要從正道出發，亦要平衡風險，兩者不可偏廢，才能做到真正行穩致遠、永保興隆。

註

1 事實上，恒隆地產由陳增熙家族掌控，主力發展地產，於 1972 年上市，是公眾公司，在社會和市場上具很高知名度，惟1980年代初物業地產市場大幅滑落，公司受到巨大打擊。此公司與恒隆銀行只是名稱相同，沒股權交集。

2 關能創兄弟四人，關能楫應排行第四，一直留在家鄉開平赤坎鎮（《大公報》，1956 年 4 月 28 日；《華僑日報》，1958 年 10 月 5 日）。

3 此文件有些特點：關能創用英文簽名，關沃池和關能基則用中文，三人的簽名均十分流暢；關沃池屬公開場合採用之名字，但某些官方文件中又用關仲敏，似是要作出特別區分。這種情況，早年並不罕見，例如珠寶商人許盛，在各種官方文件中都用許盛之名，但社交層面則用許開文，因其英文名及珠寶店均為 Kevin（開文）。

4 據後來報導，香港遺產管理處批准的遺產承辦案，被稱為「本港有名銀行家」的關沃池，遺產有 1,473,900 元（《工商日報》，1957 年 1 月 5 日）。

5 張鎮漢為持牌建築師、利昌建築東主，他擔任恒隆銀行董事長之職為時甚短，應是過渡性安排，很快便交到實際投資者趙聿修手中。篤信道教的趙聿修是元朗原居民，地方力量雄厚，其貿易生意及投資遍及南洋，具深厚的南洋網絡，其中以輸入食米，以及在新加坡和馬來西亞的酒店及物業投資較受注目。另一方面，趙聿修亦熱心教育和社會公益，在本地甚有名望。

6 劉鎮國祖籍廣東寶安，為香港 20 世紀初著名慈善家和華商領袖劉鑄伯之孫；周有祖籍廣東惠陽，早年來港經商（香港佛教聯合會，沒年份）；陳仕森祖籍廣東南海，其父陳澤球在廣州有「花紗大王」之稱（《南都廣州》，2008）。三人都擁有多間公司，活躍於商界，且熱心公益活動，相信因為與趙聿修相熟而加入銀行，是「本地幫」的代表。

7 控股權易手後，銀行特別強調「已有廿五年歷史……原為港粵銀行界前輩關能創氏所創辦」，並繼續聘請關能創為董事（《華僑日報》，1965 年 3 月 27 日及 30 日）。惟這同樣屬於過渡性安排，關能創隨後以年事已高為由淡出商界，把較多時間放到社會公益服務之中，晚年移居美國加州羅省，較少有其消息，直至 1996 年在羅省去世，享年 97 歲（劉偉森，1996）。

8 廣告佔兩份報章的首頁全版及內頁半版，相當矚目。

9 趙公輔為趙聿修次子，趙公輔之長子趙樹勳應負責管理家族其他生意，沒有參與到恒隆銀行之中。

10 資料顯示，蔡普中不只喜好武術，亦熱愛戲劇表演，曾在大會堂演出《失街亭、空城計、斬馬謖》，扮演諸葛亮（《華僑日報》，1973 年 5 月 4 日）。

11 陳錦泉與海外信託銀行創辦人張明添關係深厚。據陳錦泉之子引述陳錦泉太太之姐妹的回憶，陳錦泉曾借出 2,000 萬元予張明添，只需對方寫簡單借據，反映兩人關係匪淺。有關二人交往與互動詳情，參考海外信託銀行一文。

12 公司註冊處的登記資料顯示，統一機構於 1972 年 6 月 23 日在香港註冊成立，隨後上市，主席為馮宗蕚，主要股東除馮宗蕚家族，還有莊清泉家族、陳錦泉家族、張明添家族及趙聿修家族等，可見這些家族之間有着緊密的投資及業務關係，互動極多。到 1980 年代，不同家族發展經歷變遷，統一機構由莊清泉出任主席，並由其家族掌控。

13 1976 年 8 月，莊榮坤妻子蔡秀華去世，享年 44 歲，他有一段時間變得低調沉寂（《華僑日報》，1976 年 8 月 21 日、24 日及 9 月 8 日）。

14 大來集團後來更被揭發從事「支票輪」（cheque kiting）的涉嫌違法刑事行為，公司被清盤，多名負責人被檢控（詳見大來財務一章）。

15 此點應是銀行副董事長莊清泉日後所指「還要恒隆的股東增資二億港元」的要求（《華僑日報》，1986 年 7 月 6 日）。

16 從公司註冊處的登記資料看，Grand Alliance Limited 的主要股東與統一機構的組成相若，只是沒有馮宗尊家族，其他如莊清泉家族、陳錦泉家族、蔡普中家族、趙聿修家族等，均包括在內。

17 日後發現是李海光因為行賄律政署副刑事檢察專員胡禮達之故。

18 這是因為在較早前的康力集團詐騙案中，被告一方以陪審員在聆訊期間「打瞌睡」為由提出上訴，引起社會對陪審員專注度的關注，法官因此作出提醒（《大公報》，1988 年 4 月 13 日）。

19 此案揭示那時司法體制內的貪污腐敗，同時亦反映商業和專業不同層面的不良歪風，值得日後再作全面探討。

第五章

多明尼加財務

葉椿齡多層次人脈和生意的探討

1986 年 5 月 4 日，香港一家已被吊銷經營牌照的公司——多明尼加財務（Dominican Finance Limited）前老闆葉椿齡，因涉嫌串謀行騙海外信託銀行，造成該銀行 5.21 億元（約 6,680 萬美元）損失，被控逾 88 項罪名。他「於當地時間前（昨）晨在美國三藩市高夫街一千二百號寓所內被聯邦調查局人員拘捕，當時有一名香港警務督察和一名廉政公署調查員，在場協助」。美國聯邦調查局發言人指出，葉氏是於 1985 年 2 月逃離香港，兩個月後抵三藩市。報紙引述律政署人員透露，「經初步接觸，葉椿齡已表示願意返港接受調查」。與此同時，聯邦調查局人員亦拘捕了身處洛杉磯的海外信託前董事局主席黃長贊，他被指控的罪名大致相同，控罪數目雖略少，但亦達 53 項，「包括若干項與葉椿齡串謀的控罪」，反映兩人的罪行相互扣連（《華僑日報》，1986 年 5 月 4 日）。

兩人被拘捕的消息引起香港社會高度關注。大約一年前，海外信託銀行因資不抵債被政府接管，經調查後，發現事件涉及犯罪行為，警方拘捕多人，牽連甚廣。但部份涉案人士如葉椿齡和黃長贊等，在事件曝光前已逃離香港，由於香港警方與廉政公署鍥而不捨的努力，終將疑犯拘捕，並成功押解回港受審，彰顯了政府打擊罪行與肅貪倡廉的意志，有助挽回社會信心，亦對奠定香港國際金融中心地位起了重要作用。翻查此案其中一名疑犯葉椿齡的資料，會發覺他的背景及經歷殊不簡單，曾牽涉多宗離奇案件，更是多明尼加共和國的駐港名譽領事，但最令人驚訝的是，他根本不是海外信託銀行的職員或董事，卻能透過「支票輪」操作，套取銀行巨額資金，令這間「第三大本地銀行」（Fell, 1992: 165）因虧損過大而倒閉，堪稱事件的關鍵人物。到底他與海外信託銀行有甚麼特殊關係，令他可以獲得銀行如此信任，成功透支巨款？他創立的多明尼加財務與多明尼加共和國有何關係？其崛起與敗亡又有甚麼值得思考的教訓？

葉椿齡的出生成長與創業

大多數名人在發跡前的生涯都缺乏記載，到嶄露頭角後，才有一些「後補」的資料，部份更只是坊間傳聞，經多重覆述轉載，來源不清、真假難辨，葉椿齡的情況亦是如此。1984 年出版的《香港名人錄》（*Who's Who in Hong Kong*）介紹了葉椿齡，反映他當時已算是香港商界的頭面人物。[1] 據資料，葉椿齡祖籍福建廈門，1928 年 10 月 17 日出生，[2] 1945 年在廈門第一高中畢業後進入國立濟南大學，1947 年畢業，[3] 在「獎項與榮譽」（Awards & Honours）一欄中寫着「B Comm」，推斷或是 Bachelor of Commerce（商學學士）的簡寫。畢業後一段短時間沒有記錄，估計在摸索事業的發展方向（Sinclair, 1984:420）。

1949 年，[4] 葉椿齡開始在華源公司（Wah Yuen Co.）工作，「事業」（Career）一欄指他當時的職位是外匯交易員（exchange dealer），八年後的 1957 年，他成為華慧食品有限公司（Wah Wai Foodstuff Co. Ltd.）主席。可惜在公司註冊署的登記中，找不到這兩間公司的資料，不清楚它們是否有關聯。值得注意的是，公司註冊署只會保存有限公司的資料，若華慧食品不在其中，代表它並非有限公司，或是記錄有誤。[5] 由於當時登記成立有限公司的手續繁複，費用高昂，所以並不普及，只有一些規模較大的公司，才會採取有限公司模式登記，因此，若葉椿齡在未滿 30 歲時已能出任一間有限公司的主席，可算是年少有為。

1960 年，葉椿齡創立了中華企業（Chung Hwa Enterprise Co.，另有音譯為崇華企業），開始經營自己的生意。至 1970 年代，他的事業更有起色，先是在 1976 年成為多明尼加共和國名譽領事，1977 年再創立 Union Corporation，然後是 1979 年創立多明尼加財務有限公司（Dominican Finance Ltd.），出任主席（Sinclair, 1984:420）。葉椿齡報稱擁有多明尼加共和國國籍（《華僑日報》，1986 年 5 月 4 月），他既是該國的名譽領事，開設的公司又以該國命名，代表他的生意與多明尼加共和國關係密切。

由於葉椿齡的身份及業務均與多明尼加共和國相關，這裏先略為介紹這個國家。世界上以 Dominica 為名的國家有兩個，分別是多明尼加共和國

葉椿齡

（Dominican Republic）及多明尼加（Dominica），[6] 兩者均為中美洲加勒比海的島國，而且地理上相去不遠，因此常被人混淆。前者與海地為鄰，普遍信奉天主教，主要語言是西班牙語，2023 年總人口約 1,000 萬人、土地面積約 48,000 平方公里，首都是聖多明各（Santo Domingo）；後者信仰基督新教，主要語言是英語，2021 年人口只有大約 72,000 人、土地面積大約為 750 平方公里，首都是羅素（Roseau）。

雖然《香港名人錄》對葉椿齡的介紹不算詳細，無法清楚了解其家族背景，但從不同資料推斷，他應來自一個富裕家族，證據一方面來自其家族的姻親網絡，另一方面則與其兄長葉椿壽有關。先說姻親網絡，葉家與「工廠大王」鍾奕莊家族多次結親，如葉椿齡的胞姐葉榮華嫁予鍾奕莊之子鍾明輝、葉椿齡之子葉思榮則娶了鍾明輝侄女等（Lo, 2019）。鍾奕莊家族於高峰期擁有十間上市公司（鄭宏泰、李潔萍，2024），在那個講究竹門對竹門的年代，若非葉家也是高門大戶，兩家成員較難走到一起，更遑論兩代都締結良緣，可見其家族的實力就算不及鍾奕莊家族，亦不至相距太遠。

其次，根據《香港名人錄》，葉椿齡的兄長葉椿壽是「玫瑰針織（Rose Knitting Co Ltd）主席，[7] 辦公地址在九龍官塘大業街」（Sinclair, 1984: 420）。雖然關於葉椿壽的資料只有短短一句，但其實他事業有成，當時在社會上已有相當地位。玫瑰針織約於 1950 年代在香港創立，1960 年 9 月註冊為有限公司，[8] 更於 1972 年上市（參考下文討論）。不過，葉椿壽為人低調，如在 1977 年他獲推舉為保良局總理時，其介紹只有「福建廈門人，玫瑰針織有限公司董事總經理」18 個字，與其他當選者提供的履歷分別甚大（《華僑日報》，1977 年 4 月 7 日）。

一般情況下，商人擔任公職、服務社會，除了發財立品的傳統外，不少人亦想透過公益活動贏取社會知名度，為自己或公司增加道德資本。可是葉椿壽哪怕擔任保良局總理，仍維持低調，不公開個人資料，亦不大談自己的「威水事」，做法與很多投身社會服務的公眾人物不同。很可能他本無意曝露在鎂光燈下，只因與那一屆主席莊榮坤交好，在莊氏力邀、盛情難卻下才答允出任此職。[9] 事實上，他只擔任了一屆保良局總理，當莊榮坤退任主席後，他亦再不連任了。

從以上資料可見，葉椿齡的兄長早在 1950 年代已有資本開設了規模不小的工廠，又曾任保良局總理，加上葉椿齡的胞姊與兒子均與鍾奕莊家族成員結合，種種跡象都反映葉氏家族有相當實力，葉椿齡成立公司的資金相信亦有部份來自家族協助。[10] 不過，雖然葉椿齡有不錯的家庭背景及學歷，但他經營的生意卻似乎不太正規，甚至涉及犯罪行為，因為他第一次在大眾面前曝光，便是作為一宗黃金走私案的被告。

「國際黃金走私組織的領袖」

1969 年 1 月，香港法庭審理一宗「走私黃金出口」案。[11] 控方指被告葉椿齡於 1968 年 10 月 24 日，試圖走私 160 塊金條往台北，總重量達 29.926 千克，時值 248,000 元。[12] 被告又向商業罪案調查科提供虛假資料，訛稱自己為「曾錦興」，故意誤導警方的調查，因此被控企圖走私及作失實供詞兩項罪名。葉椿齡否認控罪，獲准以 5,000 元保釋候審。由於案情嚴重，不容有失，他更聘請了余叔韶及李柱銘兩位知名大律師代其辯護（《華僑日報》，1969 年 1 月 8 日；*South China Morning Post*, 8 January 1969）。

同年 1 月 23 日，案件在中區法庭開審。案情透露，一名叫 Garrettson F. Gourley 的美國空軍隨行工程師，早年在尖沙咀一家酒店認識了兩名中國男子，分別姓鍾（Chung）及姓支（Chi），[13] 其後每當 Gourley 在香港停留時均會和二人聚餐。至 1968 年 10 月，二人請 Gourley 幫忙，姓鍾男子帶他到薄扶林道一個單位，向他展示兩箱金色打火機，請他帶到台北，姓支的男子交了 200 美元給 Gourley 作為茶錢。[14]

然而，當兩個箱子運到 Gourley 居住的酒店後，一同下榻的主管及同僚對箱中物品起疑，打開後發現大量金條，於是報警。警方憑藉鍾姓男子給予 Gourley 的電話號碼鎖定了葉椿齡，在盤問時，葉氏聲稱自己是「曾錦興」，承認那些金條由他擁有。警方繼續追查，卻未能找到該兩名鍾姓及支姓男子，又發現「曾錦興」其實另有其人，他是葉椿齡的公司合夥人（*South China Morning Post*, 24 January 1959）。

法庭上，控方提出一個重大推測，指葉椿齡是「一個國際黃金走私組織的領袖」（the leader of an international gold smuggling syndicate），主導整個走私行動。由於 Gourley 聲稱在薄扶林道的單位內見過兩箱金色的打火機，法庭人員曾到葉椿齡位於薄扶林道的住宅察看。當時住在那裏的是葉椿齡的母親，她一度被列為證人，但後來因證供前言不對後語，被宣佈為「敵意證人」（hostile witness），沒在法庭上作證。被告代表律師余叔韶曾作出反駁，指 Gourley 有犯法意圖，供詞不可信。

到了 1 月 28 日，法官聽取雙方爭辯後，判定葉椿齡兩項控罪罪名成立。被告代表律師李柱銘求情時指，被告育有四名子女，又要供養年老且跛腳的母親，由於該批黃金已被沒收，對被告已是嚴重的懲罰，所以請求輕判。法官最後似乎真的從輕發落，作失實供詞罪只判罰款 250 元，企圖走私罪則罰款 8,000 元（*South China Morning Post*, 29 January 1969;《華僑日報》，1969 年 1 月 29 日），案中兩箱黃金則被政府充公。

此案後來仍有餘波。同年 2 月 15 日，警方又以串謀「阻礙公眾正義罪」（obstruct the course of public justice，即妨礙司法公正罪）控告葉椿齡及中華企業兩名員工鄧高山（Tang Ko-shan，譯音）及李文清（Lee Man-ching，譯音），李柱銘再次代表被告辯護。經聆訊後，三人於 3 月 21 日被判罪名成立，其中葉椿齡被判入獄一年，罰款 2,000 元，鄧高山及李文清則各判入獄八個月，罰款 1,500 元（*South China Morning Post*, 16 February and 22 March 1969）。

上述案件雖然涉及數量龐大的黃金，但或許因案情簡單且很快偵破，在社會上沒引起太多關注。但案中尚有一些疑點，若深入分析，或能對葉椿齡的身份背景有更多認識。首先，是 Gourley 供詞中令人疑惑的地方。那時中美兩國正處於敵對狀態，加上華洋族群之間普遍存在隔閡，他作為美軍的隨行工程師，怎會隨便與兩名中國人深交，甚至在不了解對方背景下，輕易答允為對方「帶貨」入境台灣，且只收 200 美元「茶錢」？其次，若是首次請人帶貨，怎會一開始便涉及大量黃金？此外，若黃金是葉椿齡所有，那便代表鍾姓及支姓男子只是中間人（如真有此人），葉椿齡並不認識 Gourley，那他為何會如此信任這名陌生人，不擔心被出賣？就算 Gourley 事前「不知道」自己帶的是黃金，但一般人在這種情況都會小心清點自己的行李，以免帶上違禁品或受管制物品，那葉椿齡又怎確定 Gourley 看到黃金後不會見獵心喜，將黃金侵吞？顯然，Gourley 與葉椿齡都沒有說出真相。

按常理推斷，真實的情況可能是 Gourley 與葉椿齡早已認識，且關係緊密，葉椿齡能肯定對方無法或不會挾帶私逃——如兩人屬同一集團且有長期合作關係，或對方有把柄或人質在葉椿齡手中。Gourley 身為「美國軍事飛機隨行工程師」，鑑於美軍當時在台灣有特殊地位，出入境檢查可能相當寬鬆，甚至可獲豁免，於是便與葉椿齡合作走私黃金或違禁品。一開始應該只是小試牛刀，走私的數量不多，但後來發覺方法可行，在貪勝不知輸的心態下，才會試圖將大批金條偷運到台灣。

葉椿齡可能與美軍或台灣方面有一定關係。就如前述，那時華洋之間存在隔閡，如葉椿齡只是一個普通商人，要認識美軍人員並不容易，因此有機會是他早已認識美軍中人，知道誰即將前往台灣，於是安排他偷運黃金。他在台灣海關應有「自己人」，才能確保順利入境；之後亦有當地人負責交接，否則就算黃金成功運入境內，如此數量亦難以出貨。控方指葉椿齡乃「一家國際黃金走私組織的領袖」，相信亦建基於此。不過，無論葉椿齡過去是否曾成功偷運黃金出境，這次的失敗，令他不但賠上大筆金錢，更鋃鐺入獄，相信是一次重大打擊。

重新上路

在葉椿齡因罪入獄那一年，香港股票市場發生重大變化。李福兆等港商合作創立了遠東交易所（簡稱「遠東會」），於 1969 年 12 月 17 日正式開業，打破了香港證券交易所（簡稱「香港會」）的壟斷局面。隨後金銀證券交易所（簡稱「金銀會」）和九龍證券交易所（簡稱「九龍會」）亦相繼創立，吸引大量不同規模的華資企業上市，股票市場突然變得火熱起來。

葉椿齡兄長葉椿壽的玫瑰針織，亦於 1970 年籌劃上市，並於 1972 年成功在九龍會上市，成為該交易所的首家掛牌工業股，備受注視。據報導，公司當時甚具規模，十年內每年平均營業額達 1,200 萬，聘有員工（連同外發工人）約 900 名。「為加強組織並謀發展」，特別請來霍寶材及黃長贊擔任董事會正副主席，[15] 身為企業創辦人又是大股東的葉椿壽則退居其後，只出任董事總經理，第二大股東為擁有新加坡國籍的許少黎及江同仁（*South China Morning Post*, 15 November 1972）。公司上市後反應不俗，超額認購兩倍，上市後股價曾一度上揚（《華僑日報》，1972 年 11 月 1 日、15 日、22 日、26 日及 29 日）。

從玫瑰針織上市一事，除葉椿壽始終如一的低調，毫不張揚得令人驚奇外，還可看到一些特點。其一是葉氏家族與銀行金融界的頭面人物交好，如霍寶材當時為廣東省銀行的總經理，黃長贊為海外信託銀行的新任總經理，他們願意在玫瑰針織上市時擔任公司門面，反映大家關係深厚。其次，葉氏家族與南洋的閩籍華商亦關係密切，揭示家族應具「南洋」背景，這可能與葉椿壽或其父輩曾經在南洋一帶經營有關，葉椿齡後來亦被稱為「新馬富商」（鄭明彬，1985：77）。從日後發展可見，這些關係亦體現在葉椿齡的生意上，他與海外信託銀行、恒隆銀行等「南洋幫」走得甚近。

就在玫瑰針織籌劃上市期間，葉椿齡應該已刑滿出獄，重獲自由，但卻有一段長時間找不到關於他或中華企業的消息，按推斷可能因早前的刑事罪行令名聲受損，故他出獄後選擇維持低調，待事件淡化後再重出江湖。[16] 在銷聲匿跡期間，他可能將眼光放在熾熱的股票市場，因為他之前曾從事外匯交易的工作，應對金融投資有興趣和熟識，故在思考未來路向之餘買賣股票，既不用公開露面，亦能有所收穫。資料顯示，他在那段時期將薄扶林道利嘉大廈的物業轉到兒子葉子輝名下，自己則搬到中半山寶雲道的別墅式高級大宅居住，[17] 反映剛在打拚路上摔了一跤的他，財力仍然充裕。

不過，香港股票市場經過三年多連續攀升後，於 1973 年 3 月初掉頭急墜，至 1974 年底，恒生指數跌至只有 150 點左右的低位，相對於 1973 年 3 月初的歷史高位蒸發近九成（鄭宏泰、黃紹倫，2006）。由於經濟及投資環境一片低沉，葉椿齡在股票市場已無利可圖，促使他另找方向。在 1974 年，葉椿齡的事業出現重大轉變。

一方面，他遠赴千里之外的加勒比島國多明尼加共和國，在當地進行投資及建立人脈，後更獲該國委任為駐港名譽領事（Lo, 2019）；另一方面，他於 1974 年 7 月 16 日在香港成立了泛寶來國際集團（Pan Allied Consortium，下稱泛寶來）（Lo, 2019）。它是由兩間代理人公司（Mikak Nominees Ltd. 及 Command Nominees Ltd.）以各持 1 股的方式組成，兩家公司的登記地址均在太子大廈 1618 室，相信關連甚大。1977 年 5 月，泛寶來新增了 14,999,998 股，總股份變為 15,000,000 股，八成由一間名為 Yeh Investment Co. Ltd. 的公司持有，[18] 登記地址在宏基大廈（Wang Kee Building）2102 室；兩間代理人公司則持有餘下的股份（Return of share allotment of Pan Allied Consortium Co. Ltd., various years）。[19]

1974 年，葉椿齡還與相信是鍾奕莊家族成員的 Fredrick Chung 一起合夥養馬，馬匹多次出賽（*South China Morning Post*, 7 December 1975, 6 June 1976, 27 March 1977）。在香港，馬主的身份是上層社會的標誌，代表雄厚家底與實力。葉椿齡在這時晉身馬主，目的當然不純粹為了參加比賽，顯然還是為了彰顯社會地位及名聲、爭取曝光，結識更多有頭有臉的人物，對其生意發展應有相當幫助，做好準備重返香港商界。[20]

此外，葉椿齡還於 1975 年香港樓市股市仍十分低迷的情況下，以每平方呎 58.82 元買入赤柱一幅地皮，成交總金額 100 萬元（*South China Morning Post*, 11 January 1975）。雖然以地皮來說相關金額不算大，但此舉一方面反映他投資變得進取，同時代表他或曾有意進軍香港地產業。可惜未能查得此地皮日後有何發展消息，不知是否已轉手套現。

出任名譽領事

1976 年 8 月，英國外交及聯邦事務部轄下的禮賓處（Division of Protocol）接獲多明尼加共和國總領事的信函，表示該國已委任葉椿齡為名譽領事（Honorary Consul），尋求接納。港英政府負責外事部門的官員在初步評核後表示接納，惟不久再接獲對方要求，將職位提升為名譽總領事（Honorary Consul-General）。由於根據官方禮儀規章，總領事的排名及地位較大學校長、法官及一級政府部門首長更高，禮賓處官員擔心會引來政治問題，因此拒絕。同年 9 月，港督按程序將委任上呈英女王批准，領事任命證（Exequatur）於 1976 年 11 月頒發。由此日起，葉椿齡正式成為多明尼加共和國的駐港名譽領事（The Dominican Republic: Appointment, various years）。

成為名譽領事後，葉椿齡再次活躍於香港商界。1977 年 5 月，他透過泛寶來收購了銓利基業有限公司（Mercantile Foundation Limited，簡稱銓利）（*South China Morning Post*, 10 May 1977）。銓利基業是一家上市地產公司，由德義洋行的陳正文（又名陳章）牽頭創立，公司規模不大，主要資產為鳳凰台 1-16 號約 50,000 平方呎的住宅用地（《華僑日報》，1973 年 6 月 29 日）。公司於 1972 年 11 月上市，每股作價 1 元，上市之初，股價曾被推高至 5.5 元高位，但其後因業務發展有限，交投疏落，長期被戲稱為「一元地產細股」（意指股票價格只在 1 元水平之間）。

1973 年股災爆發後，銓利基業股價急速回落，業績表現更差，同年盈利為 180 萬元，至 1974 年大幅降至只有 5 萬元，1975 年更錄得虧損 304 萬元，股價曾一度掉落至 0.25 元，公司最「值錢」的鳳凰台物業，亦售予李嘉誠旗下的長江實業。自 1975 年起，市場一直流傳公司將賣盤的消息，卻只聞樓梯響，直至 1977 年 5 月終於被泛寶來集團收購。

銓利基業作為上市公司，控股權易手牽涉重大，本應公開透明，但交易的詳情及交易價格卻一直未有披露，亦沒向小股東提出全面收購，只是在交易完成後於《南華早報》發出一則簡單告示：「銓利基業在此告知各股東，其控股權益已經轉給泛寶來集團，並據此委派如下董事：Simon C.L. Yip（主席）、C.S. Yap、Andrew Leung、C.F. Chung、S.Y. Ho、Bernard Yip 及 Eddie Chan」，下署秘書處名稱（United Secretarial & Company Services Ltd.）及「承董事會命」的字眼（*South China Morning Post*, 10 May 1977）。由於在中文報章找不到相關通告，單憑董事的英文名或簡稱，很難確定他們到底是誰，整個安排或公佈內容顯得不尋常。

有了銓利基業這家上市公司後，葉椿齡的投資明顯更加進取。他透過銓利基業收購了多明尼加國際酒店集團（Corporation Intercontinental de Hoteles），集團在多明尼加首府聖多明尼各持有一家大型酒店，名為大使國際酒店（El Ambajador Intercontinental Hotel）。葉椿齡接手經營後，酒店開設了中式酒樓和賭場，相信是有意吸引華人旅客（Fenton Jones, 1983; Lo, 2019）。當然，相關投資或交易涉款多少、股份如何分配等資料仍舊欠奉。

更加吸引市場目光的，是葉椿齡利用多明尼加共和國名譽領事的身份，向香港社會大力推銷該國的置業投資移民計劃。1978 年，他於中環富麗華酒店召開記者會，指多明尼加共和國具有不少優勢，如資源豐富、善待華人、鄰近美國、稅率及工資低廉，又指在自由加工區投資，可享稅務優惠等等。他尤其強調，該國「採取突破性政策，不但放寬移民條例，而且對外地人士投資工商業，更可獲免稅待遇」（《華僑日報》，1978 年 4 月 11 日；《工商晚報》，1978 年 4 月 11 日）。

在記者會上，葉椿齡特別強調該國新落成的豪華住宅「國賓花園」，[21] 已獲國會通過特別法例，投資者只要購入該項物業，其戶主及家人均可獲得居留權，六個月後即可申請入籍，相關物業的最低售價約 7 萬多美元。他同時指「多國准許國民有雙重國籍」，雖然「與本港並無雙邊引渡條約」，但「將會選擇良民，才批准他們買樓移民」（*South China Morning Post*, 11 and 16 April 1978;《華僑日報》，1978 年 4 月 11 日）。他突出多明尼加共和國與香港並無雙邊引渡條約這點，似有意暗示，該國可作為在香港違法之人或有案底人士移民的避難所（Fenton-Jones, 1983）。

對於葉椿齡高調推動香港人投資移民多明尼加共和國，有評論作出如下介紹：「（葉椿齡）大搞號稱中美洲最大的發展計劃——金門園，[22] 並在香港大事宣傳，聲稱只要市民能以低至二十萬港元購買金門園的房產，就能代為申請多明尼加共和國的公民。當時由於香港前途還未明朗化，葉椿齡的這套宣傳也吸引了不少香港投資者」（鄭明彬，1985：77-78），由此可見，葉椿齡確有獨特的生意頭腦和門路，能察覺市場某些需求。

香港常被稱為移民城市，不但曾吸引不同移民湧入，也曾是不少人移居海外的跳板，亦有人在香港定居多年後基於種種因素選擇離去，到其他地方另闢新天地。葉椿齡向香港民眾推銷多明尼加共和國的移民計劃，對那些「有閒錢」又對香港前景有疑慮的人而言，可當作買一份保險，或有一定吸引力。另一方面，當時廉政公署雷厲風行地打擊貪污，不少前官員或前警隊成員擔心惡行被揭發，急於尋找避風港，但卻不是每個地方均會向他們敞開大門，因此多明尼加共和國就成為一個選項。

葉椿齡以多明尼加共和國名譽領事的身份聲名鵲起，自然引來不少好奇，猜測他是如何突破性地獲得該國的任命、背後又有多深多廣的人脈關係。要知道，哪怕到了 1970 年代，華人出任別國駐港名譽領事也是極為罕見之事。翻查記錄，二戰前的香港，確實有不少人獲任命為不同國家名譽領事，但全屬外籍人士，例如何東生父何仕文（C. H. M. Bosman）及其生意合夥人 W. C. van Oordt，曾擔任荷蘭駐港名譽領事（鄭宏泰、黃紹倫，2007：43）；怡和洋行大班威廉·凱瑟克（William Keswick）曾擔任意大利及夏威夷王國名譽領事（鄭宏泰，2022：131）。[23] 名譽領事不單可以獲得港英政府的特殊禮遇，亦提升身價，有利公司的發展和投資；至於從委任國的角度出發，則不用花費太多就可以獲得在地支援，亦有助開拓香港及中國內地市場，可算是互惠互利的雙贏安排。不過，這種榮耀鮮能落到華人身上，葉椿齡可說是取得重大突破。

有分析指，葉椿齡是在 1974 年首次踏足多明尼加共和國（Lo, 2019），理應對該國並不熟悉，那麼他選擇當地作為重新起步的出發點，很大可能是透過熟人引薦。令人好奇的是，就算葉氏家族在南洋經商謀生，擁有一定關係網絡，但他們與中美洲國家的人脈是何時建立的？葉椿齡又是如何獲得該國政府信任，成為名譽領事的？

縱使透過不同方法搜集資料，仍無法獲得確實可信的證據，說明葉椿齡取得此頭銜的因由。若按常理推論，可能性有三。其一是由當地華人推薦，不過多明尼加共和國的華人人口可謂微不足道，政治影響力不大。直至 1977 年，即葉椿齡獲任命為名譽領事後，才開始有香港及台灣的華人移居或投資當地，即使如此，至 1980 年代初，華人人口亦只有約 6,000 人，在該國約 560 萬人口中佔比極少（Fenton-Jones, 1983: 33）。

另一個可能，是葉椿齡與台灣地區或美國軍方的關係。在進一步說明前，要先了解多明尼加共和國的歷史。中華人民共和國成立後，該國由於緊跟美國外交路線，仍維持與台灣國民黨勢力的關係。至 1962 年，冷戰狀態的美國和蘇聯爆發「古巴導彈危機」，雙方劍拔弩張。危機剛退的 1963 年，政治立場左傾的博什（Juan Bosch）勝出多明尼加共和國總統選舉，推行親古巴並帶社會主義色彩的政策，又籌劃與中華人民共和國建交，觸動美國政治神經，結果被美軍推翻，進行軍人統治（"Life and history of Dominican President Juan Bosch", no year; Lewis, 2001; 沈允熬，2018），直至 1966 年親美的巴拉格爾（Joaquin Balaguer）上台，[24] 政局才逐步穩定。

巴拉格爾在美國扶植下上台，與美軍關係緊密，統治上採取高壓政策，外交路線則親美抗共，維持親台灣國民黨的立場。巴拉格爾在位時間甚長，但期間的民生經濟發展卻乏善足陳，貧富差距問題更日益擴大，社會瀰漫着不滿氣氛。1973 年，被推翻的博什創立了多明尼加解放黨（Dominican Liberation Party），整合反對力量，為巴拉格爾的統治帶來挑戰（沈允熬，2018）。葉椿齡則是在這種背景下於 1974 年前往多明尼加共和國，稍後成為名譽領事。按此推斷，他可能是獲得台灣或美國軍方人脈的推薦，才得以進入該國的政治圈子。

第三個原因，則可能是他與澳門土生葡人有關係。翻查資料，在二戰前，多明尼加共和國已經開始任命駐港名譽領事，首位獲此頭銜的應是 Frederico A. Xavier，乃一位居港的中美洲籍澳門土生葡人，他同時還是薩爾瓦多（El Salvador）、尼加拉瓜（Nicaragua）、巴拿馬（Panama）等國的名譽領事。可見當時香港雖與這些中美洲國家的貿易往來或聯繫不多，但對方仍有意維持關係，等待合適時機開發香港及中國內地的市場。

Frederico A. Xavier 在 1947 年去世後，多明尼加共和國名譽領事之職由其弟 Fausitino A. Xavier 接任，十年後他亦去世，再由另一位弟弟 Jose H.H. Xavier 補上。1970 年代初，Jose H.H. Xavier 離職，多明尼加共和國在 1972 年本想委任另一位澳門土生葡人羅保（Roger Lobo）出任，但羅保那時已獲委任為立法局議員，故婉拒了邀請，名譽領事之職便一直懸空（The Dominican Republic: Appointment, various years）。因此，葉椿齡很可能與羅保相熟，或有澳門葡人的關係網絡，在知悉多明尼加共和國有意物色名譽領事時，請求羅保替他穿針引線，對方亦樂意做個順水人情。否則葉椿齡在當地人生路不熟，就算大手筆開展投資，亦不可能在如此短時間內獲得信任，成功遊說該國政府讓國賓花園的買家享受優惠的移民政策。

當然，以上推測都是建基於歷史或當時政治形勢，難以斷定哪項為實情，更不能否定葉椿齡在該國另有奇緣、出門遇貴人的可能性。不過，無論他是如何獲得任命，之後能否續任便看他自己的本領。1978 年 5 月，執政長達 12 年的巴拉格爾在總統選舉中失利，黯然下台，新總統乃來自多明尼加革命黨的古斯曼（Antonio Guzman）。一般而言，政治往往是「一朝天子一朝臣」，但葉椿齡沒有因為新總統上台而失去名譽領事之職，之前的投資移民計劃亦能如舊推行。其後該國多次更換總統，他的地位亦未受影響，反映他具備一定的政治手腕，且已在該國站穩腳跟。亦因為名譽領事這個身份，令葉椿齡一洗頽氣，以風光形象重回香港商界，成為炙手可熱的人物。

還有一點有趣的補充，自葉椿齡獲任命後，他還安排家族成員及親信參與駐港領事的工作。如每當葉椿齡離港，都須通告港府相關部門並找人署任，根據記錄，署任名譽領事的主要有二人，一是他的兒子葉思榮（Bernard Yip），另一位是鄧高山。[25] 後來，葉思榮被葉椿齡派駐多明尼加，負責當地生意，署任者便多數是鄧高山了（The Dominican Republic: Appointment, various years）。

到了 1981 年，葉椿齡更安排另一名兒子葉子滿（Dennis Yip Chi Moun）出任名譽副領事，成為他的副手。多明尼加共和國政府並無異議，把任命提交港府，按程序尋求確認，並在信函中附上葉子滿的履歷。根據該份履歷，葉子滿 1957 年 8 月 16 日出生於上海，[26] 之後才轉到香港，1964 至 1973 年入讀香港聖貞德學校（St. Joan of Arc School），1973 至 1976 年入讀香港國際學校（Hong Kong International School），1976 至 1980 年入讀美國私立佩帕戴恩大學（Pepperdine University），取得工商管理學士學位。畢業後返港，擔任 Yeh Investment Co. Ltd.、中華企業、泛寶來集團及 Hotel Investors 等公司的執行董事（The Dominican Republic: Appointment, various years）。

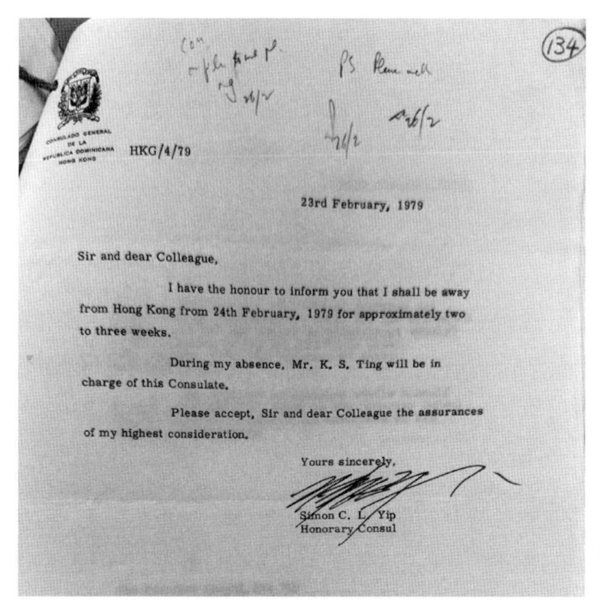
HKG/4/79

23rd February, 1979

Sir and dear Colleague,

I have the honour to inform you that I shall be away from Hong Kong from 24th February, 1979 for approximately two to three weeks.

During my absence, Mr. K. S. Ting will be in charge of this Consulate.

Please accept, Sir and dear Colleague the assurances of my highest consideration.

Yours sincerely,

Simon C. L. Yip
Honorary Consul

葉椿齡離港時通知港府委派鄧高山署任名譽領事的文件

對於這一任命，港府相關官員在簡單評核後沒有提出反對，只詢問葉椿齡是否與葉子滿有關係，之後便順利通過。正因如此，形成了父子分別擔任名譽領事及副領事的特殊現象，在香港歷史上十分罕見。不過，由於多明尼加共和國畢竟不是大國，加上只是名譽職位，故沒有在國際上引起太多關注。

創立多明尼加財務

到底多明尼加共和國的投資移民計劃吸引了多少資金？又有多少人實質移居當地？本來，由於香港政府沒有相關統計，難以確定其數字，不過 1979 年 5、6 月間，與多明尼加共和國名稱接近的多明尼加（Dominica）發生動亂，香港報章在報導時提及當地有一個名為「新香港」（New Hong Kong）的自由貿易區計劃，[27] 引起不少市民關注，那些在多明尼加共和國購入物業者自然更加擔心。為了釋除疑慮、安定潛在投資者，葉椿齡急急接受記者訪問，澄清動亂與多明尼加共和國無關，兩國只是名稱相似。訪問中，他提到一些重要數據，指「在香港，已售出 220 個位於多明尼加共和國首都聖多明各的高尚住宅單位，並約有 30 個本地家庭已移居當地」（*South China Morning Post*, 15 June 1979）。若按單位最低售價 7 萬美元計算，牽涉總資金逾 1,540 萬美元（即 1.20 億港元），數目不少。

投資移民計劃才推出短短一年，便成功售出那麼多單位，市場反應可算相當不錯，哪怕在不少富有階層的華人心目中，中南美洲並非富庶自由的樂土，但在巨大政治風險的壓力下，畢竟可當成一條後路。因此，身有餘財者還是會緊緊抓着這個「救生圈」，當作買個保險。由此看來，具商業觸角的葉椿齡，顯然因為看準了那個市場空間，獲得了一定回報。

除了積極推廣多明尼加共和國地產及移民計劃外，葉椿齡還在 1979 年 7 月 16 日，註冊成立了多明尼加財務有限公司（Dominican Finance Limited）。據公司註冊署資料，公司共發行 500,000 股，葉椿齡持有 499,999 股，登記地址在寶雲道；兒子葉子輝象徵式持有 1 股，登記地址在薄扶林道利嘉大廈；二人均稱自己的職業為投資商人（investment merchant）。公司董事方面，除了二人，還有鄧高山、[28] 陳國強、司徒安、[29] 梁鴻基及葉椿壽，除梁鴻基報稱為註冊會計，其他全為投資商人（Share allotment of Dominican Finance Limited, 16 July 1979）。

當時的財務公司，基本上是藉着較高的存款利息吸納大額存戶的資金，再將之借出給予急欲資金的發展項目或生意規模較大的集團或企業，雖然投資風險較高，但回報一般亦較高。由於葉椿齡那時正推廣多明尼加共和國的投資移民項目，相信公司業務亦與之有關，如為購買該國物業的人提供按揭貸款等。他刻意將財務公司的名稱改成與多明尼加共和國相近，相信一方面是為了鞏固自己代表該國的印象，亦希望令大眾覺得公司獲該國政府支持，甚至可能是一家國營或公私營合資的公司。

不過，從事後的發展看來，多明尼加財務的資金來源並非多明尼加共和國，而是香港的海外信託銀行。不但多明尼加財務的辦公室設於灣仔海外信託銀行大廈之內，國賓花園的建築工程亦是由海外信託銀行的一家聯營公司負責，反映兩家機構的關係極為緊密（鄭明彬，1985：78）。幫助財務公司與銀行扯上關係的，很可能是黃長贊，因他既是海外信託銀行的董事總經理（1982 年後擔任董事局主席），同時又是玫瑰針織副董事長。

雖然早前葉椿齡說，已售出超過 200 個多明尼加共和國的物業，反映此計劃初期取得一定成績，由其創立的多明尼加財務公司亦應生意滔滔。可是在 1978 年開始，內地推行「改革開放」政策，初時不少市場人士仍抱懷疑態度，但隨着政策成功推展，不但返回內地投資設廠者眾，觀光旅遊與探訪親友者亦日漸增加，可見港人對內地的信心日益加強，相信亦因此影響了葉椿齡的投資移民計劃的成效。

多明尼加共和國等加勒比海的島國，受西方政治角力的影響，政局較不穩定，社會治安長期欠佳，經濟發展亦滯後，加上主要語言為西班牙語，文化與華人社會差異甚大，對富裕的港人而言始終不是移民的最佳選擇。之前或許因移民費用不算昂貴，可當作多一條出路，但他們擔心新總統古斯曼上台後，對葉椿齡未必如前任總統般友好，亦不排除新總統會覺得移民計劃太過「優惠」，要求葉氏付出更多回饋，令經營成本上升，部份費用甚至要轉嫁至參與計劃的港人。換言之，無論是中國內地的「拉力」，或是多明尼加共和國的「推力」，似乎都對葉椿齡的投資移民計劃帶來衝擊，亦影響到多明尼加財務的生意。

雖然無法掌握整個計劃的參與人數，或成功售出多少物業，但從公司業務進程看，就算葉椿齡在 1979 年 5 月提供的數字正確，市場反應相信亦隨着中國內地的經濟與社會不斷發展而遞減，香港亦沒出現大量移民轉赴該國的現象，就算偶有一些例子，如指警務處某前探長離職後選擇移居當地（Lo, 2019），亦多少帶有廣告或鱔稿的色彩。

一門生意若然走錯方向，市場空間日漸萎縮，就算經營者再努力亦難有大發展，甚至會蒙受虧損。就算一開始方向正確，但後來時勢逆轉，若投資者未能及時察覺，或是未能在客觀分析下及時止蝕、轉換跑道，亦會成為生意成敗的關鍵，如不甘心投資損失，死不放手，只會愈賠愈多，甚至要用旁門左道的方法來賺錢補洞。1970 年代末，葉椿齡身邊便發生了多宗離奇卻不了了之的劫案，令人疑惑到底是否別有內情。

連串離奇劫案

葉椿齡首次遭賊人光顧，發生在 1978 年 9 月 7 日，距離他大肆宣傳投資移民計劃及多明尼加共和國新總統上台後不久。據《南華早報》報導，他當時居於灣仔寶雲道 11 號一座三層高的獨立大宅，那天早上有一賊人沿着排水管爬入屋，被他發現後逃進附近的草叢。警方在附近一帶展開搜索，但一無所獲，報導亦沒提及是否有財物損失（*South China Morning Post*, 8 September 1978）。

約九個月後，再有一宗與葉椿齡相關的劫案，而且今次案情更嚴重，更離奇，轟動中外社會。1979 年 6 月 27 日晚上十時多，四名男子突然闖進薄扶林道一幢大廈，要脅那裏的看更來到大廈七樓，據報為多明尼加共和國領事家人的住址處埋伏，靜候兩名大使館人員及三名司機接近，搶走他們所持三個「占士邦喼」（硬皮公事包），然後乘坐預先準備好的汽車逃走。期間四名匪徒為阻止追捕，曾連發三槍，幸好無人受傷（《華僑日報》，1979 年 6 月 28 日；《工商日報》，1979 年 6 月 28 日），另一份報章內容大致相同，部份枝節略有出入，現引述如下，以便討論：

> 事發現場是薄扶林道九十二號利嘉大廈，[30] 上址 C 座七樓是多米尼加領事家屬居住。
>
> 昨晚十時半，四名男子到上址，看更黃振坤適在現場斜路巡查，上前查詢，其中兩人各持一槍，分別指向看更左頸及右腰部分，聲稱並非來打劫，問看更該處是否經常有領事車到來，看更表示不知道。匪徒續挾持看更至大廈 C、D 座門外，再挾持另一名姓陳看更，着他不要出聲，然後用一張毛毯遮蓋姓黃的看更。
>
> 據悉，該四男子早在大廈門外埋伏，顯然有所預謀。稍後，三部屬於多米尼加領事館，編號……的私家車，自機場駛至大廈門外，兩

兩槍手鳴三槍攔途截劫

多明尼加領事館被劫掠兩百萬元

【本報訊】配備手槍，及接應車輛，兩名男子昨晚埋伏行劫多明尼加領事館職員，掠去三個占士邦喼內文件及兩百萬港元後，並鳴槍三響，嚇阻追捕然後乘車逃去。

事後警方人員在香港大學宿舍門外尋回三個空占士邦喼，其中兩個曾裝有兩百萬港元，及文件均全部失蹤。

案發現場在港島薄扶林道九十二號利[illegible]大廈七樓某號，上址是一名多明尼加共和國駐港高級職員住宅，昨晚十時許，有兩名大漢駕駛一部紅色私家車，駛進上址大廈地下的停車場內，然後走進大廈內，當時被一名王姓看更人（六十歲）發覺，見他們是陌生人，形跡可疑，於是上前查問。

豈料，其中兩人即拔出手槍指嚇，並挾持他返回看更室內，將他及另一名關姓看更人制服綑綁，鎖於房間內，用地氈蒙住他們的頭。

另兩匪躲藏在停車場內，他們探悉多明尼亞領事館職員仍未返家。

事隔半小時後，有三部私家車載該領事職員及其朋友多人返抵停車場內，兩匪見狀，即分頭衝前，用手槍指嚇三部私家車內的人，並[illegible]劫。

最奇怪的事，兩匪行刧該個[illegible]館職員住宅，並非為錢財，而是將三個裝有重要文件的占士邦喼掠去，然後登上私家車離去。

在匪徒以槍脅持各人時，一名司機正反抗呼救，並叩尾追趕匪徒，其中一匪，轉身鳴槍三響，嚇阻追捕，幸未命中任何人。

兩匪上車後，開車沿薄扶林道疾馳駛去，當駛至蒲菲路七號香港大學職員宿舍門外時，匪徒迅速下車，將掠得的三個占士邦喼內的文件，倒進另一輛匪徒預先停泊在該處的私家車車尾箱內，遺下三個空占士邦喼在地上，兩匪然後分乘兩部私家車，分頭絕塵而去。

警方人員接獲報告後，由於案件可能涉於政治因素，極為重視，今晨仍四出追緝匪徒下落，截至今晨二時止，仍未獲悉有任何人被捕。

另消息說，匪徒可能想掠劫珠寶及鑽石，誤中空寶，[illegible]仍待警方調查中。

圖中三個占士邦喼，內裡文件被劫匪掠去。（本報記者黃[illegible]攝）

領事館款項 200 萬元被劫案報導，《工商晚報》，1979 年 6 月 28 日。

> 名職員持三個皮喼下車時，持槍客從暗角走出，指嚇在場的兩名領事館職員及三名司機，並迅即從職員手中掠去三個皮喼。
>
> 事發時，大廈一名姓關的休班看更正在宿舍沖涼，聞外面嘈吵，立即穿回衣服，持木棍出外觀看，四名男子見有人走出，其中一人開槍兩響。槍聲驚動住客，住客由大廈窗戶紛紛伸頭外望，另一人再開槍一響。四名男子匆匆駕駛兩領事館私家車逃去……（《大公報》，1979 年 6 月 28 日）

由於案件涉及外交人員，可能引起政治風波，警方自然極為重視，派出大批警員調查。翌日，警方在西環尋回匪徒用過的汽車，車牌曾被塗改，且早已報失。警方同時證實，被劫去的三個皮喼內有現款 200 萬元，其中大部份為美元及日元，小量為港元、新加坡及澳洲幣。「該批現鈔在被劫前，領事館人員在啟德機場將之運返薄扶林道……由種種跡象顯示，劫匪對領事館運送龐大現鈔消息頗為準確，掌握極準確時間行事，並對該領事之內情，調查熟識」（《華僑日報》，1979 年 6 月 29 日）。另有報導提到，該批款項是「提供領事館平日經費開支」，並指「事發現場是多米尼加名譽領事葉椿齡母親的住所，領事館職員事發前由機場提取三個皮喼，可能因深夜，暫放在名譽領事母親家中，不料在住所外被四名早有預謀的持槍男子行劫。由於他們行事周密，故懷疑四人中有『內鬼』」（《大公報》，1979 年 6 月 29 日）。

雖然找回失車，其後的調查卻陷入膠着狀態。至 7 月 1 日，警方發出其中一名疑犯的拼圖，兩日後再宣佈懸紅 2.5 萬元，連同多明尼加共和國領事館懸紅 5 萬元，合共 7.5 萬元，給任何提供資料有助破案者，金額之高，打破過去紀錄。不但如此，領事館提出更具吸引力的獎勵：任何協助取回被劫款項者，可獲當中兩成作為回報（《華僑日報》，1979 年 7 月 1 日及 4 日；《工商日報》，1979 年 7 月 4 日；*South China Morning Post*, 4 July 1979。即是說，若能取回全部逾 200 萬元被劫款項，可獲近 40 萬元報酬，連同 7.5 萬元懸紅，獎金高達 47.5 萬元，可謂相當驚人。雖則如此，這宗牽涉外國領事、賊人持槍開火、更開出巨額懸紅的案件，卻如石沉大海，至今未能破案。

這宗劫案令人疑惑之處甚多。首先，無論是運送或存放巨款，葉椿齡的安排都十分兒戲，若如報章所指，由於取得款項時已值深夜，故暫放其母家中，這樣的處理方法，不要說遇上打劫，若在運送過程或暫存時「丟失」了，誰來負責？而且案發的利嘉大廈保安明顯不算嚴密，只有兩至三名保安看守，居於上址的又是跛腳的老人家（參考前文黃金走私案辯方求請時的說法）。葉椿齡明明還有其他更理想的藏款地點，如其寶雲道住處，保安已遠較利嘉大廈嚴密（參考下文）。最合適的，自然是多明尼加財務位於海外信託銀行大廈內的辦公室，該大廈作為銀行總部，保安肯定是超規格的，地點亦較薄扶林道近。難以想像在眾多選項中，為何偏偏選中匪徒最容易得手的利嘉大廈藏款，難免令人起疑。

其次，匪徒無論對巨額金錢何時送來、藏款環境等都瞭如指掌，而且準備充足、行事周詳，若非有領事館職員擔當「內鬼」，將資料外洩，匪徒無法如此輕易得手。但就如上文所言，領事館高級職員多由葉椿齡家族成員或親信出任，而一般低級職員又未必能掌握如此重要資訊，因此令人聯想到事件或涉及領事館內部的利益衝突及矛盾。

更嚴重的是，如匪徒食髓知味，再度持槍行劫，可能危及葉椿齡與其家人的安全。可是，葉椿齡卻從未就此事公開露面接受訪問、澄清事實或呼籲市民協助，甚至對警方一直未能破案仍保持沉默，沒有公開督促，給予更大壓力。相反，就算記者致電領事館查詢消息，獲得的回應都是「無可奉告」（《大公報》，1979 年 6 月 29 日）。無論是葉椿齡一家，或是領事館上下，全都採取緘默的應對策略，亦是這宗案件被形容為「神秘、離奇」的關鍵所在。

至 1984 年 12 月 24 日，葉椿齡第三度遇劫。當天清晨四時許，葉椿齡夫婦（其妻姓李，44 歲）在寶雲道 11 號家中熟睡時，「被兩名幪面陌生男子推醒，該兩賊是分持一刀及一支螺絲批的，兩賊將他們夫婦綑綁，指嚇他們，然後大肆搜掠，直至五時十五分左右，夫婦始能鬆綁報警」。經初步點算後，「發現賊人掠走了一批象牙工藝品及珠寶鑽石首飾，另有現金一萬元，共損失達二百萬元」。警方聞訊抵達現場調查，「發現一條繩索，而繩索對上處窗口是被開啟的，故初步相信，兩賊是從此潛入屋內，劫掠財物」。報章還描述，葉椿齡居所「保安嚴密，養有三頭狼狗守護，另在大門也有防盜錄影機之設，但仍為夜盜光顧」（《華僑日報》，1984 年 12 月 25 日；《大公報》，1984 年 12 月 25 日；*South China Morning Post*, 25 December 1984）。[31]

無巧不成書，這次損失的金額亦為約 200 萬元，警方的調查亦毫無發現，案件最後不了了之。同樣，若報導內容沒有出錯，本案有多點令人起疑。首先，事發時是冬天的清晨四時半，天空應仍漆黑，賊人幪面，葉椿齡夫婦卻強調他們為陌生人，他們有看到賊人面貌嗎？其次，家中既然養了三頭狼狗，理應是作為看門犬之用，為何對賊人入屋搜掠、威嚇和離去都毫不察覺？且防盜攝錄機也沒有拍到賊人身影。其三，就算賊人從窗戶爬繩入屋，但繩子怎樣綁上窗戶內？其四，賊人在屋內搜掠逾一個小時，反映那批「象牙工藝品及珠寶鑽石首飾」的數量應不少，卻能沿着爬繩路線把大批物品帶走？更難以理解的是，1984 年底的葉椿齡已深陷財政困局（參考下文討論），為何家中仍有價值 200

萬元的工藝品及首飾，何不將之抵押借貸或變賣套現，以應付當時之急？

香港治安良好，是全球最安全的城市之一，大部份市民終其一生都未必會遭遇入屋爆竊，更遑論被持槍打劫。但葉椿齡在短短六年內已被搶劫三次，每次都損失甚巨，但案件卻從未偵破，總是不了了之。到底原因純粹是他運氣極差，還是他忘記了「財不可露眼」的傳統教訓，因此引來匪徒垂涎？是他與「江湖人物」走得太近，招惹了不能招惹之人，結果引狼入室？還是有人自導自演，意圖騙取保險，或以被打劫掩飾生意虧損？事過境遷，現在已不可能還原真相，但唯一肯定的是，連串案件並不尋常，當中有不少難以解釋的疑團。

銓利基業易手與後續變化

事物的發展總有因有果，會相互扣連或影響。故無論是多明尼加共和國政權更易、執政班子洗牌，令葉椿齡的人脈關係今非昔比；還是中國內地政策改變，減輕了香港市民對移民的渴求，均環環緊扣地影響了葉氏各項生意。儘管無法追溯事情發生的初始條件，但所謂「有諸於內必形諸於外」，當企業與生意經營有了實質變化，結果自會顯露，讓人一窺其業務的盈虧盛衰。

1981 年 6 月，據《大公報》引述合眾社舊金山消息，指「一位香港工商界人士購買了舊金山商業銀行，出價逾一千萬美元」，說的便是多明尼加財務的董事會主席葉椿齡。他向記者表示「要把商業銀行發展為大規模的商業銀行，為西岸及太平洋服務」（《大公報》，1981 年 6 月 10 日）。翌日，《南華早報》亦有轉載這一重大收購消息，可見所傳非虛，應是消息人士故意放風（*South China Morning Post*, 11 June 1981）。

「出價逾一千萬美元」的收購，揭示了葉椿齡雄厚的財力及進取的開拓策略，但亦令人好奇，他主要的投資一直在香港與多明尼加共和國，那時為何要另闢新戰線？是轉投市場焦點，還是開闢新業務呢？若然在多明尼加共和國的多項投資進展理想，不是應該加大投資、做大做強現有業務，發揮更大優勢嗎？當然，逐利乃商人本色，投資取向突然轉變雖讓人疑惑，但若剛好遇到合適的投

怡富（證券）有限公司代表 CLAINAI COMPANY LIMITED 收購該公司尚未擁有之銓利基業有限公司每股面值一元股份 9,100,000 股之建議（簡稱「收購建議」）

怡富（證券）有限公司代表CLAINAI COMPANY LIMITED 宣佈，於一九八一年十一月四日下午三時截止接納建議時，接到之有效接納銓利基業有限公司股份共 63,000 股。據此，CLAINAI 現擁有之銓利基業股份共 20,063,000股，約相當於銓利發行股本百分之六十八點九。收購建議不再公開接納。

根據一九八一年十月十二日致銓利基業股東文件所提出之建議，及繼一九八一年十月廿一日舉行之特別大會獲股東通過後，銓利基業已收購了新加坡物業資產持有人 SIGNREAL INVESTMENT COMPANY LIMITED。

葉椿齡、葉椿壽、李斗仙女士、葉思榮、陳世傑、陳國强、葉子輝、葉蒂女士、葉慧華女士、葉子茂、葉子滿及魏金淵已退出銓利基業有限公司董事局。新委任的董事爲拿督楊章利、黃文基、黃天生及朱飛熊。

一九八一年十一月四日

Clainai Company Limited 收購銓利基業的報章聲明，《華僑日報》，1981 年 11 月 5 日。

資機會，決定開拓新市場亦屬常態，故此事並未惹來更多關注。

收購消息傳出後約兩個月，再有關於葉椿齡生意買賣的消息。報導指，泛寶來已與一個東南亞財團 Clainai Company Limited 達成協議，[32] 由 Clainai 以每股 1.5 元收購銓利基業 2,000 萬股，總收購金額為 3,000 萬元。稍後 Clainai 同樣以 1.5 元在市場上進行公開收購，最後取得公司 68.9% 股權。報導提及 Clainai 為一間香港公司，主要由馬來西亞及新加坡商人組成（*South China Morning Post*, 13 August 1981；《工商晚報》，1982 年 1 月 18 日）。

這項交易還有一些複雜且值得留意的細節。根據協議，銓利基業需出售其在香港新界一幅約 8 萬平方呎的土地，以及在多明尼加共和國的全部資產，包括一間擁有 350 個房間的大酒店及國賓花園住宅計劃。後續資料顯示，購入那些資產的公司乃泛寶來集團，而泛寶來「已承擔代銓利將此等資產物業以港幣三千五百萬元之價格出售」(《華僑日報》，1981 年 8 月 13 日)。同時，Clainai 將利用所得的淨利購入 Signreal Investment Limited 全部已發行股本，這間 Signreal 則擁有新加坡的一些物業(《大公報》，1981 年 10 月 22 日；《工商晚報》，1981 年 10 月 21 日及 1982 年 1 月 18 日)。[33]

這樁交易最令人奇怪的地方，是它對葉椿齡完全沒有好處。雖然出售銓利基業能獲利 3,000 萬元，但他卻需要付出 3,500 萬元買回在香港及多明尼加共和國的資產，換言之，他不但失去了一間上市公司，還要倒過來付 500 萬予對方，而 Clainai 則不費分毫獲得了銓利基業這間空殼公司及其上市地位。做生意目的是謀利，虧本生意理應無人願做，故葉椿齡出售銓利基業的真正目的，很可能是為了將之拋棄。

為甚麼葉椿齡要急於將銓利基業脫手？雖然找不到該公司的詳細業績報告，但自葉椿齡在 1977 年收購銓利後，只在 1978 年派發過一次 0.04 元的股息，亦有報導提及銓利基業過去數年業績並不理想，每年都出現虧蝕，未有派息，如在 1980 年便虧損了 267 萬港元(《工商晚報》，1981 年 10 月 21 日、31 日)，足以反映公司多年來營運欠佳、利潤不高。但就算公司無法為葉椿齡帶來巨額盈利，它始終是一間上市公司，留在集團內對葉椿齡仍是有益無害——不但能提升泛寶來的地位，亦讓集團有更大的操作空間及更多集資選項。因此，葉椿齡願意「倒賠」500 萬元將之賣出，最大可能是銓利基業已成了一個燙手山芋，例如背負巨額負債，或大筆的呆壞賬。透過這次奇怪的交易，葉椿齡只需付出區區 500 萬元便能金蟬脫殼，將銓利基業這個空殼連同巨債「打包」踢走，不至於拖累他在香港及多明尼加共和國的資產，自然是划算之舉。因此，這樁交易表面上是葉椿齡吃虧，實際上卻透過買賣擺脫了一個賠錢貨。

當然，以上只是推論，現在已難以確定泛寶來、Clainai、銓利基業及 Signreal 連串交易背後的真正目的、幾間公司有何關係，當中是甚麼葫蘆賣甚麼藥。但銓利基業的後續發展，卻進一步加深這個推論的可能性。先說泛寶來與 Clainai 交易完成後，公司董事局的轉變。從公司刊登的公告，可見銓利出售前，董事局成員有葉椿齡、葉椿壽、李斗仙(Madam Lee Doo Sun)、[34]

葉思榮（Bernard Yip）、陳世傑（Chan Sai Kit）、陳國強（Eddie Chan Kwok Keung）、葉子輝（Francis Yip Chi Fui ）、葉蒂（Madam Yip Tai Caity）、葉慧華（Madam Yip Wai Wah）、葉子茂（George Yip Chi Mau）、[35] 葉子滿（Dennis Yip Chi Moun）及魏金淵（Wei Chin Yen），除部份為法律規定必須包括的專業人士，其餘大多數都是葉氏家族的成員（《華僑日報》，1981 年 11 月 5 日）。

至於由新控股公司 Clainai 委派的代表組成的董事局，成員計有楊章利（Yeoh Cheang Lee）、黃文基（Michael M.K. Wong）、黃天生（Douglas Ooi）及朱飛熊（Nicholas Chu Fai Hung）等，報章形容他們為「新加坡、香港海內外知名人士，實力雄厚，做事有進取性，與東南亞工商企業有密切關係」（《華僑日報》，1982 年 2 月 27 日），[36] 並由拿督楊章利擔任主席（*South China Morning Post*, 5 November 1981）。

雖然控股權易手後，銓利基業與葉椿齡再無關係，但因這家公司之後接連出現問題，顯示當初交易的不尋常。扼要地說，完成控股權交易後不久，銓利基業於 1981 年 11 月重新在香港會掛牌（《工商日報》，1981 年 11 月 14 日），之後公司以增發新股的方式集資 1,850 萬元，據說用以購入中環遠東財團大廈九樓全層，並以 915 萬元購入九龍南角道及打鼓嶺道地皮（*South China Morning Post*, 4 February 1982），惟那時物業市場正處於高位，不久後便掉頭回落。

銓利基業重新上市後，股價甚為波動，無論成交量或股價走勢均異於尋常，多篇股評指「銓利成交額不正常」，並直言「似有『左手交右手』的嫌疑」。由於那時的香港經濟及投資市場已呈明顯的高位回落之局，銓利基業要逆市向上明顯不易，有投資評論直言「相信有集團在背後操縱該股，目的為何，並不清楚，揸家應要留心」，又指「銓利今年初被舞起，但成交額未配合」，並一再指出「似有左手交右手之舉」，建議投資者對於銓利的股價走勢「宜留神」（《工商晚報》，1982 年 3 月 22 日、5 月 10 日、6 月 25 日）。

同年 7 月，銓利基業宣佈公司的投資主力將「放在新加坡及本港物業投資，並將進軍金融業」，但其股價走勢則被指「古怪橫移」。接着，市場傳出「銓利受證監處注視」的消息（《工商晚報》，1982 年 7 月 20 日、8 月 18 日、9 月 9 日）。至 11 月，公司股價大幅急跌，到了 12 月 15 日，證監處直指銓利基業「有造價之嫌」，宣佈由 16 日起暫停其股票交易，並委派律師何猷灝調查銓利基業的交投情況（《華僑日報》，1982 年 12 月 16 日）。

由於銓利基業的股票流通量少、成交稀疏，即使被停牌調查也沒引起市場太大波瀾，但後續卻出現不少令人意外的發展。先是 1983 年 1 月，萊斯銀行國際（Lloyds Bank International）以債權人身份入稟香港及新加坡法院，凍結銓利基業副主席朱飛熊的資產和物業，因其在一項貸款中充當擔保人（《工商日報》，1983 年 2 月 9 日）。其次，負責調查的律師何猷灝則被指「行為未足以符合對調查員行為合理及適當的期望」，雖「只屬判斷上的錯誤，不牽涉任何不忠實的行為」（《大公報》，1984 年 11 月 7 日），但證監處亦終止相關委任，並將案件轉交廉政公署，反映已有初步證據證明公司涉及貪污舞弊（*South China Morning Post*, 7 November 1984）。

隨後，廉政公署開始對銓利基業的董事及管理層作出調查，主要針對負責實務的朱飛熊（新加坡警方同時亦對他展開調查）。不過在拘捕行動前，朱氏已聞風逃離香港，[37] 結果廉政公署只控告了同案另一名被告——美國北卡羅萊納國家銀行（North Carolina National Bank）香港區會計主任桂漢強（Kwai Hon-keung，譯音），指他接受朱飛熊等人的賄賂批出貸款，但罪名不成立，無罪釋放（*South China Morning Post*, 30 November 1984）。由於朱飛熊一直失蹤，案件不了了之，銓利基業則停市日久，公司註冊署的登記顯示其最後於 1996 年 1 月正式解散。

由 1981 年 8 月楊章利等「南洋幫」買入銓利基業起，至 1982 年 12 月被證監會停牌，歷時不足一年，公司已不斷被指「造市」，又涉及貪污賄賂，主事人被入稟追債，為了逃避法律責任而人間蒸發，種種跡象都予人不合理之感，多少反映新財團無意好好經營。可能一開始接手，朱飛熊等人已清楚銓利基業有問題，故以造市、向外巨額舉債等不正規的方法謀利，務求在最短時間內獲取最大利益，待東窗事發後則一走了之。

多明尼加財務的財困與清盤

1981 年 6 月及 8 月間，葉椿齡一方面高調宣佈收購美國西岸一家商業銀行，另一方面卻在香港出售銓利基業的控股權，事後證實前者為沒有完成的交易（Lo, 2019），後者則有「金蟬脫殼」的色彩。接下來的 9 月份，《南華早報》刊出一則祝賀廣告，聲稱多明尼加財務在尖沙咀金馬倫道 27 號開立分行，加強服務（*South China Morning Post*, 7 September 1981），此舉自然是生意向好的訊號，但實際的業務情況卻缺乏資料說明。按日後發展，那時葉椿齡其實已掉進財政困窘，開始了違法的金融操作。

1982 年 5 月 17 日，多明尼加共和國舉行總統選舉，在任總統古斯曼敗於同屬革命黨但立場中間偏左的布蘭科（Salvador Jorge Blanco）。惟在布蘭科接班前，古斯曼自殺身亡（*South China Morning Post*, 5 July 1982），總統職位乃由副總統馬赫盧塔（Jacobo Majluta）暫時接替，至 8 月 16 日才由布蘭科出任。可想而知，連串政治動盪影響到港人的投資信心，再加上當時該國經濟極為低迷，頻臨破產，布蘭科一上台即宣佈連串緊縮政策，包括禁止奢侈品進口（*South China Morning Post*, 18 and 20 August 1982），相信進一步打擊葉椿齡的生意和投資。

同年 10 月，身在多明尼加共和國首都（聖多明各）擔任大使國際酒店總經理的葉椿齡兒子葉思榮接受記者訪問，大談當地風土人情及華人移居後的生活狀況，又特別強調國會為有意移居的香港人「提供很多優惠」（offers a lot of incentives），例如接納「雙重國籍」、投資十年免稅及居留權等，申請手續簡便，「只要買入一塊地，便可自動獲居留權」。葉思榮同時提及，其家族在當地的總投資額為 2,200 萬至 2,400 萬元（應為美元），主要是在首都近郊興建擁有 450 個房間的渡假式平房，買家多數為香港投資者，並稱隨着大量華人資本流入，聖多明各很快便會發展成為下一個巴貝多（Barbados，又稱巴巴多斯）（Fenton-Jones, 1983）。

雖然千里之外的葉思榮大費唇舌地宣傳，但事實上移居多明尼加共和國始終未成氣候，多明尼加財務的業績因此難有改善或突破。更甚的是，多明尼加共和國不但長期經濟低迷，政局亦不穩，如在 1984 年 4 月便爆發大規模社會暴動，軍警開槍鎮壓，造成「最少三十一人死亡，另數百人受傷」的悲劇（《大公報》，1984 年 4 月 26 日），令更多投資者卻步。無論移民投資計劃，或是葉椿齡在當地的生意均每況愈下，生意與投資萎縮的壓力不難想像。

至於葉椿齡在香港的投資亦不樂觀。多明尼加財務在 1979 年創立時，是財務公司的高速增長期，不但數目升至 250 間，吸納的存款亦接近 245 億元，較 1978 年只有 104 億元上升 134.2%，增幅驚人。由於當時政府對財務公司的監管不嚴，它們既不受利率管制，又不用遵守存貸比率，故一些公司以高息吸引存戶後，將大部份存款借出，令存戶的存款承受極高風險，亦出現過度放貸的情況。眼見業界不良行為愈趨嚴重，加上當時香港經濟過熱，政府在 1979 年末對財務公司作出更多規管，包括自 1980 年起，至少保留 30% 短期存款作流動資金，亦要保留總存款 60% 作「臨時流動」等（《工商日報》，1979 年 9 月 10 日、12 月 22 日、1980 年 4 月 27 日）。其後，規管接續增加，如設立「金融三級制」（即持牌銀行、受限持牌銀行及接受存款公司）、規定財務公司的客戶存款期不准少於三個月、存款額不能多於 5 萬元等，令經營成本不斷上升（《工商日報》，1981 年 3 月 21 日；Fell, 1992）。

令情況更嚴峻的是，香港經濟當時剛巧遇上「轉角市」。自 1982 年下半年起，由於政治前景不明朗，加上早前經濟過熱，令物業地產及股票市場出現泡沫，股價樓價急速回落。影響所及，不少大企業及財務機構紛紛出現財政問題，如謝利源金舖、大來財務、行通財務、益大集團、佳寧集團、恒隆銀行、新鴻基銀行等，一間接一間倒下，[38] 部份清盤告終，部份則為政府接管。

到底這些大集團倒閉對財務機構有多大影響？據霍禮義引述時任銀行監理專員馬畋（Colin Martin）的資料，1982 年，全港共有 71 家金融機構向首家「爆煲」的公司——鍾正文掌控的益大集團——追債；至 1983 年，佳寧集團出事後，同樣有大批金融機構向其追債（Fell, 1992: 159），說明那時多家金融機構均牽涉其中。由於這兩間公司其後被發現有大量隱藏貸款，早已資不抵債，加上不少財務機構又以該公司股票作抵押品，自然損失巨大。雖未能找到多明尼加財務向益大集團或佳寧集團提供貸款或相互投資的實據，但葉椿齡和鍾正文家族有姻親關係，雙方有業務往來或投資互動的可能性極大。

當欠債的公司倒閉，財務公司無法追回欠款，損失慘重，市場亦開始傳出有財務公司因流動資金不足，即將清盤。[39] 據滙豐銀行估計，截至 1982 年 11 月約有 350 家財務公司，當中至少有 12 間非附屬於銀行的財務公司出現問題，滙豐、渣打、恒生等數間大銀行已表示如有需要，會對那些財務健全但出現短期流動問題的公司提供援助。面對眾多財務公司出現危機，時任金融司白禮宜（Douglas Blye）亦開腔穩定人心，表示無跡象顯示有任何一間接受存款公司（財務公司）的財政困難嚴重至要清盤。由於當時有聲音指多間公司出現問題，乃金融三級制的後遺症，建議政府延期推行，白禮宜對此大加否定，指若非收緊對相關機構的規管，財務公司可能早已發生擠提，證明政府監管有方（《工商日報》，1982 年 11 月 20 日、1983 年 1 月 23 日）。

言猶在耳，由於發現接受存款公司的財務問題較預期中嚴重，政府在不足一個月內改口，稱會加強管制，一旦發現相關公司無法維持最低流動水平或無能力補充現金，情況又未能在兩星期內改善，將會暫停甚至取消其註冊（《工商日報》，1982 年 12 月 10 日）。政府態度轉為強硬，但在經濟環境欠佳下，財務公司甚難取得借貸，一間接一間被暫停註冊或吊銷牌照，至 1983 年 1 月中，已有六間公司因此倒閉（《工商日報》，1983 年 1 月 18 日），距離金融司指財務公司問題不嚴重不過短短三個月。

雖然政府一直稱對財務公司有足夠監管，且存戶或資金來源都非一般市民，故財務公司結業對社會影響不大。但是當財務公司接二連三出現問題，受影響市民愈來愈多後，市場出現更多聲音，批評政府及銀行監理專員監管不力，任由這些公司出事後推卸責任（鴻碩，1985：81-82），導致大量存戶蒙受巨大損失。部份小存戶更組織示威遊行，要求政府賠償，如行通財務被停牌後，有存戶便到港督府請願，指自己在該公司存款，是因為該公司獲政府發牌，換言之是信任政府的監管制度，可見存戶及市民已將矛盾直指政府，令政府在處理上更見小心翼翼（《華僑日報》，1983 年 2 月 21 日）。[40]

從路透社引述香港銀行同業名錄（Hong Kong Interbank Directory）的資料可見，截至 1983 年 6 月 30 日，多明尼加財務稅後盈利為 160 萬元，擁有總資產值 1.33 億元（*South China Morning Post*, 30 January 1985）。按此表面賬目看，截至 1983 年中，多明尼加財務的狀況仍然健全，惟資料自同年 7 月起再無更新，揭示狀況隨後應有巨大變化，政府收緊財務公司的規管成為其催命符。

從發展進程看，至 1983 年 5 月，金融三級制的過渡期即將屆滿，對接受存款公司的嚴格管制即時生效。當時，有消息指政府有意要 90 間存款機構結業，又引述監理專員馬畋的談話，指大部份接受存款公司均由銀行全資擁有，只有 128 間例外，其中約 96 間收集存款不足、20 間根本沒有公眾存款，因而過度依賴借貸作資金來源，情況並不理想，計劃要求它們放棄註冊。馬畋隨即發表聲明否認上述說法，只稱在 6 月 30 日過渡期屆滿後，將約見這些存款額甚少的財務機構負責人，與他們商討「保留作為接受存款公司的註冊，對此等公司有何好處」（《工商日報》，1983 年 5 月 18 日）。

儘管馬畋否定政府要大批財務公司結業，但言下之意，顯然是政府會嚴格依足規定，不容許未符法規的公司留下，那些公司最好是自動結束，不要勞煩政府動手。此外，馬畋又稱正在考慮對相關公司推出更多規管，包括限制貸款予接受存款公司的股東及董事，務求「堵塞接受存款公司法例中的漏洞」（《工商日報》，1983 年 5 月 18 日）。多明尼加財務並非由銀行全資擁有的財務公司，雖然不清楚它有多少存戶或存款，但從它後來倒閉時的情況看，數目絕對不多，正是馬畋口中「依靠借貸作資金來源」、「不理想」的公司。若金融三級制生效後政府真的不留餘地，甚至進一步立法限制其借貸，猶如切斷銀根，多明尼加財務自然難以繼續生存。

這段時間，葉椿齡肯定為了應付即將來臨的難關及增加資金來源而東奔西跑。在「政府要 90 間存款機構結業」的消息傳出後不久，即有一宗多明尼加財務入稟法庭追債的官司。法庭資料顯示，多明尼加財務在 1983 年 5 月向珠寶及酒店商人許盛旗下的香港第一財務有限公司（First Hong Kong Credit Limited），[41] 追討 330 萬元貸款（*South China Morning Post*, 17 May 1983）。由於未見後續報導，未知能否成功討回。[42] 這筆貸款數目雖然不多，當中有些細節卻值得思考。

香港第一財務早在 1982 年 12 月已被馬畋盯上，指其流動資產未達港府要求，至 2 月 1 日更吊銷其牌照。許盛其後指公司欠缺的流動資金不過二、三百萬元，問題已獲解決，只待政府公佈，十多日後，政府果然宣佈撤回其吊銷牌照的決定，准許它繼續經營。不過，香港第一財務亦只多支撐了數月，便主動申請撤銷註冊，6 月 23 日獲政府批准，並於 7 月 1 日刊憲，成為金融三級制正式實施後首兩間撤銷註冊的財務公司（《大公報》，1983 年 2 月 2 日、2 月 9 日、2 月 17 日、7 月 2 日）。[43]

若如許盛所言，香港第一財務在 2 月欠缺的流動資金約為二、三百萬元，多明尼加財務在 1983 年 5 月向其追討的數目又是相當接近的 330 萬元（應包括本金連利息），令人懷疑是否香港第一財務在流動資金短缺時，向多明尼加財務提出以高息作短期借貸，以應付政府規定，多明尼加財務在利誘下，無視許盛及該公司早已出現財政問題的端倪，仍決定批出貸款？到後來香港第一財務真的無法如期還款，才要透過法院解決？雖然無實證支持這個假設，但之前新監管條件從未提及要限制貸款予接受存款公司的股東，但馬畋卻在 1983 年 5 月突然提出相關規定，以堵塞目前法例的漏洞，反映他可能是察覺到財務公司之間的小動作，才會有此構思，再透過各種方法，令香港第一財務主動撤銷註冊。

香港第一財務就撤銷註冊一事接受訪問時，指控金融三級制的條例過於嚴厲，令財務公司盈利大減，難以生存。據政府消息統計，截止 6 月底，仍有 37 間註冊接受存款公司未將實收資本提升至法定要求，其中十多間已表明不會繼續經營下去。雖不知道當中是否包括多明尼加財務，惟可以肯定的是，當時財務公司經營環境極其嚴苛，若葉椿齡不加大投資額及轉型，多明尼加財務根本無以為繼，而從後續發展看來，當時葉氏早已債務纏身，其生意亦已是強弩之末。

由於本地及外地投資均出現困難，在 1984 年，葉椿齡的嚴重財務問題終於浮面。當時，有存戶向政府投訴未能從多明尼加財務取回存款，政府遂介入調查。1985 年 1 月，銀行監理專員霍禮義因多明尼加的財務問題，[44] 在辦公室約見葉椿齡（《華僑日報》，1987 年 5 月 16 日）。據霍禮義回憶，葉氏提及早前大宅遭遇賊劫，自己亦受了傷，暗示需時間休息或治療，同時又稱「自己將前往北京，完成一宗有助他恢復身家的軍火交易」（allegedly to Beijing where he said he was about to consummate an arms deal which would more than restore his fortune）。不過，這次會面後葉椿齡便失蹤了，連他的職員亦無法聯絡到他（Fell, 1992: 164）。[45]

由於無法聯絡到葉椿齡，[46] 多明尼加財務的問題又未見改善，政府在 1985 年 1 月 29 日暫停其註冊，理由是「該公司的業務經營方法對存款人的利益有所損害」，稱在作出相關決定前，「曾與多明尼加財務有限公司負責人商談，並作出改善該公司業務經營的建議，但該公司並沒有改善其業務經營的方法，以致損害存款人的利益，為保障該公司客戶的權益，因此宣佈暫停註冊」，又指情況若無改善，將會撤銷其註冊（《大公報》，1985 年 1 月 30 日）。

1985 年 3 月 22 日，政府在憲報刊登告示，指基於多明尼加財務早已被暫時吊銷註冊，「存於該公司的款項不得視作指定流動資產」（《華僑日報》，1985 年 3 月 23 日）。政府發言人解釋，根據規定，其他公司存放在多明尼加財務的款項，原本在短時間通知後，可以當成公司的流動資產，但自此日起已不適用。由於多明尼加財務已不可以接受存款，存戶到期存款亦要發還，可見多明尼加財務接近完全停止運作，到了倒閉邊緣。

同年 4 月 4 日，政府委任畢馬域篾曹會計師事務所（Peat Marwick Mitchell & Co.）調查多明尼加財務，向政府提交報告。4 月 16 日，財政司根據該報告向法庭申請將多明尼加財務清盤，並提到早前接獲「該公司未能將到期的存款發還」的投訴。高等法院在正式進行清盤聆訊前，委任破產管理主任為臨時清盤人（《華僑日報》，1985 年 4 月 17 日）。同年 8 月中，政府以多明尼加財務「正進行清盤」為由，正式撤銷其註冊（《大公報》，1985 年 8 月 21 日）。多明尼加財務由 1979 年成立至 1985 年被撤銷註冊，只經營了短短六年。

外逃、引渡、受審、認罪入獄

葉椿齡從多明尼加財務出現問題、與政府面談商討，最後選擇外逃，期間應曾努力試圖挽救，如他向霍禮義提及與北京展開的「軍火交易」等。由於葉椿齡乃多明尼加共和國駐香港的名譽領事，具有官方身份，確實有可能參與相關生意，尤其是當時該國總統布蘭科的政治立場中間偏左，1982 年 3 月已有多明尼加勞動黨領袖訪華，獲時任國家副主席李先念接見（《大公報》，1982 年 3 月 2 日），說明兩國民間或政黨之間的交流正在加強。不過，葉椿齡長期與台灣方面有較強關係，至 1984 年身陷財困時到北京敲門，顯然未能立即取得信任，相關買賣無法落實。眼見挽救無效，他決定不再回港，財務公司亦遭政府吊銷牌照。

綜合不同資料推斷，葉椿齡及其兒子應是於 1985 年 2 月至 4 月先後離開香港。[47] 1985 年 3 月，警方商業罪案調查科再次接獲市民具名（Choi Wai-hung）投訴，指參與了葉椿齡的投資移民計劃，並於 1983 年先後兩次付款予葉椿齡，金額分別為 1.5 萬及 1.93 萬美元，用作申請多明尼加共和國護照，惟一直未能取得護照，要求退款又不獲回音。警方因此聯絡多明尼加共和國駐港總領事，總領事指他們亦接獲十多宗相似投訴，認為問題嚴重，已向總統尋求終止任命，並向英女王申請廢除葉氏父子名譽領事頭銜。惟因外交程序費時不短，最終到 1985 年 4 月 12 日才能正式落實執行（The Dominican Republic: Appointment, various years）。

完成廢除任命的外交程序之後，時任多明尼加共和國駐港總領事 Daladier Burgos 於 4 月下旬接受記者專訪。他透露，該國政府正在調查葉椿齡及其兒子葉子滿，因為領事館接獲不少針對葉氏父子及其財務公司的投訴。他指葉氏父子涉嫌利用名譽領事的身份，趁香港市民對前途缺乏信心之時，推銷投資移民該國，但這不符合該國的法律，因為只有政府部門才有推廣移民的權力。

Burgos 進一步表示，他於 1984 年 9 月上任後，已要求葉椿齡父子向他問責，但對方漠視其指示，繼續我行我素，故他於 1984 年底把情況呈報該國政府。後來他發現葉氏不但在未獲授權下發出多明尼加共和國的旅遊簽證，更嚴重的是，在收取有意投資移民該國人士的款項後，卻沒按程序代其申請。他指如要投資移民多明尼加共和國，須向當地作出最低 5 萬美元（約 39 萬港元）的投資，購入土地興建房屋，另加 1 萬美元（約 7.8 萬港元）購入該國債券。在一般情況下，投資者先付一半資金，半年後再付餘下一半，便可取得護照，故那些已繳款但未獲發護照者，其移民申請並未落實，相關款項應已被侵吞，無法取回。

雖然，在總統布蘭科指示下，領事館已於 1985 年 4 月 12 日「廢掉他們的領事地位」（divested of their consular status），但 Burgos 指葉椿齡持有領事館的印章尚未歸還，並指事件令人對多明尼加共和國留下「壞印象」（bad impression），暗示自己亦是受害者之一 。記者曾到位於灣仔海外信託銀行大廈 20 樓的多明尼加財務有限公司了解情況，發現公司招牌已拆除，職員回應指葉氏父子已離開香港，不清楚甚麼時候回來（Quon, 1985: 1, 7）。

Burgos 的訪問刊出後不久，海外信託銀行因嚴重財困被政府接管，銀行董事總經理張承忠在機場準備離境時被捕，事件轟動中外社會（*South China Morning Post*, 7-9 June 1985）。政府接管該銀行後，隨即核查賬目，就異常交易或客戶展開調查，發現原來導致銀行財困的主要原因，是葉椿齡與該銀行高層參與「支票輪」（cheque-kiting）損失慘重，相關操作早於 1981 年已開始。據估計，銀行每天從葉椿齡集團買入價值 800 萬美元（約 6,240 萬港元）的支票，但當出現虧蝕時，銀行卻利用假賬目掩飾。到「支票輪」崩潰時，累計損失已高達 6,700 萬美元（約 5.23 億港元），實在無法遮掩，海外信託銀行因此「爆煲」（Fell, 1992: 166）。

確定事件涉及犯罪行為，調查轉由警方商業罪案調查科及廉政公署負責。由於葉椿齡「自四月初起下落不明」（鄭明彬，1985：77），黃長贊又已離開香港，政府一方面拘捕更多仍在港的海外信託銀行前高層，一方面向葉椿齡及黃長贊等發出通緝令，請求國際刑警協助。至 1986 年 5 月 4 月，如本文開首時提及，葉椿齡及黃長贊分別在美國三藩市及洛杉磯寓所被當地警方拘捕。[48]

由於葉椿齡願意返港接受調查，黃長贊則拒絕引渡（《華僑日報》，1986 年 5 月 4 日），廉政公署在 5 月 7 日先將葉椿齡引渡返港，並提出起訴。初次提堂時，他與張承忠、鍾朝發等銀行前高層同列被告席，單獨控告他的控罪有 42 項，另有四項指控三人串謀行騙海外信託銀行及造假賬等，涉款高達 6,780 萬美元。後來，葉椿齡再被單獨加控 18 項涉嫌串謀行騙、偽造賬目及虛報公司資產，損害多明尼加財務公司的存戶、股東及債權人利益等罪，涉款 3,286 萬元（《華僑日報》，1986 年 5 月 9 日、12 月 13 日）。

等候審訊期間，葉椿齡一直被扣留，不准保釋（《華僑日報》，1986 年 8 月 9 日）。由於張承忠在 1986 年 7 月開審之初立即認罪，轉作控方證人，相信葉椿齡自知劫數難逃，於是與控方展開談判，就認罪條件討價還價。案件正式於 1987 年 5 月 15 日在高等法院開審時，葉椿齡承認其中兩大控罪，包括：

一、控被告於 1981 年 9 月 1 日至 1982 年 3 月 31 日期間，串謀陳國強及其他人等，行騙海外信託銀行股票持有人、存戶及債權人，不忠實地引致海外信託銀行購取多明尼加財務的美元支票，而向美國三藩市廖創興銀行的中華企業公司戶口提取，而中華企業則在海託總行提回其兌換的得同等價值的港幣。

二、控被告於 1982 年 1 月 1 日至 1985 年 6 月 6 日期間，串謀黃長贊、張明添、張承忠、鍾朝發及其他人，行騙海外信託銀行股票持有人、存戶及債權人，不忠實地引致及准許其財政報告、賬目紀錄遺漏及隱瞞，由於海託向多明尼加財務購取空頭美元支票，遭受損失達 6,680 萬美元。（《大公報》，1987 年 5 月 16 日）。

由於葉椿齡認罪，令人無法透過控辯過程了解更多「支票輪」運作的情況，但從控方在法庭上的陳述，亦能窺知一鱗半爪。早在 1979 年，葉氏就與銀行高層達成協議，由銀行購入葉氏旗下公司的支票；至 1982 年 2 月初，銀行發現在 1981 年 9 月至 1982 年期間，葉氏售予銀行的支票都未能兌現，即葉氏以「空頭支票貼現」，當時該批支票總額已達 6,680 萬美元，葉氏亦表示無法以現金支付。本來，海外信託銀行應立即向葉氏追討上述款項，但銀行高層擔心，若依循正常途徑追款，政府、市民及股東會察覺銀行財政陷入嚴重困難，於是便在銀行及多明尼加財務的賬目上耍手段，隱瞞損失。

案情續指，黃長贊及張明添在 1982 年 3 月初提出這個隱瞞計劃，其後在董事局會議中向眾董事披露，獲得與會眾人同意。之後，黃長贊等人將 6,000 多萬美元的損失化為不同細項，當作銀行向不同客戶提供的貸款及透支。葉椿齡與下屬陳國強不但多次與銀行高層開會，商討如何隱瞞，葉氏及其親友更簽署不同的還款保證書或其他借貸文件，以增加那些虛構貸款的可信度（《華僑日報》，1987 年 5 月 16 日）。

葉椿齡的代表律師求情時指，他自願由美國被引渡回港，配合警方調查，又在開審之初承認控罪，節省法庭的審訊時間與資源，更稱「被告是次不過由於生意失敗，信任其屬下人員，在金融上買空賣空」；律師又指「當他聞海託（海外信託銀行）有問題時，即將其價值二千二百多萬美元的抵押品給予海託變賣兌現挽救，惜亦無能為力，故希法庭鑒於被告認罪，如已（以）往各案判兩罪同期執行」（《大公報》，1987 年 5 月 16 日）。若相關說法屬實，令葉椿齡走上「支票輪」不歸路的主因，是「生意失敗」。由於「支票輪」開始出問題始於 1981 年 9 月，代表他出售銓利基業時，財政已極度困難。至於他把責任歸咎於下屬，說是他們「買空賣空」，彷彿事不關己，他只是受人唆擺瞞騙云云，則明顯是卸責之辭，不可盡信。

聽取被告的求情理由後，法官量刑宣判，考慮到被告被捕後自願返港受審，且同意頂證其他同謀，因此不以最高 14 年作量刑起點，但「鑑於所涉及之金錢數目、串謀活動時間，精密的串謀手法」，對銀行、香港金融及社會經濟構成嚴重損害，故判被告首罪入獄五年、次罪入獄三年，分期執行，總共為八年（《華僑日報》，1987 年 5 月 16 日；《大公報》，1987 年 5 月 16 日）。葉椿齡一方認為判刑過重，隨即提出上訴。

1987 年 8 月，葉椿齡的上訴案件開審。代表律師再次以被告自願返港認罪，又為廉政公署及警方提供資料等作減刑理由，且提出法庭對葉椿齡的判刑遠比海外信託銀行其他被告重。上訴庭判決時指，由於對其他被告的判刑確實相對較輕，基於公平原則，接納減刑請求，改判其入獄六年（《華僑日報》，1987 年 8 月 14 日）。本來，葉椿齡還有涉嫌串謀行騙，損害多明尼加財務等 18 條控罪，不過因他與控方達成認罪協議，故廉政公署申請「暫不起訴」，獲法庭接納，撤銷控罪（《華僑日報》，1987 年 6 月 4 日）。[49] 至此，與葉椿齡及多明尼加財務相關的案件劃上句號。

人脈關係網絡的多重思考

綜觀葉椿齡的成敗因由，限於資料不足，仍有相當多內情未能充份了解。不過，當中有一點最為突出，可說貫穿他人生事業起跌的整個過程，那就是葉椿齡及其家族強大的人脈網絡。這個網絡主要可分為三組，第一組是南洋，特別是與福建籍華僑族群的關係，是葉椿齡能夠將事業做大的原因之一。現已無法確定這個關係網絡當初是如何建立，有可能是其家族及兄長曾在南洋經商，在當地積累了良好信譽，與當地同聲同氣的華人有互動關係，故能積累起雄厚的社會資本；亦可能與其姻親鍾奕莊家族有關，鍾奕莊在新加坡經營地產及珠寶生意多年，自有相當實力及人脈，而葉椿齡或在鍾氏家族的協助下，成功打進這個南洋華商的圈子。

至 1974 年葉椿齡創立泛寶來集團後，他一方面經營多明尼加共和國的生意，同時繼續在港拓展其人脈網絡，至 1979 年成立多明尼加財務時，已於海外信託銀行結成緊密的生意夥伴關係，甚至成功令銀行高層購入他旗下公司的支票，參與「支票輪」操作，令他不斷取得天文數字的資金周轉。據法庭披露的資料，葉氏發出的支票早在 1981 年 9 月已出現問題，但銀行竟然繼續購入，直至 1982 年 2 月初，積累總額高達 6,680 萬美元才停止，但在商討如此處理時，銀行仍選擇包庇——雖然很大程度是為了自保。坦白說，若非張明添對葉椿齡極為信任，「支票輪」根本無法長期運作，就算開始運作後令銀行收穫不少，但在發現首張空頭支票時亦會立即叫停，那麼銀行的損失便不會如此龐大。

葉椿齡的南洋關係網絡亦體現在 1981 年出售銓利基業一事上，交易對象便是南洋商人楊章利、朱飛熊等組成的公司。如上文討論，此項交易並不尋常，有可能是葉椿齡為了藉此擺脫負債或負資產。楊朱等人不但願意接手，接手後又做出不少造市、借貸不還等問題行為，令公司不足一年便被停牌，負責人則逃之夭夭。由於朱飛熊負責公司實際運作，因此他很可能是葉椿齡透過其南洋關係網絡找來的「白手套」，安排他接下爛攤子，在榨乾銓利的剩餘價值後隨即脫身。

至於銓利公司其他董事，特別是楊章利，在此事中又扮演了甚麼角色？按道理楊章利有拿督頭銜，在馬來西亞乃名望之士，理應愛惜羽毛，不會無故參與非法生意，而且此交易風險高但回報不多，對他而言並不划算。故很可能他只是信任葉椿齡或朱飛熊，被二人拉入夥當掛名主席。從後續看來，政府沒有檢控這位公司主席或其他董事，反映警方調查後相信眾人沒有參與犯罪——或至少沒有足夠證據證明眾人牽涉其中。換言之，葉椿齡的南洋網絡讓他找到願意冒大風險的白手套，和理想的門面擔當。

第二組是較不明顯但同樣重要的政治網絡。走私黃金一案已粗略揭示，葉椿齡應與台灣或美國軍方有一定關係，而且強度足以令他相信有成功的可能，願意冒險交付大批黃金。1974 年，他突然前往從未踏足的多明尼加共和國，甚至成為該國的名譽領事，應是某些人脈關係發揮了力量，可能是來自台灣國民黨，亦可能是澳門葡裔人士的助力，兩者均反映他的政治網絡並不局限於香港。由此亦可看到香港長期存在各種經貿及政經連結，深入全球不同角落。

葉椿齡踏足多明尼加共和國後，除投資以外，亦積極與當地政府建立關係，因而獲委任為駐香港名譽領事。之後，這個政治網絡在他深耕下不斷加強，取得更多政治信任和授權，成功遊說政府讓他開展投資移民計劃，哪怕該國多次更換政黨與總統，他仍沒有被撤職；不但如此，葉椿齡的兒子亦在其推薦下獲委任為名譽副領事頭銜，反映他在該國政治關係網絡深厚。由 1976 至 1985 年，葉椿齡出任名譽領事長達 10 年，若非「支票輪」操作「爆煲」，導致海外信託銀行倒下，相信他的任期仍會持續。憑藉這種半官方的名譽領事身份，他與港府官員或商界人士交往時，便能獲得很多非金錢方面的優待。

至葉椿齡財困，面對監管機構調查時，向霍禮義提及將到北京處理「軍火交易」，那很可能亦是他政治網絡的延伸。按道理，若他只是隨便找個理由來敷衍調查，那與其毫無根據地撒謊，對霍禮義這位政府官員提及軍火交易，還不如說正在尋求銀行支持，或打算將多明尼加共和國的生意出售，這些說法明顯較合理，亦更配合他的身份。因此，他可能真的透過其政治網絡，找到一位他信任且接近北京的中間人牽線，令他覺得有可能成事，才會有此一說。不過，由於當時葉椿齡的財力早已不繼，加上他長期與台灣走得近，臨急之際想與北京建立關係，信任不足，自然難以成功，故他在垂死掙扎失敗後便只能逃亡了。

葉椿齡第三個人脈網絡，是他與江湖人脈或黑勢力的關係，這是最隱蔽且難以證實的網絡，但從黃金走私及他數次遇劫等案件中，仍可以粗略看到端倪。先說走私案，要成功偷運大批黃金，過程牽涉出入境部門、買貨者、負責運輸的、接贓的、銷贓的，不但需要嚴密的部署，更要由可信的人來執行，否則若有任何紕漏，都可能導致貨品被檢獲、「黑吃黑」或挾帶私逃。雖然未能確定葉椿齡在 1968 年被捕前有否已參與走私活動，但單看那一次走私黃金的數量，足以反映他身邊有不少人願意參與他的非法活動。

至於發生在葉椿齡身上的三次劫案，第二次明顯是有「內鬼」提供情報及策劃行動，葉氏等人不將巨款存放在保安嚴密之處，反而隨便送到葉氏母親的居所，令賊人容易得手，是最不合理的地方。至於第三次入屋爆竊案，「幪面陌生男子」在屋內搜掠長達一個多小時，又打傷葉椿齡，卻沒驚動看門犬或保安系統，更難以解釋的是，當時「支票輪」已現紕漏，葉椿齡急需資金填補缺口，但家中竟仍有大量具價值的首飾收藏。三次劫案後他都保持緘默，不以領事身份公開施壓，最後不了了之。由於案情怪異，令人不禁懷疑是否有人自導自演，透過江湖網絡找人劫走巨款私吞，或宣稱失竊向保險公司索償。

當然，以上純屬推論，無法排除葉椿齡只是運氣極差，屢屢成為匪徒目標的可能性。不過，江湖人脈網絡多少涉及犯罪行為，除非涉案者被捕又願意供出同謀，否則只會一直藏於暗處，不會公開亦難以證實。故到底葉椿齡擁有一個怎樣的江湖人脈網絡，這個網絡又對他的人生事業產生過甚麼作用，顯然會繼續成為與他相關的謎團之一。

概括而言，無論個人、家族或社會，關係網絡不只限於某一層面，很多時都是多面向、多層次，盤根錯節、糾纏交疊的，且不少具隱蔽性質，難於察覺。因為除了血脈姻親等確定的關係外，其他人脈關係大多於私下建立，就算找到雙方曾出現在同一場合、在同一間公司出任董事的記錄，亦難以了解彼此的關係是友好、敵對還是面和心不和。此外，人脈網絡的作用亦不如領導能力、決策能力般明顯，因為外人可以從收購買賣、應對危機時的手法等去評估領導者的能力，卻不會知道相關交易是由誰牽頭扯線，又是靠誰居中調停才得以成功。

從葉椿齡的經歷看，無論是開創事業、發展生意、應對危機挑戰等，人脈關係網絡都發揮了相當作用。但到底他是如何建立及經營其網絡、如何取得互信、如何維持和提升關係，又如何運用等等，若非局內人願意開誠布公，始終難以確實了解。雖則如此，我們卻不能低估人脈網絡這種看不見資本的力量，葉椿齡個案的重要性，恰恰能補充相關層面的不足，因此值得重視。

雖說人脈關係網絡是強大的社會資本，但所謂水能載舟，亦能覆舟，它還有一些重要特質值得深思。葉椿齡有雄厚的家族背景、強大的人脈資本，甚至貴為一國名譽領事，只要他循規蹈矩，就算能力不足，生意失敗，基本上仍不致於一敗塗地、潦倒半生。但他卻一而再、再而三捲入罪案：三度被劫、兩度入獄，長期操作「支票輪」拖垮一間銀行，欠下數十億巨債，結果入獄收場，令自己及家族蒙羞。到底是甚麼原因令他走上這條歪路？

若從頭檢視，應可甚為清晰地發現，葉椿齡其實從一開始已心存僥倖，只想賺快錢，沒有好好經營正規生意的念頭。不過若是普通人家，由於沒有適合的途徑，亦只能將念頭放下，偏偏葉椿齡卻有強大的金錢資本與人脈網絡，令他能將想法實踐。如在走私黃金案中，若非他有江湖、台灣或美軍的網絡，憑他一人之力怎會、又怎敢開展走私計劃？如在「支票輪」一事上，若非有南洋商人網絡的協助，他怎可能造成天文數字的損失？所謂「物以類聚，人以群分」，正因葉椿齡本人不行正道，身邊亦聚集了大量心術不正、營商手法有虧的人，在互相影響下，大家一心只想賺快錢，被私利蒙蔽了理智和道德，遇上問題不是拖延隱瞞，就是想用投機取巧、旁門左道的方法解決，甚至不惜犯法只求脫身，所作所為愈偏離正軌，最終釀成的禍害便愈大。

對打造香港國際金融中心的影響

對於打造香港成為國際金融中心一事，葉椿齡及多明尼加財務個案所帶來的負面衝擊，明顯大於正面利益。他們在不少層面上的所作所為，多屬鑽法律的空子，尋找市場空間與機會（學術用語是「尋租」行為），而且屢屢跨越法律底線，給奉公守法的商業活動帶來不少挑戰，令國際社會對香港投資環境與法制產生負面印象。

儘管如此，如本研究在討論不同個案時反覆強調，失敗例子的沉重教訓，可以帶來社會變革，破舊立新。本個案與大來財務的個案一樣，揭示了財務公司的經營有很多漏洞，給市場上的尋租行為提供可乘之機，對存戶、投資者及債權人造成傷害，包括多明尼加財務等的財務公司接連出事，促使政府關注自由市場的運作，提出了金融「三級制」改革，同時加強對財務公司存款流動性及貸存比例等規管，令行業撥亂反正，逐步建立市場信心。在社會層面，受到這些「爆煲」財務公司的衝擊後，公眾投資者對市場風險有更深刻的認識，這對投資文化的提升及投資風險的管理皆有幫助。

有關連結海外華人華商方面，傳統上，海外華人的落腳點或發展網絡，主要集中於新舊金山、南洋一帶及歐洲，較少注意到中南美洲及非洲，特別在二戰之後的發展變化。葉椿齡與多明尼加財務的個案，則開拓了香港與中美洲島國——尤其多明尼加共和國——的連結，這一變化自然與葉椿齡利用個人及家族關係，成功把網絡延伸到該國有關。他和兒子先後投資當地，獲得多明尼加共和國名譽領事身份，又推廣投資移民計劃，令到那裏生活和發展的華人人數逐步上揚。雖然日後葉椿齡鋃鐺入獄，多明尼加財務亦倒閉收場，但已經在當地扎根的華人，與香港的聯繫亦長久保持，並沒中斷。

對於人際關係或商業網絡的問題，學術界討論甚多，惟多集中於個人、家族或企業，從社會或經濟體的地位作探討者不多。由於香港曾被英國殖民統治，1950 年代後又因冷戰格局下，西方對中國實施「貿易禁運」，令香港與內地的緊密往來遭到巨大衝擊；而退走台灣的國民黨仍與新成立的中華人民共和國繼續明爭暗鬥，爭取海外華人支持則是「統戰」的關鍵部份。本文的個案，或隱或現反映了台北與北京利用不同個人或家族網絡在不同層面上的爭逐較勁，香港的特殊地位或網絡因此突顯出來。這種各方勢力競逐比拚的背景，亦出乎意料地對香港打造國際金融中心地位帶來重要和深遠的影響。

結語

自由市場無疑是香港社會的最大特點，亦是最吸引四方之財聚集的磁力場，因為一個有利營商、讓人各展所長的舞台，在不同年代均對資本、企業及移民具巨大吸引力。葉椿齡兄弟與親友等先後於 1940 及 1950 年代落戶香港，在合適的舞台發展生意事業，但這樣高度自由、全面開放的營商環境，亦是滋生罪惡、衍生問題的溫床。社會上難免會有貪婪之人與害群之馬，他們沒有真材實料，只會利用開放社會的自由空間，鑽法律漏洞，上下其手，以爭取成就、攫取私利。

從學歷與家族背景看，葉椿齡可算是「人生勝利組」，自 1940 年代末來港後事業發展亦不差，惟他先是參與黃金走私的違法活動，明顯是不滿足現狀，哪怕違法亦鋌而走險，渴望盡快「發財」。到事發後被判入獄，他沒有因此一沉不起，並借助家族的財力及人脈關係，在多明尼加共和國重新出發，取得突破性發展。至他獲委任為該國駐香港名譽領事後，不但大舉投資當地，相信亦促成了香港人投資移民該國的計劃，事業風光一時。可是，或許是在多明尼加共和國的投資表現不如理想，葉椿齡開始參與「買空賣空」的投資炒賣活動，生意失敗後又以其南洋網絡進行「支票輪」違法操作，以及串謀行騙、弄虛作假，最後賠上了一生事業和名聲，鋃鐺入獄。現在，葉椿齡早已刑滿出獄，卻從此銷聲匿跡，顯然，由於案件轟動，不但外人與之保持距離，就連家人親友的關係亦會生變，別說東山再起，恐怕只能人間蒸發，隱姓埋名度過餘生。因此，君子愛財，取之有道，雖是老生常談，始終是千古不滅的道理。

註

1 諷刺的是，這本《香港名人錄》出版時，葉椿齡的生意已出現嚴重問題，甚至在數月後要逃離香港。

2 葉椿齡的英文名字時有不同，曾寫為 Ip Chun Ling、Yip Chun Ling、Simon Yip 或 C.L. Yip 等。此外，其年齡在不同記錄中亦有差異，如根據 1987 年的法庭資料，他當時 57 歲，那他的出生年份便應是 1930 年而非 1928 年。

3 此為原資料，相信有誤，因在大學只讀了兩年，按一般情況應未能畢業。

4 承上註，較合理的情況，應是 1949 年大學畢業後進入職場，開始了華源公司的工作。

5 可能葉椿齡提供資料不正確或名人錄誤植公司名稱，沒作嚴謹校對核實。

6 中國內地將 Dominican Republic 譯為多米尼加共和國，Dominica 譯為多米尼克，較不易混淆。由於香港過去較常使用「多明尼加」的翻譯，為保持與公司名稱的一致性和便於討論，本文一律採用多明尼加的譯法，引文除外。

7 有關葉椿壽的英文寫法亦時有不同，如 Yap Chuin Siu、Yip Ching Shun、Yap Chuen Sui 或 C.S. Yap 等。

8 玫瑰針織有限公司的董事及主要股東有葉椿壽、嚴韻芝、許少黎、江同仁、許坤耀、許書亮、楊定華等，股份分配方面，以個人計，葉椿壽佔比最多（Return of allotment of shares of Rose Knitting Co Ltd, various years）。1963 年 8 月，葉椿壽申請入籍英國，報稱居於九龍觀塘啟德大廈（Kai Tak Mansion）一個單位（*South China Morning Post*, 31 August 1963）。

9 莊榮坤為恒隆銀行董事總經理，祖籍福建，相信還有其他福建籍的商人經他推薦進入保良局，如海外信託銀行的接班人張承忠及康力電子集團的老闆柯俊文等。

10 有評論指，葉椿齡曾投靠兄長門下，在玫瑰針織廠工作（Lo, 2019），但《香港名人錄》中卻沒這方面的介紹，相信就算他曾在玫瑰針織「打工」，時間亦不太長。

11 《華僑日報》初時稱被告為「葉 XX」，後來寫成「姚振寧」，卻沒註明只是譯音（《華僑日報》，1969 年 1 月 8 日及 1 月 29 日）。《南華早報》則直接稱疑犯為 Ip Chung Ling，亦提及其居住地址為薄扶林道 92C 利嘉大廈（La Clare Mansion）七樓，任職於 Cheung Hwa Enterprise Co.（相信為 Chung Hwa Enterprise Co. 的誤植）（*South China Morning Post*, 8 and 29 January 1969）。

12 2024 年 4 月中，黃金每千克在 607,180 元至 623,640 元之間，故那時近 30 千克的黃金，現在約值 18,170,467 元至 18,663,051 元。

13 亦有可能只是名字，如叫「鐘」或「子」。

14 不同時期港元兌美元略有起落波動。為便於計算，本文一律以 1 美元兌 7.8 港元計算。

15 霍寶材的父親霍芝庭於 1920 至 1930 年代雄霸廣東及澳門賭業，有賭王之稱，其家族在政經及社會上深具影響力（鄭宏泰、高皓，2023：96-99）。

16 雖然葉椿齡涉及的走私案未受太多關注，但相信在上層社會已廣為流傳，影響他名聲及商譽，令他較難在短時間內重投商海。

17 葉椿齡日後為公司註冊時，多填報中半山那幢大宅為居住住址。

18 Yeh，應是姓氏「葉」的另一英文拼法。

19 Mikak Nominees Ltd. 持有 2,250,000 股，佔總股份一成半；Command Nominees Ltd. 持有 750,000 股，佔總股份半成（Return of share allotment of Pan Allied Consortium Co Ltd, various years）。

20 除與 Fredrick Chung 合夥養馬外，後來葉椿齡再與楊清華及 Peter Yip 等飼養馬匹（*South China Morning Post*, 17 February 1979）。

21 後續資料顯示，國賓花園為葉椿齡投資的項目。

22 相信為國賓花園另一譯名。

23 夏威夷當時是一個獨立主權國，王國覆亡後才併入美國，成為美國第 50 個州。

24 巴拉格爾乃多明尼加共和國傳奇人物，曾三度（1960 年至 1962 年；1966 年至 1978 年及 1986 年至 1996 年）非連續地擔任總統之職，在政壇上甚有起落，反映了該國政局的波動（"Life and history of Dominican President Joaquin Balaguer", no year）。

25 鄧高山在很久前已為葉椿齡工作，並於上文提及的「阻礙公眾正義罪」中，為他作假證而被判入獄。出獄後鄧高山繼續在葉氏手下工作，深獲信任。

26 葉椿齡於 1949 年或以前已移居香港，為何葉子滿會在 1957 年生於上海？按道理，當時香港與內地關係緊張，人民往來受到限制，北京政府擔心外來者從事滲透工作，故採取近乎鎖國的政策，極少港人能北上公幹或旅遊，即葉氏妻子不會在回到內地期間意外誕下兒子。但此資料為官方記錄，出現手民之誤或文字誤植的機會不大，難免令人對葉子滿的出生地感到好奇。

27 這個「新香港」計劃，是多明尼加政府劃出土地，由一家美資公司投資的發展計劃。

28 鄧高山曾於 1974 年申請入籍英國，當時申報住所為西灣村西台一單位（*South China Morning Post*, 5 September 1974）。

29 司徒安（Seto On）曾於 1965 年 9 月申請入籍英國，當時申報住所為港島禮頓道 62 號一單位（*South China Morning Post*, 24 September 1965）。

30 有關薄扶林道的地址，報導略有不同，有指是 95 號、92 號，亦有指是 72 號，但基本上均指是七樓 C 單位，《大公報》（1979 年 6 月 29 日）的報導直指該居所乃葉椿齡母親居所，亦是 1969 年「企圖走私黃金案」葉椿齡報稱的地址。

31 《華僑日報》、《大公報》及《南華早報》有關此案的報導同樣略有出入，例如《大公報》指被劫者為「葉 X 齡」，且提及「反抗時，左眼被匪徒打傷」；《華僑日報》對案件描述最詳細，卻只稱苦主為「葉某」；《南華早報》最簡單，以「Mr Simon C.L. Yip」稱之。

32 公司註冊署資料顯示 Clainai Company Limited 於 1981 年 4 月 24 日成立，乃一間私人股份公司。

33 公司註冊署資料顯示 Signreal Investment Limited 於 1980 年 11 月 25 日成立，乃一間私人股份公司。

34 由於據早前劫案報導，葉椿齡的妻子姓李，故李斗仙可能是其妻或與其相關的人士。李斗仙於 1974 年申請入籍英國，那時居所在旭龢道 12 號一單位（*South China Morning Post*, 1 May 1974）。

35 從檔案資料看，葉子茂曾捲入一宗刑事案件，且曾進行定罪上訴，惟因申請查看該檔案沒獲批，未能了解當中內情（Yip Chi Mau, 1981-1983）。

36 不過這篇以「銓利基業一枝獨秀」為標題的報導，一字不易在其他報章如《工商日報》、《工商晚報》發表，相信是公司發出的新聞稿或「鱔稿」。

37 1984 年，有傳聞指朱飛熊與太太和子女在台北被殺，但遭台北警方否定（*South China Morning Post*, 9 November 1984）。

38 新鴻基銀行那時亦曾一度發生擠提，因獲 Merrill Lynch 及 Paribas 立即支援收購，因而避過一劫（《華僑日報》，1983 年 10 月 9 月 23 日、10 月 4 日；Fell, 1992: 158-159）。

39 當時傳聞指大來財務將被清盤，而恒隆銀行亦表示已凍結大來財務的賬戶，事後證實傳聞屬實（《工商日報》，1982 年 11 月 20 日）。

40 自 1980 年起，已有多間財務公司倒閉或被政府撤銷註冊，如隆亨香港財務、大來財務、美國巴拿馬財務、偉豪財務、億上國際金融、香港存款保證、德捷財務等。蒙受巨大損失的存戶，一致把責任指向政府，認為政府對財務公司監管不力，甚至曾入稟法庭向政府索償，官司一直打到樞密院，惟政府最終勝訴（Fell, 1992: 163-164）。

41 香港第一財務於 1978 年 8 月 11 日註冊成立，持牌人為許盛（又名許開文）及許玉華，業務範圍包括珠寶及物業貸款，亦有直接投資地產（《大公報》1983 年 2 月 2 日）。1980 年代，許盛的財政明顯出現問題，他在地產高峰期的 1981 年以 1.9 億元購入帝后酒店，其後地產市道回落，物業無法出售套現。他在 1982 至 1985 年間不斷被銀行入稟追債，數額極巨，至 1987 年被頒令破產。

42 據香港第一財務發言人在撤銷註冊時指，公司已將所有存款發還存戶（《大公報》1983 年 7 月 2 日），卻未有提及是否已將所有欠款還清。

43 另一間同時撤銷註冊的為豐利財務有限公司（《工商晚報》，1983 年 7 月 1 日）。

44 馬畋被指在 1980 年代的金融風暴中表現欠佳，監管不善，一度被要求引咎辭職。他在 1984 年 10 月提早退休，其職位由證券及商品交易專員霍禮義接任（《華僑日報》，1984 年 9 月 26 日）。

45 「去北京完成軍火交易」此點，可能不是葉椿齡「吹噓」之談，若將此事與 1969 年那宗「企圖走私黃金案」一併思考，葉椿齡可能真的與軍方或美軍有聯繫。此外，他既身為多明尼加共和國駐香港的名譽領事，代為推動投資移民，牽涉發出旅遊簽證甚至護照，亦說明他的政治網絡或影響力不少，有不少活動空間。

46 有分析提到，除了葉椿齡，其兒子亦失蹤了，之後港府對他們發出通緝令，多明尼加共和國據說亦對他們發出通緝令（鄭明彬，1985：78）。

47 對於葉椿齡何時離港有不同說法，大都集中在該年 2 至 4 月間（鄭明彬，1985：77；Quon, 1985: 1）。

48 本身持有多明尼加共和國護照的葉椿齡，之所以逃到美國而非與香港沒有引渡安排的多明尼加共和國，反映他與該國政府關係破裂，甚至可能會被拘捕。至於他在該國的生意與投資，相信亦已賠光或被清盤了。

49 此項控罪的被告除了葉椿齡，還有「陳國強、蔡安安及其他在逃人等」，均為多明尼加財務的執行董事，不過他們一直潛逃，至今未被捉拿歸案（《華僑日報》，1985 年 4 月 17 日）。

第六章

海外信託銀行

張明添南洋家族的火燒連環船

1960s

1985 年 6 月 6 日下午，海外信託銀行董事局通知銀行監理專員，指銀行因嚴重周轉不靈、無力償還債務而無法經營，政府即時根據銀行條例勒令其停業。社會正密切關注事態發展，當天傍晚，海外信託銀行常務董事兼總經理張承忠卻被發現企圖離港，在啓德機場準備登機前往馬來西亞，香港警方隨即將他拘捕，並在其身上搜出逾百萬元現金及股票。與此同時，警方再將三名銀行高層帶返警署協助調查，其中一人證實為張承忠的母親吳嬋蕊，她乃銀行的副董事長（*South China Morning Post*, 7 June 1985;《大公報》，1985 年 6 月 7 日）。

與滙豐銀行和東亞銀行相比，海外信託銀行成立的時間不長，卻能在 1980 年代崛起成為「第三大本地銀行」，集團業務遍及財務、保險、物業、航運、酒店、旅遊等不同層面，服務範圍由香港拓展至東南亞、歐美等地，反映創辦人張明添能力非凡，且擁有豐厚資本。可惜的是，張明添突然病逝，其子張承忠接手後不久即出現問題，更在狼狽出逃時被捕，由天之驕子淪為階下囚。由於集團是在第二代掌政時倒下，社會一般印象自然是繼承人不長進、敗壞家業，到底實情是否如此？他又犯了哪些致命錯誤？在事件爆發前三個月，海外信託銀行才公佈理想業績，是甚麼原因導致這間本來資金充裕、發展勢頭突出的銀行，在短時間內墜入周轉不靈、資不抵債的困局？

要解答相關問題，需先了解海外信託銀行創辦人張明添，闡述他如何籌辦銀行及逐步壯大的路程，再剖析為何銀行會在他突然去世後迅速崩潰。下文會先介紹張明添的背景與致富經過，他的經營之道及繼承安排，再討論張承忠接手這個商業王國後的變化，並交代與海外信託銀行相關的連串刑事檢控與銀行後續發展。

1980s

張明添的出生與早期經歷

所謂成王敗寇，長久以來只有成功者的耀目光芒受人銘記，失敗者只能灰頭土臉地離場，事蹟大多散失。海外信託銀行雖曾是香港最主要的本地銀行之一，其崩盤又為業界帶來巨大衝擊，但因它已淪為失敗的案例，時至今日，多數人對這間銀行的印象早已模糊，對創辦人張明添更是鮮有認識。事實上，由於其家族在香港早已沒落，甚至惹上官非醜聞，自然沒有人替他著書立傳，關於張明添早年經歷及發跡過程等資料可謂付之闕如，透過現存的零碎記錄，只能大致拼湊出一幅粗略圖像。

據記載，張明添（Chang Ming Thien）約 1919 年生於福建，[1] 三、四歲時跟隨父母移民至馬來亞的檳城，在當地成長。雖然記錄沒提及其父母資料或家庭環境，但按當時低下階層甚少帶同家眷「過番」移民這一點推斷，其家境應有一定基礎。到張明添大約 14 歲時，又被送回家鄉接受教育，[2] 入讀一家商科學校。不久抗日戰爭爆發，日軍壓境，他被迫輟學，回到馬來亞避難。當時他已接近成年，故選擇投身社會，據說以「學徒」身份進入當地發展已有規模的橡膠種植業。[3] 不過，他當「學徒」的日子並不長，太平洋戰爭爆發後，日軍在 1942 年初佔領新加坡及馬來亞，年逾 20 歲的張明添在日軍鐵蹄統治下過着朝不保夕的生活，相信事業亦滯礙難行（Parsons, no year: 25）。

至於張明添的婚姻及家庭，其妻子乃來自泰國富裕華僑家族的吳嬋蕊（Goh Sean-looi）。資料顯示，二戰結束後，張明添已育有張耀升（Thanee Boromratanadhon）、張承忠（Chang Chen-tsong, Patrick）、張麗仙（Chang Lee-sian）、張彩鳳（Chang Chai-fong）及張巧雲（Chang Chiow-win）五名子女，其中日後接掌海外信託銀行的次子張承忠生於 1946 年。[4] 從子女的出生年份推斷，他應在二戰結束前已成家立室。

戰後，南洋乃至全球經濟及社會出現巨大轉變，張明添亦不再為人「打工」，改為自立門戶，經營橡膠出口貿易，在積聚更多經驗及財富後，業務範圍擴展至出入口錫礦及可可油等（Parsons, no year: 25）。張明添當時成立的公司，

張明添

吳嬋蕊

名為誼昌有限公司，註冊資本 100 萬元，惟沒說明是何貨幣。在後來一宗新加坡的法庭審訊中，提到該公司於 1950 年 7 月 29 日註冊，主要業務為樹膠貿易（《星洲日報》，1958 年 2 月 11 日）。[5] 張明添曾以公司負責人的身份，參與不少公眾事務，如當地華僑出入口商公會委員（《星洲日報》，1955 年 12 月 30 日）、新加坡樹膠公會職員等（《南洋商報》，1960 年 2 月 16 日）。此外，張明添亦投資工業，1953 年與李天游等人合作成立新加坡紙品廠，製造各類紙品。工廠生意不俗，不但在東南亞各地設立分廠，貨品遠銷海外，報導更指其為新加坡最大規模的紙品廠（《南洋商報》，1959 年 8 月 11 日）。張明添雖非主要管理者，但該生意相信仍為他賺來一定財富。

有資料指，張明添在 1950 年代還擁有一家名為 Aikhoe Rubbering Trading Company 的公司，經營樹膠貿易，生意應該相當不俗，亦與不少大企業有聯繫，如 Tropical Veneer Company 及 General Lumber 等，論者甚至稱他是當時樹膠大王李光前的主要競爭對手（Clad, 1985: 90），可見他的創業道路十分順利，短短數年間已能躋身巨富之列，惟關於其起動資金來源及急速致富過程的記錄則一片空白。後來，有分析指張明添一家由檳城遷居至貿易更繁榮的新加坡，相信是為了配合業務發展和開拓（Parsons, no year: 25）。不過，香港警方及法庭資料顯示，其妻及其子仍為馬來西亞籍，相信他們並沒有正式取得新加坡居民身份。

透過貿易生意，張明添有機會頻繁接觸海外市場，從中了解現代商業運作的原理、模式及馬來亞經濟發展的局限。要知道那時海外華人華商甚難獲得可靠、高效、全面的銀行金融服務，令集資融資出現不少困難，窒礙了商業發展與民眾生活，故當張明添籌劃拓展新業務時，便想到開設現代化銀行，既能為海外華人提供金融服務，又可填補這個市場空缺。由於他曾在中國福建及東南亞一帶生活，又在檳城與新加坡經營貿易多年，加上其妻子來自泰國富裕家族，在中國及東南亞國家都有相當強的生意及人脈網絡，成為他籌劃銀行事業時的重要助力。

創立海外信託銀行

從不同資料看，早在 1953 年，張明添已醞釀創立銀行，且尋求諸如曹耀、[6] 黃錫彬、[7] 黃克立、[8] 葉李波、[9] 黃毓秀 [10] 等來頭不小的友人及伙伴支持。在那個年代，東南亞各地對外匯流通均有嚴格管制，香港則資金自由進出，故他認定在香港成立銀行是最優選擇，有利業務發展。在取得生意伙伴的贊同與支持後，他於 1954 年採取實際行動，透過專業人士的協助，向香港政府申請銀行牌照，並將銀行命名為海外信託銀行（Overseas Trust Bank Limited）。單憑其名字，已反映資金來自海外華人，業務亦聚焦海外華人華商市場。由於那時（1954 年）銀行牌照的申請手續相對寬鬆，哪怕香港的經濟規模尚不算很大，已有多達 97 家銀行在香港設立辦事處，資金來自四方八面（Parsons, no year: 24），反映銀行業競爭激烈。

到了 1955 年 7 月底，據報導，「港督會同行政局（作者註：今行政會議）執行《銀行法例》第四條授予之權力，批准發給海外信託銀行執照，以使其在香港進行銀行業務」（《華僑日報》，1955 年 7 月 30 日）。張明添成功取得開業執照後，同年 11 月 14 日在商業登記處註冊，並發出公告宣佈銀行積極籌備開幕，資本額高達 1,000 萬元，在當時而言相當龐大，以展示其實力雄厚。報導指銀行資金大多為「港外華商所投資」，認為其業務「多針對海外華僑貿易」（《華僑日報》，1955 年 11 月 25 日）。

經過多個月的籌備，銀行於 1956 年 3 月 15 日正式開幕營業，首間門店設於中環雪廠街 5 號 D。報導指開幕儀式十分熱鬧，除主席張明添、董事黃毓秀等專誠由新加坡來港主持儀式外，其他銀行高層如總經理曹耀，黃錫彬、黃克立、葉李波等人全都現身，銀行同業如恒生銀行董事郭贊等及其他華人社會賢達亦賞面光臨，嘉賓逾千人。銀行主要業務包括一般銀行服務，還有華僑匯款、外幣兌換、置業抵押、信貸等（《星洲日報》，1956 年 3 月 10 日；《華僑日報》，1956 年 3 月 16 日）。至於銀行資本方面，有報導指銀行註冊資金 2,000 萬元，收足資金為 1,000 萬元，股本份額九成來自新加坡商人（《星洲日報》，1956 年 3 月 10 日）；亦有報導指銀行當時的繳付資本只有 600 萬元，員工有 20 人（*South China Morning Post*, 12 October 1976）。

由於那時香港社會及經濟正處於高速增長與擴張期，海外信託銀行業務發展甚為順利。開業後一年多，海外信託銀行於 1957 年 2 月獲外匯銀行公會接納為會員，屬「授權式銀行」類別，又成為交易銀行協會（Exchange Banks Association）成員，可以經營外匯業務（《華僑日報》，1957 年 2 月 21 日；1959 年 1 月 18 日）。相關的業務經營資格，給予海外信託銀行較好的發展基礎，不但很快便能站穩腳跟，亦有更大發展潛力。

海外信託銀行標誌

不過，在接下來的日子，銀行業務雖有所增長，發展腳步卻並不很快，相信與部份股東投資取向較為保守有關。張明添的個性及經營手法相對進取，顯然不滿意銀行的進度，但或許因為未能成功遊說大多數股東支持，又不想直接施壓影響大家關係，有說法指他於 1958 年在馬來亞與人創立了另一間銀行，是為合眾銀行（United Malayan Banking Corporation），短短兩年間，分行數目據說已增至 28 家（Parsons, no year: 25），且取得一定成績。[11]

看到合眾銀行的優秀示範，海外信託銀行的股東們顯然亦感心動，因此同意張明添的發展模式，積極擴張業務。從銀行披露的客戶存款資料可見，1957 年底，海外信託銀行的存款為 1,000 萬元，1958 年 1,500 萬元，1959 年底 2,500 萬元，1960 年 3 月升至 3,650 萬元（《華僑日報》，1960 年 4 月 6 日），反映銀行積極吸納存戶。為了進一步增加市場份額，1960 年 4 月銀行在九龍彌敦道 524 號開設首家分行，負責該分行經營的為經理孫世俊。報導提到張明添再次由新加坡來港，還有王振墻、周子敬等銀行董事一同前來。由於王周二人為合眾銀行主要股東，再次反映兩間銀行關係密切，股權應有所重疊（《華僑日報》，1960 年 4 月 2 日及 5 日）。

之後的 1961 及 1962 年，海外信託銀行再分別於筲箕灣和西區開設兩家分行，後者開幕時更請來馬來亞國會議長主持開幕儀式，氣氛十分熱鬧（《華僑日報》，1961 年 6 月 14 日及 1962 年 9 月 12 日）。[12] 從報導可見，銀行此時再增加一名重量級股東，那就是在香港、內地及南洋一帶甚有財力和威望的菲律賓華商桂華山，他加入後不久即獲推舉為副董事長，[13] 令銀行的名聲與財力進一步加強。

1963 年，海外信託銀行一口氣在紅磡、銅鑼灣、北角三地開設分行，其中銅鑼灣分行乃自置物業（《華僑日報》，1963 年 1 月 23 日；《工商日報》，1963 年 7 月 17 日），同時又成立了一間附屬公司——海外財務有限公司（United Overseas Finance Limited，即日後的 OTB Finance Limited），開拓銀行業務之下的財務生意，急速擴張的勢頭在當時社會實屬少見。1964 年，銀行拓展腳步稍為停頓，惟一踏入 1965 年又恢復擴張，1 月在觀塘輔仁街開設了第八間分行（《華僑日報》，1965 年 1 月 10 日）。

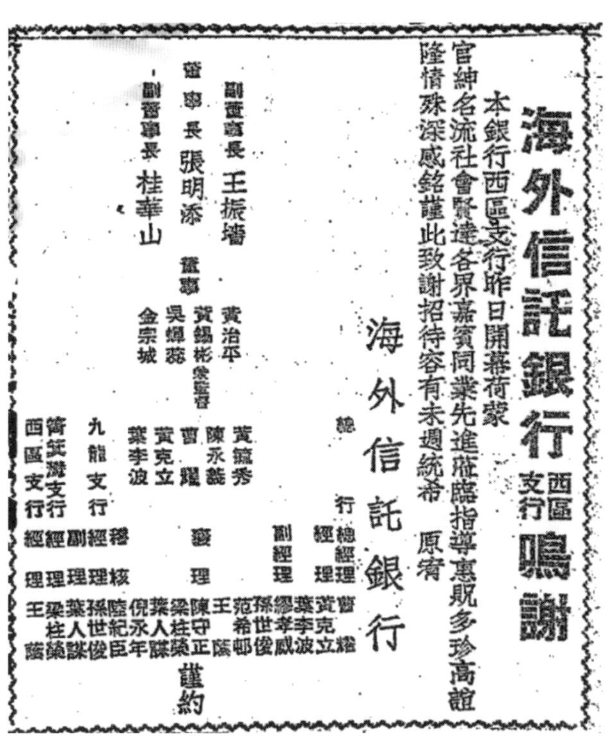

海外信託銀行西區支行鳴謝

本銀行西區支行昨日開幕荷蒙
官紳名流社會賢達各界嘉賓同業先進蒞臨指導惠貺多珍高誼
隆情殊深感銘謹此致謝招待容有未週統希　原宥

海外信託銀行

副董事長 王振墻
董事長 張明添
副董事長 桂華山

董事
黃治平
黃錫彬兼監督
吳焯蕊
金宗城
黃鏡秀
陳永義
曹耀
黃克立
葉李波

總行
九龍支行
筲箕灣支行
西區支行

總經理 經理 副經理 襄理 稽核 經理 副經理 經理 經理

曹榕 黃克立 葉李波 繆孝威 孫世俊 范希郁 王陔 陳守正 梁桂榮 葉人謀 倪永年 陸紀臣 孫世俊 葉人謀 梁柱榮 王藹

謹約

海外信託銀行西區分行開幕登報鳴謝，《華僑日報》，1962 年 9 月 12 日。

桂華山

不過就在這一年，香港碰上大規模的銀行風潮——多家華資銀行如明德銀號、廣東信託商業銀行等，因經營不善導致擠提甚至倒閉，連鎖反應下，就連實力雄厚、作風穩健的恒生銀行亦受波及，被滙豐銀行收購，淪為外資銀行的附屬。整體投資及市場氣氛亦因此變得惡劣，各行各業的發展前景同受窒礙。當時，政府對新銀行的發牌態度更趨謹慎，對現有銀行亦採取更嚴格的監察，華資銀行在這樣的格局下無疑最受衝擊，紛紛汲取教訓，減少過度投資，同時亦積極增強自己的實力（《華僑日報》，1965 年 8 月 10 日）。

那時海外信託銀行起步不久，存戶存款不多，可供融資的槓桿比率不高，擠提事件對銀行資產的影響其實不算大，但礙於形勢，亦只能與其他華資銀行一樣，採取較保守的投資策略，放慢擴張腳步，靜觀其變，影響到張明添原本打算大展拳腳的勢頭。就在此時，海外信託銀行於 1965 年 8 月宣佈與馬來西亞合眾銀行組成關連公司，顯然有意透過相關舉動加強銀行實力，增加存戶對銀行的信心（《華僑日報》，1965 年 8 月 10 日）。

至 1966 年 4 月，報導指海外信託銀行與合眾銀行已開始聯合經營，由於兩行股東大致相同，業務方針一致，故會「在平等合作基礎上共享資源」，所有資產及負債由兩行共同分擔，藉此減少人力及資源重疊，從而增加市場競爭力（《華僑日報》，1966 年 4 月 15 日），換言之，兩間銀行成為「聯營企業」（associate companies），性質上類似組成「連環船」模式。日後海外信託銀行的宣傳，均強調與合眾銀行的關係，有時甚至聲稱組成了「集團」。由於張明添來自馬來西亞，無論生意投資或商業網絡，均與南洋——尤其新加坡及馬來西亞——關係密切，不難理解。惟因缺乏記錄，無法深入具體討論其相互扣連的生意與投資。

生意多途並進

從張明添的投資取向，明顯看到他具有不少企業家精神的特質，包括在經營上表現出一種不滿足於現狀的「匱乏感」，時刻留意市場動向，從不停下發展腳步。[14] 哪怕他在因緣際會下開始經營銀行，積累了大筆財富，但他沒有滿足於銀行家的身份，相反仍不斷找尋市場空間，一旦察覺任何有利可圖的生意即見獵心喜，主動出擊，重視業務或投資多元化。由是之故，除了海外信託銀行外，張明添還先後在香港及南洋等地經營酒店、地產、工業等各種生意，涉足多個領域。

根據公司註冊處資料，早在1962年1月，海外信託銀行積極拓展期間，張明添已與淘化大同主席黃篤修、馬來亞華商林芙蓉（Lim Foo Yong，另譯林福容）等，在香港創立美輪大酒店（香港）有限公司（Hotel Merlin [Hong Kong] Ltd.），大力發展酒店生意。[15] 美輪酒店是一家跨國酒店集團，1960年代在香港、新加坡、吉隆坡、檳城等地擁有多間酒店，並於1963年在星馬股票市場上市（《南洋商報》，1963年8月11日）。公司首家在港經營的酒店坐落於尖沙咀漢口道與中間道交界，原為九龍酒店，報導指酒店擁有180房間，於1962年9月12日正式開幕，主禮嘉賓是曾任兩局議員的周埈年爵士（《華僑日報》，1962年9月13日；*South China Morning Post*, 13 September 1962；8 January 1971）。

除了參與酒店業務，張明添還在1960年代創立金松製衣（Cedar Garment Factory），投身製衣業。從公司註冊處資料可見，金松製衣於1967年9月15日成立，主要股東除張明添，還有蔡普中、[16] 朱子仁、胡百熙、[17] 霍達昌、何華明等，主要生產恤衫、女襯衣及衫裙等，供應美國及加拿大的百貨公司，工廠初時在大角咀，後來亦在觀塘設廠。由於業務發展理想，1968年盈利80萬元，公司因此於1970年4月申請在遠東交易所上市，預測1971年的利潤可達100萬元（《工商日報》，1970年4月9日）。

這裏補充一點有關金松製衣上市後的發展，揭示在銀行金融以外，張明添生意投資的多途並進。到了1972年初，張明添推動金松製衣與美輪酒店集團、輝百香港有限公司（Faber Hong Kong Limited）合併。美輪酒店的背景前文已略述，輝百香港則是一家由英籍建築師雷柏（Jimmy Raper）牽頭創立的公司，母公司 Faber Union Ltd. 設於新加坡，主要從事物業地產投資，除新加坡外，業務已擴張至馬來西亞及印尼等地，1971年在香港設立分公司（《華僑日報》，1971年11月23日）。張明添那時推動三家公司合併，焦點正是為了輝百公司在物業地產方面的發展網絡與專業。

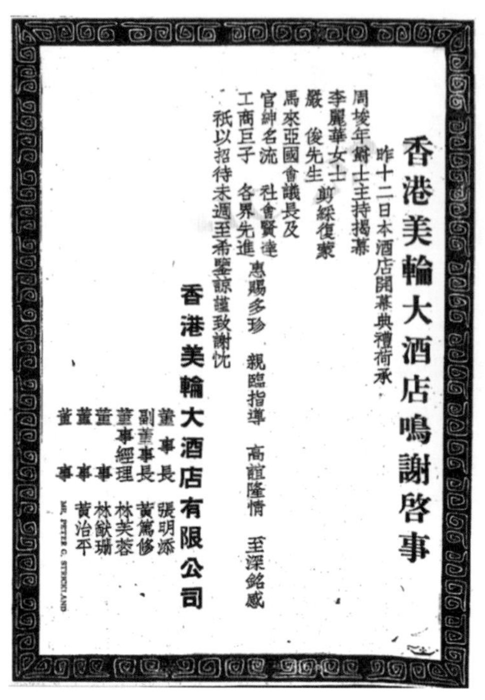

香港美輪大酒店鳴謝啓事

昨十二日本酒店開幕典禮荷承
周埈年爵士主持揭幕
李麗華女士
嚴　俊先生　剪綵復蒙
馬來亞國會議長及
官紳名流　社會賢達
工商巨子　各界先進　惠賜多珍　親臨指導　高誼隆情　至深銘感
祇以招待未週至希鑒諒謹致謝忱

香港美輪大酒店有限公司
董事長　張明添
副董事長　黃篤修
董事經理　林美蓉
董事　林猷瑞
董事　黃治平
董事　MR. PETER G. STRICKLAND

美輪大酒店開業鳴謝啟事，《華僑日報》，1962 年 9 月 13 日。

從資料看，合併的持股比例主要以三家公司的資產值計算，三方原股東在深入討論後最終同意以換股方式進行，合併後的公司稱為輝百美有限公司（Faber Merlin Limited，下稱輝百美）。新公司組成後，股本由原來 1,000 萬元增至 1 億元，金松製衣的上市地位因此由輝百美取代，董事總經理由雷柏擔任，金松製衣的原董事何華明則充任副總經理（《華僑日報》，1972 年 5 月 17 日）。

輝百美組成後，即於同年年中增加投資，從政府土地拍賣中投得九龍塘廣播道一塊地皮，計劃進軍豪宅物業市場；同時又看準新加坡消費市道暢旺、購物商場熱潮方興未艾，在當地購入地皮，打算興建大型中心（《華僑日報》，1972 年 7 月 3 日及 14 日）。更為進取的舉動，是 1972 年 8 月宣佈將公司位於馬來西亞的各附屬公司合併，組織成一個集地產、酒店、旅遊及採礦等業務於一身的大型集團（《華僑日報》，1972 年 8 月 16 日）。

為配合業務發展，新加坡和印尼方面的輝百美亦進行重組，並藉發債等方式增加資本投入以開拓市場（《華僑日報》，1972 年 10 月 6 日），印尼輝百美亦大力發展物業、酒店及休閒旅遊等生意（《工商日報》，1972 年 10 月 20 日）。受惠於連番積極開拓，到 1972 年 11 月公佈業績時，輝百美獲得「上半年盈利逾一倍」的亮麗成績，派發了可觀的股息（《工商日報》，1972 年 11 月 7 日及 12 月 8 日）。

進入 1973 年 3 月初，股票市場抵達高位後掉頭向下，但市場初時未察覺風向有變、股市泡沫爆破在即，仍有不少投資者繼續大手買賣，輝百美亦一如過去的進取策略，於同年 3 月斥資 1,137 萬元，收購台北中央大飯店 60% 股權，並易名為中央美輪大飯店（《華僑日報》，1973 年 3 月 27 日），擴展酒店經營網絡。接着的 4 月，將屬下新加坡華英聯合有限公司的 20% 股權以 2,200 萬元售予新加坡大華銀行，吸納對方成為策略投資者（《工商日報》，1973 年 4 月 28 日）。5 月份則進軍泰國，宣稱會在當地投資興建房屋（《工商晚報》，1973 年 5 月 24 日）。

儘管輝百美強調「業務沿多國性發展」，經濟向好時又錄得可觀盈利，在市場上具有一定吸引力（《工商晚報》，1973 年 9 月 16 日），但當整體股市及經濟回落時，公司的發展腳步自然受到窒礙。在那個關鍵時刻，公司更爆發了控股權爭奪戰，相信起因是張明添與雷柏之間對未來發展策略出現分歧，雙方爭取公司掌控權的矛盾白熱化，已無法透過內部協商解決，故於 1974 年 1 月 14 日宣佈停止在交易所買賣，引起市場關注（《工商晚報》，1974 年 1 月 15 日；*South China Morning Post*, 16-17 January 1974）。

之後，爭拗及矛盾進一步表面化，甚至鬧上法庭，張明添與雷柏各聘請強勁律師團隊，為各自利益舌劍唇槍（《華僑日報》，1974 年 1 月 17 日、22 日，3 月 12 日及 19 日）。不過事件到最後一刻出現戲劇性變化，雙方同意庭外和解，和氣收場，解決方案是由張明添全面收購雷柏所持的輝百美股權，雷柏則全面收購輝百美所持的馬來西亞聖彼倫礦務（St Piran Mining Co.）股權，大家各取所需，從此各走各路、分開發展（《工商日報》，1974 年 3 月 21 日；*South*

China Morning Post, 21 March 1974）。

糾紛解決後，輝百美在交易所恢復買賣。在張明添掌控下，公司連番開拓物業地產，如發展九龍范信達道，興建美輪大廈，建築工程交由海港工程公司負責（《華僑日報》，1974 年 5 月 16 日），但在低迷的市場環境下，公司表現乏善可陳。1975 年，輝百美把美輪酒店轉售予原創辦人之一的林芙蓉 (《大公報》，1975 年 8 月 1 日)，[18] 揭示輝百美無心經營酒店業務。

1976 年 6 月，馬來西亞輝百美的業務和投資傳出不利消息，引起交易所注意，吉隆坡及新加坡交易所更暫停了輝百美在當地市場的交易，只餘香港輝百美在本地照常買賣（《華僑日報》，1976 年 6 月 19 日）。1977 年，輝百美曾與和記合組公司，競投發展中區舊郵政局地皮（《工商晚報》，1977 年 2 月 8 日），但未能成事。同年底公佈的上半年業績，錄得綜合盈利虧損高達馬幣 498 萬元（*South China Morning Post*, 12 December 1977）。

1978 年 1 月 19 日，公司發出通告，指從同月 24 日起，公司易名大捷財務投資有限公司（Express Finance & Investment Ltd.），相關決定在早前的董事會議中已獲通過（*South China Morning Post*, 12 December 1977）。此一改名行動，同時揭示公司的業務與發展方向改為財務及投資，相信與當時相關生意發展勢頭較佳有關，亦較能配合海外信託銀行的業務擴張。香港輝百美既改名稱又調整業務方向，但南洋的輝百美並未作出相似舉動，估計兩者已作出了切割，分道揚鑣。大捷財務的股份於 1980 年 10 月被海外信託銀行全面收購，變成後者的附屬公司（《華僑日報》，1980 年 10 月 10 日），從此發展步調更為一致。

除了在香港的投資外，張明添在南洋一帶亦有不少生意。如 1960 年 8 月 19 日，他與周子敬、周子漢、江國盛、黃治平等人在新加坡註冊成立康元麵粉廠有限公司，註冊資本 500 萬新加坡元，在丹戎禺（Tanjong Rhu）建造了規模宏大的廠房。至 1964 年第一期廠房落成時，更請來星洲財長吳慶瑞剪綵，據報每日麵粉產量可達 400 噸（《南洋商報》，1964 年 3 月 20 日、1964 年 3 月 31 日）。1964 年，他早年投資的紙品廠於馬來西亞柔佛（Johor）設立分支，名為馬來亞紙品廠有限公司，廠房佔地 14 英畝，乃馬來西亞第一間紙產品生產廠（《南洋商報》，1964 年 4 月 18 日）。同年，他又與孫炳炎、吳水閣、韓瑞生在新加坡創立大眾鋼鐵有限公司（National Iron and Steel Mills Ltd），同年申請上市（《星洲日報》，1964 年 5 月 23 日）。[19]

順帶一提，張明添在新加坡的一項投資扯上政治貪污醜聞，相信為他帶來不少麻煩。1958 年 1 月，他與鍾良裕等人成立了霹靂鑛務有限公司（Perak Mining Enterprise Ltd），業務顧名思義應與採礦相關，股東包括國民黨前財政部長、新加坡地政建屋部長夫人，來頭不少。不過公司成立後不久，即被指控與新加坡時任教育部長周瑞麒收受巨額政治獻金有關，因為鍾良裕投入的資金來自周瑞麒。政府在 1959 年成立調查委員會徹查事件，張明添亦曾出庭作證，接受當時人民行動黨的代表律師李光耀質詢（《星洲日報》，1959 年 4 月 9 日、1959 年 4 月 11 日）。[20]

上述公司單單列舉了張明添持有相當控股比例，且曾參與經營運作的公司，那些低調入股或純粹作為支持朋友入股的還未計入其中，可見他當時的生意如水銀瀉地、無孔不入，產業遍及三大類型。既有一級產業如樹膠、礦務；又有製衣、造紙、煉鋼、食品生產等輕工業及重工業；還有最高端的金融、保險、地產及酒店服務業。由於業務繁多，他亦經常在香港及星馬泰等地奔波，與他合夥的投資人不少均是巨富和高官，反映他的人脈網絡遍及各國，既深且廣。

銀行業務不斷擴張

回到海外信託銀行的發展進程上。經歷 1965 年的銀行擠提潮，然後是 1966 及 1967 年的社會動盪，張明添的銀行業務發展一度略為放慢，固本培元，這段時期亦較少與他或銀行相關的公開資料。[21] 隨着社會治安趨穩，投資信心逐步回復，銀行才重啟擴張腳步。資料顯示，在 1968 年 9 月，海外信託銀行宣佈已購入深水埗三個地舖物業，將作為銀行第 11 間分行，是業務再度擴張的重要訊號。後又宣佈股東大會已通過將法定資本增至 5,000 萬元，實收資本則增至 2,500 萬元，以配合未來將會擴展的貸款業務（《華僑日報》，1968 年 9 月

18 日及 10 月 20 日）。同時，銀行稱已與新創立不久的香港工商銀行建立緊密股權互動關係，奠下日後海外信託銀行收購香港工商銀行的基礎（*South China Morning Post*, 12 October 1976）。

1968 年，海外信託銀行創行董事之一黃錫彬去世，為了填補其空缺，銀行於 1969 年請來莊清泉加入董事局。此事與桂華山提議及積極拉線有關，因為莊氏乃桂華山的「世交」（桂華山，1975：76），二人又同為福建籍菲律賓華商，活躍於菲律賓政商界。莊氏早於 1950 年代已在香港進行投資，在福建、港台以至東南亞都相當有名氣（參考恒隆銀行一文），他加入董事會，自然壯大了銀行的力量。[22] 同年 9 月，銀行紅磡支行擴充業務，10 月又購入物業開設灣仔區分行。接下來的兩年，銀行再於荃灣及香港仔設立分行，反映其業務持續擴張（《華僑日報》，1969 年 10 月 27 日、1970 年 11 月 15 日、1971 年 7 月 16 日）。

除了在海外信託銀行的接觸外，張明添與莊清泉之後還有其他生意合作。1969 年，他們聯同黃克立等成立海外興業有限公司，計劃籌集海外華僑資金作國際性投資，並扶助香港及東南亞的工商業。一開始，公司宣佈實收資本已高達 3,000 萬元，更指會按業務需要再增加。董事局方面，由張明添出任董事長、莊清泉為副董事長、黃克立以董事總經理身份負責實務管理，其餘董事還包括顏德堯、王家安、馮宗蕚等。[23] 該公司自 11 月成立後，黃克立即多次到東南亞等地考察，相信是為投資作準備，不過未見後續報導，不清楚公司後來發展情況（《華僑日報》，1969 年 10 月 30 日、1969 年 11 月 20 日、1970 年 4 月 23 日、1970 年 9 月 12 日）。

1970 年，香港經濟和商業明顯活躍起來，張明添在此年亦有不少重大投資。年初，他一方面斥巨資購入灣仔告士打道與杜老誌道交界的地皮，籌建日後的海外信託銀行總行大廈；另一方面，他又因應香港股票交易蓬勃，計劃創立一家新的交易所，當時的籌劃已接近完成，甚至已對外公佈其名稱為「國際交易所」（International Stock Exchange），會兼營海外股票買賣服務（《工商日報》，1970 年 1 月 4 日）。可惜當時政府認為證券交易所已過度發展，為堵塞漏洞，迅速修訂公司法例，（*South China Morning Post*, 24 January 1970），張明添的計劃遲來一步，國際交易所最終胎死腹中（鄭宏泰、黃紹倫，2006）。[24]

雖然張明添無緣成為股票交易所的創辦人，但其他生意的發展還是相當不俗，他亦開始作較大規模的捐獻，令名字長留香港社會。1970 年中，他向東華三院捐資 40 萬元，資助東院在深水埗南昌街興建第三間中學。在捐款的交接儀式上，曹耀代表他致辭，指捐款是「代表海外華僑對三院之支持，希望藉此引起海外華僑對三院的資助」，多少反映他對自己的身份定位（《華僑日報》，1970 年 9 月 6 日）。1971 年，校舍落成投入收生，東華三院將該校取名東華三院張明添中學，以表答謝（*South China Morning Post*, 29 September 1971）。該校辦學至今，成為張明添留在香港的最重要足跡。

到 1970 年底，張明添又夥同香港工商銀行，邀請加拿大的多倫多道明銀行（Toronto Dominion Bank，亦稱多明尼銀行）董事長林柏（Allen Lambert）訪港洽談合作，隨後組成國際綜合投資有限公司（International Consolidated Investment Ltd），[25] 一起開拓香港的銀行與金融生意。據報導，道明銀行是一家逾百年的老牌銀行，在歐美和亞洲擁有 769 家分行，具有覆蓋面寬廣的銀行網絡（*South China Morning Post*, 9 December 1970）。海外信託銀行能與之有投資及業務連結，自然有助提升國際知名度，同時亦反映張明添的商業網絡不限於華商，與洋商圈子亦有緊密聯繫。

不過，要數 1970 年代張明添與海外信託銀行最重要的發展，應是 1973 年正式收購香港工商銀行，令其成為海外信託集團旗下的公司（Parsons, no year; Chang, 1976）。討論之前，先簡述香港工商業的背景及發展。資料顯示，香港工商銀行由一班南洋華商（尤其泰國）夥同香港華商於 1964 年籌組成立，地址為皇后大道中 10 號，1965 年爆發銀行擠提時取得政府發出的經營牌照，延至風潮平復不久的 8 月份開始門店裝修，法定股本 2,000 萬元，實收股本 1,000 萬元，業務方針以推動香港工商業、促進香港與南洋之間的貿易為主（《工商日報》，1965 年 8 月 12 日）。

同年 10 月 12 日，銀行開幕，主持儀式的是時任兩局議員利銘澤，「中外嘉賓賀客三千」，場面十分熱鬧。銀行董事長為巴碩．魯扎拉旺（Prasert Rujiravongs），他同時是泰國大城銀行（Bank of Ayudhya）董事長，但因事未能到港出席開幕禮。副董事長為楊錫坤（Kun Kunpalin）及李文祺，楊氏是泰國中華總商會副主席，李氏則為香港股商，曾任保良局主席。董事總經理為李木川，他同時為大城銀行董事總經理，其他董事有王昌儀、李景河、鄭俊亭、蔡貞人、王永銘、黃子明、林維高等。銀行還設有董事會顧問，[26] 成員包括巴博上將（Prapas Charusatien），他乃泰國國務院院長兼內政部部長（《華僑日報》，1965 年 10 月 13 日）。從董事與顧問的組成看，主要投資者雖為泰國華商，且有泰國軍政界人士支持，但亦有不少來自南洋的海外華人。

不過，香港工商銀行其後的發展未見太突出，在 1966 及 1967 更因香港嚴重社會動盪，與其他大小企業一樣經歷了一段困難日子，業務受相當打擊。社會穩定後，有說法指當時以張明添為首的財團入股香港工商銀行（凱君，1982：88），因此董事局進行重組 ，不少海外信託銀行的股東進入香港工商銀行，成為董事局成員及管理層，如董事長一職，由海外信託銀行副董事長桂華山出任，李文祺仍為副董事長；董事方面亦有不少變遷，楊錫坤、李木川等退出，鄭俊亭、蔡貞人、王永銘等留任，另有海外信託銀行代表如葉李波及孫世俊加入（《華僑日報》，1968 年 4 月 13 日 *South China Morning Post*, 25 June 1968）。

董事局重組反映了新資本的注入，銀行在隨後的 1968 年有擴張舉動，例如在九龍彌敦道 252 號與佐敦道 16 號交界處的立信大廈地下開設分行（《華僑日報》，1968 年 7 月 3 日及 9 月 8 日）。之後，銀行還先後在深水埗、北角及西區開設分行，擴大業務，表現進取（《華僑日報》，1970 年 1 月 23 日及 2 月 10 日）。到了 1971 年，銀行更籌劃在中區興建屬於自己的銀行大廈，接着在 1972 年開設紅磡分行，最後則被海外信託銀行收購，從此，兩間銀行的發展粗略相同。

別具特色的宣傳推廣策略

任何個人、生意或企業，可以不斷成長，甚至揚名立萬，必有其過人之長。能掌握市場所需，同時動員企業上下同心協力開拓，便是一種特長；懂得宣傳，贏取消費者支持，則是另一種特長。張明添帶領下的海外信託銀行，之所以能夠持續壯大，反映其具備不少過人之處與獨特技巧，宣傳策略亦有一些值得留意之處。一方面，銀行經常想出宣傳營銷的新方法、新點子，開廣告風氣之先，吸引傳媒與社會眼球；另一方面則精於把宣傳內容或廣告信息「植入」不同活動之中，「寓公開活動於宣傳」，做到四兩撥千斤或免費宣傳效果。

有很多事例可以說明海外信託銀行廣告宣傳上「四兩撥千斤」的策略，反映在資源匱乏與創業初期，如何透過意念創新開闢新天地，為企業打開血路。例如在農曆新年前後，不少華資銀行都會調整服務時間或作特別營運安排，因為農曆新年乃中國人最重要的節日，對銀行業務的需求特別大：企業需要「埋數」結賬、向僱員發放「雙糧」花紅，普羅市民則需提取現金辦年貨、「封紅包」，故對銀錢貨幣的存提流通需求十分殷切，若然銀行只按既定機制運作，不靈活處理，便難以滿足這種特殊市場需要。

海外信託銀行亦作出彈性安排，每年歲晚均會延長服務時間，讓市民提存錢幣，交結賬目，亦會給長期客戶送上寓意吉祥及實用的贈品，如日曆、利是封等，大小存戶或客戶不但稱便，亦覺貼心，由此贏得長期支持。張明添的安排較特別之處，是他會透過傳媒報導廣泛宣傳這些送禮活動，以提升公眾對銀行的認知及好感度。如 1961 年，銀行便登報宣傳一項別具創意的活動，指因應小朋友會在新年收到不少「利是」錢，特別訂購大批精緻「錢罌」（撲滿）供兒童存戶借用，鼓勵小朋友儲蓄，同時亦為家長們提供保險箱服務（《華僑日報》，1961 年 2 月 17 日）。

此外，海外信託銀行不少大型活動都獲報章大篇幅報導。如春茗或團拜，很多香港公司每年都會舉辦，以示送舊迎新、善頌善禱，但報章卻特別介紹海外信託銀行（後來擴展至整個集團）如何大灑金錢，舉辦氣氛熱鬧的春茗，公司高層有誰人出席、員工抽獎的獎金獎品如何豐富等，顯示集團上下團結及氣氛融洽。又例如 1976 年 10 月，因應銀行創行 20 周年，在希爾頓酒店舉行盛大慶祝酒會，吸引逾千嘉賓出席（《華僑日報》，1976 年 10 月 13 日），銀行甚至為此出版專刊，介紹 20 年間的成長與發展（Parsons, no year: 22），引來傳媒廣泛報導。這些報導，不少應是銀行特意安排的付費「軟稿」，達至一箭多鵰的目的，如提升集團的身份認同與凝聚力、增加客戶好感，同時增加知名度。

集團又會舉辦公益活動，積極鼓勵員工上下參加。如銀行每年都會組織集體捐血，有時更由銀行高層身先士卒，由於當時集體捐血屬新興善舉，加上參與員工人數不少，吸引傳媒注視，銀行因此得到社會肯定，有助建立健康正派的形象（《華僑日報》，1979 年 1 月 13 日、1980 年 3 月 21 日、1981 年 5 月 16 日及 1984 年 4 月 9 日）。

另一種宣傳方法，是海外信託銀行經常贊助體育活動與競技，甚至會組隊出賽。其中一項是銀行在澳門開立分行後，特別贊助國際性的澳門格蘭披治大賽車，並於 1973 年派出隊伍參賽，選用著名跑車品牌保時捷。結果，車隊旗開得勝，奪得冠軍，不但因此獲得不少掌聲，亦引起港澳傳媒和社會的注視。隨後銀行將跑車運回香港，在石崗作示範表演，再次吸引市民目光，反映公司在宣傳上別出心裁（《華僑日報》，1973 年 11 月 15 日及 30 日）。

動用「女性力量」吸引傳媒與社會目光，亦可算是宣傳絕招。二戰後，女性地位漸見提升，海外信託銀行亦順應潮流，鼓勵或安排董事的太太們在分行開幕時主持剪綵儀式，成功獲得廣泛報導。同時，銀行亦增聘女性員工及提供更好的晉升機會，如在 1975 年擢升了一名女職員為經理，在那個重男輕女的年代相當罕見，為此更特別邀請傳媒前來採訪（《華僑日報》，1975 年 3 月 11 日）。人事升遷本屬平常事，可是海外信託銀行因應女性地位逐漸上升的趨勢，以此大做文章，既打造銀行強調男女平等的開明形象，增強女性客戶對銀行的好感，甚至獲得免費的宣傳。

對於社會或傳媒關注的特殊事件，海外信託銀行亦常借題發揮，充份利用。如 1972 年，副經理張啟民獲羅馬教廷冊封「聖西物斯德」勳銜，銀行便為他舉辦慶祝活動，藉此公告社會（《華僑日報》，1972 年 10 月 4 日）。又如 1974 年，加拿大舉辦世界運動會，發行紀念銀幣時出錯，把小量「十元銀幣之年份本為 1973 年而誤鑄為 1974 年」，由於「能流到市面之錯體幣為數不多⋯⋯集幣家皆以擁有一枚此項珍貴罕見之錯體銀幣為榮」，海外信託銀行恰巧獲得其中一枚，便廣作宣傳，放在總行大堂展覽，吸引不少市民前往觀賞（《華僑日報》，1974 年 12 月 28 日），再次印證其精於把握機會作宣傳的特點。

綜合海外信託銀行多場「四兩撥千斤」的宣傳可見，張明添明顯掌握了現代的「嵌入式」宣傳策略，能在不知不覺間為銀行製造聲勢、吸引公眾視線，令其服務或名字深入民心，打造知名度與品牌效應。每逢銀行或集團成員取得突出成就或榮譽，便舉辦慶祝活動，廣邀傳媒，爭取報導，這樣有助提升銀行知名度，對業務發展有所裨益。一句話，張明添清楚地認識到，在現在社會，打響知名度、建立品牌是生意做大做強的核心；充份利用資源，以最小花費爭取最大效果，則是策略所在。他能在短時間內令海外信託銀行成為普羅市民熟識的名字，說明他確實掌握了社會心理與優秀的宣傳技巧。

上市與進一步壯大

對企業發展而言，成功在股票市場上市，令企業由幾個人或幾個家族控制的私人公司，變成吸納公眾資本的俗稱公眾公司，那絕對是獲得肯定和支持的重大訊號，亦有助企業獲得更龐大的資本後台，推動更長遠和更大規模發展項目，獲得更大的回報，產生的滿足感或榮譽感亦會更高。正因如此，無論是哪個時期，爭取把企業上市，總被視為企業或家族發展的轉捩點，具極為重要的意義。

自遠東交易所於 1969 年底開門營業，打破香港證券交易所長期壟斷的局面後，股票市場逐步興旺起來，隨後更有金銀證券交易所及九龍證券交易所相繼開業。正如前述，張明添亦曾計劃創立交易所，且已選定了名稱，惟政府認為香港已有太多交易所而「落閘」，通過法例限制交易所數量增長（*South China Morning Post*, 10 and 24 January 1970），令張明添功虧一簣，只能望門輕嘆，並改弦易轍，將精力集中在推動旗下企業上市。

初時，他推動了前文提及規模較細、業務較單一的金松製衣上市，似有投石問路的色彩。金松製衣成功上市後，看到吸納公眾資金擴張業務的空間，促使他接着籌劃海外信託銀行上市。從資料看，為了達成目的，張明添曾作出多方部署與安排，一方面好好整頓銀行門面賬目，如收購一些有助提升銀行業務的企業，以示銀行蒸蒸日上、不斷擴張；另一方面則廣招賢能，呈現一種人材薈萃、全力為銀行打拚的景象；還有一點便是吸納更多具實力的商界人物支持，或是招攬他們成為策略投資者，壯大集團力量。

在展示業務蒸蒸日上方面，銀行 1971 年中在香港仔開設分行，令分行數目增加至 16 家（《華僑日報》，1971 年 7 月 16 日）。後因應銅鑼灣波斯富街的分行面積狹小，不敷應用，遷至面積大三倍的軒尼詩道新址，以配合該區日漸增加的業務需求（《華僑日報》，1972 年 5 月 23 日）。與此同時，又在灣仔告士打道動工興建一幢 28 層樓高的大廈，作為銀行總部（《華僑日報》，1972 年 1 月 17 日）。

在招賢用能、吸納專才方面，除了中層管理的晉升強調學歷與專業，張明添還吸納不少年輕、高學歷的銀行金融專業人材入職，成為管理層中堅。另一方面，他於 1972 年初遊說在廈門唸書時的同班同學、曾任廣東銀行總經理、具豐富銀行管理經驗的黃長贊加入，擔任副總經理。[27] 並為了配合這一任命，張明添又招攬了曾任職中國銀行的王蔭，出任黃長贊副手（《華僑日報》，1972 年 4 月 12 日、4 月 28 日）。即是說，張明添進一步招聘銀行界的資深人士出任要職，藉此提升領導團隊的專業性，強化管理。

在吸納投資者方面，張明添招攬了香港知名企業家彭國珍和李東海加入董事局，彭氏為上市公司嘉年地產有限公司負責人，李氏則為東泰貿易有限公司董事長，又曾任東華三院主席，二人的加入豐富了策略投資者的陣容（《華僑日報》，1972 年 8 月 15 日）。其後，他又委任嘉年地產為海外信託銀行大廈的策劃經理，廣東諺語所謂「一家便宜兩家着」，對雙方都有利。要注意的是，除了招攬彭國珍進入董事局，張明添還大舉購入嘉年地產股票，揭示他有意增加地產方面的投資，其舉動曾令嘉年地產股價一度大漲（*South China Morning Post*, 19 September 1972）。此外，海外信託銀行又與國際商業銀行如日本大華

黃長贊

海外信託銀行有限公司

發售股票啓事

茲宣佈本公司現已向遠東交易所及金銀證券交易所申請准予將本公司全部面額壹元之股票五千萬股，報價及買賣。本公司之股票持有人在已付股本之全部面額壹元之股票五千萬股中，撥壹千二百五十萬股按每股叁元正由遠東交易所及金銀證券交易所各會員配售，此次配售之股票全部由TORONTO DOMINION INVESTMENTS(H.K.)LIMITED包銷。關於認購股票之説明書及申請表格，可向遠東交易所及金銀證券交易所各會員索取。認購書須於一九七二年十月十三日上午十時前連同支票送達遠東交易所或金銀證券交易所。

海外信託銀行發售股票啟事，《工商日報》，1972 年 10 月 9 日。

銀行（Daiwa Bank Limited of Japan）及國際信用聯盟公司（International Credit Alliance Limited）等結成夥伴，藉以提升國際知名度（*South China Morning Post*, 19 September 1972）。

1972年10月7日，海外信託銀行終於發出「私下配股」（private placing）集資文件，宣佈將在遠東交易所及金銀證券交易所上市。據集資文件及刊登的啟事，銀行將從已付的5,000萬股（每股面值1元）中，提出1,250萬股以每股3元作配售，集資3,750萬元，承包商為道明銀行旗下的道明投資香港有限公司（Toronto Dominion Investment（H.K.）Ltd.）。至10月17日，銀行正式掛牌，據報交投相當熱烈，當天收市價為4.95元，較招股價3元上升65%（Overseas Trust Bank Limited, 1972；《工商日報》，1972年10月9日、1972年10月18日）。

上市文件還有一點值得留意之處，海外信託銀行公佈的董事會成員名單中，除了原有的張明添、桂華山、曹耀、黃克立、彭國珍、李東海、莊清泉、黃毓秀外，還有不少東南亞著名華商，包括新加坡王振壿、檳城蘇紫聽、吉隆坡鄭棣、泰國楊錫坤和李木川等（Overseas Trust Bank Limited, 1972；《工商日報》，1972年10月9日）。他們除了全是在南洋富甲一方的重量級人馬外，亦分別來自兩間與海外信託關係極緊密的銀行，其中王振壿、蘇紫聽、鄭棣為合眾銀行董事局成員，1960年代中兩間銀行合併後獲邀入局，楊錫坤及李木川則來自香港工商銀行。董事會的組成除反映張明添寬廣的人脈網絡、實力雄厚外，同時揭示三間銀行已緊緊扣連，以及海外華人華商與香港多層面的深厚關係。

成功上市的海外信託銀行，發展腳步更急更快，例如由陳清雹、陳惠民等家族掌控，來自馬來西亞華商資本的嘉隆發展有限公司（Trengganu Development & Management Berhad），1973年初在香港上市時，海外信託便擔任其包銷銀行（*South China Morning Post*, 12 January 1973），且在配合不同企業上市集資等層面上作出開拓。

不久後的1973年3月初，受到假股票風潮的傳言衝擊，股票市場急速回落，不少投資者信心開始動搖，可張明添似乎覺得問題不大，繼續維持進取的發展腳步。其中較突出的投資舉動，是進一步增加對香港工商銀行的持股，達至已發行股份的 71.1%（凱君，1982：88），並將之轉為附屬公司。[28] 與此同時，由海外信託銀行牽頭組成的國際綜合投資有限公司購入恒隆銀行股權，[29] 成為策略投資者，加上恒隆銀行與海外信託銀行之間有很多董事重疊，兩者如早前的海外信託銀行與合眾銀行般，結成「聯營企業」，達至優勢互補，打造更強陣容。

另一方面，該年年中，海外信託銀行在澳門開設首間分行，[30] 為了隆重其事，長袖善舞的張明添更親訪澳督，邀請他主持開幕儀式。6 月 23 日開幕當天，先是澳督夫人在銀行門前剪綵，進入銀行內部後再由澳督揭幕，一眾銀行高層自是面上有光。分行由張啟民擔任總經理，葉漢、崔德祺及徐嘉儉等則是澳門分行管理委員會成員（《華僑日報》，1973 年 6 月 3 日、6 月 25 日）。

澳門分行開幕前夕，不少與海外信託銀行相關的企業高層都提前來港，準備同赴澳門。在宴請各海內外嘉賓時，張明添趁機發表演說，指集團旗下擁有六家銀行，分佈香港、馬來西亞、印尼、泰國，另有四家財務公司和三家金融公司，資產值極巨，部份更在籌辦之中，顯然有意展示「海外信託集團」旗下銀行與企業沒有受到股災拖累，前進腳步沒有停止、發展動力仍然強大（表 1）。

1973 年下半年，股票市場繼續惡化，恒生指數跌勢未止，張明添仍在開拓業務、尋找多方合作，追逐投資機會。例如分別在跑馬地、尖沙咀、錦田及上環等多個地區開設分行（《工商日報》，1973 年 7 月 15 日、10 月 28 日、11 月 27 日、12 月 9 日及 12 月 23 日），這樣的舉動，在經濟及商業環境欠佳的時期實屬少見。

在尋找多方合作與投資方面，1973 年 10 月，張明添協助來港交流的道明銀行總裁林柏開展香港業務，隨後又增加國際綜合投資有限公司的資本投入，並宣佈斥資 3,900 萬元從名揚南洋的羅盛茂（Amos W. Dawe）手中，[31] 收購了於仁控股公司（Union Holdings）62% 控股權，[32] 張明添因此出任於仁控股主席（*South China Morning Post*, 29 December 1973）。

表 1 ｜截至 1973 年 6 月前「海外信託集團」旗下公司及資產值[33]

公司名稱	總資產值（港元）
海外信託銀行	9.60 億元
香港工商銀行	3.13 億元
恒隆銀行	5.43 億元
泰國大城銀行	11.40 億元
馬來西亞合眾銀行	20.62 億元
印尼合眾銀行	0.67 億元
海外財務公司	0.13 億元
億萬財務公司	籌辦中
港澳財務公司	法定股本 1 億元，將開業
國聯財務有限公司	法定股本 0.60 億元
泰國國聯金融有限公司	0.75 億元
馬來西亞合眾金融公司	2.29 億元
新加坡國聯金融有限公司	0.13 億元

資料來源：《華僑日報》，1973 年 6 月 22 日

進入 1974 年 1 月，哪怕香港經濟與商業仍吹着淡風，海外信託銀行卻按計劃在倫敦蘇豪區澳金頓街開立新分行，着力開拓歐洲市場（《工商日報》，1974 年 1 月 10 日；《華僑日報》，1974 年 1 月 20 日）。另一方面，銀行還在深水埗大埔道、慈雲山、粉嶺、大埔墟及大角咀設立分行，分行數目增至 28 家（《華僑日報》，1974 年 2 月 17 日、3 月 10 日、3 月 31 日及 12 月 23 日）。若加上旗下香港工商銀行的 10 家，以及恒隆銀行 11 家，分行總數已接近 50 家，遍及全港不同角落，儼然是當時最龐大的華資銀行集團（*South China Morning Post*, 17 December 1974）。

1974 年底，張明添於董事會後宣佈，銀行創行董事並長時間出任董事總經理的曹耀退休，升任副董事長兼監察董事，此職不需執行實務工作，較接近榮譽性質。至於董事總經理一職改由加入三年左右的黃長贊接手。與此同時，張明添還在會上介紹新任董事馬燦勳，馬氏為泰國亞洲信託銀行主席、亞洲保險

公司董事長兼總經理，他的加入自然再為銀行增添發展動力（《工商日報》，1974 年 11 月 21 日）。

自 1975 年起，香港股票市場從谷底回升，海外信託銀行宣佈在倫敦及澳門兩地分別再設立第二家分行，強化當地業務（《華僑日報》，1975 年 9 月 4 日及 12 月 24 日），香港方面則在西環堅尼地城開設新分行（《工商日報》，1975 年 9 月 27 日）。另一方面，銀行於 1976 年與加拿大道明銀行進一步強化合作，互相委派各自的董事（代表）進入對方銀行，道明銀行副總裁卜樂奇在海外信託銀行的董事職位升格為常務董事，強化彼此連繫（《華僑日報》，1976 年 2 月 21 日）。這與張明添一直注重與海外非華人企業保持緊密關係，以打造連結華洋的市場定位相呼應。

1976 年，海外信託銀行為慶祝創行 20 周年，不但大張旗鼓舉辦活動，吸引傳媒，亦進行各種擴張，及集團一些投資或人事新佈局。例如為強化服務，於中環堅道開設新分行（《華僑日報》，1976 年 6 月 15 日），興建中的灣仔告士打道總行大廈則加快工程，並大力推廣信用卡業務，反映張明添對銀行本身或香港的發展前景充滿信心（Parsons, no year: 27），本來擔任董事的莊清泉，亦因期間增加投資，獲委任為副董事長（《華僑日報》，1976 年 2 月 21 日）。

同時，張明添更以銀行主席名義在報紙上撰文，闡述「在香港成立一家能反映亞洲地區華人金融團結力量的銀行，以現代金融方式組成，緊緊地扎根華人社會」的意念，亦回顧在他本人與友儕鍥而不捨的經營下，終於把海外信託銀行打造成「一家你可信任銀行」而自豪。他提出未來的發展願景，是「堅實地扎根於華人社區，且以堅定腳步走向國際銀行的世界」（Chang, 1976: 37）。毫無疑問，從草創到不斷擴張發展的 20 年間，海外信託銀行取得的成績十分亮麗耀目，張明添引以為傲實在可以理解。

不過，有分析曾以海外信託銀行上市後的表現，與同時期（1972 年底至 1973 年初）上市的友聯銀行作簡單比較，[34] 發現兩者上市時集資額相若，但海外信託銀行的規模遠超後者，上市初期的盈利更是海外信託銀行較多。但到 1977

年時，友聯銀行的盈利已大幅反超海外信託銀行（凱君，1982：86-87）。規模、勢頭及形象均佔優的海外信託銀行，實際盈利卻相對遜色，揭示當中一些外強中乾問題。

不斷吸納擴張與壯大

在現代資本主義社會，藉收購合併壯大企業乃可行之道，因為這樣有助提升效率，發揮規模經濟。具西方商業知識的張明添對此應深信不疑，故在羽翼已豐，有了龐大資本後，便多次採用收購合併的方法開疆闢土。如前文提及與馬來西亞合眾銀行組成聯營企業、以金松製衣吸納輝百公司再合併為輝百美、吸納香港工商銀行的股份令其成為附屬公司、與恒隆銀行組成聯營企業等等。不過，張明添還未滿足，哪怕他在海外信託銀行 20 周年時已快達甲子之齡，仍每天不斷尋找新的投資機會。究其原因，除了前文提及的「匱乏感」外，亦應由於那時世界及香港經濟走向復蘇，發展機會湧現，吸引他更加投入開拓。

無論如何，海外信託銀行的發展一直表現強勢，其中被市場視為實力象徵的，是位於灣仔告士打道的海外信託銀行總行大廈。1977 年 6 月，工程進入平頂階段，張明添親自主持儀式，獲報章大篇幅報導（《華僑日報》，1977 年 6 月 23 日）。7 月，銀行大埔分行遷至面積更大的門店；9 月，荃灣分店亦遷至新購入且面積更大的新舖，然後是 10 月在沙田開設分行（《華僑日報》，1977 年 7 月 22 日、1977 年 9 月 10 日、1977 年 10 月 25 日），連串動作反映擴大服務網絡的策略不變。

1978 年，海外信託銀行投資的兩幢物業落成。先是位於元朗市中心的元朗大廈，於 9 月舉行揭幕禮，當天除銀行高層外，不少新界「猛人」都到場道賀（《華僑日報》，1978 年 9 月 26 日）。至於象徵銀行實力的旗艦物業海外信託銀行大廈，則於 11 月落成入伙，銀行總行隨之遷進，標誌着銀行發展進入另一里程碑。這次的慶祝酒會更為盛大，銀行廣邀英、美、法、日、韓、荷、比、新、馬、泰等多國政要或銀行界翹楚出席，場面極為熱鬧，吸引中外傳媒爭相報導，不少外國政治首長及銀行高層更於報章刊登賀辭（《工商日報》，

1978 年 11 月 30 日、《華僑日報》，1978 年 12 月 24 日），達到張明添心目中的宣傳效果。對銀行而言，擁有良好的名聲和高知名度，實在是比黃金還重要的資產，亦是有力的「吸客」保證。

酒會上，銀行董事及高層傾巢而出，作為東道主招呼數千名貴賓。細看那時的董事局成員，可發現當中略有變動。董事長仍為張明添，副董事長為莊清泉（Deputy Chairman）及李文光（Vice Chairman），副董事長兼監察董事曹耀，黃長贊升至副董事長兼董事總經理，其他董事包括黃克立、吳婢蕊、李東海、蘇紫聽、鄭棣、李木川、黃治平、馬燦勳、楊錫坤、彭國珍及李陸大，董事總經理鍾朝發，董事兼副總經理張承忠、執行董事李安然（Susanta Lyman）等。其中新加入銀行的副董事長李文光，乃印尼著名銀行家，與李安然及李陸大同為福建籍印尼華商；黃治平是創行元老葉李波的女婿，亦是新加坡合眾銀行董事，與張明添在新加坡亦有其他生意合作。這個粒粒皆星的董事局，既反映銀行的實力，亦可見海外華商圈子緊密的關係（《華僑日報》，1978 年 12 月 24 日；江華，1982：81）。

有了海外信託銀行總行大廈這張耀眼的名片後，張明添無論進一步發展本地業務，或是奔走世界各地洽談生意、開拓市場的舉動，明顯有增無減。在發展本地業務方面，銀行於 1980 及 1981 年先後在赤柱、葵涌、屯門、上環蘇杭街、北角英皇道、西環大道西及上水等區開設分行（《工商晚報》，1980 年 1 月 14 日、6 月 14 日、9 月 30 日及 12 月 18 日；《華僑日報》，1981 年 9 月 15 日、10 月 22 日及 10 月 29 日），另外亦把不少原來面積較細的分行，搬到較大地方，如田灣支行（《工商日報》，1980 年 1 月 22 日），總之便是不斷優化銀行覆蓋面、裝修及服務。

至於開拓海外市場方面，那時最吸引張明添的是南亞及中東一帶。他於 1979 年前已奔走於中東地區，如 1979 年在巴林成立海外信託銀行巴林分公司，1980 年又在斯里蘭卡的可倫坡設立分行等（《工商晚報》，1979 年 5 月 2 日及 1980 年 5 月 18 日），擴大銀行的分行網絡，同時推動香港與當地的貿易往來，那時已有傳聞指「富有的阿拉伯商人也希望通過張明添踏足亞洲的金融

OTB Building Formal Opening

Greetings From The Philippines

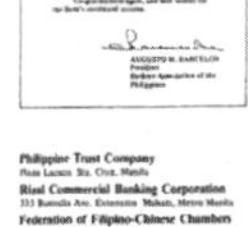

Allied Banking Corporation
560 Q. Paredes, Manila

Associated Citizens Bank
Associated Citizens Bank Bldg. Q. Paredes, Manila

China Banking Corporation
Dasmarinas Street, Manila

Consolidated Bank & Trust Corporation
The Solidbank Building Dasmarinas Street, Manila

Insular Bank of Asia & America
Paseo de Roxas Makati, Metro Manila

International Corporate Bank
117 Juan Luna, Manila

Metropolitan Bank & Trust Company
Metro Bank Plaza Building Makati, Metro Manila

Pacific Banking Corporation

Philippine Trust Company
Plaza Lacson Sta. Cruz, Manila

Rizal Commercial Banking Corporation
333 Buendia Ave. Extension Makati, Metro Manila

Federation of Filipino-Chinese Chambers of Commerce & Industry

Philippine Cigar & Cigarette Manufacturers

華僑日報 WAH KIU YAT PO

海外信託銀行大廈啟用

張明添董事長主持揭幕

海外信託銀行大廈落成啟用

泰國貴賓賀詞（譯文）

際茲海外信託銀行大廈吉期啟用，本人等謹致衷心祝賀；並願此雄偉矗立之巨厦，爲貴行導入一空前之繁榮時代。

泰國國防部副部長
姚思將軍　暨夫人

泰國皇家陸軍第一軍軍長
狄柏將軍　暨夫人

朗西教授　暨夫人

柏實教授　暨夫人

左上、下｜海外信託銀行大廈落成啟用，各國嘉賓登報致賀，《工商日報》，1978 年 11 月 30 日；*South China Morning Post*, 29 November 1978。

右上｜海外信託銀行大廈開幕酒會的報導，《華僑日報》，1978 年 12 月 24 日。

界」（江華，1982：83）。事實上，張明添曾安排巴林元首之弟謨哈密親王夫婦於 1980 年 6 月訪港四天，他本人及太太更親自接待（《華僑日報》，1980 年 6 月 7 日），反映張明添與中東的王室確實有交往，並非「空口說白話」。

毋庸置疑，張明添在中東地區的推動工作取得一定成果。他成功與中東資金組成合股公司，吸引他們入股旗下的大捷財務（*South China Morning Post*, 23 October 1981）。另外，他又招來另一個阿拉伯國家阿曼將資金注入香港，並以海外信託銀行作為阿曼投資香港的主要往來銀行，同時又籌劃在阿曼成立海外信託（阿曼）公司，在當地開展業務（*South China Morning Post*, 26 October 1981）。

當然，更加吸引市場視野的，是張明添在 1980 年推動香港工商銀行上市。正如前述，香港工商銀行自成為海外信託銀行附屬後，業務發展一直穩步上揚。自 1970 年代中，董事長一職雖仍由桂華山擔任，但實務的大權則落入莊清泉手中。經過多年籌建，到 1970 年代末，銀行位於德輔道中 99 號的香港工商銀行大廈終於落成入伙（《華僑日報》，1977 年 11 月 22 日）。

另一方面，香港工商銀行亦因應經濟及商業復蘇，加快發展腳步及分行覆蓋面，先後在銅鑼灣、元朗及筲箕灣設立分行 ，令分行總數增至 17 間（《工商日報》，1979 年 1 月 19 日、1979 年 11 月 26 日及 1980 年 9 月 4 日）。其後，銀行召開特別股東大會，議決將法定資本增至 2 億元（《工商日報》，1980 年 8 月 28 日）。當相關「包裝工程」完成，銀行的資產負債表變得吸引，便可以準備上市，吸納更多資金推動未來擴充。到了 1980 年 10 月，香港工商銀行宣佈公開集資，首次發行 3,100 萬股，每股 3.5 元，11 月 7 日截止申請，同月 21 日掛牌上市，包銷商為新鴻基證券及新鴻基金融（《華僑日報》，1980 年 10 月 21 日；*South China Morning Post*, 21 and 31 October 1980）。

1981 年中，張明添更拍板以 4.887 億元收購由周錫年家族掌控、但因家族內部問題影響發展的香港華人銀行，[35] 海外信託銀行控制的銀行又增加一家（《華僑日報》，1981 年 8 月 28 日）。由此可見，到了 1981 年底至 1982 年初的全盛時期，單是在香港的持牌銀行，張明添已掌控了海外信託銀行、香港工商銀行及香港華人銀行三家；另有聯營企業恒隆銀行，分行數目眾多，遍及香港不同角落。更不用說張明添還直接掌控不少財務公司，如海外財務及大捷財務等，都有一定數目的分行，可見其金融實力之巨大，在那個時代，已沒有多少華人能望其項背，可稱得上是香港的「銀行大王」了。[36]

透過開拓新業務栽培接班人

對於具家族色彩的企業——哪怕是上市公司，培養子女接班都十分重要，張明添雖曾公開聲稱海外信託銀行的管理大位是「有能者居之」，但行動上一早已安排長子張耀升負責泰國業務，次子張承忠則負責香港的生意，[37] 相關佈局開始甚早。儘管張明添早已悉心栽培，而張承忠「進入大學選科時已準備將來繼承父業」，可是他日後的表現卻有欠理想，就如論者所言，「或者以為繼承父業便是坐在寬敞華麗的辦公室內發號施令，從未想過險惡的形勢須如何應付。情況惡劣時便一走了之」（薩奇，1985：56）。

資料顯示，張承忠約生於 1946 年，在新加坡接受教育，到年紀稍長則被送到美國留學，在加州洛杉磯大學經濟系畢業，之後回到亞洲，1972 年加入馬來西亞合眾銀行，汲取金融行業經驗，其間未見任何突出表現。1974 年，他回到海外信託銀行，初期主要負責跟進引入直通電話服務及銀行電腦化等事務，同時開拓方興未艾的信用卡業務，到 1981 年晉升部門總經理（《華僑日報》，1982 年 4 月 28 日；*South China Morning Post*, 28 April 1982）。

按海外信託銀行本身的說法，銀行於 1969 年建立了直通電話網絡，總行與各分行可直接通話，避免多重轉接的麻煩，客戶可於任何分行提款存款，減省時間及手續（《華僑日報》，1969 年 3 月 21 日）。到 1971 年，銀行更率先引入電腦設備用來「處理賬務」（《華僑日報》，1971 年 12 月 12 日），由此可見，海外信託銀行是較早應用電話通訊與電腦以推動業務的本地銀行，張承忠加入後，主要便是負責這方面與科技有關的項目。到 1974 年，銀行對電腦系統的應用更廣泛，以之「處理全部來往戶口賬目及薪工結算」，初期的電腦設備由「渣打按連公司」提供，[38] 年租費用逾 100 萬元（《華僑日報》，1974 年 10 月

張承忠

6 日），相信張承忠亦有份推展此項計劃。

與此同時，張明添亦安排張承忠參與開拓信用卡業務。當時香港社會尚未流行使用信用卡，但海外信託銀行借鑑外國經驗，相信業務具一定空間，故較其他銀行更早開展此業務，並特別設立國際信用卡部，後來改為成立海外信託銀行國際信用卡有限公司（OTB International Credit Card Limited），集中發展，並把此新興生意交給張承忠負責，相信是藉此考驗他的開拓及管治能力（*South China Morning Post*, 12 October 1976）。

1975 年，海外信託銀行從美國購入整套製作信用卡系統的器材及設備，以加速信用卡業務（《華僑日報》，1975 年 3 月 28 日），同時大力向旅遊及零售業推廣，獲得如美麗華酒店集團、瑞興集團、松阪屋、中華航空等巨企接受信用卡消費，銀行每次都會乘勢宣傳，廣邀傳媒出席簽約儀式。由於信用卡結賬在當時香港可謂開風氣之先，傳媒多樂於以大版面報導，張承忠在這些場合亦成為鎂光燈的焦點，相信包括記者在內的不少人已隱約察覺企業的接班安排（《工商日報》，1975 年 4 月 16 日、5 月 21 日、5 月 25 日；1977 年 10 月 2 日）。

事實上，自張承忠加入海外信託銀行後，不只在引入電腦或推廣信用卡業務方面挑大樑，就連其他各種銀行與財務投資的生意，均有他的身影參與其中，揭示張明添讓他多方面接觸、經歷與學習的用心，增加他對整個商業王國的通盤了解與掌握。至 1978 年，約 32 歲的張承忠已出任銀行董事兼副總經理。不過，由於張明添的投資遍及各行各業及世界各地，公務繁忙，沒太多時間親自教導兒子，只安排最得他信賴的左右手黃長贊作張承忠的「太傅」。可惜的是，因缺乏張承忠在各崗位上表現的資料，難以了解他在接班過程中碰到過哪些困難，亦不清楚張明添是否滿意他的表現。

家族中，除了張明添和張承忠父子，妻子吳嬋蕊和女兒張麗仙亦有參與海外信託銀行的工作。[39] 吳嬋蕊自 1966 年前已擔任銀行董事，直接參與銀行事務，角色不輕，而且她經常主持銀行分行的開幕儀式，在團拜或春茗時擔任主持，又經常出入大小社交場合，猶如銀行的親善大使，對銀行宣傳推廣的作用不容低估。張麗仙則出任銀行經理，負責實務管理，早期並沒進入董事局。據銀行監理專員霍禮義（Robert Fell）觀察，張麗仙是一位比弟弟「更堅強有力」（more forceful）的管理人（Fell, 1992: 165），反映她作風較為強硬，亦應有一定表現。

從以上情況看，張明添除了安排張承忠接班、黃長贊作為輔弼，還加上吳嬋蕊和張麗仙的協助。儘管如此，張承忠表現未見突出，未能建立起自己的管治權威，故當張明添過身後，他面對內外環境的種種問題及挑戰時顯得力不從心，銀行乃至整個商業王國迅即陷於困局。最令人失望的，是在銀行資不低債時，張承忠不是身先士卒在前線應對，或者泰山崩於前而色不變地主持大局，而是攜同巨款打算一走了之，可見其不負責任、缺乏擔當，二世祖形象甚為濃烈。

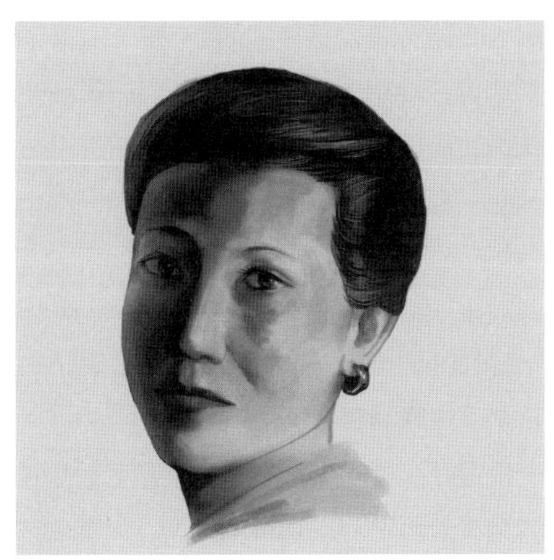

張麗仙

張明添突然去世的衝擊

無論對家族、企業，甚至國家而言，領導人突然去世都會帶來巨大的衝擊，令未來前景充滿變數，若該領導人別具魅力才能、管理方式傾向獨攬大權或一言堂，卻又尚未準備好合適的接班人，造成的衝擊必定更劇烈。不幸地，這種情況在 1982 年初便發生在海外信託銀行及張氏家族身上，將其殺個措手不及，成為這個商業王國走上末路的開端。

1982 年初，張明添仍一心籌劃開拓更多業務，馬不停蹄地四出洽商，如在同年 1 月，他便與李嘉誠頻繁接觸，洽購對方持有的花旗銀行大廈（Citibank Tower），涉資 4.3 億元，當中部份款項以現金支付，部份則透過發行海外信託銀行股票支付，若相關交易最終落實，李嘉誠將持有海外信託銀行一份不少比例的股權（*South China Morning Post*, 13-14 January 1982）。[40] 另一方面，為了推動更多投資合作，張明添又在 1982 年 2 月親赴斯里蘭卡首府科倫坡，籌劃在當地興建大型商住樓宇（*South China Morning Post*, 10 March 1982）。

不過，就在 1982 年 3 月 27 日，張明添卻被發現倒斃在其入住的吉隆坡美輪酒店 832 號房間，享年 63 歲。據《南華早報》引述路透社報導，酒店職員發現張氏倒在地上，前額有小傷口，警方初步調查及解剖顯示，死因相信是「因跌倒前額撞擊硬物，引至呼吸困難去世」，「沒有牽涉謀殺」（there was no foul play）（*South China Morning Post*, 29 March 1982）。

對於張明添突然去世，社會上難免有不同懷疑與推想。張明添的友人透露，「去世的前一晚，他曾和幾個非常要好的朋友共進晚餐，並計劃在三月二十七日早上搬離酒店」（江華，1982：78），可見其行程緊密。有評論指張明添「是一位習好成癖的旅行者，經常遊走於東南亞，拉集海外福建華人入股參加到他的發展計劃中」（Clad, 1985: 90），據說，他每年約在香港停留四個月，另外四個月在新加坡，因他的家人主要在那邊生活，餘下四個月一般在飛來飛去的業務旅途上（Parsons, no year: 26）。

這種居無定所、行程緊湊的生活，張明添年輕力壯時或許應付自如，但他卻忽略了歲月無情，以為自己年逾甲子後，仍可時刻不停地四處奔波，結果一點小意外便奪走了他的生命，反映他低估了旅途勞累，也沒能好好掌握自己的身體狀況。事實上，他不但對自己的健康過於樂觀，對其一手建立的商業王國亦是如此。或許他急於求成，太渴望盡快將自己的王國推上高峰，因此四處開拓，忘記了火頭燃點太多、戰線拉得太長、擴張過急，實質營運管理等支援未必能全盤配合，亦很容易產生一些細微裂縫。結果，也因為那些未及察覺的小意外、小問題，最終竟導致王國全面崩潰。

張明添去世後，家人隨即安排遺體在馬來西亞雪蘭莪州大殮及出殯，之後「安葬在他的出生地——檳榔嶼」（江華，1982：78）。約半個月後，以國際綜合投資有限公司、海外信託銀行、香港華人銀行、香港工商銀行聯合海外集團的名義，在香港殯儀館舉行公祭及追思會，東南亞等國政要代表、名下各公司職工、東華三院董事局、社會名流等超過二千人親臨出席，可謂備極哀榮（《華僑日報》，1982 年 3 月 29 日及 4 月 15 日；《工商日報》，1982 年 3 月 29 日及 4 月 15 日）。

張明添去世，集團失去一位重量級領袖，但或許家族及企業忙於應付接手工作，或各方人馬為了爭奪突然空出的領導位置而較勁，未有時間全盤思考相關問題，忽略了由此可能引發的衝擊，令危機不斷積累、風險不斷增加。當時，集團及家族面對的主要問題有如下層面。一、失去具魅力又有江湖地位的領袖，加上接班人能力不逮，難以號令四方。張明添不少生意夥伴都是與他平起平坐、極具份量的人物，如桂華山、黃克立、莊清泉等，在政商界都獨當一面，他們因信任張明添的能力，願意讓他領導集團，但張承忠既是後輩，領導表現亦未見突出，他們自然未必樂意聽從號令，令張承忠接班增添變數。

海外信託銀行董事長

張明添逝世

今日在吉隆坡治喪奉安

本港聯合公祭日期待定

海外信託銀行董事長張明添先生於本月二十七日在吉隆坡逝世，遺體奉移馬來西亞雪蘭莪州治喪，將於今（二十九）日舉行大殮，隨即出殯奉安。張氏生前事業衆多，其集團在本港及東南亞各國除從事銀行及金融業務外，並經營工、商、農各業，規模宏大，發展迅速。

張氏在港除担任海外信託銀行董事長外，並兼任該行控股公司國際綜合投資有限公司及香港華人銀行董事長、香港工商銀行董事會常務顧問、恒隆銀行顧問、嘉華銀行顧問、亞洲保險公司副董事長等職位。此外，張氏任董事長或董事之機構尚有：海外置業有限公司、海外財務有限公司、大捷財務投資有限公司、海外保險有限公司、海外興業有限公司、於仁企業有限公司、華樂來有限公司、統一機構有限公司、澳門東亞大學等。據海外信託銀行發言人稱：上述各機構將於最近聯合舉行公祭，時間及地點再行通告云。

圖為張明添先生

張明添於馬來西亞大殮的報導，《華僑日報》，1982 年 3 月 29 日。

訃告

本公司董事長
本行董事長
本行董事長
本行董事會常務顧問
張明添先生不幸於一九八二年三月廿七日在馬來西亞吉隆坡逝世奉移雪蘭峨州八打靈再也天靈山道堂治喪謹定一九八二年三月廿九日在該道堂大殮隨即出殯奉安在香港追悼日期另行奉告謹此訃

國際綜合投資有限公司
海外信託銀行
香港華人銀行
香港工商銀行
謹啓

通訊處：海外信託銀行 地址：灣仔高士打道一六〇號 電話：五－七五六六五七內線二八一

張明添訃告，《工商日報》，1982 年 3 月 29 日。

單以海外信託銀行為例，它不純粹是張明添的家族生意，還有很多具份量的投資者或家族參與其中。部份或因持股量較少或與張氏家族關係親近，不會與張承忠爭奪領導之位，但持股量多且位列第二把交椅的莊清泉家族，無論身份、財產、能力都足以與張氏比拼，他們不見得會樂意臣服於張承忠之下。故張明添一死，「動搖了各伙伴間微妙的權力平衡，使他留下的那個財雄勢大，然而錯綜複雜的企業王國，進入一個前途未卜的階段」（冷眼，1985：58）。即是說，張明添去世後，董事局內部因尋求權力再平衡而出現變數，起了一番爭奪。

其次，張明添打下的江山，幅員及層面太廣太雜，並非一般繼承者能全面掌握。單就銀行業務，投資及市場便不只香港，還有中國澳門、韓國、南洋、南亞、中東、英國、加拿大及美國；而與銀行業務相扣連的財務、保險等金融服務，同樣分佈甚廣，要有效接管已十分不容易，更不用說張明添生前涉獵的生意還遍及工業製造、酒店、物業地產等，可能還有一些外人不清楚的生意及投資。

此外，張明添本人特殊的經營作風亦窒礙了接班，給整個商業王國的發展添加風險。因為張明添一向依賴自己的記憶力和私人關係，多於文件上的往來，他有一名熟人曾說：「張明添是一位極富魅力和有遠見的人物，但總愛把每件事情都放在心裏。他突然去世，許多銀行有關的事，也就懸在半空中」（江華，1982：78）。換言之，張明添的不少合作或人脈關係等，因為沒有記錄或制度化，令接班人無法有效接手，這樣必然會削弱接班的成效。

總括而言，張明添的生意層面極廣，海外信託銀行不但業務眾多，亦與包括香港工商銀行、恒隆銀行等結成聯營企業，同時還有財務保險等公司，彼此關係糾纏複雜，各股東之間在不同企業內又有不同持股比例或職位。張明添在生時，哪怕他不擔任聯營企業或附屬公司的領導，憑他的江湖地位也能號令四方，但當張承忠要坐上整個集團的領導大位時，便會出現不服氣的聲音或氣氛，成為集團分裂或離心的節點所在。

儘管我們沒法了解張明添去世後整個集團內部權力爭奪的具體情況，但據當時報章或評論的分析，相信集團第二大力量的莊清泉家族曾提出挑戰。因為莊清泉掌管香港工商銀行實務，其堂弟莊榮坤則掌管聯營企業——恒隆銀行——的實務，與張明添家族掌管海外信託銀行實務形成有力競爭。莊清泉年齡與輩份略高於張承忠，自然亦想坐上海外信託銀行的領導大位，接手這家本地第三大的銀行，惟這樣便與張明添家族產生矛盾。

有分析指，持有海外信託銀行約四分一控股權的副董事長莊清泉，曾在張明添死後爭奪董事長一職，但不敵擁有四成多控股權的張氏家族推舉的代表黃長贊（江華，1982：79）。按後來的事態發展來看，雙方應達成了某種安排：由控股權較多的張氏家族繼續掌控海外信託銀行、香港工商銀行及香港華人銀行，第二大股東莊清泉家族則獲得恒隆銀行全面控制權，大家分道揚鑣，各走各路（參考恒隆銀行一章）。換言之，由於權力及利益爭逐，海外信託銀行與恒隆銀行不再是聯營企業，過去緊密的關係自此終止，莊清泉亦不再擔任海外信託銀行和香港工商銀行的副董事長，互控股權的關係亦已解除（Yau, 1982: 21）。

談判完結，一切塵埃落定，海外信託銀行公佈新組成的董事會，一如所料出現巨大變化。董事長一職由黃長贊出任，吳嬋蕊以張家女家長的身份坐上副董事之職，張承忠為常務董事及董事總經理。其他董事有李文光、李陸大、雷永康、張麗仙、蘇紫聽、鄭棣、黃克立、李木川、黃治平、李東海、李安然、張耀升、模哈密親王、鍾朝發、黃金鴻（秘書）等，莊清泉家族已沒任何成員參與其中。董事會之下，還增設常務董事會，負責銀行的實務運作，由張承忠任主席，成員還有李安然、雷永康、張麗仙、黃金鴻（秘書）（《華僑日報》，1982 年 4 月 28 日；薩奇，1985：54；Bowring, 1985: 86）。

以上安排有幾點值得留意。首先，董事會中張氏家族成員增至四名，包括吳嬋蕊、張耀升、張麗仙、張承忠，並由張承忠和張麗仙兩姐弟掌握海外信託銀行的實際行政大權，表面上似乎家族在董事局有更大的話語權，但事實上未必如此。或許因為他們清楚自己的影響力遠遜張明添，故只能增加人數，期望發揮「三個臭皮匠，勝過諸葛亮」的效果。

其次，無論是黃長贊出任董事長，還是吳嬋蕊出任副董事長，顯然都有臨危授命的過渡性質。黃氏一直深得張明添信任，早已安排在張承忠身邊充當「太傅」；吳氏更是張承忠之母，由二人出任銀行最高職位，除有穩定大局的考慮，顯然亦是為了掃平荊棘，以便張承忠未來登上大位。難怪有心水清的記者指黃長贊「純粹是為了年輕張先生（繼承者）主掌城堡」（merely holding the fort for the young Mr Chang）。此外，報章在介紹新董事會時，除黃長贊外，還有不少篇幅專程介紹張承忠，顯然是銀行故意為之，想提升他的曝光率及知名度，為他未來接班鋪路（*South China Morning Post*, 25 September 1982; 華僑日報》，1982 年 4 月 28 日）。

但事實上，張承忠當時要接班並不容易，先不說他加入銀行只有八年，論資歷論營商經驗都只是一名新手，工作期間又沒有特別建樹，無論威望還是能力都不足以服眾，才會發生莊清泉先爭權後離去，或黃長贊與吳嬋蕊分別擔任正副董事長的過渡安排，反映張承忠不但年紀輕、缺乏權威和江湖地位，亦非天資過人的商業奇才。若然天下太平，又有賢人輔弼，由平庸之輩坐上香港「第三大本地銀行」的領導大位，或許尚能平穩過渡，最多只是發展不如同儕。可是那時香港政商環境風起雲湧、變化急促，集團本身又經歷連串擴張，早已遠超一般人能夠駕馭的規模；再加上張明添生前的經營手法過於進取，為銀行發展埋下炸彈。因此，張承忠接手後不久集團即迅速崩潰，其實早有定數。

從某層面上說，企業發展與建立王國甚為相似；企業敗亡時，情況亦與王國崩潰的過程相近。就海外信託銀行（集團）而言，張明添突然去世後，便出現歷史劇常見的戲碼：具實力的合夥人不願臣服而群起爭權、老臣護少主、女家長走上前台「垂簾聽政」……。當然，現代商業社會始終不是封建王國，有種種法制規範，而且爭奪者雙方都保持理性，秉承生意不成人情在的原則，敗陣後只是分道揚鑣，沒有鬧到對簿公堂，實在算「不幸中之大幸」，甚至是雙贏了。

新領導上台的問題接二連三

張明添突然去世之時，香港商業、經濟與社會發生巨大波動，不但樓市股市從高位回落，利息飆升，中英兩國對香港前途的安排亦爭拗激烈。這樣急速的變局，就算張明添在生，相信亦不易應對，何況人生閱歷有限、經營管理經驗不足的張承忠，集團上下旋即碰到各種困難，實乃預料之內。事實上，在那個波譎雲詭的時期，無數民眾和企業都受到巨大衝擊，投資蒙受巨大損失者有之，企業倒閉、員工失業者亦大有人在，反映經濟及商業環境惡劣。

當然，社會和商業環境雖有暗湧，但表面上仍歌舞昇平，而實力雄厚、業務眾多的海外信託集團，亦呈現不斷發展、保持成長的良好景象。領導能力的高低，不在於旁觀時的評頭品足、紙上談兵，而是親身面對連串棘手問題時如何有效應對。張承忠與乃父張明添的領導力與才能，觀乎張承忠接班後的表現，高下立判。

當集團內部的權力鬥爭告一段落，確立領導地位後，張承忠曾接受記者訪問，雖沒有表現得驕傲自滿，但卻流露了一番「個人風格」，多次提到自己與父親的不同。例如，他在訪談中稱「會按自己的方法做事」（I'll do it my way），且刻意強調「我經營的作風，與父親很不同⋯⋯我很保守，他很進取」，又指「我是前進兩步又會看後一步」的那種人（*South China Morning Post*, 25 September 1982）。從言談間可見，他亦察覺到張明添極進取的投資策略其實為集團帶來相當風險。

儘管張承忠表示自己做事保守，但或許由於不少發展計劃早已如箭在弦，海外信託銀行開設分行的步伐仍相當急速。如在張明添去世後不久的 4 月份，銀行先後在觀塘及澳門高士德馬路開設分行，分別是香港第 45 家及澳門第三家支行，同時又在中東阿曼開設分行（《華僑日報》，1982 年 4 月 20 日及 4 月 27 日）。接下來的 5 月、6 月、8 月及 9 月，再先後在元朗横台山、錦綉花園、西貢及洪水橋開設分行（《華僑日報》，1982 年 5 月 28 日、6 月 4 日、8 月 17 日及 9 月 1 日）。到了 10 月，既在韓國漢城（今首爾）開設辦事處，又在加拿大設立附屬公司——海外信託銀行（加拿大）有限公司，並於溫哥華設立分行（《華僑日報》，1982 年 10 月 2 日；《工商日報》，1984 年 10 月 19 日）。同年，銀行又引入自動服務，讓客戶可自助「打簿」（存摺自動出納機），核查賬戶存款（《華僑日報》，1982 年 3 月 24 日，1983 年 8 月 16 日）。總之，銀行充滿發展動力，不斷開展新領域。

然而，那時香港的股市與樓市已急速回落，利息亦大幅飆升。或者是看到這些不利因素，進入 1983 年，海外信託銀行略為放慢前進腳步，只在美孚新邨及太古城開設分行（《工商日報》，1983 年 2 月 8 日及 5 月 28 日），1984 年則以海外信託銀行（加拿大）有限公司的名義在多倫多開設分行（《工商日報》，1984 年 10 月 19 日）。同年 10 月，銀行公佈業績，董事長黃長贊只談及了一些門面話，例如指截至 1984 年 10 月，銀行擁有 44 家分行（揭示已有一些分行結束），業務分佈倫敦、溫哥華、三藩市、漢城（首爾）、澳門、耶加達、哥倫布及巴林；又稱海外信託銀行乃首家進駐中東的華人銀行，在阿曼開設的阿曼海外信託銀行（Oman Overseas Trust Bank）乃海外信託與阿曼的合資銀行，由阿曼投資者佔 51%，其中巴林皇室持有 34% 等⋯⋯。雖然表面上業務不斷擴充，但實際盈利卻銳減，利潤從上一個財政年度的 9,800 萬元大跌至 4,500 萬元，因此宣佈不派股息（*South China Morning Post*, 18 November 1984;《大公報》，1984 年 10 月 30 日），消息牽動市場與投資者情緒，令銀行股價進一步走低。

事實上，那時海外信託銀行已外強中乾，陷入財政困窘，掌管實務的董事總經理張麗仙指出，銀行盈利減少的原因是「為呆賬作慎重之準備」，並語焉不詳地指「正面臨一調整期，股東將見於該行業務汰弱留強，經理部門亦將採取較保守之營運策略⋯⋯以前所作之呆賬準備稍嫌不足，故有增加之必要」（《工商日報》，1984 年 11 月 21 日）。張麗仙聲稱盈利銳減是市場競爭激烈所致，卻披露了一個重大問題：「呆賬準備稍嫌不足」，且實際的呆賬比預先的撥備還要多。

為了綢繆應對，挽救海外信託銀行的財政危機，於 1984 年 10 月出任香港華人銀行常務董事會主席的張承忠，開始了「賣子救母」的行動。他先是與來自印尼的著名華商李文正（Mochtar Riady）商討出售華人銀行一事，[41] 並於 11 月拍板，海外信託銀行將手上持有的香港華人銀行 99.73% 權益，以 3.371 億元出售給李文正家族掌控的 Airfield Limited（後易名 Worthen Holdings Hong Kong Ltd.），惟相關交易並不包括位於德輔道中 61-65 號的香港華人銀行大廈

（*South China Morning Post*, 30 October and 5 November 1984）。經李文正一番整頓後，香港華人銀行恢復了活力，到 1997 年 6 月獲華潤企業有限公司（China Resources Enterprise Ltd.）垂青，被其收購（Bloomberg News, 19 June 1997），銀行在華潤集團領導下轉入另一發展軌跡。2001 年，香港中信嘉華銀行斥資 42 億將香港華人銀行收購，並合併為中信嘉華銀行（《新浪網》，2001 年 11 月 2 日），香港華人銀行的名字從此消失。

海外信託銀行還與馬來西亞著名華商郭令燦家族商討，出售香港工商銀行控股權，不過討價還價的過程較為波折，到 1985 年 5 月，雙方終於達成原則性協議：海外信託將以換股方式，把持有的香港工商銀行控股權售予豐隆集團，消息因此浮面，傳媒廣泛報導。當時市場反應平靜，似乎以為這是一般商業買賣或合作，兩間銀行的股價亦沒有太大波動（《華僑日報》，1985 年 5 月 8 日、9 日及 10 日），誰料海外信託銀行正面對嚴重財政問題，才會不斷出售資產。惟相關交易尚未完成，[42] 紙已包不了火，海外信託銀行因財困在 6 月 6 日突然停業，牽涉的問題較恒隆銀行更嚴重，發展也更戲劇性，轟動中外社會。

銀行危機與政府接管

說事件發展「戲劇性」，是因為如本文開首時提及，負責領導的張承忠在搞出個爛攤子後選擇連夜逃亡，正要出境時在機場被捕。當時他身上帶着 120 萬元現金及 1,080 萬元有價證券，據悉另外被帶返警署的兩男一女還包括其母吳嬋蕊（《大公報》，1985 年 6 月 8 日）。警方商業罪案調查科於是派出逾百名警員進駐海外信託銀行的灣仔總行，嚴查每名出入者。

因應事態嚴重，加上早前謝利源金舖、大來財務及恒隆銀行等接連「爆煲」的前車之鑑，為防事件擴散，危及整個金融系統，政府迅速作出反應。時任銀行監理專員霍禮義指海外信託銀行違反銀行條例，「未能遵守銀行監理專員根據銀行業修例第十三條第一節所發出之規定處理其事務」，在諮詢財政司彭勵治後，宣佈按《銀行業條例》賦予的權力，勒令海外信託銀行停業，保護存戶及債權人的利益（Overseas Trust Bank, 1985）。

豐隆投資有限公司
海外信託銀行有限公司
關於
香港工商銀行有限公司
之
聯合公佈

豐隆投資有限公司（以下簡稱「豐隆」）暨海外信託銀行有限公司（以下簡稱「海外信託」）之董事會茲宣佈雙方達成如下協議：在有關香港工商銀行有限公司（以下簡稱「工商銀行」）業務之資料獲得確定之情形下，豐隆會就收購工商銀行之全部已發行股份提出收購計劃。收購計劃會以一項收購建議或一項推薦建議之形式作出。

在收購計劃中，工商銀行之股東可以1,000股面值1港元之工商銀行股份，交換2,900股已繳足之新發行豐隆普通股，或按此比例計算之更多或更少之數量。HONG LEONG SECURITIES LIMITED（一所豐隆之附屬公司）同意在應請求之情形下，將發行給工商銀行股東作交換之豐隆股份配售，售價每股1.4港元（不包括配售佣金及印花稅）。

新發行之豐隆股份可享有一切與現已發行股份同等之權利。豐隆須要額外發行295,800,000新股以全部收購工商銀行之股份，該數目之股份將構成已增加之股本之百分之二十九。

海外信託已作出一項不可撤銷之承担，同意就海外信託及其附屬公司持有之63,240,000股工商銀行股份接納或促使接納上述之收購計劃，該數目之股份乃佔工商銀行已發行股份百分之六十二。海外信託亦已同意將不少於183,396,000豐隆股份交HONG LEONG SECURITIES LIMITED 作上述之配售。

有關之收購計劃會載於一項文件中，並會儘早送達工商銀行各股東。該收購計劃是基於下列條件而作出：

1. 除非收購是以推薦建議方式進行（如下述），否則接受收購之股東所持有之工商銀行股份總數不得低於工商銀行已發行股份百分之五十。
2. 豐隆股東會須通過普通議決案批准收購工商銀行及對法定資本作必須之增加以進行收購及發行新豐隆股份予接受收購之工商銀行股東。
3. 財政司及銀行業監理專員分別向豐隆確實彼等不反對豐隆取得工商銀行之控股權，而該等確實不可附帶使豐隆不能接受之條件。
4. 自一九八四年六月三十日起至上述第1.至3.項及下述第5.項中所列之條件分別獲得履行或豁免履行期間，工商銀行或其任何附屬公司沒有作出下列任何一項中之事情：

   （A）發行，授權或建議發行關於任何類別之額外股份，或其他可變換爲此等股份之證券，或其他認購此等股份及證券之認購權或認購證。
   （B）授權，建議或宣佈建議之意向，以進行任何合併，收購，資產或股份變賣，或更改其資本之事宜。
   （C）達成與本段內所提及之交易活動有關之協議。
   （D）達成其他正常業務以外之重大合約。
5. 香港證券交易所，遠東證券交易所及金銀證券交易所各自之委員會分別同意及批准所有新發行之豐隆股份上市。

假若收購以推薦建議方式根據公司條例第166條進行，則收購計劃亦會受到與有關之一般推薦建議條件所約束。

應有關公司之請求，海外信託，豐隆及工商銀行之股份在各交易所之買賣已於一九八五年五月七日暫停，並於一九八五年五月八日恢復買賣。

承董事局命　　　　　　承董事會命
豐隆投資有限公司　　海外信託銀行有限公司

香港一九八五年五月七日

海外信託銀行與豐隆集團關於香港工商銀行的交易通告，《華僑日報》，1985 年 5 月 8 日。

財政司亦不敢怠慢，按條例賦予的權力，暫時吊銷銀行旗下海外財務、大捷財務的牌照註冊，並凍結張氏家族與相關人士的資產，防止資產轉移（《大公報》，1985 年 6 月 7 日；《華僑日報》，1985 年 6 月 7 日；*South China Morning Post*, 7-8, 12 and 21 June 1985）。澳門的三家海外信託銀行分行，亦被澳門政府接管（《華僑日報》，1985 年 6 月 8 日）。連串前所未見的行動轟動中外社會，引來巨大迴響，有評論因此形容為「如在市場上引爆一枚炸彈」（Bowring, 1985: 86）。

6 月 7 日星期五晚上，立法局（今立法會）隨即召開緊急會議，要求通過《海外信託銀行（接收）條例》，授權接管銀行。據霍禮義在會議上透露，監管機構早前由於懷疑銀行賬目有問題，曾按新的銀行條例（*Banking Ordinance*）及存款公司條例（*Deposit-taking Companies Ordinance*），[43] 在 3 月時派人前往海外信託銀行核查財務，發現銀行似乎涉及大來財務及多明尼加財務的「支票輪」（cheque kiting）操作（詳見大來財務一文），並因此蒙受巨大虧損，但銀行似乎一直隱瞞壞賬，故兩度要求銀行提供資料及澄清（Fell, 1992: 165；《華僑日報》，1985 年 6 月 29 日）。

或者是這個要求令管理層覺得紙包不了火，故於 6 月 6 日下午 4 時通知銀行監理處，指銀行「無力償還債務」宣佈停業，同時準備出逃。為此，銀行監理專員乃立即報告財政司，在諮詢對方意見後接管銀行，同時宣佈停止其股票交易，並發現問題比想像中嚴重，不只是經營不善，而且「虧損較全部資本還多」（the bank was more than wholly lost）部份管理層更捲入違法刑事行為（Overseas Trust Bank, 1985）。

由於距離恒隆銀行「爆煲」及被接管的事件不過一年，立法局緊急立法會議上自然出現不少質疑及不滿聲音，認為相關部門未有做好把關工作，對香港國際金融中心的聲譽及地位造成衝擊。無論是認為接管行動干預自由市場，或批評政府監管不足，但由於放任銀行倒閉帶來的後果更嚴重，在兩害取其輕的考量下，議員只能「有限度支持」或迫於無奈投贊成票，令法例迅速通過。為了配合接管行動及星期一（6 月 10 日）恢復營業後可能出現的情況，政府動用外匯基金 20 億元注入海外信託銀行，以維護銀行體系穩定（《華僑日報》，1985 年 6 月 8 日）。[44]

由於海外信託銀行有政府「背書」，因此在 6 月 10 日恢復營業時，社會及市場反應平靜，「一切情況正常」，沒有出現擠提。另一方面，儘管香港工商業行的營運「基本健全」，但為了防止再生不利變故，政府宣佈同時接管香港工商銀行，警方因此亦接管了位於德輔道中 99 號的工商銀行大廈，偵查取證。受事件影響，股票市場一度急跌，隨後回穩，但交投及走勢則「續感淡靜」，

華僑日報

通知港府無力償還債務

海外信託銀行停業

直至另行通知為止

港府緊急應變保護存戶利益

財政司稱堅守政策 維護銀行穩定發展

警方大隊開到 接管銀行大廈

所有人員進出須受調查

立法局緊急會議

海外信託銀行開設已三十年

機場截留有關人士

明報

1985年6月7日

海外信託銀行全球停業 警帶走四巨頭

警帶走副董事長吳嬅蕊

張承忠携百萬離港被捕

行政局今開會討論 確保海託存戶利益

五高官夤夜開會後表示 風波不會影響其他銀行

強調保障小存戶

八十年代初期過度擴展導致不少壞帳

海託停業並非突發事件 港府早已擬定應變措施

全行巨頭開夜會

倫敦港股價位下跌 近恒生指數五十點 港股今開市受壓力

第十三條第一款 銀行例詳細內容

港督明返抵此間 對海託暫無評論

在海託聲明以外 財政司不再評論

澳政府緊急會議

海外信託銀行去年尚有盈利

政府緊急應對海外信託銀行事件的報導，《華僑日報》，1985 年 6 月 7 日；《明報》，1985 年 6 月 7 日。

反映「人心趨審慎」(《華僑日報》，1985 年 6 月 11 日)。

接管海外信託銀行後，財政司委任金融司林定國（David Nendick）為董事局主席，副主席兼董事總經理則為滙豐銀行高層端納（David Turner），管理銀行實務。兩人立即組成接管團隊，掌控了海外信託銀行，以維持日常營運，銀行「除執行董事總經理，職員均沒變」。至於海外信託銀行附屬的香港工商銀行，經初步核查後，認為基本健全，恢復正常營業（《華僑日報》，1985 年 6 月 10 日及 11 日）。

值得注意的是，政府對接管海外信託銀行一事高度審慎，尤其關注傳媒的評論與報導角度。從政府檔案中可見，政府有專職部門搜集相關資料，向不同部門提供民情輿論變化。其中與海外信託銀行相關的「媒體覆蓋與評論」(Media Coverage and Comment）提及，自政府接管了海外信託銀行後，「市場寧靜和沒有銀行擠提」，檔案中收集的媒體綜合評論指出，到政府接管後，亦認為「情況會回復正常」(Overseas Trust Bank, 1985-1995）。

對於政府接管的做法，銀行存戶及債權人自然大表支持，但由於香港政府長期強調不干預自由市場運作，這次動用大量公帑的接管行動，畢竟引來不少輿論。其中具份量的批評，是中國銀行出版的《港澳經濟季刊》，針對恒隆銀行及海外信託銀行接連出事，指出「銀行監管制度有進一步改善必要」，主要是「個別銀行內部管理不善、違反銀行法例」(《華僑日報》，1985 年 8 月 16 日)。

政府除了以維護銀行及金融體系穩定、保護存戶及公眾利益為由辯護外，亦如兩局議員鄧蓮如所言，「違法行為難以杜絕，但政府須加強監察」(Overseas Trust Bank, 1985-1995）。另一方面則指，海外信託銀行無論在本港或海外，都擁有非常出色的金融基礎設施，對投資者有一定吸引力（《華僑日報》，1985 年 6 月 8 日；*South China Morning Post*, 8 June 1985），待銀行經營重回正軌，業務改善後，將在「適當時候交回私營」(《華僑日報》，1985 年 7 月 7 日)。不過，由於與海外信託銀行相糾纏的業務實在龐雜，政府不同部門的調查無法一時三刻全面梳理，令「交回私營」的承諾遲遲未能兌現。

在核查海外信託銀行與旗下公司的賬目及記錄，找到問題交易時，政府便會作出跟進。到 1985 年 7 月底，財政司又宣佈，根據公司條例賦予的權力，委任調查委員會，核查與海外信託銀行有關的五家公司，包括 Val Nominees Ltd.、洽瑞投資股份有限公司（Charic Investments Ltd.）、聯合投資有限公司（Investment Consolidated Ltd.）、Consortium Investment Ltd.、Pan East Development Corporation Ltd.（《大公報》，1985 年 8 月 1 日），部份公司或人物的交易日後成為檢控證據。

被政府接管後的海外信託銀行，向多家公司追討欠款，並在未獲正面回應後申請將相關公司清盤，如 International Consolidated Investment Ltd.、Hydefield Ltd.、Consortium Investment Ltd.、Lansbury Ltd.、Valona Ltd.、Fuliham Investment Ltd.、Mirebeau Ltd.、Oriental Finance Ltd.、Overseas Credit Investment Ltd.、COB Finance Ltd.、Barrow Investment Ltd.、Selton Ltd.、Mansion Investment Ltd.、Union Holdings Ltd.、Regentgate Ltd. 及 Investment Consolidated Co. 等，都因此被送上法庭強制清盤。據《南華早報》引述截至 1985 年 10 月初的法庭消息，海外信託銀行、香港工商銀行、海外財務及大捷財務四家公司，合共向欠債人發出 86 張傳票，追討金額高達 11.92 億元（*South China Morning Post*, 15 October 1985）。惟當中有多少能成功追回，則缺乏資料，相信大多付之東流（Ko, 1985: 30）。

刑事檢控方面，除早前拘捕的張承忠以及兩名銀行前總經理助理（戴名山及楊英華）被迅速提堂，張承忠更不准保釋外，[45] 警方隨後再陸續拘捕廖松林（Leow Tshun Lin，譯音）、張啟民、鍾朝發等人士，刑事調查進行得如火如荼（《華僑日報》，1985 年 6 月 9 日及 10 月 5 日）。到 1985 年 10 月，隨着大來財務集團多名董事串謀詐騙案審結，社會才了解到，原來以楊碩鐘、莊榮坤、李海光、高建華及毛凱元等人為首的大來財務集團，曾利用多家海外公司以「支票輪」方式運作，騙取流動資金，在 1977 至 1982 年前後五年間，累計款項高達 217 億元。後來「支票輪」斷裂，更令參與其中的恒隆銀行和海外信託銀行損失巨大（《大公報》，1985 年 10 月 12 日）。

1985年底，據政府透露，海外信託銀行總虧損達30.50億元，比原來預估的約20億元高逾五成，反映銀行的虧損已嚴重到無可救藥的地步，相信這亦是張承忠選擇一走了之的原因。面對巨大虧損這個「無底洞」，已經身不由己的政府別無選擇，只能繼續從外匯基金中撥出巨款注資，以應付更多的呆壞賬，至於政府希望及早將海外信託銀行脫手「交回私營」的想法，自然是實現無期。因此不但引來反對政府干預者更嚴厲的批評，亦令一眾爭取維護自身權益的小股東失望（《大公報》，1985年12月28日）。

高層被控與敗根早種

政府在海外信託銀行「爆煲」後，迅速拘捕銀行高層及展開刑事偵查、封鎖銀行總部大樓、宣佈緊急立法接管海外信託銀行等。連串行動不但穩定了社會及投資市場信心，遏止問題蔓延，亦預防相關人士銷毀證據，有助廉政公署等執法機構取得更多證據進行深入調查，引致後來更多涉案人士被捕或受到警方盤問，成為日後成功起訴入罪的關鍵。

資料顯示，拘捕張承忠、戴名山及楊英華等人後，警方還「邀請」不少涉嫌人士接受問話，部份人經初步調查或初級聆訊後，相信沒牽涉違法行為而獲得釋放，如戴名山、楊英華及廖松林等（*South China Morning Post*, 11-13 June 1985）；部份人則因證據確鑿，被送上法庭受審並被定罪，如張啟民、鍾朝發等；亦有如黃長贊、葉椿齡等人，在銀行「爆煲」前聞風先遁，離開香港，廉政公署須透過不同途徑把他們引渡回港受審。部份涉案人士的處理及控罪過程，由於與大來財務集團及多明尼加財務的「支票輪」相關，在此不贅。

最先被定罪及判刑的是張承忠。由於他一開始就有意潛逃，故從1985年6月被捕後一直不獲准保釋。或許是長期的囚禁攻破了這位沒吃過大苦的年輕人心理防線，他在1986年7月開審之初已即時認罪，承認串謀行騙、造假賬、發佈虛假賬目，以及在沒抵押和不忠實的情況下批出逾2億元貸款，損害海外信託銀行債權人、存戶及股東利益等四項罪名，並同意轉為控方證人，以換取法庭輕判。法官在判刑時指，被告干犯的罪行嚴重，令納稅人及股東蒙受極大損失，且他並不是辯方律師求情時所說「在舞台上任人擺佈的傻瓜」，而是案件的中心人物，但考慮被告認罪，且轉為污點證人配合警方調查，故判入獄三年。本來法官還有意向被告頒佈刑事破產令，但得悉其財產早已遭政府凍結，且有許多人已入稟法院向他追債，故暫緩頒佈（《華僑日報》，1986 年 7 月 12 日及 15 日；*South China Morning Post*, 12 and 15 July 1986）。

銀行前最高領導人張承忠已認罪，既起「示範作用」，亦代表證據確鑿，再負隅頑抗恐怕只會增加刑期，因此海外信託銀行其他被控的高層都先後認罪，包括公司秘書兼總經理鍾朝發，他主要涉及兩項訛騙罪行，且同樣轉為控方證人，以換取減刑。原訟庭判入獄三年，但他認為刑期過重提出上訴，主要理由是他並非主謀，只按上司指示辦事，沒從中收取個人利益，量刑應有輕重之分，不應如張承忠一樣。上訴庭同意其觀點，最後減刑至兩年（《華僑日報》，1986 年 8 月 15 日、11 月 26 日、12 月 12 日）。

另一位是過去深得張明添信任、負責澳門分行管理的老臣子張啟民。他除了如張承忠及鍾朝發一樣被控串謀行騙，損害股東、債權人及存戶利益等罪行外，還有一項「過份借款予無抵押或無力還款的公司或人士，款項共達 1.4 億元」，但那些獲貸款人士沒抵押品支持，「又無力還款，而在銀行中又無紀錄」。張啟民最後亦選擇認罪，法官判其兩項罪名成立，各入獄兩年，同期執行（《華僑日報》，1986 年 12 月 16 日及 17 日）。惟律政司提出上訴，指被告兩項控罪有不同之處，不應同期執行，獲上訴庭接納，最後張啟民因此入獄四年（《大公報》1987 年 3 月 21 日、4 月 3 日）。

至於那些已離開香港的涉案人，在廉政公署努力下，部份亦成功被引渡回港受審。1986 年 5 月初，兩名主要涉案人——多明尼加財務東主葉椿齡和海外信託銀行董事長黃長贊，先後在三藩市洛杉磯被捕。其中，葉椿齡願意回港受審，相關手續較為簡單，同年就被引渡返港，然後進入檢控程序，因該案在多明尼加財務一文已有深入分析，這裏略過不贅。

相對而言，黃長贊則不願合作，先是向美國法庭提出拒絕引渡的申訴，被法院拒絕後再上訴，因而拖延了一些時間，但最終仍於 1987 年 5 月被判強行遣送，在廉政公署人員押送下返港（《華僑日報》，1986 年 5 月 4 日及 8 日、1987 年 5 月 27 日）。黃長贊被告上法庭，涉及控罪包括偽造賬目、串謀行騙，以及在沒抵押和不忠實的情況下批出借貸，損害海外信託銀行債權人、存戶及股東們利益等 53 項。他後來與控方達成認罪協議，承認部份控罪，以換取撤銷大部份控罪。辯方律師求情時指，黃長贊沒有實際參與，亦沒有從中獲益，且長期熱心公益，對社會有過貢獻，加上年事已高、健康欠佳等，希望法庭從輕發落，法官據此判黃長贊入獄兩年（*South China Morning Post*, 20 June and 31 December 1987）。

綜合政府在立法局會議上披露的資料、法庭的審訊文件及霍禮義的觀察，其實海外信託銀行早在張明添管治時已種下禍根。如控方陳述張承忠及鍾朝發的控罪時，便提到案發日期是在 1980 年 7 月至 1985 年 6 月間，被告串同已故的張明添、黃長贊等人，隱瞞銀行曾向多明尼加財務購入 6,000 多萬美元不能兌現的支票，導致銀行大額虧損，其後又偽造賬目，隱瞞相關交易（《華僑日報》，1986 年 5 月 9 日）。顯然，「支票輪」這個炸彈的藥引，在張明添主政時已燃點，黃長贊接任後繼續讓它燃燒，到張承忠上任後終於爆發。

黃長贊代表律師求情時辯稱，黃長贊對「支票輪」沒有認識，亦沒有參與其中，負責相關操作的乃銀行一名叫 James Lau 的外匯經理，他一直在逃，廉政公署無法將他捉拿歸案，傳媒亦沒有這方面的消息與報導。其次，當發現「支票輪」操作為銀行帶來巨大虧損後，張明添以「挽救銀行於崩潰境地為由」，決定以隱瞞為應對策略，黃長贊只好按指示行事。再次證明張明添仍在生時，海外信託銀行已捲入「支票輪」操作，而且他在獲悉問題後沒有壯士斷臂，反而率先隱瞞，作為繼承者的張承忠亦在這歪路上愈走愈遠，令問題愈演愈烈，累計虧損亦愈來愈大（*South China Morning Post*, 20 June 1987）。

由此可見，這家「第三大本地銀行」全面崩潰的主因是捲入了「支票輪」，尤其當一個支票輪出現問題無法解決時，負責人即開展另一個支票輪，期望能以「數冚數」的模式瞞天過海、解決問題，但最後難逃「爆煲」命運，造成無法挽回的損失及結局。而且，海外信託銀行的問題較恒隆銀行更嚴重，因為它涉及大來財務集團及多明尼加財務兩個「支票輪」的旋渦，兩者累計金額更是天文數字，所造成的損失更為巨大。甚至連政府財金高官亦錯判形勢，以為從外匯基金撥款 20 億元便能應對，且接管的時間不會太長，結果卻是泥足深陷，要至 1993 年才能脫手離場，實在出乎很多人意料之外。

業務發展與斬件出售

從某種意義上說，被政府接管、交由銀行金融專業管理人主持的海外信託銀行，就如被圈養的豬，不理會肥瘦好醜，只是待價而沽，讓政府可以盡快全身而退，減少負擔，不用再承受社會和政治壓力。只是由於海外信託銀行生意與投資繁多混雜，旗下附屬或聯營企業無數，需要追討的債務極多，聆訊需時；加上有興趣接手者出現時又要討價還價，令轉售的過程曲折漫長。從日後發展進程看，政府出售資產的手法並非批發式或打包式尋求單一買家，而是零售式或斬件式逐件出售，期間亦曾為了提升銀行效率而適度增加投資。

自政府在 1985 年 6 月 6 日接管海外信託銀行之後，與之相關的多項投資及業務亦受到政府管制，資產不能未經授權或批准擅自處理。具體地說，在 1985 年 7 月，海外信託銀行前控股公司——國際綜合投資有限公司——被法庭頒令清盤（《華僑日報》，1985 年 7 月 23 日），之後財政司成立專責委員會，調查一些與銀行有業務及信貸往來的公司，同時開始向欠債者追討欠款（《大公報》，1985 年 8 月 1 日）。與此同時，政府又陸續在社會和市場放出風聲，指自接管後，銀行的業務發展「已有好轉趨向」，藉以安撫民心（《華僑日報》，1985 年 8 月 5 日）。

從公開資料看，第一項被政府出售的海外信託銀行資產，是其附屬公司——海外信託銀行（加拿大）有限公司——的全部權益，包括在加拿大的兩家分行，買家是加拿大萬國寶通銀行，（《大公報》，1985 年 12 月 24 日及 27 日）。由此回籠的資金雖只屬杯水車薪，但畢竟可以減少一些債務負擔。

進入 1986 年，股票市場仍相當低迷，投資氣氛不振，但海外信託銀行的接管班子仍根據原來發展計劃，購入當時甚為先進的 IBM4700 財務通訊系統，提升銀行運作效率，對銀行整體發展具重要作用（《華僑日報》，1986 年 1 月 16 日）。另一方面，1988 年 8 月 10 日，銀行更在火炭開設新分行（《華僑日報》，1988 年 8 月 11 日），似是要證明政府接管下的海外信託銀行，仍保持開拓動力，不過這樣的進取舉動畢竟十分少見。

1986 年底，銀行把位於中環的海外信託銀行大廈，以 1.6 億元售予美資投資公司，藉以減輕銀行債務（《大公報》，1986 年 10 月 11 日）。1987 年初，銀行再把位於灣仔的海外信託銀行總行，以 1.23 億元售予該行的附屬機構——海外信託銀行地產。據銀行負責人稱，銀行一直有意出售該大廈，卻未有合適買家，故作內部轉讓，目的是「為了維持原來的業務及套取一筆流動資金」，應對銀行發展，之後銀行會繼續租用大廈單位經營（《大公報》，1987 年 3 月 18 日）。

1987 年 2 月，華人銀行大廈又以 1.05 億元售回予原業主香港華人銀行，這次交易「充滿傳奇性」，引起城中一陣熱議，談論大廈的「前世今生」。大廈原本由香港華人銀行與一間報社合作建成，1981 年海外信託銀行收購香港華人銀行，同時用 1.3 億購入其持有的華人銀行大廈 82% 業權，六年後又被對方購回（《大公報》，1987 年 2 月 19 日）。不過，從購入價較當年更低，可見海外信託銀行持貨三年，大廈不但沒有升值，反而虧損了 2,000 多萬元，而且這次交易雙方銀行名字雖然相同，但內部的主事人早已物是人非了。

接着的 1987 年 6 月 23 日，海外信託銀行宣佈經多輪篩選後，將持有的香港工商銀行股權售予由寧波籍王時新家族掌控的大新金融集團。為此，香港工商銀行股份暫時停止在交易所進行買賣，直至交易完成。日後的資料顯示，相關控股權作價 5.5 億元，而大新金融取代了香港工商銀行的上市地位，終結了香港工商銀行的歷史（《華僑日報》，1987 年 6 月 24 日、8 月 12 日）。

出售最為關鍵的附屬公司香港工商銀行後，剩下待價而沽的便是海外信託銀行本身，但出售行動卻一直未能落實。事實上，經一番努力，銀行經營已有很大改善，綜合虧損（包括銀行其他業務）逐年下降，1986 年為 265,463,000 元，1987 年減少至 25,048,000 元。若單計海外信託銀行，1986 年虧損為 229,448,000 元，1987 年減少至 53,380,000 元（Overseas Trust Bank, 1985-1988）。但政府方面認為出售時機未到，主要理由是「法律糾紛尚未解決」（《華僑日報》，1988 年 7 月 29 日）。

確實，由於涉案人士較多，部份被告又在上訴中，故法律程序至當時尚未完全了結。不過對於出售海外信託銀行，政府似乎表現得好整以暇，每次被問何時出售，總是以不同理由回應，謂要「等待時機成熟」（《華僑日報》，1991 年 5 月 10 日及 10 月 25 日）。1992 年，政府出售海外信託銀行持有的泰國國際信託財務近兩成權益，獲利 6,700 萬元，此舉被市場視為邁出了出售銀行的重要一步，但政府的回應仍是「等待時機」（*South China Morning Post*, 31 January 1992）。

向來強調不干預市場運作的政府，接管海外信託銀行多年，為何一點也不心急，予人「皇帝女唔憂嫁」之感。究其原因，一方面是當時銀行的業績輾轉上揚，如在 1990 財政年度，銀行盈利總額達 8,926 萬元，銀行總資產值達 139 億元，可見經過多年整頓，海外信託銀行已有堅實的財政底子，具備高價出售的條件。另一方面則是過去兩年，據說曾有多個泰國財團洽購（文信，1991），令政府相信銀行不愁買家。此外，正因政府一直強調銀行最後會交由私人經營，市場深知政府不會長期持有，故雖有不少財團有意洽購，但總是大幅「壓價」，令雙方在價錢上一直談不攏。政府表現出不急於脫手的姿態，相信是有意為之，希望提高售價。

1993 年，政府終於宣佈成功出售海外信託銀行，買主為郭令燦家族國浩集團旗下的道亨銀行，作價 44.46 億元（*South China Morning Post*, 29 July 1993）。單以賬面計算，售價較政府當初動用逾 30 億元的外匯基金高出近五成，可說是賺了一筆，為庫房帶來收益。但實際上，政府在接管期間花費的總支出始終沒有公佈，到底出售銀行是否真的為政府帶來「斬獲」，相信是「理想很豐滿、現實很骨感」的寫照了。

順作補充的是，自道亨銀行收購海外信託銀行後，國浩集團將旗下另一銀行廣安銀行與其整合，成為道亨銀行集團，強化市場力量。大約八年後的 2001 年，國浩集團又將道亨銀行集團轉售予星展集團控股有限公司，海外信託銀行亦同時易主。到了 2003 年，星展集團將道亨銀行、海外信託銀行及廣安銀行合併，易名星展銀行（香港），這三間銀行的名字從此成為歷史。

政府接管海外信託銀行的行動中，銀行小股東自然損失慘重。他們當初買入海外信託銀行股票，不少是作為長線投資，相信銀行有實力和發展前景，而且向來派息不俗，沒想到最後會「搭沉船」，遭遇不幸。據報章估計，小股東多達上萬人。在政府接管後，他們多番請求政府維護其權益，如設立特別審裁處，又進行示威請願等集體行動，爭取賠償。後來，政府設立了審裁處審議本案，可惜經過一年的審訊後，宣判其股份在政府接受時已毫無價值，代表他們不會獲得任何賠償。雖然仍有一些小股東聲言決不罷休並打算上訴，但投資賠光已成事實，無法挽回，日後亦甚少再聽到抗議聲音（《華僑日報》，1985 年 8 月 10 日、1985 年 12 月 2 日、1986 年 3 月 4 日；《大公報》，1987 年 7 月 4 日）。

最終飲恨的教訓

無論從哪個角度或指標來評估，張明添牽頭創立和領導海外信託銀行，表現亮麗突出，令銀行發展成一個跨國集團，足以與當時任何一個頂級企業並駕齊驅。惟他在建立王國的過程中犯下錯誤，加上接班人經驗能力不足，企業在第二代迅速敗亡，兒子張承忠更鋃鐺入獄，令人惋惜。綜合檢視整個個案的發展，可粗略歸納出如下的經驗和教訓，值得深思與汲取：

一、有魅力與才幹的領袖。海外信託銀行的崛起及不斷壯大，建基於張明添獨特出眾的才幹和領袖魅力，以及他「總是想賺取更多」的「不饜足心理或匱乏感」（西奧，1983：79）。他從來不因已有的成就沾沾自喜，就算坐擁億萬財富仍不停步，東奔西走多方開拓，故海外信託銀行在香港扎根後，他便與馬來西亞及南洋一帶的銀行結盟，互相支援，然後在澳門、英國、美國，甚至加拿大、韓國、南亞及中東等地建立分支或代表處，令商業版圖不斷擴張。可是這個龐大的商業王國，在他去世後不到三年便「冰消瓦解，實堪浩嘆」（冷眼，1985：60），導致這局面的原因之一，是其接班人缺乏或尚未能建立起與他一樣的領袖魅力，才能不足以相比，顯然亦缺乏打拚事業所需的「不饜足心理或匱乏感」，因此無法振臂一呼號令或感染別人跟從，帶領前進的方向掌握不準，所以很快便觸礁沉沒。

二、人脈與關係網絡。張明添的商業王國能夠迅速崛起與壯大，成功因素不單是表面的資本投入，還有無形但極重要的資本：人脈關係及政商網絡。張明添由一地的樹膠貿易起家，發展至跨國巨企，重要的生意都是與人合夥，且重量級人物愈來愈多，亦甚少拆夥反面，可見他不但交際手腕極佳，亦具吸引別人的魅力，因此打造出一個龐大且覆蓋面極廣的人脈關係網。這個網絡基本上以南洋一帶的福建籍華商為骨幹，然後輻射擴散至各地的華人華商，後期甚至包括外國的權貴。香港則因連繫全球華人，具無可替代的地位，成為他其中一個主力發揮的平台。然而，這種高明的交際能力及魅力，部份屬與生俱來，部份則靠後天長時間浸淫培養。張承忠自小嬌生慣養、工作歷練不足，本來已經與那些事業有成的長輩有隔閡，若他接班後為求盡快鞏固領導地位，表現得頤指氣使，那個因繼承而來、本已脆弱的關係網絡，自然難以維持，最後更是獨木難支。

三、缺乏親身教導。張明添無疑乃營商奇才，可張承忠卻未能得其真傳，這是很多家族或企業在傳承過程中常會發生的問題。出現這一局面的核心，是創業一代把絕大多數時間聚焦於打拚事業、開拓生意之上，忽略了與家人培養親情，遑論花時間或精力對子女面傳耳授。據說，「張明添的兒女散居香港及東南亞，家人甚少聚首一堂」（江華，1982：80）。家人相處時間不多，子女的照料和教育自然要假手他人。事業上，張明添有意讓張承忠接手銀行生意，卻只安排兒子跟在黃長贊身邊，由黃氏提點指導，但無論領導企業及經營人脈關係等方面，張明添均比黃長贊強多了，假設他能抽時間親自傳授，多帶着兒子與生意夥伴建立關係，相信效果必然更佳。或許他以為自己仍有時間，可讓兒子慢慢從旁觀察吸收，可惜人算不如天算，結果張承忠的生意手腕、待人接物或應對危機的表現，都遠遠不如其父。

四、擴張忘卻防守。對於無數家族或企業而言，在草創階段，把目光與精力集中於開拓擴張，實在無可厚非，因為缺乏發展增長，一切無從談起。可是當打下江山，建立起一定規模的基業後，便要兼顧防守，用投資術語說便是要注意擴張帶來的風險，因為若然忘卻防守，沒做好風險管理，當時局逆轉，惡運或挑戰接二連三時，便容易陷於險境，最後連累全局。張明添帶領下的海外信託銀行，明顯亦出現這一致命問題。無人能預料到他會突然去世，令傳承接班及領導轉移等問題變得更為複雜，接班一代更難應對；更不用說那時又碰上香港樓市股市急速回落，中英兩國就香港前途談判令投資環境風高浪急，利息飆升，匯率極為波動。

五、危機應對失當。無論家族、企業或社會，總有各種問題隨時發生，若應付得當，問題可逐步或即時解決，反之則愈演愈烈，最後引至敗亡。就海外信託銀行而言，由問題轉為危機的事件，是捲入了累計資金達天文數字的「支票輪」操作。令銀行掉進「支票輪」風暴的，或許正是張明添那個無遠弗屆的人脈關係網絡。初期或許他亦從支票貼現與貨幣兌換中獲得實利，但到後期發現巨額支票沒法兌現，造成巨大虧損時，他卻沒有當機立斷，既沒報警求助，查出詐騙或操作者，又沒壯士斷臂，將之撥入壞賬承受虧損，反而作出造假賬隱瞞的違法行為，將個人及企業置於險境。危機若平安渡過，他及家族或者仍能維持風光，惟這樣的賭博式冒險，再次暴露了低估或忽略風險的致命盲點，無異於以紙包火，最後兵敗如山倒，不但成為兒子張承忠鋃鐺入獄的遠因，企業及家族更全盤潰敗，後代難以再在香港立足，留下令人嘆息的遺憾。

對打造香港國際金融中心的影響

毫無疑問，海外信託銀行的個案，是海外華人在打造香港作為國際金融中心的進程中最鮮明突出的例證。一方面，此個案說明了發跡於南洋的海外華人家族或企業，不少會把持續發展與開拓的大本營放在香港，為香港帶來持久的力量支援；一方面又反映了銀行其實亦服務海外華人，兩者相互配合。即是說，香港既吸納了海外華人華商的人力、物力及財力，同時亦是海外華人謀生經營的重要場所，兩者互相配合，相輔相成。

海外信託銀行自 1950 年代中至 1980 年代初的發展，亦反映香港作為國際金融中心的不同階段。主要是先吸納資金於銀行業務，然後以這些資金推動工業發展，增加生產，同時又參與酒店旅遊、房地產開發及財務服務等不同層面，配合或緊抓經濟轉型的機會。海外信託銀行的業務「融入」香港經濟及金融的肌理之中，銀行及金融的地位日見吃重，因此才可逐步建立起作為國際金融中心的地位。

海外信託銀行向海外——南洋、中東、歐洲、北美及中南美洲等——不斷開拓業務、設立分行，反映香港的商業連結不斷向這些地方輻射伸延出去。至於這些地方的客戶，主要又是海外華人華商，這與海外華人遍及全球有關。他們人數眾多，為海外信託銀行提供充足的市場潛力，亦因此支持香港國際金融中心地位的建立。香港的金融業務既以海外華人華商為主要服務對象，亦得力於他們的長期支持。

恒隆銀行、香港工商銀行、香港華人銀行等的股東組成中，可以更清楚地反映出海外華人華商資本的力量。這些投資者或股東大多來自南洋一帶，亦有其他地方，那些已在海外致富的華商，不只投資在銀行及財務公司，還涉獵眾多不同業務。那些從事不同業務的公司，在經營時主要往來的，又大多集中於那些與他們有關連的銀行，說明這些銀行的服務對象，同樣集中於海外華人群體，彼此相互扣連，繁衍相生。

可以概括地說，無論海外信託銀行、香港工商銀行、恒隆銀行，甚至另一章提及的嘉華銀行，基本上都展示了銀行的資本或投資大多來自海外華人華商，因此銀行的生意及服務亦較專注於他們，彼此相互扣連，關係密切，明確揭示了海外華人華商在促進香港金融及經濟發展上所扮演的重要角色，具有不容低估的巨大發展力量。

結語

長久以來，海外信託銀行的事件，被認為標誌着「香港銀行業歷史傷心一章的完結」（To, 1992），見證了一個巨富家族的龐大企業在年輕一代接手後迅速敗亡，令人唏嘘（薩奇，1985：52-56），長期以來成為不少市民茶餘飯後的話題。批評聲音多指向接班一代欠缺才幹與領導能力，甚至不長進；或是認為華資銀行或企業經營不善，種下苦果。綜合上文深入討論應不難發現，以上指摘雖有一定道理與根據，但明顯並非事實全部。真正導致海外信託銀行及其他關連企業敗亡的原因，比外人所想的更多元複雜。例如就領導而言，觸發危機的火頭，其實在張明添在生時已點燃了，接班人要改轅易轍，在「老臣帶少主」的局面下，着實不易。至於有關華資銀行或企業經營不善的批評，若然真的如此不濟，此前他們為何能夠由無到有、不斷壯大發展，成為僅次於滙豐銀行及東亞銀行的香港第三大本地銀行？

值得注意的，還有海外信託銀行能夠在香港這個缺乏天然資源的彈丸之地闖出新天，壯大成為走向世界的銀行金融巨企，既說明了香港具孕育和吸引這方面企業與資本的環境與土壤，亦有促進資本在全球層面流通與運轉的能耐。至於海外信託銀行及其他不少銀行在 1980 年代栽了筋斗，遭遇逆境，不但給張承忠及其家族上了極為沉痛的一課，亦給後來者豎立深刻教訓，警戒其必須行之正道，才能基業穩固，行穩致遠；香港的經濟及金融制度，亦在汲取這些教訓後作出制度修正和改革，社會則逐步形成公平廉潔觀念，為香港打造成地區性國際性金融中心奠下極為重要的基石。

註

1 有說法指張明添出生於馬來亞吉輦（Daerah Kerian）的瓜拉古樓（Kuala Kurau）（Ong, 2000）。

2 這是那個年代富裕的華僑家族甚為常見的做法，如著名海外華商胡文虎、余東璇年幼時亦被送回鄉接受教育，由此再次證明張明添家境應在中產或以上。

3 這裏所說的「學徒」，相信不是一般意義上學習一門技藝的學徒，而是現代商業管理層面的見習或實習，為下一步經商作準備。

4 曾傳聞張明添有婚外情，惟沒有確實證明，亦不清楚是否有其他非婚生子女。

5 案中被告為益和公司，被控罪名為觸犯外匯統制，據控方指，此公司乃當地最大的樹膠出口公司之一。

6 曹耀 ，1906 年於廣東台山那平村出生，本港著名銀行家，先後在四川省農民銀行、中國農民銀行、香港集友銀行、香港華人銀行、嘉華銀行、香港工商銀行、亞洲保險有限公司等出任管理層及董事，一生事業大多與銀行金融業有關。資料指他曾到菲律賓大學深造，相信約於那時結識張明添，其後合力創辦海外信託銀行。他於銀行發生問題前已退休，1981 年 9 月 11 日病逝於美國，享年 75 歲（《工商日報》，1981 年 9 月 20 日）。

7 黃錫彬，約生於 1891 年，廣東番禺人。約 16 歲來港後加入美孚火油公司工作，長達 41 年，職位最高升至近似買辦的華經理。他除了與張明添等人創辦海外信託銀行外，亦與另一位來自泰國的商人陳弼臣創立亞洲保險有限公司，還曾出任東京銀行華經理，反映他在「南洋幫」中有相當人脈。黃錫彬生平最為人所知的事件是「三狼案」或「雙黃案」，他與長子在 1959 至 1961 年先後遭人綁架，其子慘遭殺害，他則在交付贖金後獲釋。至 1962 年底，匪徒因分贓不均自相殘殺，一名綁匪轉為證人爆出內情，成功捉拿其餘三名主腦歸案，最後「三狼」被判死刑（王非，1978）。受綁架案影響，黃錫彬出入更為小心，但仍活躍商界，1968 年 2 月 8 日病逝於香港，享年 77 歲（《大公報》，1959 年 6 月 25 日；《華僑日報》，1968 年 2 月 9 日）。

8 黃克立，祖籍福建泉州，1910 年出生，1935 年廈門大學經濟系畢業，起初在原校任職，後轉任職國民政府財政部。國民黨敗走後，黃克立隨蔣介石到了台灣，曾任台中市長。1948 年舉家移居香港，轉投商業，先後創立大正國際、海外興業公司及永固紙廠等企業。他在海外信託銀行出事前的 1984 年 12 月辭任董事，故沒受銀行倒閉事件牽連，後更獲委任為香港政協常委。其子黃宜弘乃香港政商界名人（《工商晚報，1965 年 11 月 12 日；《大公報》，1985 年 6 月 8 日、1988 年 3 月 24 日）。

9 關於葉李波的資料不多，但從新加坡的報章可見，其母及兩名兄弟一直居於新加坡，兄弟在當地開設多間公司（《南洋商報》，1958 年 5 月 14 日）。另一篇報導則提到他於 1973 年時為 74 歲，其女葉芳菲的丈夫為新加坡合眾銀行董事黃治平（《星洲日報》，1973 年 7 月 31 日）。

10 黃毓秀與張明添一樣乃南洋華僑，在新加坡經營四海源有限公司。1973 年 9 月病逝於新加坡 （《星洲日報》，1973 年 9 月 16 日）。

11 不過，翻查報章各年資料，合眾銀行成立後多年，董事名單中並不見張明添的名字。銀行成立時，董事會主席為蘇紫聽，其餘董事有哈芝諾、王振墻、哈森敏隔都也旺 、周子敬、鄭棣、駱木森、楊振興、江國盛等，當中有下議院議長，還有不少議會議員，都是當時政商界強人，故銀行發展氣勢如虹（《南洋商報》，1960 年 7 月 16 日）。到 1976 年，分行數目升至 49 家，成為馬來西亞本地創立的第二大銀行（Parsons, no year: 25）。首次找到張明添或海外信託銀行與合眾銀行相提的報導在 1965 年，指兩間銀行正申請合併，並稱兩間銀行的「董事及主要股東，多屬相同」，至 1967 年，報導提及張明添時，指他為合眾銀行的常務董事主席 （《南洋商報》， 1965 年 8 月 16 日；1967 年 5 月 4 日）。

12 合眾銀行董事哈芝諾為馬來亞聯合邦下議會議長，由於兩間銀行關係緊密，相信他因此答允主持儀式。西區分行開幕翌日，則是張明添另一項大投資——美輪酒店的開幕典禮，他亦有出席相關活動。

13 桂華山祖籍福建晉江，生於 1896 年。祖父桂永三在南洋印尼泗水營商致富，至其父桂光祥時生意遍及中國與南洋一帶。桂華山青年時便開始營商，後受朋友邀請參與推翻滿清的革命，並因反對袁世凱稱帝事敗離開中國，來到菲律賓繼續經商，生意不斷壯大的同時，亦積極參與當地華僑事務。抗日戰爭爆發後，據其子桂漢傑的憶述，桂華山為籌款抗日，開始匯款業務，在當地進一步建立起華商領袖的地位。日軍侵佔菲律賓後，桂華山被捕判囚 20 年，後因日軍成立偽菲政府進行大赦而獲釋。日軍投降後，桂華山在政商界名聲更隆，一度回到上海發展實業，並在國民黨敗退後轉到香港，創立香港華僑投資建業有限公司，又興辦搪瓷廠及蘭宮酒店（Astor Hotel）等。1959 年，桂華山原打算籌設環球銀行，在友人黃克立遊說下，改於 1961 年入入股海外信託銀行，並進入董事局，後再出任香港工商銀行董事長，對兩間銀行的發展貢獻甚大（桂華山，1975 及 1986）。

14 有關這種生意人或企業家的特點，可參考 Hofheinz and Calder（1982）的討論。

15 美輪酒店集團最先於吉隆坡成立。董事長為張明添，副董事為黃篤修，董事經理林芙蓉，主要董事有林猷珊、王治平、Peter G. Strickland 等（《華僑日報》，1962 年 9 月 13 及 15 日）。

16 蔡普中祖籍福建金門瓊林，1926 年在當地出生。1937 年抗日戰爭爆發後跟隨家人移民新加坡，繼續學業。自 1958 年起，蔡普中「逐步建立其企業王國，從船務、出入口、煙草業到金融業」，其中最突出的，是於 1965 年與陳錦泉和陳漢成等組成了亞洲商業金融有限公司和亞洲商業銀行，並於 1968 年收購香港恒隆銀行，陳錦泉因此代替張鎮漢成為恒隆銀行董事長，蔡普中則出任董事總經理，後來成為副董事長（金門會館，2020：164）。

17 胡百熙乃著名律師，曾參與遠東交易所的創立，此點可能成為張明添後來籌劃創立交易所的專業網絡依賴，可惜未竟成功。

18 林芙蓉重掌美輪酒店後不久，到了 1970 年代末，美輪酒店又轉售至許盛旗下的 Crescent Investment Co. 手中，許盛後來又將酒店連地皮出售予香港上海大酒店（《大公報》，1981 年 9 月 17 日）。1982 年 5 月，酒店停業拆卸，重建成為九龍酒店（《工商日報》，1983 年 5 月 29 日），一直經營至今。

19 還有一間名為泛馬冷氣巴士公司，可能與張明添有關。據報導，公司將於 1963 年成立，經營長途巴士往來檳城與新加坡，股東除張氏外，還包括馬來西亞時任司法部長之子梁國基等。但由於未見後續資料，難以確定公司是否落實經營（《南洋商報》，1962 年 11 月 8 日）。

20 由於未見後續報導，未知對周瑞麒的指控是否成立。但貪污事件明顯重創周瑞麒所屬政黨的威望，有助李光耀帶領的人民行動黨在 5 月選舉中大勝，李光耀更成為新加坡自治邦的首任總理。

21 香港社會尚未出現動盪的 1966 年 3 月，張明添曾以馬來西亞合眾銀行常務董事的身份，陪同馬來西亞駐美大使翁毓麟（Ong Yoke Lin）及其父親翁慈發，取道香港到台北探友及觀光，亦曾與台灣的對外事務機構負責人沈昌煥會晤（《馬來西亞駐美大使 Ong Yoke Lin（翁毓麟）訪華》，1966），可見張明添在馬來西亞政府及台北國民黨方面的人脈關係。其後翁毓麟成為馬來西亞上議院議長，更投桃報李，出席海外信託銀行澳門分行開幕儀式（《華僑日報》，1973 年 06 月 22 日）。

22 莊清泉與桂華山後來亦出任香港工商銀行的董事，甚至長期擔任董事會主席或副主席。

23 顏德堯為馬來西亞著名樹膠貿易華商，當時為馬國上議院議員 （《南洋商報》，1965 年 10 月 26 日）；馮宗萼曾任台灣對外事務機構的總務司司長、中華學術院菲律賓研究院理事長，亦是恒隆銀行董事局成員（《華夏日報》，1946 年 10 月 24 日）。

24 另外，當時還有一家由不知名人士組成的世界交易所（The World Stock Exchange）據說曾在九龍開業（《星島日報》，1969 年 12 月 16 日、1970 年 2 月 2 日及 6 月 8 日；*Hong Kong Standard*, 3 January 1970; *South China Morning Post*, 12 May 1970）。不過由於種種原因，這些交易所不是「胎死腹中」，便是被政府或競爭對手消滅於未萌芽狀態（鄭宏泰、黃紹倫，2006）。

25 股權分佈上，多倫多道明銀行持有 40%、海外信用及投資有限公司（Overseas Credit and Investment Ltd.）持有 35%、投資綜合有限公司（Investment Consolidated Ltd）持有 25%（*South China Morning Post*, 29 December 1973）。

26 從 1965 年的財務報表看，董事會顧問還有另外三人：Chalerm Cheosakul、Amporn Bulpakdi 及張明添（*South China Morning Post*, 11 June 1966），由此可見張明添自銀行創業開始已與其建立緊密關係，至於他與泰國華商的關係，未知是否與其妻吳嬋蕊家族有關。

27 黃長贊於 1916 年出生，其家族在上海全資擁有中南銀行，他在 25 歲進入銀行工作，至 1948 年離開上海到新加坡，任廣東銀行在當地分行的襄理。黃長贊加入海外信託銀行，深得張明添信賴和器重，職位不斷上升，最終進入董事局（《華僑日報》，1982 年 4 月 28 日）。

28 到 1979 年，海外信託銀行又增加對香港工商銀行的持股至 94.3%，然後於 1980 年 11 月將香港工商銀行上市（凱君，1982：88）。

29 恒隆銀行原為關沃池創辦的「恒隆銀號」，後於 1976 年售予菲律賓莊榮坤、莊清泉兄弟（詳見「恒隆銀行」一文）。

30 儘管澳門經濟體量不大，可不少銀行及財務公司均會在澳門設立分行，情況十分特殊，相信與澳門既有葡萄牙背景，又屬博彩業主導經濟，無論金融規管與資金流動均較有彈性有關。

31 羅盛茂乃歐亞混血兒，1960 年代中在南洋一帶迅速崛起。據說他乃張明添其中一名門生，惟因捲入蘇聯特務活動指控，觸動連串投資失誤，令其商業王國迅速崩潰（參考筆者有關羅盛茂的另一專著《真假特務：羅盛茂的暴起暴落》）。

32 於仁控股前身為 1905 年成立的於仁水艇（Union Waterboat Co. Ltd.），主要為提供運水等服務。1972 年，公司被羅盛茂收購，成為他業務由新加坡和馬來西亞擴展到香港的重要標誌，並將之易名於仁控股。到了 1973 年，公司出售旗下多艘小船，轉營物業地產、酒店及卡通紙生產業務（*South China Morning Post*, 18 November 1976）。此公司英文名稱與溫仁才掌控的香港友聯銀行相近，但兩者並沒控股關係。

33 這裏的各家公司，應指在投資等方面有深入互動的「聯營企業」，不是嚴格意義上在一個集團之下，由其控股的附屬公司。

34 友聯銀行由印尼華商溫仁才家族掌控，1964 年在港創立，一直發展順利。但後來銀行出現財政問題，溫仁才稱病遠走美國，銀行在群龍無首下被政府接管（詳見友聯銀行一文）。

35 那時，家族中負責管理銀行的周錫年長子周啟賢突然去世，周錫年年邁，但次子周啟邦無心接班，一眾孫兒則尚幼，周啟賢妻子盧秀妍乃選擇套現，出售控股權（鄭宏泰，2019）。

36 張明添雖擴張香港的銀行投資與業務，但在南洋方面則採取收縮策略。他於 1981 年出售馬來亞合眾銀行 51% 控股權給 Multipurpose Holdings，而 Multipurpose Holdings 旗下的附屬公司同時收購了上市的洲際投資。洲際投資主席為劉燦松兄弟，他們同時持有嘉華銀行控股權（詳見嘉華銀行一文）。惟不知道連串股權交易是否相互扣連。

37 從安排長子負責泰國業務看，在泰國的投資應該亦有不少，惟這方面非本文聚焦所在，加上缺乏資料，因此難以深入分析。

38 1980 年，銀行一改過去租用的模式，轉為自置電腦系統，並向 IBM 訂購相關先進設備（《華僑日報》，1980 年 9 月 17 日），反映銀行一方面看到電腦在發展業務上的重要性，另一方面亦可說是有更長遠的投資考慮。

39 自張明添去世後，張耀升亦進入董事局。

40 有分析指，張明添與李嘉誠和中東財團等那時正在洽談合作，主要是「以換股的方式收購李氏的一宗物業，在交易完成後李氏將擁有海外信託銀行的百分之十五股權；張明添當時也正與中東與東亞的財團討論合作，以進一步擴展其所擁有的龐大金融服務業」（冷眼，1985：57-58）。他的突然去世，令相關合作泡湯，李嘉誠可謂因此逃過了海外信託銀行日後掉進泥沼的一劫。

41 其時香港華人銀行已有分行九家，吸納客戶存款達 6 億元。

42 因應張承忠被捕，海外信託銀行陷入困境，剛與之簽訂協議，收購香港工商銀行的豐隆投資有限公司立即發出股東公告，指「由於財政司宣佈海外信託銀行有限公司出現財政困難一事之故，豐隆投資有限公司正考慮是否繼續進行於一九八五年五月七日宣佈之有關收購香港工商銀行有限公司全部發行股份之建議」（《華僑日報》，1985 年 6 月 8 日），日後最終停止交易。

43 受 1983 年連串銀行及財務公司倒閉與不良行為的影響，政府修改銀行及存款公司條例，增加了監管機構的監管權力。

44 嘉華銀行後來亦受海外信託銀行事件影響，最終「爆煲」。但未知是否不想再受到議員批評反對，嘉華銀行出事後，政府的做法是繞過立法局，直接由外匯基金向新買家承諾對欠債「包底」，那次事件最終動用了多少公帑更不受監管（詳見嘉華銀行一文）。

45 吳娌蕊經調查後獲釋，沒有被控告。

第七章

嘉華銀行

曲折發展進程的不同家族傳奇

1960s

嘉華銀行 1923 年創立於廣州太平路，之後把總部轉到香港，歷史甚為悠久（楊紫雲，1925：26），其發展歷程曲折，遭遇過不同挑戰，控股權亦數次轉手。1974 年，銀行轉到有「南洋」背景的海外華商——劉燦松、劉燦賢及劉燦成三兄弟——手中（齊以正，1985：96），之後雖有突出發展，但在那個內外政治、經濟及社會急劇波動的 1980 年代，因抵擋不住巨大震蕩而陷入困局，劉氏三兄弟為了力挽狂瀾於既倒，跨越了法律的底線，並因事件被揭發，銀行被中國國際信託投資公司收購。三兄弟雖逃離香港，最終亦分別在南洋不同地方落網，被告上法庭，因罪成而身陷囹圄，既賠掉了家族長期積累的巨大財富，亦毀掉了家族名聲與信譽。

到底嘉華銀行是在哪種環境下創立的？發展進程有何曲折？其歷程見證了哪些政治、經濟及社會的巨大變遷？控股權為何數次更易，最後落到南洋華商劉氏三兄弟手中？他們接手後又有哪些際遇與發展？與南洋（東南亞）海外華人又有哪些深入關係？掉進敗局的主要原因是甚麼？銀行日後的發展道路如何？劉氏三兄弟有哪些遭遇？我們可從這個案中汲取哪些成敗得失的重大教訓？本文將利用不同檔案資料作出說明。在此之前，且先從嘉華銀行的創立背景說起。

1980s

嘉華銀行的創立及初期經歷

不論是偉人或大型企業，其起步之初，很多時只是平凡、細小甚至不起眼的無名小卒，在成功突圍前多數跌跌撞撞、蹣跚難行，嘉華銀行亦是如此。在經歷不少挫折、理清多重困擾後，才成功理順了發展經脈、找對了發展方向，獲得巨大動力源泉，邁出穩健的發展腳步。當然，在成長與壯大的過程中，仍不時會經受風雨吹襲，難以一馬平川，只有那些謹慎應對每次挑戰、克服每個難關的，才能不斷發展，成為屹立不搖的百年老店。

正如鄭觀應在《盛世危言》中提及，銀行為「商務之本」，對國家經濟發展有着舉足輕重的地位，因此中華民國取代滿清後，為達成富國養民、避免外資銀行壟斷及扶植國家經濟等目標，在政府政策支持下，華資銀行如雨後春筍紛紛成立，單在 1912 至 1927 年這 15 年間，新設立的華資銀行已多達 304 家（汪敬虞，2001：2198），是中國銀行業蓬勃發展的時期，嘉華銀行亦是在這段時期誕生的。

綜合不同資料顯示，嘉華銀行前身為嘉華儲蓄銀行有限公司（本文簡稱嘉華銀行），由一批美洲及澳洲華僑如馮達純、[1]、張新基、[2] 顏成坤 [3] 等人創辦，除了華僑身份外，他們還有一個共通點，就是大都是在廣州經商的浸信會教徒。原來，當時正值第一次世界大戰剛結束，不少華僑攜同資金返國，聚集在廣州、上海等大城市，令當地地價上漲，商人開始投入地產買賣活動，馮達純等亦參與其中，在因利乘便下決定集資成立銀行，以進行融資放貸的生意。其中馮氏旗下的南華公司與嘉南堂各自出資國幣 50 萬元，[4] 聯同廣西梧州的桂南堂、西南堂，合組成嘉華銀行（李金強、劉義章，2016）。由於南華公司與嘉南堂出資最多，銀行寶號的「嘉華」便是由兩家公司各取一字而成，銀行地址在廣州沙面不遠的太平南路，處於嘉南堂與南華公司之間（The Ka Wah Bank Limited, 1980; 齊以正，1985：92）。

銀行真正的成立年份及地點眾說紛紜，有說是 1921 年成立，並於 1924 年在香港開設分行（李金強、劉義章，2016）；有論者則指銀行創立於 1922 年（齊以正，1985：92）；香港的英文報章《南華早報》在 1922 年底報導銀行的籌組過程，並指該銀行將於 1923 年 1 月 3 日開始營業（*South China Morning Post*, 23 December 1922）。至於創立地點方面，據南華公司主席憶述，為免受當時內地軍閥割據等政治亂局影響，嘉華銀行成立時是在香港註冊，但所謂香港總行僅為一塊招牌而已，真正的大本營還是在廣州（冼錫鴻，1965）。[5]

不過，最準確的資料相信是銀行開業不久後的一篇訪問報導。1925 年，銀行為了擴充業務，印發募股章程，並招待嘉賓參觀，由董事譚希天親自接待，報導便是根據實地參觀及募股章程寫成。文中提到銀行於民國十二年一月三日開辦，總行原設於廣州，「現擬移設於香港，經在香港政府註冊」。由此可見，銀行確實的開業日期應為 1923 年，1925 年前已於香港註冊，但尚未將總行遷至香港。至於銀行開創的資本，據報導說是「五十萬元」，由於籌劃將總部遷至香港，廣州門店則改為分行，同時在上海北京路 104 號設立分行，原資本不敷應用，故打算募集資本 1,500 萬元（楊紫雲，1925：26-28），惟不清楚當中實收資本與法定資本的比例。

與同期成立的其他華資銀行如廣東銀行、東亞銀行相比，嘉華銀行的財力及規模顯然遠遠不及，但它卻因其獨有的濃厚宗教色彩，吸引到一批特定的顧客群。正如前述，嘉華銀行由一班信奉基督新教的人士牽頭創立，董事會及領導層的成員大都來自同一教會，包括主席馮達純，其他董事如張新基、顏成坤、譚希天、[6] 黃耀東、[7] 陳開智等，日後的發展亦以相同信仰者作為管理與領導核心。有一說法指 1924 年董事會邀請林子豐加入，擔任銀行經理，負責香港業務（李金強、劉義章，2016：171），則找不到確實證據；更重要的是林子豐那時身份仍是代人打工，似難「吃兩家茶禮」，即使他真的在嘉華銀行中擔任經理之職，相信地位亦不吃重，畢竟他當時羽翼未豐（見下文討論）。

據香港公司註冊處的資料，嘉華銀行於 1924 年 12 月 17 日以有限公司模式註冊，名稱仍為嘉華儲蓄銀行有限公司（The Ka Wah Savings Bank Limited），[8] 落腳點初期在中環皇后大道中，後來遷至德輔道中 208 至 210 號。銀行之所以選擇落戶香港，相信除規避內地混亂的政治形勢外，亦看中香港商業貿易興旺，資金進出方便的優點。可惜銀行總部剛轉到香港才半年，1925 年 6 月本港便爆發了曠日持久、規模巨大的省港大罷工，經濟蕭條，大量商戶倒閉，情況至 1926 年才緩和。接着的 1929 年，又因美國股市泡沫爆破，引致全球經濟衰退，廣州與香港亦難以獨善其身，嘉華銀行的經營一度出現困難（Roy, 1996: 61-62）。

進入 1930 年代，尤其「九一八」事件後，由於中國東北爆發戰事，內地資金開始湧入香港，金融及地產市道略有改善，嘉華銀行亦漸露曙光，如在 1932 年，銀行錄得「存款由二十餘萬而（升）逾四百餘萬，去年股息亦派至周息一分二厘」。那時銀行董事局主席已轉為黃耀東，另有董事顏成坤、夏從周、馮達純等（《華字日報》，1932 年 6 月 22 日）。其後，銀行董事局主席由顏成坤出任，在他任內，銀行在彌敦道 446 號「油麻地國家書院對面」開設九龍分行，[9] 反映業務進一步擴張（《南華日報》，1934 年 11 月 23 日）。從當時銀行董事局成員名單相同但主席人選常有變動推斷，該職位很可能是各董事輪替出任，並非由某人或某家族長期佔據，原因相信與銀行股份分散有關。

正當嘉華銀行業務漸入佳境時，1935 年廣州地產市場泡沫爆破，加上市面蕭條，廣州嘉華銀行的現金流出現問題並發生擠提，波及香港與上海兩地業務。廣州分行及香港總行先於 1 月 4 日停業，上海分行亦於 1 月 5 日停業。報導提及廣州方面「撻欠存款甚鉅，當即成立債權團處登記，延聘律師辦理一切」（《中行月刊》，1935：147）。銀行董事在回答傳媒訪問時承認，因物業市場價格大跌，影響銀行資產與流動性（*South China Morning Post*, 5 January 1935），當時的董事局主席為馮達純，常務董事張新基，董事有張耀東、顏成坤、陳開智、黃啟明、陳子超、簡達才、夏從周、馮強、黃少平、陳以河，監察人為黃伯元、鄺樂生，總司理為譚希天（《福爾摩斯》，1935 年 1 月 6 日）。

從後續發展可見，原來不單廣州分行有大額的地產炒賣，香港總行及上海分行亦活躍於地產市場，如資料顯示香港總行早前購入了廣州鈿濠口 4 號地皮（李金強、劉義章，2019）。據報紙引述上海分行的財務資料，「人欠不滿二十萬，欠人十九萬餘元」（《南華日報》，1935 年 1 月 20 日）。即是說，向外發放貸款約 20 萬元，欠別人的債務則 19 萬元；本是伯仲之間，無須採取停業的猛烈舉動，但很快揭露出實情是「按入過重，以至周轉不靈」《工商晚報》，1935 年 1 月 9 日）。可見銀行因為過度借貸，令流動資金斷裂，無以為繼，最終只能關門停業。[10]

按法律程序，當銀行停業無以為繼，接下來便是清盤變賣資產，所得資金最先用於繳付政府欠款，再來員工薪酬，然後還清有抵押及沒抵押的債務，股東收回股本的優次排到最後，故一般而言可取回股本的機會甚低；就算有，能取回的比例亦不會太高。嘉華銀行的大小股東自然不願銀行清盤、投資全化烏有，故與債權人產生了爭拗和糾紛，雙方對銀行的去向各持己見。尤其當債權人（包括存戶）發現銀行的「產業足以應付債項有餘」後，希望將銀行結束盡快取回現金，但大小股東則希望復業，堅持銀行情況未至於要倒閉，甚至希望政府介入接管（《工商日報》，1935 年 1 月 11 日、1935 年 1 月 20 日）。

接下來一段不短的時間內，債權人與股東因清盤或復業、自行清盤或由政府清盤等不同路徑而爭拗不休，更曾因此興訟、對簿公堂，案件在香港法庭審理（《工商日報》，1935 年 2 月 25 及 26 日）。後來由於銀行資產大多集中於廣州，但當地樓市並無起色，債權人擔心「破產之損失⋯⋯收回無幾」（《工商日報》，1935 年 7 月 6 日），雙方最後還是選擇以「和解復業」為大方向，但需「改設聯合辦事處」，照顧各方利益（《華字日報》，1935 年 4 月 4 日）。各方經過連番商討後達成共識，法庭亦「批准復業計劃」，算是為一年多的爭拗劃上句號（《工商日報》，1936 年 2 月 21 日）。

法庭資料顯示，單就香港嘉華銀行的情況，原來的實收股本為 100 萬元，分為 10 萬股，每股 10 元，因為嚴重虧損改為減至 25 萬元，每股作價減至 2.5 元，股份數目依舊，即是每股減值 7.5 元。為了維持法定股本 200 萬元的水平，銀行再發行 17.5 萬股優先股，每股作價 10 元，優先股每年股息 8%（In the Supreme Court of Hong Kong, Original Jurisdiction, Misc. Proc. No. 65 of 1935, 20 February 1936）。由於籌備需時，銀行正式復業的日子仍要等到 1936 年 4 月 1 日，期間大小股東推選了董事，組成新董事局，主席為夏從周，副主席為

根據一九三二年香港公司則例及為
嘉華儲蓄銀行有限公司事件啓事

茲因嘉華儲蓄銀行有限公司經已自行收盤敝收盤人特定一九三五年二月廿三日為債權登記截止之期凡該銀行之債權人務須於該日期或以前將其姓名住址及債權種類交到下列債權登記處如由律師代理則須將其代理律師姓名住址一併列明倘敝收盤人對所列債權有疑義須另証明時得用書面傳知該債權人或其代理律師親到証明上列辦法如不照行則不能享受攤派權利此啓

嘉華儲蓄銀行有限公司收盤人 胡爾棟 陳達三 馮耀榮

債權登記處 香港德輔道中二零八號 嘉華儲蓄銀行有限公司收盤處

壹玖叁伍年弍月玖日

有關嘉華銀行債權處理啟事，《華字日報》，1935 年 2 月 10 日。

林子豐，秘書長李子英、司理譚希天、司庫馮耀榮，銀行地址改在永樂街 24 號（《工商日報》，1936 年 3 月 15 日、4 月 2 日；*South China Morning Post*, 12 March 1936）。

這裏先特別討論林子豐與嘉華銀行的關係。由於林子豐名氣甚大，與嘉華銀行亦從很早已有淵源，故多年來被坊間誤以為是嘉華銀行的創辦人，甚至連銀行在 1980 年上市時的招股文件中，亦稱林子豐為銀行奠基人，銀行在他的領導下取得穩定發展云云（The Ka Wah Bank Limited, 1980）。但實際上，這是一個美麗誤會，當 1922 年嘉華銀行籌辦時，林子豐只是打工仔一名，羽翼未豐，根本沒有能力創辦銀行。將他與嘉華銀行相提並論的消息，其實直至 1936 年才出現在報紙上，而他亦是從那時開始才在銀行的發展上扮演重要角色。為何林子豐長期被視為嘉華銀行創辦人？他對銀行發展又有哪些突出的貢獻？在回答這些問題前，先介紹林子豐的背景及人生經歷。

林子豐

據《林思齊傳記》的記載，林子豐祖籍廣東省揭陽市金坑村（原文 Gum Hong 的 Hong，應為 Hang 之誤植，原註意指 Golden Valley），生於 1892 年 11 月 6 日，父親林兆勳（Lam Siu Fun，譯音）原為教師，因皈依基督，曾在嶺東浸信會（Ling Tung Baptist Mission）深造，後成為牧師，走上傳道人之路，這深深影響了林子豐，令他成為一名虔誠基督徒，日後為宣揚福音、推動教育做出巨大貢獻。林子豐早年曾在廈門東門書院（Tung Man College）求學，後至北京協和醫院（Union Medical College）習醫，但他在某次課堂上因觀看教授切除盲腸手術而暈倒，發覺自己不是當醫生的材料，因此放棄（Roy, 1996: 5-7）。

約 1915 年，林子豐踏足香港，進入一家名叫廣源盛（Kwong Yuen Shing，譯音）的進出口貿易公司工作，因英文能力優秀，擔任英文秘書之職，稍後更因表現出色獲升至經理。1919 年，他成家立室，妻子陳植亭（Chan Chik Ting）

同樣是虔誠的基督徒。1922 年，長子林思顯出生，之後夫婦再誕下林思齊、林思進、林思忠、林思敬、林思安、林思耀七名兒子，以及林思英、林思謙二名女兒（Share allotment of Chik Fung Investment Limited, 1 February 1954），組成一個人丁眾多的家族（Roy, 1996: 7-10）。

進入 1930 年初，受到環球經濟大衰退打擊，廣源盛倒閉，已有一定營商經驗的林子豐與友人合夥創立四維公司（Roy, 1996: 8-9），地址在文咸西街 42 號，電話號碼 5009，走與廣源盛相同的貿易路線，不過四維公司的主要業務是從法屬安南（即今日之越南）出口煤炭，銷往香港、澳門及內地大小沿岸城市。早在 1930 年 1 月底，《南華早報》已有四維公司推銷產自越南的「東京煤炭」（Charbonnages du Tonkin）的廣告，稱其為高品質無煙煤炭（anthracite coal 或 smokeless egg coal），並列出送往不同地段的價錢，如送往山頂薄扶林道一帶每噸 23 元、半山地區每噸 21 元、九龍每噸 19 元（*South China Morning Post*, 28 January 1930）。生意興旺，令林子豐的身家財富不斷增加（Roy, 1996: 4-10）。

因生意關係，林子豐長期遊走於香港、內地、越南與南洋不同地方，期間不但在各地建立商業網絡，且熱心參與教會及公益事務，尤其是潮州商會及基督教團體等，在各地社會逐步名聲鵲起，受到傳媒和社會注視。1934 年，他更協助促成中國與安南簽訂《中越互惠通商條約》（Sino-Indo-Chinese Convention），便利兩國商業往來（《工商日報》，1934 年 9 月 12 日），因此在 1936 年 8 月獲得安南國王頒贈「龍爵勳銜」（Knight of the Dragon of Annam），成為本港第二位獲得該勳銜的華人（*South China Morning Post*, 24 August 1936），[11] 令他聲名大噪，相信亦成為他繼續參與社會事務的重要助力。

1930 年代，林子豐已通過煤炭生意賺取大筆財富，於是他在九龍城嘉林邊道購入大片地皮，興建大宅，作為父母與子女們的居所（Roy, 1996: 10），同時亦開始將資金投向不同行業，其中便包括宗教背景濃厚的嘉華銀行。在銀行由瀕臨清盤走向復業的 1935 至 1936 年間，或許是持股量增加等原因，林子豐突圍而出，獲選為董事局副主席，那時他已過不惑之年，亦有一定社會知名度，可以更好發揮。不過，就嘉華銀行的發展而言，哪怕林子豐已成為董事局副主席，由於股權分散，組織結構一如既往，所以他仍沒有發揮重大的領導或主導角色，銀行的發展未見太大突破。

就在銀行復業一年多後，抗日戰爭爆發，嘉華銀行廣州分行不久便被迫停業。事實上，在那個烽火連天、時局不靖的年代，生意經營的困難更大、風險更高，像嘉華銀行這樣剛走出清盤泥沼、管理大權又甚為分散的銀行，自然不易發揮。到了 1941 年底，日軍入侵香港，按日佔政府規定，任何商業組織若要繼續經營，必須重新登記，但鑑於商業登記檔案中沒有嘉華銀行的資料，且從 1943 年出版的《電話番號簿》中亦找不到嘉華銀行的電話記錄（香港電話局，1943：140-141），反映嘉華銀行的香港業務亦因戰爭而停業。換言之，嘉華銀行在復業後至香港淪陷前，並沒有甚麼突出表現，日佔時期更停業多年，發展可謂一波三折。

與嘉華銀行的情況相反，林子豐的個人生意在這段時間卻取得重大發展。由於戰爭爆發令民生相關的物資需求上揚，價格節節上升，能夠取得貨源者基本不愁生意，而林子豐與安南及泰國等東南亞國家的潮州人群體關係緊密，故不但煤炭生意持續向好，銷售網絡不斷擴大，更將生意擴大至食米與航運等不同層面（Roy, 1996: 10-11），事業與身家不斷上升。

據林思齊憶述，抗日戰爭爆發之初，林子豐預期日軍會入侵香港，因此曾在澳門租了一所房屋，做為家人避難之地。那時選擇澳門的原因，一來因為葡萄牙乃中立國，二來林子豐在澳門設有煤炭貨倉，在當地有一定生意與人脈。不過，戰爭爆發數年後，日軍仍沒將魔爪伸到香港，林子豐因此沒再承租澳門的房屋，想不到隨後日軍卻如他所料般兵臨城下。雖然當初租賃的房屋未能發揮作用，但多少反映了他具先見之明與風險管理的考量，這些都是有助生意事業發展的重要特質。

香港淪陷後，林子豐初期仍留在香港，親自主持四維公司的業務，後來因擔心安全，乃轉到澳門與早已被安頓到當地的家人團聚，但公司運作如常。因為從 1943 年出版的《電話番號簿》中，在「四」字的分類下可找到四維公司，地址在中明治通（即皇后大道中）華人行七階（七樓），電話號碼為 21203，相信是公司的辦事處；另有一間門店四維煤商行，在文咸西街四二號，電話號碼為 25009。公司還設有倉庫，地址在東住吉通（即告士打道）舊英美煙公司隔隣，電話為 23321（香港電話局，1943：24）。

不難想像，因為戰爭期間各種生活物資的供應十分緊絀，林子豐仍能維持煤炭、食米及航運等生意，自然帶來極可觀的盈利。不過，當時林子豐長子林思顯在菲律賓大學唸書，次子林思齊則因戰火而暫停學業，被派駐安南打理當地煤炭生意，故林家雖生活無虞，甚至財富不斷增加，但家人四散，難免日夜掛心（Roy, 1996: 4, 27-28）。

林子豐是極少數不但在戰火中幸存，甚至能積累到大量財富的幸運兒，對此，有信仰者以宗教觀點解釋，將之歸功於神恩，稱林氏一家都是虔誠的基督徒，故獲得上主的庇蔭（Roy, 1996: 39-41）。但撇開這些難以證實的唯心論，林子豐的先見之明、運籌帷幄的能力、過人的經營目光與才幹，才是那份「幸運」的基礎。而這些難得的特質，同時亦成為林氏家族在香港重光後更上層樓，吸納嘉華銀行股權、成為掌權人的重要因素。

戰後重建

二戰後，嘉華銀行如不少日佔時期停止營運的銀行或企業一樣，開始籌劃恢復業務。從 1948 年 7 月 13 日的申請文件看，當時負責實務管理的是銀行總經理譚希天，他按《1947 年公司紀錄重建條例》（*The Companies [Reconstruction of Records] Ordinance*, 1947）進行了銀行紀錄重建工作，並向政府提交了由他保存的文件，包括嘉華銀行於 1924 年 12 月 17 日註冊登記的公司組織章程，及 1936 年銀行復業的法庭判決文件，確立銀行的法律地位（In the Matter of the Ka Wah Savings Bank Limited, 14 July 1948），逐步恢復業務。廣州的分行亦按當地法規安排同步復業，惟缺乏上海方面的資料。

從報紙上零碎的資料看，自復業後至 1948 年，嘉華銀行總共獲得 489,786.23

元高額利潤，宣佈自復業以還的第一次派息：每股派息 8 厘，另贈送紅利 2 厘，算是不錯的成績（《華僑日報》，1949 年 4 月 11 日）。之後的 1949 年 1 月 8 日，嘉華銀行名稱略作調整，省去了「儲蓄」（Savings）二字，改為嘉華銀行有限公司。同年 9 月，嘉華銀行有大額投資，以譚希天為首的九名董事，包括林子豐、關炬生、徐呂淡蓮、張新基、陳潤生、陳覲光、陳明賜等人，連同嘉華銀行，在無人競爭下以底價 22 萬元投得九龍城衙前圍道一幅 7 萬多平方呎的地皮（《工商日報》，1949 年 9 月 13 日），日後建成九龍城的嘉華銀行大廈，部份樓面用於設立銀行的分行。

中華人民共和國成立後，嘉華銀行廣州分行被政府接管，上海方面則仍然缺乏資料。[12] 這對嘉華銀行而言自然是巨大衝擊，因為自此以後，嘉華銀行便只餘下香港一地的業務與生意了。接下來的 1950 年，朝鮮半島再爆戰火，聯合國在美國主導下對中國實施貿易禁運，香港轉口貿易戛然而止，本地投資氣氛驟冷，經濟又一次陷入低迷。換言之，二戰後剛踏上復業之路不久的嘉華銀行，仍然屢遇挫折，業務發展到底何去何從，自然考驗股東們對時局及市場潛力的判斷，由此引申至是否繼續對銀行投入更多的財力支持。

至於林子豐方面，自和平後，香港重建社會及經濟，那時物資短缺，供不應求，他的生意自然暢旺，尤其曾增加航運以輸入煤炭。例如從 1946 年 8 月份四維公司刊登的廣告看，公司分別有兩艘輪船（4,100 噸的 S.S. Produce 和 4,500 噸的 S.S. Empire Labrador）航行於汕頭、港澳、越南鴻基、海防及曼谷之間，除運載公司本身的煤炭外，還載客或其他公司的貨物（*South China Morning Post*, 14 August to 17 September 1946）。

不過，二戰結束後，社會對能源的需求及應用已有明顯轉變，火水及石油逐步流行起來，林子豐相信亦察覺到煤炭生意難以長遠維持，故開始將公司轉型。從其後廣告所見，四維公司在 1948 年成為台灣新竹茶公司出口台灣黑茶的獨家代理商（*South China Morning Post*, 14 August to 17 September 1946），反映他為開拓新業務所作的努力。在戰後社會經濟走向復元的過程中，林子豐不但早着先鞭地加快生意發展，供應的貨品與服務配合市場所需，從中獲得巨利自不難理解；而且，他注意到過去賴以致富的煤炭生意已逐步走向沒落，因而主動物色其他生意與投資門路。

此時，林子豐亦開始參與揭陽同鄉鄭翼之家族創立的捷和鋼鐵公司。捷和鋼鐵由鄭植之、鄭則耀、鄭翼之及鄭榮之四兄弟共同創立，原在廣州開設廠房，生產金屬製品，1930 年代已來港設廠，生產一些如電筒及防毒面具等戰時物資。當時鄭氏兄弟來港不久，英文稍遜，亦未建立起廣闊人脈，對同鄉的林子豐倍感信任，而林子豐家族在港多年，他與諸子都精通中英雙語，與鄭氏四兄弟能互補長短。二戰後，林子豐正在找尋能取代煤炭生意的投資，兩家自然有更多地方可以合作，例如創立工廠生產電筒，林思顯獲聘為捷和鋼鐵總經理，林子豐更一度擔任公司董事會主席，反映兩家關係緊密（Roy, 1996: 59-60）。

雖然生意投資日多，但或許因子女開始長大，能協助分擔工作，林子豐在社會及教會事務上反而更見積極。他除參與潮州商會、浸信會及基督教青年會等團體的領導工作外，後來更延伸至其他層面，如在 1944 至 1945 年間出任澳門培正及培道中學校長、1950 至 1965 年又擔任香港培正中學義務校長（香港培正同學會，沒年份 b）、教師會會長（1953）等等（《華僑日報》，1950 年 8 月 1 日及 1953 年 11 月 7 日），反映他在經商之餘，對推動文教同樣熱心。

在嘉華銀行業務停滯不前，股東們對去留亦各有選擇之際，林子豐的生意迅速發展，財力大增，不過過去的主要生意已是明日黃花，需及早尋找新的投資出路。在這樣的情況下，林子豐看中嘉華銀行，認為它大有發展潛力，於是向無意經營的股東購入更多股份，增加自己對銀行的控股權，終於成為最大股東，順理成章榮登董事局主席。在 1952 年嘉華銀行董事變更的文件中，林子豐的名字已列於諸董事之首，職業註明為四維公司經理；其他董事依次有陳達三、陳贊邦、陳潤生、李孟標、廖榮其、杜照星、曾墨泉、譚希天、李子英、譚立朝，[13] 以及一家企業——新亞酒店（Particulars of the Directors or Managers and of any changes of Ka Wah Bank, 7 May 1952）。雖然無法確定林子豐成為最大股東的具體年份，但肯定的是，他在 1952 年之前已成為銀行正式的領軍人，那是嘉華銀行創立近 30 年之後。

1953 年，銀行增發 1,909 股新股，每股作價 100 元，集資 190,900 元，當中大多數人只獲配 10 股以下；最多的是黃潔秋，有 161 股，其次為林子豐，158 股，其他人如陳振邦 142 股，譚希天 70 股、馮耀榮 48 股等；另有數家以公司名義持股，其中較多者為林子豐掌管的四維公司，有 97 股，其次為新亞酒店 94 股、中華公司 91 股；曾出任董事局主席的馮達純只獲配 3 股、顏成坤 21 股，林思齊 14 股（Return of Allotment of Shares of the Ka Wah Bank Limited, 24 April 1953）。由於林子豐直接持有四維公司，亦佔有新亞酒店一定股權，由林氏家族直接或間接掌控的股份明顯增加。至於各股東增持股份數目不同，相信是反映了各人財力及對嘉華銀行前景的看法。

林子豐在增持嘉華銀行股份這年，已年過 60 歲，相信如不少具先見之明的大家長一樣，開始想到家族和企業的傳承安排，故在 1953 年 11 月 25 日以有限公司模式註冊成立一家植豐置業投資有限公司，作為家族與企業財產的控股公司，當中包括嘉華銀行的股份（*South China Morning Post*, 29 July 1970; Roy, 1996: 65）。公司名稱的「植」字來自妻子陳植亭，「豐」字則來自林子豐，反映公司乃夫婦的結合（Return of allotment of Chik Fung Investments Limited, 1 February 1954）。

公司股份持有人除了林子豐夫婦外，還有他們的七子二女，不過兒子所得遠高於女兒。以截至 1961 年 2 月份為例，那時公司股份總數為 2,000 股，林子豐與陳植亭每人各佔 300 股，七子每人佔 185 股，二女中一人得 53 股，另一人則得 52 股（Return of allotment of Chik Fung Investments Limited, 4 February 1961）。雖然將家族企業的少量股份分給女兒並非前所未見的突破，但在潮州族群中畢竟還是少見的，反映林氏夫婦的思想雖未完全脫離傳統重男輕女的窠臼，仍有現代社會講求公正平等的進步一面。

單從二戰結束到 1950 年代中，近十年內，嘉華銀行的前進腳步跌跌碰碰，廣州（或包括上海）的業務出現阻滯乃原因之一，香港經濟起伏大變乃原因之二。相對而言，林子豐在當時的發展則較為突出，不但生意投資左右逢源、進退取捨得宜，亦完成了家族財產的傳承安排與部署，他更於 1953 年底獲美國奧克拉荷馬大學頒贈榮譽博士學位，以表揚其對宗教、教育及社會事業的貢獻（《華僑日報》，1953 年 10 月 18 日）。個人與家族聲譽日隆，身家財富更節節上揚，過去表現欠佳的嘉華銀行，在他接手後亦有了新開始。

林子豐家族主政

經歷多重挫折和考驗，到了 1950 年代，自嘉華銀行控股權落入林子豐家族手中，初期雖仍步履蹣跚，但情況很快有了改善。資料顯示，在 1950 年代中，嘉華銀行的業務慢慢露出曙光，主因是當時香港經濟逐步走出轉口貿易急速萎縮的陰霾，穩步復蘇。據林子豐在董事會報告中指出，截至 1956 年 12 月 31 日，銀行的資產總額為 4,831,305.40 元，較上一年（1955 年）增加了 423,825.28 元，存款總額已達 3,056,011.33 元，營業收益為 296,067.92 元，純利為 56,794.54 元（嘉華銀行一九五六年董事會報告，1957）。

除了以上資料，1956 年底的財務報表還顯示，那時嘉華銀行的法定股本仍維持 200 萬元，其中優先股 175 萬元及普通股 25 萬元，與 1936 年法庭判決文件內容相符。實收股本為 649,560 元，其中 399,560 元為優先股份，250,000 元為普通股份。在資產方面，那時銀行手上現金甚多，達 1,689,621.63 元，各項放貸只有 937,559.08 元（簡單計算的存貸比率為 30.68% 而已）；另有廣州嘉華銀行所欠款項（註明由 1951 年起拖欠）為 341,110.72 元，以及投資在廣州嘉華銀行的款項 172,011.68 元。後兩者應是廣州嘉華銀行被接管後相關投資尚未了結，所以仍留在財務報表上。

1960 年代，香港經濟環境持續改善，工商業不斷增長，銀行業務發展更速。由於客戶存款日多，盈利上揚，銀行有意擴張業務，並透過多次集資及發行股份獲取資金，林子豐及其家族成員則是其中最主要的認購者。經多次重組，銀行股權與管理更加集中，林氏家族亦對銀行有較清晰的領導和發展方向。

在林子豐家族逐步掌握嘉華銀行的同時，家族的生命周期與結構亦開始轉變，主要在於子女長大成人，先後成家立室。長子林思顯早於 1947 年 1 月結婚，妻子李美玉為菲律賓華僑巨富「木材大王」李清泉的次女（《工商日報》，1947 年 1 月 11 日）。[14] 次子林思齊於 1954 年 10 月結婚，妻子陳坤儀乃利達洋行經理之女，陳氏家族為潮籍港商，同樣是虔誠基督教徒（《華僑日報》，1954 年 9 月 10 日）。幼女林思謙於 1956 年 6 月底出閣，夫婿是林子豐生意伙伴鄭翼之的長子鄭樹安，進一步拉近了兩家的關係（《工商日報》，1956 年 7 月 1 日）。其他子女亦在那數年間結婚（Roy, 1996: 72-74），各自生育下一代，對未來有了不同籌劃和打算，這是大家族生命周期發展的自然過程。

據林思齊憶述，他 1950 年代初自美國紐約大學學成返港，[15] 被父親安排進入嘉華銀行，負責實務管理工作。那時的嘉華銀行規模有限，資本只有 20 多萬元，門店如一般咖啡店的大小，銀行業務缺乏活力亦不進取，主要靠一班信任林子豐的浸信會會友支持。林思齊覺得銀行如要進一步發展需有自置物業，因此推動購入地皮興建銀行大廈，成為嘉華銀行後來茁壯成長的重要基礎，而他本人亦從中學習到地產及建築業的知識，所積累的經驗成為他日後事業大放光芒的關鍵。除此之外，林思齊還增加了不少便利客戶的措施，包括把借款直接送到客戶手中，及在他們償還借貸時派人上門收取，藉此贏取更多客戶支持（Roy, 1996: 62-63），不但令嘉華銀行業務逐步發展，亦進一步強化與客戶之間的關係，生意長做長有。

據不同時期報章報導，1960 年 4 月的嘉華銀行股東會，通過了增加資本以擴張業務的決定，主要方向是興建銀行大廈及籌劃開設分行，並以前者為先，授權已晉身董事總經理的林思齊負責（《工商日報》，1960 年 4 月 7 日）。同年底，行動取得突出進展，林思齊代表銀行宣佈，已購入德輔道中 259-265 號四棟舊樓，籌劃興建樓高 17 層的新型大廈作為銀行總部，並會增設出口押匯、存放款、保險、按揭等業務（《華僑日報》，1960 年 12 月 31 日）。

不過，此事卻有一點小插曲。報紙在報導股東會消息時，提到「該行之董事長為林子豐博士」（《華僑日報》，1960 年 12 月 31 日），翌日的報紙卻出現了一則更正啟事，指「查本行現任董事長實乃譚希天氏，並非林子豐博士，特函達，祈即賜正，以正觀聽」，下款署名為「董事會主席譚希天」（《華僑日報》，

1961 年 1 月 1 日）。報導有錯誤，銀行作出澄清並不奇怪，但此啟事由譚希天個人而非銀行名義發出，且不到一天即迅速糾正，多少反映有人對誰是主席一事相當敏感，不知是否代表董事會內有人正就此暗中較勁。

事實上，嘉華銀行內部在接下來一段時間確實出現了不少爭逐及變動。同年 9 月，報紙再報導該銀行的消息時，除強調自林思齊任總經理後「即釐定各種完善計劃」及重申將興建大樓外，最後一段還特別提到銀行董事局「經告擴大」，林子豐正式取代譚希天成為董事長，並增加了蕭漢烈、林樹聖、林思進、林思忠為董事，林思顯為監督（《工商日報》，1961 年 9 月 3 日）。新加入的四名新董事中，林思進、林思忠乃林子豐之子，而蕭漢烈則是與林家關係密切的民生書院畢業生，是林思進等人的學長，可見林氏家族已牢牢掌控了嘉華銀行。

林子豐之所以安排數名兒子進入嘉華銀行，原因相信與他當時正積極籌劃創立浸會學院（即日後的浸會大學），需要全身投入，無暇兼顧銀行實務有關。林子豐熱心宗教事奉及教育工作，1955 年，他提倡創立一所具教會背景的專上學院，獲香港浸信會聯會接納。同年，他出席在倫敦舉行的第九屆世界浸信會聯盟會議（the Nineth Convention of the Baptist World Alliance），獲選為聯盟的

譚希天

副會長，他乃藉此奔走於歐美各地，向當地信眾籌款創建學院，並在籌得足夠起動資金後，在 1956 年宣佈創立私營的浸會學院，並出任創校校長。由於學院初期並未獲得政府的資助，只能借用培正中學校舍，經過林氏等人多番爭取斡旋，政府終在 1958 年批出九龍塘窩打老道地皮，讓學院興建永久校舍，但因工程所費不貲，林子豐仍須投入巨大心力奔走各地籌款，同時向政府爭取承認學院的資格及地位（黃嫣梨，1996；Mak and Wong, 2016）。

在創立浸會學院的同時，林子豐還積極與陳達初等人籌備建立浸會醫院，其子林思齊亦有參與其中，可見他雖因怕血而棄醫從商，但仍清楚醫療對市民的重要（香港浸信會醫院，1993）。其後，林子豐與從醫的兒子林思安經過多方努力，終獲政府撥出毗鄰浸會學院的窩打老道地皮，興建浸信會醫院。林家除不遺餘力四出籌款外，亦捐出巨款支持，令醫院在 1962 年投入服務（廖志勤，沒年份）。

因對信仰、教育及慈善工作的重視，林子豐進入甲子之年後，將大部份精力都投放到相關層面，放在生意經營上的時間心力大幅減少，哪怕他仍擔任嘉華銀行、捷和鋼鐵、植豐置業等公司的董事局主席，但相信只屬「掛名」，實務管理已落到年輕一代手中。從嘉華銀行的發展可見，林子豐明顯想培養次子林思齊接手銀行業務，所以交給他不少實務經營大權，林思齊亦不負所託，提出增加資本、收購舊樓興建銀行大廈的方案，均取得支持，並做出成績。經過約兩年的建築工程，銀行大廈在 1964 年初落成，同年 2 月 22 日舉辦了盛大的開幕儀式，吸引逾千賓客雲集，成為銀行發展的另一個里程碑（《工商日報》，1964 年 2 月 23 日）。

同年年底，銀行更進一步擴張，於九龍城衙前圍道開設首家分行（*South China Morning Post*, 12 December 1964;《華僑日報》，1964 年 12 月 13 日），落腳點應是 1949 年 9 月九位銀行董事合力購入的那個地段。首家分行之所以選擇九龍城，很可能與林氏大宅在嘉林邊道，家族平時較多出入該區有關，且浸會醫院亦相去不遠。從 1964 年的董事局名單中可以看到，嘉華銀行主席為林子豐，四名兒子林思顯、林思齊、林思進和林思忠都為董事會成員，另有陳振邦、陳達三、陳潤生、譚希天、譚立朝、曾晏泉、曾培基、林照星八人（*South China Morning Post*, 28 June 1965）。

然而，就在同年底，物業市場急速回落，進入 1965 年初情況更趨嚴重，不少銀行因在物業地產中過度投資令資金鏈斷裂，引爆擠提風潮。首先出事的是廣東商業信託銀行，接着再有明德銀號，甚至連作風向來穩健的恒生銀行亦受牽連。嘉華銀行及其他小型華資銀行亦難獨善其身，銀行門前多天出現排隊人潮，銀行內亦擠滿焦急地等待取回存款的存戶（《華僑日報》，1965 年 2 月 9 日；*South China Morning Post*, 9-10 February 1965）。幸好那時嘉華銀行的流動性充裕，尚能應付大量提款，並在風潮平復後重新正常營運。

同年 9 月，當不少銀行仍因擠提風潮而小心翼翼、收緊投資之際，嘉華銀行已率先邁出擴張腳步，在何文田（那時屬何文田區，現屬旺角區）窩打老道培正中學旁開設九龍區另一分行（《華僑日報》，1965 年 9 月 19 日），選址亦是林家眾人常到訪之地。嘉華銀行在其他投資者信心薄弱時大膽進擊，不但吸引市場視野，且從日後發展進程看，明顯走在商業與經濟復蘇的前方，反映領導層的市場觸角敏銳、優於同儕。特別的是，分行開幕日恰巧是培正中學為林子豐舉辦的校長榮休大會暨「林子豐堂」揭幕禮，幸好兩地鄰近，方便年邁的他能在上下午分別現身兩項活動（《工商日報》，1965 年 9 月 19 日）。

接下來一段時間，嘉華銀行穩步發展，想不到 1967 年香港爆發的動亂，卻令銀行發生巨大變化。由於當時社會治安惡劣、民心虛怯，經濟與商業氣氛一片低沉，觸發了勢頭猛烈的移民潮，不少個人或家族選擇移居他方，其中一位正是主理嘉華銀行的林思齊。[16] 正如前文所述，林思齊是林子豐意屬的嘉華銀行接班人，是重點栽培的對象，可他卻執意退出嘉華銀行，移民加拿大，毋庸置疑把林子豐殺個措手不及。因為他當時正全力投身浸會學院與浸會醫院的開拓和發展，長子林思顯則負責打理家族的植豐置業與捷和鋼鐵；林思進、林思忠雖亦參與嘉華銀行的工作，但或許在林子豐眼中，二人非獨當一面之才，難以承擔接管銀行的大任，促使他另作打算。最後，他決定尋覓新投資者，將嘉華銀行控股權售予他人。

林子明家族入主

1970 年 7 月，本地中文報紙突然收到風聲，稱林子豐已出售家族掌控的嘉華銀行八成股份，買家為夏威夷儲蓄及貸款公司。報章引述外電報導，據該公司總裁劉氏之言，香港銀行管理處及財政司已批准是次轉讓，由於是首次夏威夷資金入主香港銀行，故在當地引起甚多關注，報章更有大篇幅報導。記者即時向政府相關部門及嘉華銀行查詢，但沒有獲得任何答覆（《工商日報》，1970 年 7 月 18 日）。

約十日後，事情終於明朗化，林子豐親自確認收購消息，並提到嘉華銀行因此作出的高層調動（《工商日報》，1970 年 7 月 29 日）。據悉，買家乃透過一間新在香港註冊的遠東財務香港有限公司（Far East Finance Hong Kong Limited）入主銀行，[17] 主要股東為夏威夷儲蓄及貸款公司（Hawaii Thrift and Loan Incorporation）、華僑銀行（Oversea Chinese Banking Corporation）及華僑銀行（香港）三家。遠東財務的董事包括卓觀信（Walter Goonsun Chuck）、劉本贊（Lawrence B.C. Lau）、[18] 湯和昌、程和、程康就、Lorrin W. Dolim、John S. Foote、Thomas H. Hamilton、林思進、林繼振、林繼興、黃卓棠等（Annual Return of Far East Financial Hong Kong Limited, 31 December 1970）。

由此可見，購入銀行的新財團，除了夏威夷資金外，還有來自新加坡華僑銀行的李光前家族，以及由林繼振、林繼興（Michael K. H. Limm）代表的林子明家族。而林思進亦位列董事名單之中，反映林子豐家族在新財團中有一定股份，但佔比相信不多。報導指這個由夏威夷與南洋華商組成的財團實力雄厚，較早前已購入尖沙咀帝后酒店（Empress Hotel）並會推動該酒店上市。林子豐在訪問中亦指出，財團領導人具多年營運銀行經驗，定能對嘉華日後發展帶來莫大貢獻（《華僑日報》，1970 年 7 月 29 日）

由於股權有重大變動，嘉華銀行董事局及高層亦要作出相關調整，其中林子豐繼續出任董事會主席，其他董事局成員包括林繼興（總裁）、林思進、麥加霖（Ian Maccallum, 公司秘書）、劉本贊、林繼振、林思齊、湯和昌（Tenney Z.

Tongg)、黃卓棠、卓觀信、杜威（Dewey Smith）、林思顯、程容滿（Dennis Y. M. Ching）、程和（Robert Ching Wo）及程康就（Ching K. Amona），[19] 並由林思進出任總經理、林繼興任副總經理（*South China Morning Post*, 14 June 1971；《工商日報》，1970 年 7 月 29 日）。

若對比一年前（1969 年）嘉華銀行董事局的成員名單，可看到這次收購後股東大換血。當時董事局成員有林子豐（主席）、林思顯、林思齊（總裁）、林思進（總經理）、陳振邦、林樹基、[20] 譚希天、譚立朝、曾培基、林思忠（經理）、陳榮生、林思耀（*South China Morning Post*, 30 May 1970），林氏家族有六人入局，亦可見嘉華早年人馬如陳振邦、林樹基、譚希天、譚立朝、曾培基等人。但新股東加入後，嘉華銀行的「開國元老」基本上全面退出，林子豐家族佔比亦大幅減少，相信家族已售出絕大部股權，失去對嘉華銀行的掌控。

不過，當中有一個較特別的安排值得注意，那就是林子豐仍出任主席之職。按道理，林子豐家族已非大股東，理應退位讓賢，由新控股家族選出代表，但他仍獲邀留位。相信是因他在香港社會、潮州族群以及浸信會群體中享有極佳的聲譽及人脈關係網絡，乃銀行的重要資產，新控股家族想借助林家的名望與號召力，支持生意推廣，同時穩定銀行內部人心。此外，林子豐與新控股家族份屬同鄉，甚或有親屬關係，彼此信任度高。而且，林子豐之前雖是主席，但基本營運管理都交由兒子負責，猶如一位「甩手掌櫃」，新股東自然亦「照辦煮碗」，自己抓緊實權，讓林子豐繼續擔任銀行門面。至於林思進及林思顯分別留任總經理及董事，相信為交易協議的條件之一，從日後情況看，二人手上仍持有小量股份。

值得一談的還有人丁眾多的林子明家族，被視為這次控股權易手的幕後力量。資料揭示，林子明與林子豐一樣祖籍潮州，惟無法證實兩家是否有親屬關係。林子明早年到南洋謀生，憑經營致富，在泰國及新加坡均有龐大的生意和投資，家族旗艦公司林德利公司（Lim Teck Lee）在新加坡、吉隆坡、泰國及香港均有分公司（*South China Morning Post*, 14 June 1972;《華僑日報》，1972 年 6 月 14 日）。從早期報紙看，林子明早在 1950 年代已經到香港尋找投資機會

（《華僑日報》，1951 年 6 月 28 日），並於 1953 年 3 月 11 日在香港註冊成立林德利香港有限公司。[21] 除林繼興及長期在香港發展的林繼振外，林子明尚有一子林繼民留在新加坡和馬來西亞管理公司，可見這個家族在世界各地的經營和商業網絡並不簡單。

代表家族入主銀行的林繼興為林子明五子，畢業於美國紐約大學，據說早年在夏威夷生活和工作，曾擔任多家金融機構的管理層。報導指他在家族收購嘉華銀行後即帶同妻兒舉家遷港，顯然有意在此大展拳腳。同樣進入董事局的還有林子明長子林繼振，據報為新加坡駐港專員（《工商日報》，1970 年 7 月 29 日、《華僑日報》，1970 年 8 月 11 日及《工商日報》，1974 年 9 月 10 日）。

自從嘉華銀行控股權及領導班子更易之後，銀行在 11 月宣佈增加資本（*South China Morning Post*, 22 November 1970），有意強化控股權的林繼興家族與卓觀信等，自然是新增股份的認購者。接下來的 12 月份，銀行又在銅鑼灣開設新分行，主持儀式的除了主席林子豐外，還有掌握實權的總裁林繼興（*South China Morning Post*, 17 and 21 December 1970）。

新財團的加入，代表嘉華銀行進入新階段，也代表林子豐時代的終結。若總括銀行在林子豐家族領導下的發展，可說是先穩定後突破。承接二戰後銀行表現欠佳的局面，林子豐採取了較保守的發展策略；至林思齊接手後，開始表現得較進取，除購入及興建自己的銀行大廈外，又開設了新分行，其間雖有 1967 年的動盪令公司出現倒退，但很快便重整腳步。不過，或因林思齊移民令林子豐意興闌珊，令他在業務表現大好之時選擇賣盤，雖然自己與兩名兒子仍留在董事局及管理層，但基本上已失去對銀行的主導權了。

從銀行年報及賬目亦可反映嘉華銀行在林子豐家族主政時的表現。雖然早期的會計準則並不劃一，借貸金額與利潤計算又常變更或包括不同內涵，但仍能構成粗略圖像，讓人看出重要變化。簡單而言，1956 年，銀行活期存款約 300 萬元，借貸不足 100 萬，簡單計算下的存貸比率只有三成左右，顯示經營相當保守，而那年的利潤約只有 30 萬元。1957 年缺乏資料，接着的 1958 至 1967

華僑日報 WAH KIU YAT PO

嘉華銀行

一九二四年創立

銅鑼湾分行開幕誌慶

服務至上・利息優厚

同敬賀

嘉華銀行銅鑼灣分行開幕誌慶，《華僑日報》，1970 年 12 月 23 日。

年共十年間，銀行活期存款及借貸均輾轉上揚，惟存貸比率基本上維持在三四成上落，未見突破。這數年間的利潤波動甚大，如 1959 年只有 1.89% 的輕微增幅，但 1962 及 1960 年則倍升。最特別的是 1965 年，由於那時發生擠提風潮，銀行借貸銳減，存貸比率只有 4.01%，而該年的利潤亦大幅銳減了 74.14%（表 1）。

之後的 1966 年，銀行的存款與借貸同步增加，存貸比率亦然，雖仍只有三成多，不過該年的利潤錄得倍升。惟 1967 年香港又出現社會動盪，這次銀行的存款、借貸及存貸比率均穩步上升，但存貸比率仍在四成之下，至於利潤則大跌六成。接着三年間，無論存款與借貸金額，或是利潤均節節上升，其中存貸

表 1 | 嘉華銀行 1956 至 1970 年間存貸與利潤率變化

年份	活期存款（元）	借貸（元）	存貸率（%）	利潤（元）	利潤增減率（%）
1956	3,056,011.33	937,559.08	30.68	296,067.92	--
1957	--	--	--	--	--
1958	3,326,850.35	1,183,971.67	35.59	48,054.00	--
1959	2,998,931.16	1,071,465.41	35.73	48,960.00	1.89
1960	4,605,469.23	1,554,983.13	33.76	220,827.84	351.04
1961	5,183,926.33	2,133,523.60	41.16	386,828.69	75.17
1962	6,064,438.90	2,653,872.55	43.76	2,782,961.22	619.43
1963	--	--	--	--	--
1964	16,573,651.94	6,736,099.00	40.64	502,539.21	--
1965	14,144,950.64	566,787.75	4.01	129,978.96	-74.14
1966	16,642,725.00	6,050,242.45	36.35	490,278.87	277.20
1967	19,483,281.00	7,596,720.00	38.99	194,852.00	-60.26
1968	22,293,189.00	11,497,198.00	51.57	331,914.00	70.34
1969	29,898,686.00	16,574,967.00	55.44	513,579.00	54.73
1970	46,034,425.00	29,047,341.00	63.10	1,016,601.00	97.94

資料來源：Annual Return of Ka Wah Bank, various years; *South China Morning Post*, various years

比率在 1968 及 1969 年突破五成，到 1970 年更突破六成，利潤增長率亦十分可觀，到 1970 年達接近一倍的水平，反映那段時期銀行業務發展理想，亦有較為進取的一面（表 1）。

林子豐去世後銀行的變化

毫無疑問，林子豐是香港一位相當出色獨特且信仰虔誠的企業家與教育家，他商業觸角敏銳、經商手腕靈活，令家族財富地位不斷提升。但他最獨特之處，是不像一般商人以賺錢為最大目標，反而有把教育及慈善公益擺於家族利益之前的胸懷，力圖產生最大的社會效益。他一生積極參與教育與慈善服務，在各項生意上軌道後更將大部份心血放在教會事工、推動本地教育及醫療發展上，連出售嘉華銀行背後的考量亦與此有關：經濟及商業上的物質支援，是推動教育、醫療、扶貧等公益事業的基礎，而無論林子豐家族或不少浸信會教徒，都是因為嘉華銀行股票有價，能確保財富來源，才能支撐他們積極捐獻，捨此則無從談及扶貧助弱、施善教化，林子豐明顯看到此一關鍵，所以才將嘉華銀行的未來發展放在首位，讓更有能力者接手，家族利益反隨其後。

林子豐另一獨特之處，是他能擺脫傳統「家族生意必須由血脈繼承」的觀念拘束，以銀行前景為優先考慮。雖然他原來意屬的接班人林思齊不願接手銀行，但其實他尚有五子可繼承事業，[22] 且其中數人已參與管理銀行。對不少創業一代而言，就算子孫是扶不起的阿斗，為了確保家族掌控企業，仍會將之推上大位，再由老臣子從旁協助，讓他從實踐中學習；何況林思進等在銀行工作期間，表現雖不算突出，但至少不過不失，未有犯下大錯。可見林子豐出讓控股權的考慮，是讓有能者居之，因為相較林思進等人，他精心挑選的新股東不但能為銀行帶來更多資金，又具管理大型銀行的經驗，對嘉華銀行顯然更有利，發展空間更大更廣，可見林子豐的眼光及胸襟。

可惜的是，在浸會學院及浸會醫院剛上軌道、嘉華銀行的股權與董事局重組工作結束後不久，林子豐便因健康惡化入住浸會醫院，並於 1971 年 4 月 17 日因病去世，享年未滿 80 歲（《華僑日報》，1971 年 4 月 24 日及 25 日）。對於此一變故，儘管家族及企業內部早有心理準備，但衝擊仍然巨大，或多或少影響到家族及嘉華銀行的發展。[23]

就以嘉華銀行為例，林子豐突然去世的影響雖非即時，但最終必以不同模式浮現。林子豐去世後，銀行最大的控股股東仍沒坐上主席之位，而是推舉了林子豐長子林思顯接替，林思進亦留在原來位置，此舉相信是為了讓林氏家族的名聲與信仰資本的色彩繼續發揮效能，讓銀行一如過去地發展，保持開拓腳步。該年 9 月，銀行按照原來計劃於觀塘裕民坊六號開設新分行，氣氛甚為熱鬧，不少銀行界獨當一面的友好如何善衡、馬錦燦、呂高文、梁植偉、廖桂昌、桂華山、曹耀、溫仁才、洪祥佩、郭琳珊、周啟賢等，均有出席送上祝賀（《工商日報》，1971 年 9 月 23 日）。

1972 年 6 月，銀行召開周年股東會之前，又在與嘉華銀行中環總行相去不遠的德輔道中 44-46 號日發大廈設立分行，反映其積極開拓的雄心。在隨後的周年股東會上，林思顯以董事會主席身份宣佈增加 600 萬股普通股，令法定股本增至 2,500 萬元（《華僑日報》，1972 年 6 月 7 日），其中最大認購者便是林子明家族，林子明亦因此與東亞銀行董事簡悅慶一起，獲選進入嘉華銀行董事局。林子明家族那時擴大持股量，大家長林子明本人亦進入董事局，反映他們有擴大在港投資之意。

嘉華銀行自 1970 年下半年起已由林子明家族掌控，發展方向與大權當然亦在林子明、林繼興及林繼振父子三人手中。那時林思顯雖是董事長、林思進是董事總經理，但可能只是「門面擔當」，日常仍需要聽命於人，身份只較一般受薪管理層略高一級而已。[24] 由於林子明家族看好當時香港經濟及銀行業務，因此不但加大投資，亦繼續行積極開拓的策略，如於 1973 年 5 月在堅尼地城卑路乍街開設第六間分行（《華僑日報》，1973 年 5 月 8 日）。

1973 年，嘉華銀行的董事局再起變動，但未知是因為股份增持有變，還是與各人事業安排有關。資料揭示，林繼興於那年升任為副董事長，但辭去總裁之職，改由劉本贊出任總裁，參與更多實務工作（*South China Morning Post*, 11 June 1974）。不過，劉本贊接任後不久，即在 1974 年 8 月因心臟病在夏威夷突然離世，享年只有 56 歲，林繼興只好繼續兼任總裁（《工商日報》，1974 年 9 月 10 日），但從日後報導可見，相信他不久後再次辭退此職。

無論林子明家族對嘉華銀行的發展原本有何鴻圖大略，相信都因香港經濟環境突變而終止。在卑路乍街分行開立前兩個月，香港股市由高位急速回落，並持續下滑，給商業與經濟帶來巨大打擊。具體而言，恒生指數在 1973 年 3 月 9 日升至高位的 1,774.96 點，隨後持續大跌，到 1974 年 12 月 10 日跌至低位的 150.11 點（鄭宏泰、黃紹倫，2006），與高位相比跌逾九成。與此同時，全球性石油危機交疊出現，給大小企業帶來沉重衝擊，不但影響到林子豐家族的四維公司、植豐置業，林子明家族旗下的遠東財務及林德利香港有限公司等亦受到波及，對嘉華銀行的打擊實在不輕。

就在恒生指數處於歷史低位的 1974 年底，有論者指劉燦松家族開始逐步吸納嘉華銀行的控股權，最後更成為嘉華銀行新的控股家族。惟當時的說法誤以為劉氏家族取代了林思顯家族的控股地位，明顯並不正確，因為林思顯家族在 1970 年起已不再是嘉華銀行控股家族，故劉燦松家族應是取代了林子明、劉本贊及卓觀信等南洋與夏威夷華商的資金。與此同時，海外信託銀行主席張明添和馬來西亞的華裔國會議員江國盛等，獲委任為嘉華銀行名譽顧問與董事（Bowring, 1985）。

林子明家族實質掌控嘉華銀行的時間雖然不長，但因當時香港經濟暢旺，加上投資得宜，業績相當突出。從嘉華銀行賬目可見，林子明家族接手後翌年（1971 年），存款及借貸金額大幅上升，存貸比率亦有增加，該年的利潤上升接近一倍。1972 年，存款與借貸金額繼續大幅上揚，存貸比率則略見收縮，反映銀行已偏向收緊放貸，那年的利潤增長雖明顯較上一年放緩至 66.51%，但仍有不錯表現（表 2）。

1973 年初，股市氣氛熾熱，隨後急速回落，銀行的存款與借貸金額保持大幅增長，存貸比率亦有所上升，該年利潤同樣不錯，上升幅度近五成。到 1974 年，存款與借貸金額變化不大，存貸率微跌，至於利潤則微升，只有 2.64%（表 2）。按道理，銀行表現只是一時受挫，且主要原因是香港經濟低迷期而非投資失誤，林子明家族不必急着賣盤求去。到底是見好就收，或是另有原因，現有資料尚不足以了解，不過在 1973 年時林繼興已曾表示要管理的企業太多，分身不暇而辭去總裁之職，但接任的劉本贊卻早逝，安排被打亂，未知是否與此有關。

表 2 | 嘉華銀行 1971 至 1974 年間存貸與利潤率變化

年份	活期存款（元）	借貸（元）	存貸率（%）	利潤（元）	利潤增減率（%）
1971	72,108,832.00	47,222,115.00	65.49	2,011,222.00	97.84
1972	147,545,455.00	78,225,171.00	53.02	3,348,970.00	66.51
1973	229,202,256.00	138,105,570.00	60.25	4,940,401.00	47.52
1974	239,655,444.00	138,099,251.00	57.62	5,070,738.00	2.64

資料來源：*South China Morning Post*, various years

劉燦松家族掌控下的重大變遷

股災爆發後，嘉華銀行的控股權再次出現變動，但過程卻不像林子豐當年那麼乾脆利落，或許與新財團採取暗渡陳倉吸納股份的策略有關。當時有說法指在 1974 年底，同樣祖籍潮州的泰國巨商李木川出資，先從林子明等家族手上收購嘉華銀行股份，翌年再轉售予馬來西亞華裔國會議員江國盛（Kang Kock Seng），以及劉燦松、劉燦賢兄弟。其後江氏退出嘉華銀行董事會，與劉氏兄弟組成「史潭福證券」（Stamford Securities），並透過此公司持有嘉華銀行的股份（鴻碩，1986：207）。

由於此次控股權涉及多次轉售及變更，董事局名單在 1975 至 1977 年間有較為急速的變化，可以清楚看到各方勢力進退的痕跡。首先，1975 年的董事局成員為：林思顯（主席）、曹耀、林思進（總經理）、孫世俊、洪祥佩、林繼振、林樹基、Herbert S. Cheng、Wit Viriyaprapaikit、Yanyong Tangchitnob 及黃卓棠（*South China Morning Post*, 21 June 1975）。原來的林繼興、劉本贊、卓觀信、程容滿等不見蹤影，反映林子明家族及夏威夷資金於 1974 年間開始退出嘉華銀行。新增的曹耀、孫世俊、Wit Viriyaprapaikit 和 Yanyong Tangchitnob 等，既有泰國華商背景，亦與海外信託銀行有角色重疊。

接着的 1976 年，董事局組成為：林思顯（主席）、劉燦松（董事總經理）、

劉燦賢

劉燦松

林思進（總經理）、曹耀、林繼振、林樹基、劉燦賢、江國盛、[25] 孫世俊、洪祥佩、Herbert S. Cheng、黃卓棠、Wit Viriyaprapaikit 和 Yanyong Tangchitnob（*South China Morning Post*, 15 June 1976）。1977 年再變為：林思顯（主席）、劉燦松（董事總經理）、林思進（總經理）、陳樹貴（副總經理）、劉燦賢、林繼振、林樹基、比丁（Hamid Bidin）、[26] 劉燦成、翁家灼、呂榮光、何瑤煌，[27] 其中林樹基、翁家灼和呂榮光等人為醫生、會計與法律專業人士；張明添於此年加入，為董事局顧問（*South China Morning Post*, 8 June 1977）。

這三年間的董事局名單，代表林子明家族的只餘林繼振一人，反映家族雖仍持有嘉華銀行的一些股份，但已不是最大股東；代表泰國或李木川的資金曾在 1975 至 1976 年曇花一現，但在 1977 年已不見影蹤；劉燦松、劉燦賢兄弟 1976 年首次出現在董事局，且一開始劉燦松便是董事總經理，1977 年再加入劉燦成，可見自該年起劉氏家族已正式掌控嘉華銀行。至於林思顯及林思進雖仍在董事局內擔任高職，但就如上文討論，這並不代表其家族仍有大量控股權，[28] 相信劉氏家族如林子明家族一樣，只是覺得林子豐家族在社會上有突出名聲，對銀行發展的號召力或作用不容低估，因此蕭規曹隨，繼續邀請二人出任高職、擔當銀行門面，但實權顯然是由劉燦松三兄弟緊抓。

1977 年的董事局名單中還有一點特別值得注意，是張明添受聘為董事局顧問。消息在 1976 年 10 月首次於報章上披露，稱張氏為「星（新）、馬、泰、港金融鉅子」、海外信託銀行董事長及馬來西亞合眾銀行執行董事長；文中亦提到邀請「印尼、星及港股商」何瑤煌入局之事（《華僑日報》，1976 年 10 月 22 日）。劉氏兄弟隆重其事，特別介紹張何二人，反映他們對張明添等寄望甚殷，相信進一步強化與海外信託銀行的關係有助嘉華銀行發展，想不到此舉卻成為嘉華銀行日後的敗因之一。

回到收購一事，為何劉燦松兄弟收購嘉華銀行時要透過李木川等第三方？為何要迂迴轉手徒增成本，而不直接出手？是有意為之還是純粹投資時機導致？由於資料不詳，未能理解背後原因。但無論如何，林子明、劉本贊及卓觀信等家族掌控嘉華銀行只有數年，至 1976 年 7 月，林思顯向記者確認銀行七成股權已落入馬來西亞華商手中，並指買家是來自新加坡的劉氏家族，代表是次股權轉讓終告完成（*South China Morning Post*, 4 July 1976）。

這次收購還有一段小插曲。在林思顯確認銀行已落入劉氏家族之手時，林子豐去世不過數年，因此坊間出現了一些針對林氏兄弟的言論，如指他們未能堅持控股權，將父親心血拱手讓人，亦有人質疑是兄弟鬩牆爭產，令外人有機可乘等。有記者詢問嘉華銀行一名經理，得到的回答是「後人無心經營！是否涉及財產分配等問題，就不得而知」（鴻碩，1986：204）。正因這句「後人無心經營」的簡單回應，資深評論人齊以正曾有感而發地指：「自己家的銀行都『無心經營』，甚麼事才是值得去做的呢？我不知道這是否屬於富家第二代的心態，但它超逾了我的理解能力」（齊以正，1985：94）。

不過，正如前文討論，對林氏兄弟的指責明顯是誤會。林子豐家族對嘉華銀行的控股權早在林子豐生前已轉手，背後反映林子豐對繼承及銀行前景的深思熟慮。無可否認，對創業一代來說，後人能接手自己打下來的事業，令家業長青，自然是理想不過，但對下一代而言卻未必是最佳選項，甚至可能是事倍功半的苦差。因為做得好，旁人會歸功於父蔭；一旦出錯，卻成為「敗家仔」、「二世祖」，故不少人寧可另覓出路，或將資源投放在自己更有興趣或認為更有價值的工作上。林思齊選擇離去可能令林子豐明白，與其迫子女接手，或硬推無意或無能者上位，還不如將嘉華銀行出售，套現讓眾子女另作安排，那才是對銀行、對股東、對家人的最佳選項。

在討論嘉華銀行的後續發展前，先略述劉燦松的背景。他乃新加坡籍華人，1937 年出生於中國，祖籍潮州，自小喜好武術，祖父乃百萬富翁。抗日戰爭爆發後，一家十口在父母帶領下，身無分文地逃難到新加坡，由不愁衣食變為三餐不繼，據說他曾在新加坡公園「拾煙頭換食物為生」。不過憑藉過人的能力，劉燦松不久後便帶領家人脫離困境，他 19 歲時進入當地渣打銀行，出任行政練習生，22 歲時考取倫敦銀行學會有關銀行業務的專業資格，23 歲時設計了新加坡支票交收制度，又協助馬來西亞銀行建立分行網絡，28 歲時已升為銀行的首席監督。至 1968 年，他已在馬來西亞創立了其第一家企業——中馬金融公司（Central Malaysian Finance），旗下設有 24 家辦事處，買賣股票兼營期貨，因此被稱為「真正的金融奇才」（a genuine financial wizard）（*Euromoney*. 1984: s11; 鴻碩，1986：203-204），反映他在金融經營方面的確聰穎超脫。

在新加坡發展迅速的劉燦松，是什麼時候把投資目標投放到香港的？從僅有的資料看，他在 1973 年前很可能已開始在香港拓展業務。初時，他收購了一家名叫自由發展有限公司的中小型地產公司，該公司原董事為羅健雲、劉志文、黎桂添等人，1973 年 3 月掛牌上市（《工商晚報》，1973 年 2 月 27 日及 3 月 5 日），卻碰上股市泡沫爆破，恒生指數大跌，公司股價持續下滑。同年 12 月，公司進行股權重組，劉燦松、劉燦賢、魯丁（Besar Burha Nuddin）等人進入董事局，羅健雲等原董事退出（《工商日報》，1973 年 12 月 23 日）。之後的 1974 年底，香港股票市場更為低迷時，他又再度出手購入嘉華銀行，兩名胞弟劉燦賢（約生於 1944 年）和劉燦成（約生於 1946 年）亦於那時先後到來，助他一臂之力。劉氏兄弟的連番收購，除反映家族具相當實力外，亦可見他們的過人目光與膽識，敢於在投資環境欠佳時出手。

香港股市在 1975 年起逐步復蘇，經濟重展升浪，商業亦趨活躍，為銀行業務發展創造有利條件，劉燦松此時接手嘉華銀行，自然亦摩拳擦掌，打算盡展所長。他們先是增加資金投入，將原有資本從 2,500 萬元增至 5,000 萬元，更為此發行 400 萬股新股，相信大部份由劉氏兄弟認購（《華僑日報》，1975 年 6 月 23 日）。1976 年，他們又在土瓜灣馬頭圍道及旺角上海街開設分行，總行與分行加起來門店增至 10 家（*South China Morning Post*, 15 December 1976）。

至 1977 年，劉燦松再有大動作，宣佈與歐亞美投資有限公司及萬生有限公司達成協議，合作在中區德輔道中 224-234A 號興建一座 22 層高、總面積達 7 萬多平方呎的商業大廈，並命名為「嘉華銀行大廈」，嘉華銀行將購入地窖至五樓的樓層作銀行的新辦事處，預計工程需時兩年。簽署儀式當天，劉燦松親自出面，林繼興亦以萬生有限公司總裁的身份出席，可見劉氏與林子明家族在收購後仍保持友好合作。而為了確保工程有足夠資金，嘉華銀行同時宣佈增加股本 2,000 萬元，令實收股本增至 4,000 萬元，同時在旗下各分行引入電腦系統，提升效率（*South China Morning Post*, 6 January 1977;《工商晚報》，1977 年 1 月 6 日）。同年 9 月，又在荃灣青山道自置物業增設分行（《華僑日報》，1977 年 10 月 7 日）。在劉氏兄弟掌控下，銀行發展速度遠超過去多年。

銀行旗艦大廈的興建工程進行得如火如荼，期間劉燦松又馬不停蹄地繼續開拓，於 1979 年 2 月、12 月及 1980 年 3 月分別在九龍荔枝角道、香港仔大道及港島筲箕灣道開設分行，顯然是想在那個百業興旺的時期進一步開疆闢土、提升市場佔有率。另一方面，那時嘉華銀行又聯合新加坡亞洲保險，一起收購新加坡太平洋金融有限公司，藉以開拓東南亞金融市場（《華僑日報》，1979 年 12 月 14 日）。心水清的投資者更注意到，劉燦松此時已密鑼緊鼓進行將嘉華銀行上市的計劃，藉吸納公眾資本支持業務擴張。

上市後更上層樓

1980 年 6 月，位於德輔道中的嘉華銀行大廈順利落成，同月 10 日舉行搬遷典禮，並請來時任財政司主持儀式，場面熱鬧（《華僑日報》，1980 年 6 月 12 日）。在銀行氣勢如虹之際，流傳甚久的嘉華銀行上市消息亦正式確認，銀

嘉華銀行報章廣告，《華僑日報》，1977 年 5 月 4 日。

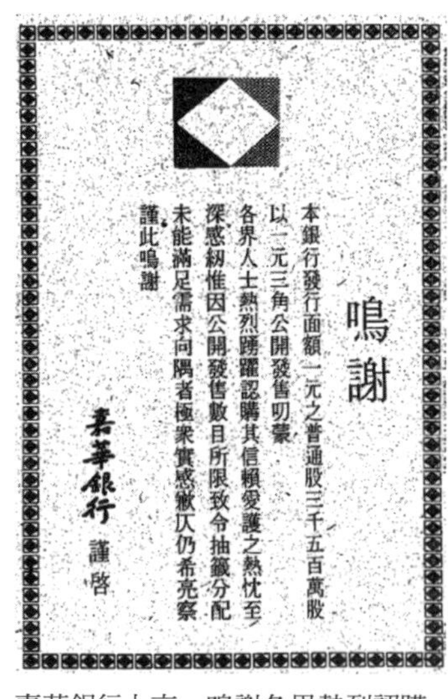

嘉華銀行上市，鳴謝各界熱烈認購，《華僑日報》，1980 年 7 月 14 日。

行在 6 月 25 日發出公開召股集資的通告，計劃發行 3,500 萬股普通股，集資金額為 4,200 萬元（The Ka Wah Bank Limited, 1980），承包商是大通亞洲財務（Chase Manhattan Asia Limited）。大通亞洲財務乃金融界巨擘美國大通銀行的旗下公司，過去甚少參與香港集資活動，劉氏兄弟能請得動這間巨企參與，可見其「江湖地位」非凡。

由於那時經濟與市場氣氛向好，加上嘉華銀行多年來建立的信譽，市場及社會對招股的反應十分正面，投資者爭相認購（*South China Morning Post*, 5 July 1980），最後錄得超額 21.6 倍的佳績，較原來預計超額 18 倍高出甚多（*South China Morning Post*, 10 November 1980）。嘉華銀行於 1980 年 7 月 17 日正式掛牌，開市價為 1.7 元，一度升至 2.05 元，最後以 1.92 元收市，較招股價 1.3 元上升近五成，是當天成交股份最多的公司（《工商日報》，1980 年 7 月 18 日）。銀行股份受到追捧，劉氏兄弟及一眾大股東自然倍感鼓舞。

嘉華銀行上市後，表現更為進取，單 1981 年，已分別在銅鑼灣英皇道、元朗安寧路及土瓜灣蕪湖街開設分行，保持不斷開設分行網絡的策略（《華僑日報》，1981 年 3 月 12 日、9 月 10 日及 12 月 16 日）。業績方面亦十分亮麗，1981 年 4 月初，銀行公佈上市後首份成績表，稱 1980 年全年盈利達 1,880 萬元，較上市文件預期的 1,400 萬元高，派發的股息全年計為每股 0.075 元，同時派發紅股。此外，由於業績理想，劉氏兄弟雄心勃勃準備進一步擴展市場，在公佈業績的同時，亦宣佈為未來開拓業務的需要，決定增發認股權證，每 2 股配售 1 新股，預計發售的新股為 7,000 萬，集資 1.1 億元，承包商同為大通亞洲財務（*South China Morning Post*, 4 April 1981；《華僑日報》，1981 年 4 月 4 日）。

然而，在 1981 年中，由於銀行加息及香港前途不明朗等因素，樓市泡沫爆破，恒生指數持續大跌，整體經濟表現疲弱，惡劣的投資環境持續至 1984 年才有改善。期間，不少企業如大來財務、益大集團及佳寧集團等，紛紛因資金鏈斷裂而破產倒閉，但嘉華銀行卻無懼投資氣氛逆轉，在 1982 年繼續急速擴張，如 3 月時宣佈在美國羅省開設首家海外分行，又在上水新豐路開設分行

（《華僑日報》，1982 年 3 月 16 日）。到了年中，更一口氣在尖沙咀、何文田、彌敦道及葵涌等地區接連開設四家分行（《華僑日報》，1982 年 6 月 23 日）。截至 1983 年 2 月，嘉華銀行在全香港已擁有 25 家分行，遍佈不同角落，已發展成一間中型銀行。

除分行數目外，從其資產總值及註冊資本方面亦可看到嘉華銀行的急速發展。在 1980 年，銀行總資產為 18 億元，至 1982 年已增至 40 億元，註冊資本亦由 5 億升到 20 億元。在市場低迷的情況下，劉氏兄弟仍持續急劇擴張的策略，且向報章表示這只是五年拓展計劃的第一步，難怪報導亦以「發展之速，實教人側目」作描述了（《華僑日報》，1982 年 3 月 16 日）。為了支持嘉華銀行的急速發展，銀行在發佈業績時，再宣佈配售新股，集資金額預計為 1.086 億元（《華僑日報》，1982 年 3 月 30 日）。

事實上，嘉華銀行在這數年間的業績表現相當理想。在 1982 年 3 月公佈的財務報告中，銀行 1981 年全年溢利為 4,274 萬元，較 1980 年的 1,899 萬上升超過兩倍，宣佈每股派息 0.075 元，全年股息合共 0.125 元，每 10 股送 1 股紅股（《華僑日報》，1982 年 3 月 30 日）。1982 年，銀行全年盈利升幅亦近三成，增長至 5,547 萬元，同樣派息 0.075 元、全年股息為 0.125 元，每 10 股送 1 股紅股。林思顯在董東會後總結，1982 年嘉華銀行新增了六間分行，紐約分行亦已啟業，加上旗下金融及保險公司表現理想，集團資產上升至 50 億元（*South China Morning Post*, 8 April 1983;《華僑日報》，1983 年 5 月 7 日）。在接着的 5 月及 7 月，銀行於旺角道及九龍城衙前圍道再開設兩間分行，一如過去表現出對香港經濟與商業的信心。同年，在倫敦及加拿大多倫多開設了第三及第四間海外分行（《華僑日報》，1983 年 7 月 26 日及 1983 年 10 月 5 日）。

進入 1984 年，中英兩國就香港前途談判的爭拗更趨熾烈，投資氣氛繼續低迷，怡和洋行更宣佈遷冊百慕達，消息轟動中外社會，令投資市場更為波動（*South China Morning Post*, 29 March and 2 April 1984）。在那個關鍵時刻，嘉華銀行公佈業績時，表示對香港發展前景有信心，並宣佈集團表現繼續逆市增長，1983 年全年溢利 5,860 萬元，較上一年增長 5.7%，派發的股息與送贈紅

嘉華銀行有限公司

一九八二年度業績派發紅股公佈

一九八二年業績

嘉華銀行有限公司（銀行）董事會宣佈，嘉華銀行集團（集團）截至一九八二年十二月卅一日止可供分配之集團溢利爲港幣五千五百五十萬餘元，較去年同期之港幣四千二百七十萬餘元增長達百分之二十九點八。下列爲本集團截至一九八二年十二月卅一日止溢利總概：

	1982 000	1981 港幣 000
集團溢利已扣除稅項及轉撥內部公積金	55,918	42,933
少數權益	(452)	(197)
可供分配之溢利	55,466	42,736
溢利分配		
公積金	10,000	10,000
中期股息	16,546	11,200
末期股息	24,820	18,385
	51,366	39,585
轉溢利滚存	4,100	3,151

董事會擬在訂於一九八三年五月六日召開之股東週年大會上建議於一九八三年五月九日開派末期息每股港幣七仙半予一九八三年五月六日已名列股東登記名册之股東。連同已派發之中期股息每股五仙，全年股息每股十二仙半。以調整一九八二年派發紅股及供股後計算，股息增長達百分之二十八。

本集團之一九八二年年報及賬目將於一九八三年四月廿二日寄發予股東。

派發紅股

董事會擬在股東週年大會建議由股價溢利賬撥出港幣三千三百〇九萬二千八百六十七元充作資本，按每十股送一股派送紅股予一九八三年五月六日持有股份之股東。紅股除不能享有此次派發末期股息，其他權益將與現有之普通股完全相同。

暫停辦理股份過戶

要享有是次宣佈之末期股息，派送紅股之權利，股東應將未過戶之股份於一九八三年四月廿一日下午四時前送交香港皇后大道東一八三號合和中心十七樓本銀行過戶代表中央證券登記有限公司辦理股份過戶手續。以便審定享有末期股息，紅股權利之股東。

銀行現定於一九八三年四月廿二日至五月六日（首尾兩日包括在內）暫停辦理股份過戶登記手續，在此期間，股份過戶將不受理。

一九八三年前景

董事會預期，如無意外情況下，一九八三年之溢利水平將使銀行得以按包括紅股之股本派發全年股息每股不少過十二仙半。

承董事會命 秘書 黃家寧謹啓

香港一九八三年四月七日

嘉華銀行1982年業績及派股通告，《華僑日報》，1983年4月8日。

股亦一如過去兩年。同時，稱中區分行由於生意興旺不敷應用，故在德輔道中26號再增設一分行，以行動證明其投資信心（《工商日報》，1984年5月24日及6月7日）。

與此同時，嘉華銀行1984年6月更在國際著名財金雜誌《歐元雜誌》（*Euromoney*）上刊登贊助專刊，劉燦松親身接受記者訪問，扼要介紹嘉華銀行的歷史與重大發展、其經歷與家族背景，亦闡述了他認為亞太地區發展潛力巨大，香港可發揮管道角色等看法。其中較為特別的，是記者訪問了多位華洋銀行領導，如美國大通銀行（Chase Manhattan Bank）副主席 Lawrence J. Toal、美國國安銀行（Crocker National Bank）總經理 David L. Hendrix、東亞銀行總裁李國寶、中國銀行董事經理薛文林等，由他們口中講出劉燦松注重現代化管理之道，進而說明嘉華銀行自1975年以來急速成長，已成為一間經營有道、作風穩健的第一級別銀行，是銀行界典範。特刊中更特別強調嘉華銀行扎根香港的發展策略及信心（*Euromoney*, 1984: s1-s16）。

可是，就在《歐元雜誌》贊助專刊出版不久的 8 月底，據本地報紙報導，嘉華銀行與美、英、加、意等外國 13 家大銀行組成的財團，簽訂一個總數達 5,500 萬美元的銀團借貸，為嘉華銀行提供流動性支援。此舉雖屬銀行間一般信貸，反映嘉華銀行與外國銀行的良好關係，報導亦持正面態度，指在香港政治經濟動盪下，嘉華仍順利獲得巨額貸款，「足見國際財團不但對嘉華銀行充滿信心且對本港前景顯示特別樂觀」（《華僑日報》，1984 年 8 月 29 日），但此舉畢竟揭示銀行應有資金周轉壓力，否則不用尋求外力幫助，遑論那項借貸並非免費午餐。

無論後續發展如何，嘉華銀行自劉燦松三兄弟接手後確實有騰飛的發展。從其賬目數據可見，除剛接手的 1975 年借貸比率低於六成，利潤較 1974 年大幅回落外，其他年份均錄得亮麗成績，活期存款、借貸金額大幅上揚，存貸比率多在六成以上，部份年份更逾七成，反映其較以往更為進取。1981 年銀行上市後，表現尤為突出。就以活期存款及借貸金額為例，1975 年分別約為 2.35 億元及 1.38 億元，到 1982 年分別跳升至 38.32 億元及 24.32 億元；利潤方面，1975 年約為 301 萬元，1982 年跳升至 5,592 萬元。即是說，劉氏兄弟主導下的嘉華銀行，呈現一幅茁壯成長的圖像。可惜的是，自 1982 年後，銀行再沒有每年在報紙上公佈詳細賬目資料，因此未能跟進其後變化（表 3）。

危機與控股權轉讓

毫無疑問，從分行數目、賬目或各項發展指標看，嘉華銀行在 1980 年代初期表現相當突出，哪怕 1982 至 1984 年間香港經濟和市場曾翻起巨浪，吞噬掉不少企業，它仍能乘風破浪，取得令人艷羨的成績。1984 年 9 月，中英兩國經過連串談判，終於達成協議，同年 12 月簽署《聯合聲明》，香港將於 1997 年 7 月 1 日回歸祖國，並按「一國兩制」的安排，實行港人治港、高度自治，保持原來資本主義制度及生活方式 50 年不變（袁求實，1997）。過去一段時間

表 3 | 嘉華銀行 1975 至 1982 年間存貸與利潤率變化

年份	活期存款（元）	借貸（元）	存貸率（%）	利潤（元）	利潤增減率（%）
1975	235,459,595.00	138,792,212.00	58.95	3,011,810.00	-40.60
1976	324,973,584.00	224,545,980.00	69.10	4,560,019.00	51.40
1977	441,710,818.00	318,130,045.00	72.02	4,942,773.00	8.39
1978	635,677,526.00	429,743,804.00	67.60	5,919,859.00	19.77
1979	888,706,593.00	599,443,815.00	67.45	10,626,773.00	79.51
1980	1,167,017,724.00	826,574,845.00	70.83	18,972,577.00	78.54
1981	2,677,114,924.00	1,668,577,512.00	62.33	42,932,464.00	126.29
1982	3,832,299,200.00	2,432,489,008.00	63.47	55,917,812.00	30.25
*1983	--	--	--	58,600,000.00	5.7

* 該年數據，引自 1984 年 5 月 24 日《工商日報》。

資料來源：*South China Morning Post*, various years

困擾社會和市場的不穩定因素一掃而空，商業、經濟與社會重邁發展腳步。

進入 1985 年，樓市和股市逐步回升之時，嘉華銀行一如過去般積極開拓，例如在 1985 年 1 月宣佈強化與荷蘭安美保險集團（N.V. Amev Utrecht Holland）就香港保險業務的合作，更籌劃開拓中國內地的保險市場（《華僑日報》，1985 年 1 月 16 日及 3 月 22 日）。接下來 4 月初，銀行公佈 1984 財政年度的業績，其中稅後綜合盈利增至 6,170 萬元（*South China Morning Post*, 4 April 1985），雖然增幅溫和，只有 4.4%，但在那個大浪滔天的 1984 年，銀行經營能獲利潤，其實已相當不錯。一個月後，劉燦松更宣佈，嘉華銀行將在廈門設立嘉華銀行代表處，又在中英報章上刊登不少推廣廈門業務的廣告（*South China Morning Post*, 4 May 1985;《華僑日報》，1985 年 5 月 16 日），反映他有意拓展內地市場。

1985 年 6 月 6 日，海外信託銀行因無力償還債務而突然宣佈停業，隨後被政府緊急接管，銀行高層張承忠準備離港時更在機場被警方拘捕。由於劉燦松與海外信託銀行張明添等人關係密切，其入主嘉華銀行的過程中亦有張氏的身影，市場自然憂慮嘉華銀行涉及此事或受到牽連，一時間風聲鶴唳，「導致該銀行受到慢性擠提」（鴻碩，1986：206），大批存戶將存款取出，銀行流動資金出現困難，更有傳言指滙豐銀行及中國銀行將會收購嘉華銀行（《華僑日報》，1985 年 6 月 12 及 19 日）。雖然匯豐銀行及嘉華銀行高層分別出面澄清，指收購純屬謠言，強調「嘉華的二十八間分行業務一切正常」（《大公報》，1985 年 6 月 15 日），時任銀行監理專員霍禮義亦指當時「並無一間銀行出現仿似海外信託銀行之問題，亦無銀行有週轉上之困難」，認為銀行管理和賬目完善（《華僑日報》，1985 年 6 月 12 日；Fell, 1992: 167-168）。

面對不斷湧現的流言，嘉華銀行眾多高層相繼出面澄清，如總經理林思進強調嘉華銀行「與海外信託銀行並沒有業務往來」，指在謠言流傳時已「立即與銀監處、滙豐及中國銀行等商討，尋求他們的協助」；主席林思顯則指「是次對該行不利謠傳主要因『海託』事件引起，但兩者卻不能相提並論」；銀行秘書黃家寧亦指張明添雖曾出任嘉華銀行名譽顧問，但沒有實權，嘉華銀行唯一與張氏家族有過投資合作的，是 Windmill 投資及財務公司，嘉華銀行持有該公司 45% 股權，惟彼此間沒借貸往來（齊以正，1985：89-91）。令人不解的是，當管理層輪流出現，撇清嘉華銀行與海外信託銀行的關係時，過去一直敢言的銀行真正「話事人」劉燦松三兄弟，卻始終沒有現身。

然而，流言沒有止於智者，不利消息還是繼續發酵。為確保香港金融穩定，滙豐銀行與中國銀行公開表示「已準備一個龐大的信貸金額，隨時支持嘉華銀行」（《華僑日報》，1985 年 6 月 18 日）。同年 9 月，銀行公佈中期業績，半年盈利只有 269 萬元，業績大倒退，董事局表示鑑於當時香港的金融狀況，決定不派發股息（《華僑日報》，1985 年 9 月 28 日），或許是早有預備，市場反應尚算平靜。

至 1985 年 12 月，嘉華銀行宣佈，為了增強實力以應付日益激烈的銀行業競爭，正與愷興企業有限公司及荷蘭安美集團磋商注資事宜，預計會發行 10% 至 49% 新股，讓兩個集團以現金認講，若交易完成，這兩個財團將成為銀行的「重要少數股東」。為免股價波動，嘉華銀行從 12 月 2 日開始停牌，停牌前的收市價為 1.11 元。資料顯示，愷興企業為香港註冊的公司，半數股權由新加坡高德根家族持有，[29] 另一半由北京國務院辦公室的中國華建公司所擁有；至於安美集團乃一間跨國保險及金融機構。政府對相關增資安排亦樂見其成，霍禮義指安排對各方均有利，銀監處在兩星期前已參與相關討論（《華僑日報》，1985 年 12 月 3 日）。霍氏在回憶此事時指，最理想方案是由中國銀行或其他具份量的中國內地企業收購或注資嘉華銀行，因為這樣更有利香港的安定繁榮（Fell, 1992: 168-169）。

不過到 1986 年 1 月，增資安排卻出現大幅變化，有消息指，直屬北京國務院的中國國際信託投資公司（簡稱中信），將取代愷興企業及荷蘭安美入主嘉華銀行，且會收購銀行九成股權，成為銀行最大單一股東，餘下股份則由愷興企業、荷蘭安美及公眾人士持有。消息更指中信收購嘉華是有附帶條件的，否則政府將需再動用十億元挽救嘉華銀行（《華僑日報》，1986 年 1 月 9 日）。隨後嘉華銀行亦發出簡單聲明，證實相關消息（《大公報》，1986 年 1 月 10 日）。

為何短短十多天內，資本重組及注資安排會出現如此大的變化？收購嘉華又有甚麼附帶條件？從日後發展來看，原因相信是嘉華銀行的負債遠較當初預期高，市場傳言嘉華壞賬與問題賬目（bad and doubtful debts）可能多達 6 億至 10 億元（*South China Morning Post*, 8 January 1986）。新財團商議入股後自然會查根究底，當看清那盤「爛賬」後不願接手，但為了維持金融系統穩定，不想在香港過渡期再添風浪，中央政府只能接收，而附帶條件則是香港政府出面擔保。

為了確定嘉華銀行的情況及收購程序，中信在 2 月初派了副總經理宋子明等人來港實地調查，與銀行及政府開會（《華僑日報》，1986 年 2 月 3 日）。至 1986 年 3 月初，各方終於談攏，中信於 3 月 6 日公開宣佈，指會向嘉華銀行注資 3.5 億元，「在確保不包壞賬的情況下」，收購該銀行九成半股權，而那筆壞賬則由政府動用外匯基金「包底」。財金官員向公眾交待事件時透露，政府需保證「在未來兩三年內，可以收回沒有壞賬的貸款」，即風險全數由香港政府承擔。由於官員拒絕透露究竟用了多少外匯基金，故難以確定嘉華銀行的情況有多嚴重，而據借調到嘉華銀行處理收購事宜的曹允祥稱，[30] 嘉華銀行的債務介乎 5 億至 6 億元，「但很多貸款有機會收回」。無論如何，這已是港府在 1980 年代第三次動用公帑為有問題的銀行「埋單」，市民大眾同樣無法知悉最後到底要付出多少代價（《華僑日報》，1986 年 3 月 7 日、1986 年 3 月 11 日、1986 年 4 月 2 日）。

在中信確認注資消息後數天，嘉華銀行董事會宣佈「為正確反映該銀行沒有資產的股本，提高壞、呆賬準備金」，故將原來價值 1 元的股份注銷為每股 0.05 元，再將 20 股合併為 1 股，中信將出資購入 92%。待減資及注銷股本在股東大會通過及高等法院批准後，嘉華銀行將可以重新上市買賣（《大公報》，1986 年 3 月 10 日）。對於那些持有嘉華銀行股票的小股東而言，相關做法等同將其資產大幅貶值，自然是欲哭無淚，但總比嘉華銀行倒閉清盤、手上股票全成廢紙為佳，故只能忍痛接受。

對於香港政府以公帑擔保促成中信收購嘉華銀行，自然有不少反對或不滿聲音，除嘉華銀行的小股東外，有人擔心嘉華銀行的欠債是個無底洞，中信與政府那份保密協議的具體內容會令庫房「大出血」；有人認為政府不應該一再動用公帑，為經營不善的銀行「背黑鍋」，立法局（今立法會）有議員關注撥款繞過立法局，程序有錯，未來亦難以監管。但對中央與港英政府而言，當時應有「穩定壓倒一切」的想法，不想為過渡期添煩添亂，故才果斷出手。至於市場反應則算正面，認為此舉有助穩定香港金融體系，是對香港前景有信心的表現（Spackman, 1986; Shum, 1986）。

或許是因中信有國家資本，又是第一次收購本港上市銀行，相關手續複雜，經歷多項程序，到 6 月才告完成。從此，中信成為了嘉華銀行的最主要股東，並於 6 月 27 日重新掛牌上市。因應這一變化，董事局及管理層全面換血，劉燦松兄弟原來的班子大多離去，只有林思顯獲邀請留任董事，「成為過渡人物」，反映他仍得到新控股集團的信任；董事局主席由中國銀行原行長金德琴出任，其他董事有宋子明、丁忱、朱潤身及曹允祥等，多數來自中信及其關連公司

（《華僑日報》，1986 年 6 月 24 日、1986 年 6 月 28 日）。

中信入主後，嘉華銀行的前路仍有不少波折，原因是其財政問題較早前透露的更嚴重，部份更涉及違法行為。1986 年 7 月，銀行發佈 1985 年的年報，指扣除早前 4.1 億的呆壞賬撥備後，該年銀行總虧損超過 5.4 億元。最教人震驚的是，會計師指銀行有高達 40.1 億元問題貸款，因受新加坡及馬來西亞經濟欠佳拖累，預計很大可能無法討回。由於情況與先前說法有極大差異，一眾小股東自然極感不滿，去函要求董事局解釋，並要求新董事局協助入稟向前核數師追究責任（《華僑日報》，1986 年 7 月 5 日；《大公報》，1986 年 7 月 26 日）。

其後嘉華銀行在各方努力下繼續發展，至 1988 年終於扭轉頹勢，開始轉虧為盈（《華僑日報》，1988 年 11 月 18 日）。1998 年 7 月 30 日，據公司註冊處資料，銀行名稱有變，在嘉華之前加入「中信」二字，成為中信嘉華銀行有限公司，繼續其銀行業務。大約四年後的 2002 年 11 月 25 日，銀行再易名為中信國際金融控股有限公司，「嘉華銀行」的名字從此成為歷史，若以 1922 年籌辦起計算，恰好經過了 80 年。

官司糾纏

嘉華銀行因經營失利，掉進財困泥沼，然後控股權易手，連串變化在社會和市場上引起很大迴響，且問題並未因控股家族與管理層離去、退下火線而終結，反而產生了不少民事與刑事官司，糾纏經年。由於銀行在 1984 至 1985 年劉燦松兄弟掌權期間，財務突然出現大問題，如上文提及 40 多億元無法追回的放貸，警方因此介入調查，發現當中存在弄虛作假——尤其是行賄貪污、損害債權人及公眾利益等問題，香港廉政公署接手案件。想不到事情發展峰迴路轉，最後只能將部份涉案人士入罪，不少人一直逍遙法外。

第一宗與嘉華銀行相關的民事官司與明輝發展（Intercontinental Housing Development）有關。[31] 1986 年 1 月初，當嘉華銀行正與各方財團磋商注資事宜之際，明輝發展突然在報章刊登通告，指已入稟法院，向嘉華銀行、嘉華銀行執行副總裁及董事劉燦賢、明輝發展前主席郭德發、前董事周錦明，以及前僱員楊寶珠等人，追討 1.28 億元。有報導指時任立法局議員倪少傑及馬來西亞華商莊寶等在 1985 年收購了明輝發展後，發現賬目有問題，包括購入了 1.28 億元沒有市場價值的債券，遂採取法律行動以保障股東權益（《華僑日報》，1986 年 1 月 9 日；鴻碩，1986：211）。

就在通告刊出後兩天，倪少傑突然辭去明輝發展董事一職，只留任非執行董事，主席一職由莊寶接任，莊寶之妻汪玉珠則獲選為非執行董事（《華僑日報》，1986 年 1 月 15 日）。與此同時，嘉華銀行公開強烈否認明輝發展的指控，稱指控是全無根據，並隨即入稟法院，反告明輝發展的聲明部份內容涉嫌誹謗，要求對方賠償損失。[32] 明輝發展在 2 月 6 日再發聲明，承認公司對嘉華銀行並無 1.22 億元的透支款項，前聲明的陳述不完全正確，並向嘉華銀行致歉（《華僑日報》，1986 年 2 月 4 日、1986 年 2 月 7 日）。事件拖延至 1987 年 9 月，明輝發展與控股權已更易的嘉華銀行達成和解協議，由明輝發展「向嘉華賠五千八百萬元來抵銷其債券」，並指此協議全面及最終地解決兩間公司所有法律訴訟（《大公報》，1987 年 9 月 30 日）。不過，事實是此案餘波未結，待下文再作介紹。

1987 年 6 月，報紙上再出現與嘉華銀行有關的訟案消息。《大公報》引述來自路透社吉隆坡的消息，指當地警方公佈：

> 兩名香港嘉華銀行前董事因在馬來西亞及新加坡懷疑牽涉一億一千六百萬美元的欺詐事件，今日被警方拘捕。
>
> 兩人分別是前嘉華銀行董事會副主席兼總裁的劉燦松，及董事兼執行董事劉燦賢。馬來西亞警方證實劉燦賢是在吉隆坡被拘捕的，而劉燦松則在新加坡被捕。
>
> 香港派往馬來西亞及新加坡進行調查工作的負責人沃里克．里德也證實了上述拘捕行動，但他拒絕透露詳情。

（當地）警方消息來源說，劉燦賢在他的 Ariffin and Low 證券經紀行中被捕，他將於星期六在高等法院被控以一百一十一項罪名。消息來源說，警方還在找尋嘉華銀行兩名前董事陳開宗及劉燦成。（《大公報》，1987 年 6 月 27 日）

香港警方隨即向兩地申請，將劉燦松及劉燦賢引渡回港，並指他們涉及串謀行騙、造假賬、偷竊、貪污等 110 項控罪（《華僑日報》，1987 年 6 月 28 日）。正當大家都預計兩人會申請反對引渡，令官司一拖再拖時，分別被扣押的劉燦松和劉燦賢，卻令人意外地表示自願返港，配合警方調查。劉燦松先於 7 月 8 日抵港，隨後與早前已被拘捕的前嘉華銀行秘書黃家寧一併送上法庭，控罪包括涉嫌造假賬、串謀行騙等 66 項；劉燦賢則於 7 月 22 日到港，同樣被送上法庭，控罪多達 72 項。三人獲准保釋候審，劉氏兄弟的保釋金分別高達 1,000 萬及 1,100 萬元。廉政公署指除三人外，牽涉此案的還有前董事劉燦成、前董事陳開宗及楊寶珠，三人均被通緝（《華僑日報》1987 年 7 月 9 日、11 日、23 日及 24 日）。

與此同時，嘉華銀行入稟法庭，控告包括劉燦松及劉燦賢等六名人士違反董事誠信，向他們追討逾 8,000 萬元欠款，並申請凍結其個人與公司的資產（《大公報》，1987 年 7 月 15 日）。劉氏兄弟透過代表律師提出抗辯，經過漫長的審訊，敗訴後又提出上訴，最終被駁回（*South China Morning Post*, 30 May 1991）。

劉燦松兄弟的刑事官司隨後發展再次令人大吃一驚。在等待審訊期間，二人本應每星期向廉政公署報到，直至廉署人員發現他們逾時未至，乃出動搜查其住所，發現他們棄保潛逃，「人去樓空，財物亦被攜走」，法庭只能對二人發出通緝令，並將 2,100 萬元保釋金「連息充公」（《華僑日報》，1988 年 1 月 21 日至 23 日）。日後資料揭示，二人已於 1988 年 1 月中潛逃台灣，有消息指他們「已成台灣合法居民」。廉政公署等司法部門因此招來各方批評，指對疑犯的監管太鬆散，同時有評論指出，由於台灣與香港沒有引渡安排，已成為罪犯的「避難所」（*South China Morning Post*, 23 January 1988;《華僑日報》，1988 年 3 月 5 日）。

劉燦松、劉燦賢兩兄弟棄保潛逃後，廉政公署透過不同渠道尋求將之引渡回港，法庭則繼續處理早已有意認罪的黃家寧。黃氏選擇承認串謀詐騙等六項罪名，以換取法庭減刑及廉政公署撤銷其他大部份控罪，獲廉署接納（《華僑日報》，1988 年 6 月 2 日）。案件最後轉到高等法院處理，審訊時間不長，法庭考慮到黃家寧並非主謀、認罪且配合廉政公署調查等因素，輕判他入獄兩年（*South China Morning Post*, 14 July 1988）。據法庭文件透露，在 1986 年 9 月，嘉華客戶存款約有 14 億元，但沒有足夠抵押及保證的貸款高達 49 億元，其中超過 45 億元貸款與劉氏兄弟有關，當中大部份未能收回（《華僑日報》，1988 年 7 月 14 日）。若這一數字正確無誤，則其負債極為巨大。

黃家寧審訊落幕後不久，劉燦松兄弟再有令人驚訝的舉動。1988 年 9 月，身在外地的劉燦松兄弟，竟然透過代表律師向香港法庭申請取回旅行證件，被法庭拒絕（《華僑日報》，1988 年 9 月 22 日）。至 11 月，劉燦松從台灣向嘉華銀行各股東寄出信函，「宣稱將會採取法律行動，以恢復他在這間曾一度接近崩潰的銀行工作時的名譽」（《大公報》，1988 年 11 月 30 日）。到了 12 月份，劉氏兄弟又向包括 East Asia Warburg 公司董事總經理李國寶等人提告，要求賠償 1 億元損失（*South China Morning Post*, 7 December 1988），不過未見後續報導，未知結果如何。

到 1989 年 1 月，有消息指劉燦賢在台灣被拘捕，因違反新加坡刑法，被引渡到新加坡受審，最後被判入獄 30 個月。期間廉政公署尋求新加坡當局協助，申請將他引渡回港。刑滿出獄後，劉燦賢於 1990 年 9 月自願返港受審，法庭上，他被指控「於一九八一年九月至八六年六月期間，與劉燦松、劉燦成、陳開宗、楊寶珠及其他人士，串謀行騙嘉華銀行、該銀行的股東、債權人及存戶，其手法是容許該銀行在沒有足夠抵押的情況下，超額貸款予他們有關的多名人士及多間公司，並在銀行賬目中隱瞞這些貸款的性質及目的」（《華僑日報》，1991 年 3 月 7 日）。

案情提及，被告與各涉案人批出的問題貸款總數高達 6.81 億元，當中 4.79 億元未有清還，給銀行造成巨大損失。由於被告承認控罪，審訊時間不長，法庭最後判劉燦賢入獄五年半（《華僑日報》，1991 年 7 月 16 日），獄中他向法庭申請個人破產（*South China Morning Post*, 11 March 1993）。至於劉燦松、劉燦成、陳開宗和楊寶珠等涉案人士，多年來潛逃在外，如人間蒸發般再沒出現在公眾視野中，廉政公署一直無法找到他們的蹤影，未能將他們繩之於法。

不過，劉氏兄弟與嘉華銀行捲入的官非不止於此，也未因為劉燦賢入獄而結束，之後尚有兩宗轟動的案件先後爆發，引來中外社會高度注視。其中一宗與亞細安資源財務（ASEAN Resources Finance Ltd.）有關，另一宗則與前文粗略提及的明輝發展有關，案發時間均是劉氏兄弟掌控嘉華銀行期間，且多與來自南洋的華商相互扣連，牽涉串謀詐騙、損害股東、債權人及存戶利益等不法行為。

先說亞細安資源財務。此乃亞細安資源有限公司的子公司，亞細安資源的前稱為萬生有限公司（Michaelson Limited），1971 年 7 月在香港註冊成立，1972 年底掛牌上市，業務主力為地產，主席為林子明家族的林繼興，股東有林繼振、林思進、簡悅慶、林培雄、佘頌平及楊志深等（Michaelson Limited, 1972）。公司發展因 1973 年股災後的市場低迷明顯受到打擊，長期沒有突出表現。

到 1978 年底，來自馬來西亞的華商陳永新入股，並於 1979 年取代林繼興出任董事局主席，同時加入的董事有陳永新的親信王松潤和蔡約望等人。之後的 1980 年 5 月，公司易名亞細亞資源（Asean Resources Limited），再以私下配售形式增加股份，注入資本（*South China Morning Post*, 7 May 1980 and 11 October 1980）。到了 1984 年，公司擴大業務，收購 Seattle First Asia Limited（前身為 1979 年註冊成立的 Sea First Finance Services Hong Kong Limited），發展財務生意，再於同年 9 月易名亞細安資源財務（Asean Resources Finance Limited）。那時，香港商業、經濟與社會已因中英兩國有關香港前途問題達成協議而逐步走出陰霾。

不過，亞細安的發展並未因外圍環境變好而改善。或因財務困難，1985 年 11 月公司控股權再次易手，落入同樣來自馬來西亞的華商 Yap Sing Hock 手中，董事局及管理層亦再度換班（*South China Morning Post*, 16 December 1986）。

大約四年後的 1989 年，廉政公署拘捕了亞細安執行董事蔡詠廉（Chua Yong Lim，譯音），之後再逮捕另一名董事鄧威立（Tang Wee Lip，譯音）及一名女經理陳秀貞（Tan Siew Gim，譯音），主要控罪指他們串謀劉燦松、劉燦賢、劉燦成、陳開宗及楊寶珠等嘉華銀行董事造假賬，從 1984 年 7 月 25 日至 1985 年 6 月 21 日的 11 個月內，在沒有真正借出貸款的情況下，捏造虛假借貸高達 2.52 億元，其中 1.45 億元是嘉華銀行在沒有任何抵押下發出的（*South China Morning Post*, 21 April 1989 & 17 October 1990）。

經過近三個半月審訊，法庭於 1991 年 1 月 24 日作裁決，其中鄧威立罪名不成立，當場釋放，蔡詠廉及陳秀貞則罪名成立，並於翌日判刑，蔡詠廉入獄五年，陳秀貞入獄三年（*South China Morning Post*, 25-26 January 1991）。陳秀貞不服，對刑期提出上訴，但最後被駁回（*South China Morning Post*, 20 June 1995）。

至於明輝發展的案件，則與前文提及 1986 年的「債券糾紛」有關，廉政公署亦是由此突破點介入調查。資料顯示，明輝發展於 1970 年代初由著名地產發展商彭國珍、陳德泰、韋子恒，夥同海外信託銀行的張明添、黃長贊共同創立，1973 年上市集資，主力發展地產（Intercontinental Housing Development Limited, 1973），惟其業務同樣受 1973 年股災衝擊。1982 及 1983 年，彭國珍和張明添先後去世，其控股權則在 1982 年 9 月轉到一家名為 Territorial Development Ltd. 的公司手中（《大公報》，1982 年 9 月 8 日），此公司由來自馬來西亞的華商郭德發掌控，他因此出任明輝發展董事局主席。

到了 1985 年 4 月，時任立法局議員倪少傑與馬來西亞華商莊寶合夥，組成集團投資有限公司（Joint Park Limited）收購明輝發展，完成交易後由倪少傑出任明輝發展主席，莊寶為副主席兼行政總裁，郭德發則留任董事；倪少傑更邀請同為立法局議員的李鵬飛加入董事局，以提升公司知名度。惟倪少傑後來發現公司賬目有假，因此在 1986 年初向嘉華銀行及劉燦松等人興訟，從日後發展看來，事件不單是商業糾紛，甚至更牽扯欺詐等犯罪行為。然後便是倪少傑、李鵬飛等辭職，廉政公署相信在接獲舉報後介入調查。初期，涉案人士指向前文提及的劉氏兄弟、陳開宗及楊寶珠等人，但後來則指向明輝發展的領導莊寶。

儘管後來明輝發展的新主席莊寶向嘉華銀行賠償 5,800 萬元，但廉政公署的調查沒有終止，於 1988 年拘捕了莊寶並告上法庭，主要控罪是造假賬以詐騙股東或投資者，金額為 1.28 億元（*South China Morning Post*, 15 April 1994）。莊寶不服指控，雙方律師在法庭上舌劍唇槍。其中兩點值得注意，一是倪少傑作供稱，他對那筆 1.28 億元的債券全不知情，發現後曾建議莊寶報警或找律師協助，但莊氏沒這樣做，之後對他「很不友善」，並指責他干預公司行政（*South China Morning Post*, 10 May 1994）；二是那時已入獄的劉燦賢以特赦證人身份作供，指莊寶為幕後主事者，明輝發展前主席郭德發的證詞與劉燦賢一致。莊寶一方因此敗訴，被判入獄五年（*South China Morning Post*, 6 July 1994），莊寶不服並提出上訴。

在這個時期出現一段不小的插曲，曾任律政署副刑事檢控專員，主管商業罪案檢控事務的胡禮達（Warwick Reid），因為牽涉多項貪污受賄罪落網。涉嫌向他行賄的包括聯合交易所主席李福兆、恒隆銀行董事李海光、大律師蘇志光、律師黎家駒及劉燦松三兄弟。胡禮達被判罪成，他為了減刑而轉作特赦證人，供稱劉燦松三兄弟當初曾給予他 3,000 萬元賄賂，要求他讓三人脫罪。胡禮達指與劉燦松接觸時，覺得對方對政府接管嘉華銀行有很大怨恨，「導致阻滯」（led to friction）他的工作（*South China Morning Post*, 25 January 1992）。另一方面，胡禮達又提到，楊寶珠原來是劉燦賢的情婦，她在那宗 1.28 億元詐騙案發生後轉赴台灣，令劉燦賢覺得莊寶連他的情婦也拖下水，對莊寶甚為憎恨（*South China Morning Post*, 31 October 1995）。胡禮達又聲稱，他在坐牢期間曾與劉燦賢在獄中相遇，劉燦賢私下對他說，會在法庭上作假證供指證莊寶（*South China Morning Post*, 7 December 1995）。

從胡禮達的連串案件可見，當時社會上貪污舞弊風氣甚濃，連本應為法律把關且位高權重的檢控專員亦多次受賄，情況值得日後深入研究。回到莊寶一案，由於胡禮達的供詞，莊寶一方以發現新證據為由要求翻案重審，廉政公署因此與莊寶一方的代表律師再戰法庭。雙方就胡禮達的證供能否提堂爭辯，後又發生胡禮達錄取口供時的錄音帶不知所終等糾紛，招來莊寶一方代表律師質疑，令案件更為撲朔迷離。

最後，法庭裁定胡禮達的證供不可信，判莊寶一方敗訴（*South China Morning Post*, 7 December 1995）。莊寶當然不服，再提上訴，但遭駁回，惟刑期由原來的五年減少至四年（*South China Morning Post*, 27 March 1996）。莊寶及其妻江玉珠堅持上訴至樞密院，惟裁決再次令他們失望（*South China Morning Post*, 9 August 1996），案件至此才劃上句號。

綜合牽涉劉燦松三兄弟、嘉華銀行及其他公司與人士的多宗案件，主要發生於1981至1985年之間，正是香港股市、樓市及經濟最為波動的時期。不少個人或企業投資出現失誤，面對巨大虧損或資金鏈斷裂時，部份人選擇鋌而走險，被揭露落得身敗名裂、潛逃出走或鋃鐺入獄的下場。有分析者對那些名揚一時卻從事業高峰摔下來的人物，有如下引人深思的評論：「一般而言，投資者不論手法高低、奸詐或是忠厚，開始時總想將企業搞得有聲有色，成為李嘉誠第二或包玉剛第二，一早蓄意作奸犯科的人十分少」（紫華，1985：105）。

確實，俗語有云：「有頭髮，邊個想做瘌痢」，但就算做不到「時窮節乃見」的高尚情操，守法守規、不作奸犯科仍然是不能逾越的基本道德底線，如為求個人利益而犯法，自然應受到法律制裁及社會的指責。不過，面對困難時以不法手段維持生意、企圖瞞天過海的做法不是個別案例，大多數人都覺得沒有問題，像本系列研究中提及多宗發生在1980年代的案件，差不多人人都抱有「過到海便成仙」的心態，反映整個社會都「生病」了，只有少數人如倪少傑等能愛惜羽毛，寧可放手賠錢亦不願同流合污。

對打造香港國際金融中心的影響

從某個角度看，嘉華銀行的前進歷程，折射了香港金融中心逐步建立的曲折道路，尤其在1950年代之前，香港在地區上的金融地位其實並不突出，給上海比了下去，情況一如嘉華銀行般，沒有太多發展亮點，腳步甚為蹣跚。進入 1950 年代，在多方因素左右下，才有了截然不同的發展機遇。

自 1950 年代，香港金融業的投資環境相對穩定，嘉華銀行受到經濟及商業持續發展的帶動，不斷吸納存款、增加客戶，壯大本身實力、擴大生意規模。而無論是吸納存款或是發出貸款，又多與海外華人華商群體有關，揭示了彼此之間相互扣連。

進入 1970 年代，嘉華銀行控股權再度易手，引入更多主要來自夏威夷及南洋的股東，生意投資亦更為進取，這時期的狀況與香港股票市場開放、吸納內外不同資本參與香港資本市場，進行房地產發展及工業投資等情況基本一致。可見嘉華銀行的前進腳步與香港金融市場發展相若，而且同樣由海外華人資本驅動，亦重點服務於這一群體。

1973 年股災後，嘉華銀行的發展策略及控股權再度急變，這又與當時香港經濟和金融環境變化相若，地產業的逐步復蘇和壯大，成為香港吸納內外資金的「聚寶盆」。因為香港地少人稠，人口不斷上揚，令物業價格持續攀升，地產投資獲利豐厚，此點有助吸引全球資金，海外華人亦為其中之一，對打造香港作為國際金融中心影響深遠。

進入 1980 年代，嘉華銀行過於進取的業務擴張，甚至作出違法舉動，無疑給銀行發展帶來傷害，令其在風高浪急的商場中「栽了觔斗」。最後，違法者受到懲罰，銀行則被中國國際信託投資有限公司（中信）收購，注入更強勁的發展力量，乃有另一番發展。香港在制度變革、完善法律與監管等連串舉措後重新上路，持續壯大，發展成為與紐約、倫敦並駕齊驅的國際金融中心。

由是觀之，嘉華銀行的發展，與香港成為國際金融中心的歷程十分相似：1950 年前並不突出，缺乏亮點；1950 年代起有了更多機會，耀目表現漸多，實力逐步積聚；1970 年代起尤為卓著，哪怕經歷股災，仍輾轉上揚；惟到 1980 年代中，因另一次市場大風大浪而遭遇挫折，且捲入違法行為，導致控股權再度易手。至於香港的銀行金融制度則在經歷多方挑戰後作出連串變革，完善體制，加強監察，奠下更為穩健的基礎，海外華人華商則是這個發展過程中最為突出的參與者和推動者。

另一方面，嘉華銀行的個案尤其讓人看到有關家族發展、控股及傳承的經驗與教訓，當中最為突出的，無疑是不同性質的圈子或關係網絡，在營商時同時具有不容低估的正面作用與負面力量，下文將就此提出一點分析和思考，以供後來者借鑑。具體而言，所謂的圈子或關係網絡，可按屬性粗略分為多個大類，如宗教信仰、族群、鄉緣、血緣等，當中又按其內涵再分為不同細項。

嘉華銀行的創立，毫無疑問是建基於宗教信仰的圈子。銀行的始創人利用教會作凝聚力，不但藉此集結了創業資本，存戶或借貸客戶亦多為教會的兄弟姊妹。銀行的創立目的，原是募集資金投資金融地產，以錢生錢，帶來更大利益，藉此支持宣傳福音，如有研究稱是「益教會、益人和益公司」，達至「三益」目標（李金強、劉義章，2016：171）。惟後來因廣州物業市場的泡沫破滅，銀行投資的物業價值大跌，給大小投資者造成巨大損失，令這個圈子或網絡近乎崩潰，內部信任發生變化。儘管 1936 年銀行復業，但弟兄之間已生嫌隙，信任與關係難復當年，於是略為收窄的族群網絡便取而代之，尤其是族群內擁有共同信仰之人。

相對於信仰圈子，族群網絡的特點是較為親近、同聲同氣。從嘉華銀行的發展看，這個族群網絡便是潮州族群。銀行創立初期的信仰圈子，原本以廣府人為主，亦有顏成坤等小量潮州人，但當銀行出現問題由林子豐接手後，他本身的人脈關係較多來自潮州，乃引入相同信仰的友好或鄉里，形成了較明顯的族群現象，信仰與族群高度重疊。這種略為收窄的信仰及族群網絡，曾對業務發展產生一定正面作用，促使他更朝這個方向走，令更多潮籍人士加入嘉華銀行，廣府人的佔比則日見減少。由此可見，當能帶來正面效果時，網絡或圈子會得到強化，這實在十分合理。

族群網絡再細分便是鄉里網絡——在林子豐的個案便是揭陽金坑村。鄉里網絡能發揮更聚焦的效果，這當然亦與揭陽（或更重點的金坑村）鄉民中有突出表現者，如鄭翼之家族，可供林子豐吸納招攬有關。另一方面，由於林子豐長期在潮州商會扮演領導角色，又是虔誠教徒、宗教領袖與教育家，形象正面，吸引不少潮籍人士支持。同樣，若然一個圈子或網絡能發揮良好效果，必然愈趨壯大，繼續發展，反之則會迅速斷裂萎縮。

嘉華銀行領導或管治的內核，是宗族（如林子豐、林子明、林樹基）與家族（主要是林子豐諸子）關係網絡，血緣關係則是這個內核的底色，所以在林子豐主導嘉華銀行時期，這家銀行已成為社會大眾心目中的家族企業。當然必須指出的是，以上各個圈子與網絡，既不完全相互排斥，而是有不少交集重疊，亦會在不同時期因應環境與現實變化而調整。引入新投資者、股權更易之後，部份股東留下，部份股東離去，則是各個圈子互相吸納吞吐的結果。

結語

正如我們在不同場合或著作中提及，以有限公司模式註冊的企業組織是法定團體，擁有自身的生命，原則上只要經營得法，就可以永續發展，不受股東或管理層來去存歿影響，如民間俗語「鐵打的衙門流水的官」。因此梳理有限公司的發展歷程，便能看到各個控股家族在逐鹿中原時留下的痕跡，同時也能了解到，一家企業可以歷久不衰絕非易事。

嘉華銀行的發展道路，反映了不同人士、家族或企業，在爭逐銀行控股權，或是支持銀行發展方面曾經作出的努力，及遇到的起落挫折。而控股權如走馬燈般不斷更換的圖像，則反映了商場風高浪急，以及經營企業、維持盈利的艱辛。總括而言，嘉華銀行能在不同家族交替統領下歷經數十年，殊不簡單，可惜最後因領導層心存歪念，致令銀行不能保有清名，落得被國家資金收購，名字亦消失於歷史中。

最值得汲取的教訓，自然是劉燦松兄弟主理下的嘉華銀行，在經營或投資出現巨大虧損之時，為力挽狂瀾而作出超越法律底線的舉動，最後不但無助解決問題，反而令自己掉進萬劫不復的境地，身敗名裂，不但一切努力化為烏有，整個家族亦因此蒙羞。劉燦賢鋃鐺入獄，固然嚐盡苦頭，而就算劉燦松和劉燦成潛逃他方，從此亦難以再光明正大地出現，更別奢望東山再起。對於少年得志、一手帶領家族走向光榮，曾被譽為「金融奇才」的劉燦松而言，嘉華銀行出事時他才 47 歲，不知道他在躲藏度日的下半生中，會否為自己違法的錯誤舉動感到悔不當初？

註

1 馮達純，廣東肇慶人，原為培正學校教師，後從商，創辦了南華置業公司、新亞酒店等，又大舉參與廣州地產買賣，為 1920 年代廣州數一數二的地產大亨（《廣州日報》，2015 年 9 月 10 日）。

2 張新基（1889-1960），廣東恩平人，是浸信會的元老，多年來積極參與及協助培正中學，自該校第一屆校董會成立後已出任校董，直至臨終（香港培正同學會，沒年份 a）。

3 顏成坤（1903-2001），生於廣東，祖籍廣東潮陽，為香港著名商人，創辦了中華汽車有限公司，亦曾任多家銀行如廖創興銀行董事。他亦積極推動本地教育及慈善事務，任多間中學及大學校董，以及東華三院等慈善機構的主席。1959 至 1961 年曾任立法局非官守議員（《新報》，2005 年 11 月 26 日）。

4 根據南華公司董事會主席冼錫鴻撰寫的回憶錄（《嘉南堂．南華公司．嘉華儲蓄銀行》），南華公司位於萬福路，創始人為馮達純，是當地甚具規模的地產商，亦會為其他投資者提供貸款。至於嘉南堂應指廣州嘉蘭堂置業公司，惟缺乏資料說明。

5 嘉華銀行的創立年份長期存在不同說法。由於銀行創立不久便將總部遷至香港，廣州改為分行，並在香港進行有限公司模式的商業註冊，所以銀行的官方說法是「1924 年於香港組成」（incorporated in Hong Kong in 1924）（*South China Morning Post*, 28 June 1965）。但因種種原因，銀行對自身的歷史亦認知不多，故在 1980 年公佈的上市文件中，介紹歷史及發展時，還是出現不少錯誤（The Ka Wah Bank Limited, 1980），具體內容參考本文分析。

6 譚希天（1901-1980），廣西平南縣人。浸信會教友，曾在廣州培正書院就讀及任教，自 1917 年起出任培正中學校董，與林子豐等同為培正來港辦分校的發起人（香港培正同學會，沒年份 a）。

7 黃耀東（? -1940），祖籍台山。除嘉華銀行外，還創立了福源銀號。他在慈善事業方面有不少貢獻，如倡建香港仔華人永遠墳場、出資建立深水埗公立醫局等，亦曾任東華醫院、保良局總理。據稱他因對深水埗區建樹良多，該區的「耀東街」便是以他命名（《大公報》，1940 年 8 月 31 日；《華僑日報》，1964 年 12 月 9 日）。

8 公司組織章程中列出七名股份認購者，姓名依次序為：K. M. Wong、張立才、S. K. Cheung、C. Y. Lee、陳頌漢、F. K. Leong 及 S. W. Chung。除 K. M. Wong 報稱在廣州，職業為教師外，其他均報稱在香港，職業為商人。

9 所謂「國家書院」，應是指 1924 年創校的九龍華仁書院，原設於油麻地砵蘭街，1928 年遷至旺角奶路臣街。

10 隨後的資料揭示，嘉南堂置業旗下還有嘉南堂儲蓄銀行，此銀行曾向嘉華銀行大舉借貸。後來嘉南堂儲蓄銀行倒閉，需將物業拍賣，償還嘉華銀行欠債（*South China Morning Post*, 20 March 1935），揭示嘉華銀行的資金周轉不寧，部份原因與嘉南堂有關。

11 首位獲此勳銜的乃香港一代首富何東。

12 到 1953 年，據《大公報》報導，前廣州市嘉南、南華銀行關於解放前一切存款、債權債務，已按政務院（國務院前身）「解放前銀錢業未償存款給付辦法」進行辦理。在此方向與安排下，「前廣州嘉華銀行關於解放前債權債務（包括附股）問題，亦於十月三十日以前辦理登記，登記地點在廣州樂蘭路一零九號二樓」（《大公報》，1953 年 9 月 25 日）。由此可見，銀行的存戶、債權人及債務獲依法處理，惟具體情況則沒進一步資料。由於報導沒提及如何處理上海分行的資本，反映上海分行在戰後或沒有重啟業務，或在建國前已倒閉。

13 其中李子英於 1951 年 4 月 30 日辭任，其空位由譚立朝於同日頂替。

14 林思顯年輕時被送往菲律賓大學唸書，在當地生活多年，後又成為李清泉乘龍快婿，林氏家族的菲律賓關係值得在日後深入探討。

15 日後，林思齊還在美國賓夕凡尼亞州天普大學（Temple University）取得工商管理碩士。

16 據林思齊稱，早在 1960 年代初，他與妻子已心儀加拿大的生活環境，自 1960 年代中開始移民行動，其父兄曾提出反對，遊說他留港發展，但他去意已決，並逐步退出嘉華銀行管理，至 1970 年全身而退，投入加拿大的新生活。到了加拿大後，林思齊大舉投資當地房地產，取得豐碩成果，個人財富大漲。他將不少獲利用於公益，贏得慈善家美譽。1988 年，英女王更委任他為卑斯省（British Colombia）的副督（Lieutenant-Governor），成為英女王的統治代表，乃首位華裔加拿大人獲委任如此高位（Roy, 1996: 191-212），如林子豐在世相信亦會引以為傲。

17 遠東財務香港有限公司於 1970 年 1 月 20 日在香港註冊成立。

18 劉本贊與卓觀信為夏威夷儲蓄及貸款公司負責人，與林子豐一樣是潮州籍。

19 那時海外華人英文姓名的譯法不有統一，差別很大，如 Robert Ching Wo，他的姓名在洋人社會有時被寫成 R.C. Wo，即錯把 Wo 變成姓氏。另外，不少英文姓名變得「不似中國人姓名」，如 Tenney Z. Tongg，有些海外華人後代更以父輩的名字為姓，而就算是父子，姓氏的寫法亦有不同，例如林繼興的林為 Limm，但林子明的林為 Lim，因此時會引人誤會。

20 林樹基與林子豐一樣，均來自揭陽金坑村，早年曾在民生書院及培正中學求學，後進入香港大學，乃著名醫生，曾協助林子豐創立浸會醫院，且自 1963 年起長期擔任嘉華銀行董事。

21 該公司截至 1953 年 12 月底，總發行股份為 1,000 股，分予 41 人，其中林子明持有 210 股、林守明持有 100 股，其餘各人在數股至 30 股之間，當中絕大多數姓林或姓蕭。相信是林子明及林守明兒子的分別有林繼振、林繼興、林繼雄、林繼宏、林繼高、林繼齡、林繼隆、林繼民、林繼生、林繼祥、林繼成等；相信是姻親或友好的蕭氏成員分別有蕭俊庭、蕭俊臣、蕭俊銘、蕭理文、蕭舜輝、蕭舜君、蕭舜儀等。另一特點是，各股份持有人的居住地址大多在新加坡，少數在香港。公司董事為林子明、林繼民、林守明、林傲霜和蕭英華（Annual Return of Lim Teck Lee Hong Kong Limited, 31 December 1953）。

22 從 1971 年林子豐的訃文可見，六子林思敬已歿，雖未知去世的確實日期，但可能在 1970 年時已無法接手銀行。

23 林子豐一直對浸會學院的發展最為牽掛，在他去世後，其子林思顯與浸信會核心領導商討，決定提升當時剛來浸會學院任教不久的謝志偉為校長，此舉最後證明深慶得人。謝志偉雖然年輕，但甚具魄力，日後帶領浸會學院取得豐碩成績，更成功升格為浸會大學（Mak and Wong, 2016）。

24 林子豐家族相信仍保留小量股份，而林思顯及林思進等擔任管理職位，可能亦獲一些認股權證，藉以提升管理積極性，情況就如一些「打工皇帝」都會獲贈認股權證或股份作為獎勵一樣。

25 江國盛在 1976 年以前一直出任馬來西亞合眾銀行（United Malayan Banking Corporation）執行董事，乃張明添左右手。

26 比丁為馬來西亞三軍參謀長，1976 年 8 月 9 日出任馬來西亞上議院議員（《華僑日報》，1976 年 8 月 16 日）。

27 在有關何瑤煌擔任董事的委任中，特別提到他「是一位在印尼、新加坡、馬來西亞及南韓擁有廣泛商業聯繫的本地商人」（*South China Morning Post*, 26 October 1976）。

28 1986 年中資收購銀行後，報章曾披露林思顯持有 77,949 股，佔比估計只有 0.004，實在微不足道（《大公報》，1986 年 10 月 25 日）。

29 高德根乃新加坡著名華商，崇僑銀行的創辦人，曾多次連任新加坡中華總商會主席。

30 曹允祥乃中資銀行新華銀行的總經理。

31 明輝發展成立於 1972 年，並於 1973 年 2 月上市，據悉公司早年在吉隆坡有地產業務，倪少傑等人於 1985 年 7 月購入公司六成股權（《大公報》，1986 年 1 月 9 日）。

32 在嘉華銀行反擊後一天，倪少傑連非執行董事之職也辭任，甚至向記者指自己對明輝發展在 2 月 3 日發表的通告毫不知情。

第八章

友聯銀行

溫仁才一言堂的福禍思考

1989 年 11 月，多份報章報導，涉嫌偽造假賬及行使假文件的友聯銀行前主席溫仁才，被香港警方商業罪案調查科自美國引渡回港受審。綜合報章消息，溫仁才在 1986 年 3 月銀行被港府接管前已赴美治病，至 1987 年 3 月被當地警方拘捕，計劃將其遣送返港，溫仁才向當地法院提出上訴。法院裁定他敗訴後，他再向上級法院提訴，保釋金亦增至 140 萬美元。溫仁才上訴失敗，但鍥而不捨，改為申請人身保護令，同樣被美國高等法院駁回，他最終於 1989 年 11 月 4 日被引渡回港，面對刑事審訊（《大公報》，1987 年 9 月 2 日；《華僑日報》，1989 年 11 月 5 日）。

友聯銀行只是香港一家華資小型銀行，資本額並不算高，分行亦只有十多間，與其他在 1980 年代爆發危機的華資銀行，如海外信託銀行、恒隆銀行及嘉華銀行等相比，無疑不屬同一檔次，在業務開拓與經營上亦遠沒其他銀行進取。可這家銀行在 1980 年代初，銀行金融業風高浪急的時期仍受到波及，多名領導層被指偽造賬目，創辦人溫仁才亦捲入官非，哪怕他已離港治病，在美國生活了一段時間，仍遭香港警方通緝最後引渡回港。到底他領導的友聯銀行犯了甚麼巨大錯誤？其結局如何？事件又突顯了甚麼問題？在深入討論這些問題之前，且先了解溫仁才的家庭背景、創立友聯銀行的歷程，以及其中的重大發展和挑戰。

溫仁才的出生與早期創業

與不少白手興家但失敗收場的創業者一樣，關於溫仁才的出生成長及家族背景等資料相當缺乏，記錄不但零碎，部份更是未經確認的傳聞和轉述，僅作參考之用。綜合而言，溫仁才約 1919 年生於印尼，又名 James Semagen 或 James Semaun（Gomez, 1989），祖籍廣東梅縣丙村，[1] 是一名客家人，其父名溫健民、母為陳秀姻（《華僑日報》，1970 年 10 月 6 日）。溫仁才是家中長子，還有兩名弟弟及三名姐妹。有分析指他幼年時家境並不富裕，「小時候在印尼當過送貨員和酒店侍應⋯⋯童年的溫仁才只受過相當於小學五年級的教育」（鴻碩，1986：156）。

由於家境及學歷的關係，溫仁才進入社會後，相信只能從事一些體力勞動或對技術要求不高的工作，或許有助他積累經驗和閱歷，但顯然難以賺得足夠的創業資金。到底是甚麼機遇讓他能擺脫貧困，成為一名銀行家呢？有分析指與其婚姻有關。原來，早早投身社會的溫仁才在一次機緣巧合下，結識了來自華僑商人家族的陳亞妹（又名陳金葉），二人很快墜入愛河，之後更共結連理，組織家庭，溫仁才婚後開始學習經商，脫離打工一族（鴻碩，1986：156）。雖然無法確定他何時結婚或經營哪類生意，但其外父的商業背景、資本與人脈網絡，應是他創業的重要助力，也是他事業發展的第一個轉捩點。

由於早年的華僑大多早婚，推斷溫仁才應於 1940 年代成家立室及創業。當時正值日本發動太平洋戰爭，1942 年日軍擊敗荷屬印尼的守軍，進入三年多的日佔時期。1945 年日本投降後，荷蘭曾想恢復殖民統治，與印尼獨立力量爆發戰爭，至 1949 年印荷終於簽署和平協議，印尼正式獨立（Frederick, 1989）。可以說，整個 1940 年代的印尼局勢動盪，烽火連天，但在這樣兵荒馬亂的時局下，溫仁才的生意卻不斷壯大，賺得人生第一桶金，累積了相當巨大的財富，成為他後來轉到香港營商的基礎，反映他突出的眼光及才幹。[2]

無論是日佔時期或二戰後爭取獨立的時期，雖然政局不明、社會動盪，溫仁才仍帶領業務不斷發展。但當印尼最終贏得獨立，社會趨向穩定後，溫仁才

溫仁才

卻選擇拔營換寨，於 1950 年代初與妻子陳亞妹舉家移民香港（鴻碩，1986：156）。由於缺乏資料，不清楚是甚麼原因令他作此決定，但可以肯定，那時剛年過 30 的他已擁有龐大的資本與商業網絡。他之後在香港的發展更上一層樓，成為一時巨富，移居香港可算是他人生事業的另一個轉捩點。

那時，大多數來港的移民都是為了逃避中國內地戰火，迫於無奈南下。溫仁才則明顯與這些移民不同，他是主動離開逐漸穩定的印尼社會，遷居到因貿易禁運而正值經濟低迷的香港，顯然是認為香港有較佳的發展潛力與空間，可見他獨特的見解與生意觸角。來港不久，他再次投身商海，不過他早期的公司多是單頭或合夥形式，且以無限債務公司方式註冊，經營作風十分低調。一開始他主要從事印尼與香港之間的貿易，但相關業務肯定受到禁運影響，促使他把更多投資和精力集中到地產和建築之上（鴻碩，1986：156）。

溫仁才的名字首次出現在公眾眼前是 1957 年，與一宗舊樓重建的聆訊有關。綜合各方報導，溫仁才於 1956 年購入灣仔利東街 32 至 52 號 11 幢舊樓，都是戰前樓宇，相當殘破，只有兩三層高，設施嚴重不足。他計劃分兩個階段將之拆卸，重建為六層高並附現代設施的建築，計劃卻遭舊樓租戶反對。由於當時香港有租務管制，收回物業時如遇租戶反對，須向租務委員會提交補償方案，溫仁才提交的補償方案獲法官接納，於是取得豁免，開展重建。

當時報導指出，在法庭租務委員會的聆訊中，溫仁才提出每幢樓宇可獲 3.2 萬元補償金，由於第一階段計劃涉及拆卸五幢舊樓，即總共須補償給租戶 16 萬元，佔總建築費 22.5 萬元的三分之二。連租委會的主審法官也稱讚補償方案「相當慷慨」，特別記錄在案，「租委會對業主及律師之幫助表示感謝」（*South China Morning Post*, 23-24 August 1957;《華僑日報》，1957 年 8 月 24 日）。

完成第一階段的重建後，翌年溫仁才推進第二階段，並提出按 1957 年的方案補償給餘下六幢樓宇的租戶，但有六戶堅持反對，當中大多為商戶，結果又要到法庭租務委員會進行聆訊（*South China Morning Post*, 6 May 1958）。由於商戶與一般租戶不同，反對多是為了增加補償，很可能在溫仁才提高金額後便庭外和解，因此未見後續報導。無論如何，溫仁才來港不久即有財力一口氣收購利東街 11 幢樓宇，且豪爽地提供大筆補償，化解糾紛，令重建項目更快開始，足以反映他的眼光、財力以及做生意的手法。他如平地一聲雷般出現於香港社會，開始引起市場注視。

1958 年，溫仁才參與本地私營電台的投資，再次吸引傳媒。大約半年前，佐德公司老闆何佐芝成功取得香港電台廣播的經營牌照（《工商晚報》，1957 年 12 月 20 日），為此四出招攬具實力的投資者，溫仁才便是其中之一。何佐芝乃一代香港首富何東的私生子，一舉一動早已惹人注目，而電台是大眾媒體，市民經常接觸，加上電台的核心投資者都是當時香港名人，包括兩位時任立法局（今立法會）議員羅文惠（羅文錦之弟）、泰利（C.E.M. Terry），以及華洋股商如怡和洋行董事嘉狄士（D.C. Geddes）、九龍巴士董事鄧肇堅和《華僑日報》老闆岑維休等，相關投資自然引人關注（*South China Morning Post*, 5 June

1958）。是次投資還帶出一個重要的訊息：溫仁才在當時已具雄厚財力及人脈關係，才會受到何佐芝青睞。

確定各方股本投資後，何佐芝於 1958 年 9 月 19 日以有限公司模式，註冊成立香港商業廣播有限公司（Hong Kong Commercial Broadcasting Corporation Limited），即商業電台，溫仁才與上述眾人成為公司的創辦股東，社會名聲與人脈關係網絡登上另一台階。經過一番籌組，電台於 1959 年 8 月 26 日正式啟播，掀開了香港廣播事業新篇章（《華僑日報》，1959 年 8 月 27 日）。

除傳播事業外，溫仁才對地產和建築業的投資亦不斷擴展。由於香港人口不斷上升，物業需求殷切，他亦從相關業務的發展浪潮中積累到更多財富。公司註冊處資料顯示，1961 年 10 月 9 日，他與友人合資的如意工程公司（Empire Engineering）改以有限公司模式註冊，公司落腳中環萬宜大廈，額定股份為 3,000 股，每股 100 元，1962 年的實收股份只有 800 股，到 1964 年增至 1,600 股。股東除溫仁才外，還有張仲增及張水源二人，溫氏與張仲增各佔 640 股，張水源佔 320 股，三人均報稱為印尼籍華人。當時溫仁才填報居所為旺角加多利山的嘉道理道，乃九龍傳統豪宅區（Annual Return of Empire Engineering Company Limited, 3 May 1964）。

有一點值得注意，由於早期報紙在介紹溫仁才的背景時，除了提及上述的如意工程創辦人及商業電台董事身份外，還指他乃「天才置業公司董事長」（《華僑日報》，1965 年 6 月 27 日），坊間因此對號入座，將天才置業公司等同於 1962 年 5 月 21 日以有限公司模式註冊的天才置業有限公司（Tin Choy Land Investment Company Limited），但實際上是馮京當馬涼，後者與溫仁才無關。

透過對不同資料的核實考據，由溫仁才擔任董事長的天才置業公司，一直沒有註冊為有限公司，推斷是因為該公司負責收購舊樓重建等投資，業務具有一定商業秘密與特殊性。加上溫仁才不缺收購資金，所以寧可維持無限債務的模式，外人因此無法了解公司的股權結構、營運及資產變化。公司的業務大致與如意工程相連，簡單而言便是由天才置業出面收購具潛力的舊樓，再由如意工程承擔建築，「肥水不流別人田」，亦能更好地保障商業機密，避免資料外洩。

總括而言，溫仁才雖然來自貧苦家庭，但他在印尼動盪時期，憑藉獨特的經商手法賺到大筆資本，相信從當時開始已與香港有不少接觸，亦可能因有家人或親屬早在香港生活或營商，令他在 1950 年代初毅然遷居至此。來港不久，他即察覺香港地少人稠，土地有價，所以聚焦舊樓重建，尤其針對經歷戰火洗禮的戰前樓宇。它們多只有兩三層高，若重建為更高層的樓宇，樓面面積倍增，利潤自然巨大。因此他全力投入其中，以天才置業及如意工程為左右手，又不惜讓利，爭取租客盡快搬出，落實重建，令資金更快回籠。哪怕他的經營偏向低調，但坐擁巨資，自然吸引其他商人招手，故何佐芝取得廣播專營權後，溫仁才即成招納對象，可見他當時的資本、人脈與關係網絡，已能與羅文惠、鄧肇堅、岑維休等人比肩。

「偶然」成為銀行家

無論是創業、建廠、添置設備，或是地產開拓，沒有資本支持均寸步難行。二戰結束後，社會和經濟走上重建之路，由於營商環境寬鬆，市場湧現不少銀號、錢莊、找換店與財務公司等，亦有一些具商業眼光者相繼創立現代式銀行，令銀行金融業的發展遠較二戰前興旺急速（Schenk, 2001）。溫仁才由印尼轉到香港發展之初，把投資目光集中於地產和建築，但當資本不斷累積後，必然想找尋更多投資機會，將生意推上更高層次，令投資與業務更多元化。他接受何佐芝的邀請投資傳媒生意，相信亦是建基於如此考慮。

由於地產生意發展順利，財富愈滾愈多，溫仁才要為資金尋求更好的出路，而引起他興趣並於 1960 年代踏足其中的，便是執經濟及業界牛耳的銀行業。有論者指他投資銀行是無心插柳，在「偶然機會」下成為了銀行家。據說早在 1963 年，印尼著名華商黃村生已在香港着手籌辦銀行，但過程屢遭波折，當政府於 1964 年 11 月正式批出銀行牌照時（趙平，1986：215），更有股東臨時退出，促使黃村生需另謀投資者，而溫仁才則成為招攬對象：「當政府批准（銀行牌照）申請後，黃村生的一部份合夥人遲遲沒有繳付股本，銀行因而無法開業。溫仁才得悉此事，就把握時機，注資該銀行，並取得最大股權，自任銀行主席」（鴻碩，1986：156-157）。那家銀行便是香港友聯銀行（Union Bank of Hong Kong Limited，簡稱友聯銀行），籌備時銀行總部位於中環文咸東街，原先設定主力經營印尼華僑匯款業務（鴻碩，1986：157）。

若說法屬實，那麼溫仁才只是把握了一個人棄我取的偶然機會，「冷手執個熱煎堆」成為銀行家，但這樣的說法顯然經不起推敲。要知道，所有投資都涉及風險，創立銀行、經營金融生意要投入大量資本，經營者又須具備專業知識，遠較買賣股票或投資物業複雜，並非毫無準備或缺乏經驗者所能駕馭。溫仁才向來心思縝密、作風低調，沒可能一時興起便下此決定，既然敢於出手，反映他其實早有綢繆。由於他在印尼有投資銀行的經驗，當獲「同鄉」相邀時，便趁此良機，順水推舟進軍銀行業。當然，溫仁才創辦銀行有幸運之神眷顧的色彩，但「偶然成為銀行家」之說，當成坊間笑談尚可，不能當真。

當溫仁才成為友聯銀行控股大股東，摩拳擦掌準備開業時，香港銀行業卻在 1965 年初爆發了戰後最為嚴重的擠提風潮，不但實力較弱的廣東商業信託銀行和明德銀號因此倒閉，就連實力雄厚、名聲甚高的恒生銀行亦受波及。[3] 經歷那次擠提風潮後，投資市場一度低沉，工商百業亦因大小銀行提升利率、收緊借貸及增加抵押等多重限制下遭到一定打擊，窒礙了發展腳步。

不過，商業目光銳利的溫仁才反而看準當中機遇，清楚大小企業急需資金周轉，故在投資氣氛低迷的情勢下逆流而上，讓友聯銀行按預定時間於 1965 年 7 月 16 日正式營業（*South China Morning Post*, 23 June 1966），更將銀行由文咸東街遷到畢打街中建大廈地下。舖位原為明德銀號的門店（趙平，1986：215），溫氏等人相信是覺得該處為香港商業中心，地點更為便利，故在明德銀號倒閉後租用該物業。他們更刊登「鱔稿」大舉宣傳，透過報導披露銀行籌辦進程，強調友聯銀行財力雄厚，除一般銀行服務外，更特別設立華僑信託部，協助華僑創業及代買房地產等；另一個業務重點，則是為中小型工商業提供貸款（《華僑日報》，1965 年 6 月 27 日及 8 月 4 日），反映銀行市場定位頗為清晰。

雖然銀行於 1965 年 7 月已開門營業，但正式開張的酒會及儀式，則安排在 8 月 5 日才舉辦，部份原因相信與風水擇吉等傳統有關。溫仁才透過報章將那場盛大的開幕儀式公告天下，與銀行有業務往來的公司亦紛紛在報紙上刊登祝賀，當中除不少香港公司外，還有一些特別註明為「新嘉坡」（新加坡）的公司及人士，如和成發五金出入口商、半島有限公司、新興棧有限公司、聯發有限公司、永明公司；或友好如劉恩慶、林文鴛、鄭玉犇、謝書祿、鍾菊祥、黃先田等，稱溫仁才為「金融泰斗」（《華僑日報》，1965 年 8 月 5 日），反映溫仁才及其他股東的南洋網絡，亦說明他在金融方面應具豐厚經驗。

據報導，開張酒會有不少同業及友好出席，場面熱鬧。對於溫仁才的背景，除提及他乃「與革命先烈溫生才烈士為弟兄行（原文如此）」外，亦指他「過去在印尼經商數十年，信譽卓著，近年在港獨資經營房屋地產，為天才置業公司東主、商業電台董事」，並強調銀行「其他股東分散在東南亞各地，與當地華僑，均有深切之關係」，突出銀行宗旨為「溝通南洋僑胞與本港商業之聯繫，並鼓勵與協助南洋僑胞資金出路，使港工商業更加繁榮」（《工商日報》，1965 年 8 月 4 日及 6 日）。

從日後友聯銀行公佈的財務資料看，銀行的註冊額定資本（authorized capital）為 2,000 萬元，發行（實收）股本 600 萬元，但有 100 萬元未收，即實收股本 500 萬元。至於主要股東及董事局成員，除了溫仁才出任董事局主席兼總經理，還有陳金德、[4] 張仲增、郭金鶯、黃村生、周嘉羽、林杏超、阮北耀、葉觀炎、林宏英、何貴芬等（*South China Morning Post*, 23 June 1966）。

回頭看，經歷那次擠提風潮後，投資市場低迷，友聯銀行雖於 7 月開始營業，但一直不動聲色，至 8 月才大舉慶祝，部份原因雖與擇吉有關，但相信亦有試探市場反應、了解真實狀況等考慮，在獲得正面信息後才決定再進一步，積極推廣並公告天下。其後，銀行以投資氣氛低迷、大小廠商急需資金周轉發展為由，推出各種優惠措施，提供不少金融便利，溫仁才指銀行「以忠誠為行訓，以服務至上、顧客第一為營業方針」（《華僑日報》，1973 年 2 月 23 日）。這種待客之道，與傳統銀行高高在上，靜待生意上門的做法頗為不同，揭示他掌

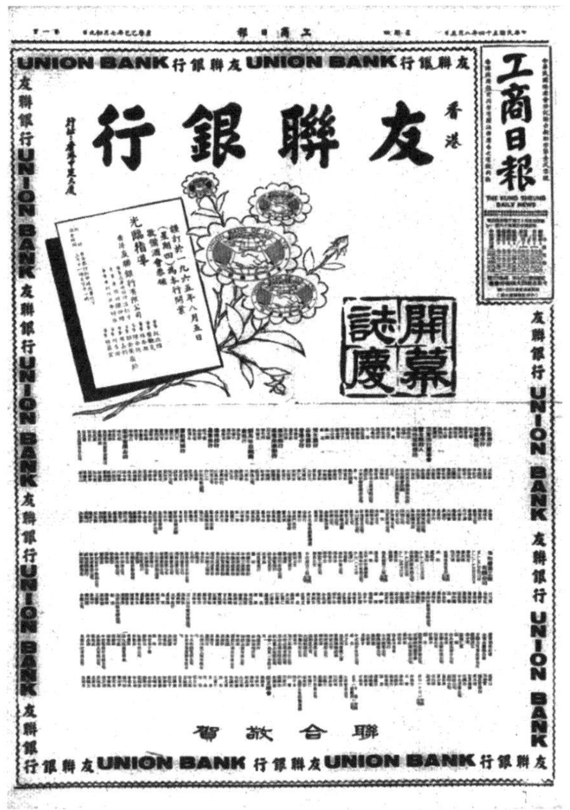

各界聯合祝賀友聯銀行開幕，《工商日報》，1965 年 8 月 5 日。

握了客戶所需及市場脈搏，看清當時大小企業對融資的巨大需求，放下身段，提供適切服務。

正因溫仁才能夠看到當時市場嗷嗷待哺的需求，乘時而起，在經濟低迷期積極搶佔市場，所發揮的力量甚為巨大，亦更受到注視。雖然友聯銀行只是小資本、小規模的銀行，但在幸運之神的眷顧下，避過了在擠提高峰期前開業，待風潮過後市場氣氛低迷時才發力，發揮四兩撥千斤的效果，取得令人艷羨的成績。溫仁才走上銀行家的道路從此可謂一馬平川，1973 年股市泡沫爆破，雖給無數企業及銀行帶來巨大打擊，友聯銀行卻仍能保持發展活力，揭示溫仁才出色的商業經營才華。

友聯銀行的初期發展

社會經濟大師熊彼得（J. A. Schumpeter）的核心理論指出，企業家精神是在打拚事業與推動企業發展的道路上不斷求變，不墨守成規，時刻尋求突破，不滿足於現狀，且從這個過程中獲得樂趣、成就感與滿足感（Schumpeter, 1934）。正值壯年且家財頗豐的溫仁才，顯然亦具有這種企業家精神，他在創立友聯銀行後仍沒停下腳步，更把不少精力投入到這新開展的業務中。至於天才置業及如意工程，則一如既往地運作，仍需要他的領導與擘劃，但畢竟這兩家公司已上軌道，問題和挑戰不算很大，他只需指出方向公司便能恒常運轉，保持不斷發展，從輾轉上揚的香港物業地產市場中獲得源源不絕的能量。

在業務開展初期，友聯銀行沒太多大動作，這與銀行剛邁出腳步，仍需摸索前行有關。至於聚焦的市場，主要以「溝通南洋僑胞與本港商業之聯繫」為大方向，亦有嘗試開拓一些「新興」業務，其中最突出且領先同業的，便是為海外留學生提供特別匯款服務。1960 年代，大批在戰後嬰兒潮出生的人已長大，加上之前移居香港的新生代，有一定數量的莘莘學子因應本地大學學位有限，選擇負笈海外升學，衍生出不容低估的匯兌需求。溫仁才明顯看到這一「市場區間」（market segment）的潛能，因此全力開拓，作出特別安排，除「匯率克己」外，學生匯兌外幣還可獲免收匯款及手續費，甚至購買外幣時只要預先致電，便會「派專人按址送上」（《華僑日報》，1965 年 9 月 4 日；1966 年 6 月 24 日）。此等貼心服務，自然吸引不少客戶光顧。

從日後的發展進程看，這一市場策略相當成功，業務愈做愈大。海外留學生日多，友聯銀行提供的優惠亦不斷增加，例如在 1968 年，銀行曾舉辦「存戶及存戶子弟升學大專免息貸款」，溫仁才在宣傳時稱，「凡該行存戶，或其子弟要在本港或往海外升學大專及已在大專肄業，學行優良，經濟困難者，得由原中學或大專校長推薦，可向該銀行申請免息貸款，經該銀行審核後，每年給予免息貸款三千元，直至大專畢業為止」（《工商晚報》，1970 年 3 月 12 日）。

由於業務發展理想，到了 1966 年 7 月——即銀行開業一年後——友聯銀行在尖沙咀漆咸道33-35號友聯大廈開設首家分行，開幕時特別強調此乃「自置物業」（《工商日報》，1966年7月1日及3日），在寸土尺金的香港這無疑是實力的證明。而且，擁有自己的物業不但能帶來租金收入，銀行亦不用因租金上漲而承受經營成本壓力，或因難以應付租金上揚而遭「迫遷」。由於新分行面積較大，更提供當時流行的保險箱服務，相關的「鱔稿」指：「凡定期存戶存滿一年者，免費供應保（險）箱一年，並免收按金」，由於保險箱服務相當受歡迎，曾三度增加供應（《工商日報》，1967年1月13日及1971年6月29日）。

相對於尖沙咀友聯大廈分店，中建大廈的門店面積不大，限制了業務發展，加上又是租賃物業，不適合作為總店，故溫仁才等購入上環文咸東街16-20號地舖，並在1967年2月將總行遷往該處，中建大廈的行址則改為分行（《工商日報》，1967年2月22日及24日）。即是說，開業不足兩年的友聯銀行已有總行及兩家分行，其中兩處屬自置物業，業務發展可謂相當不俗。接下來數年間，銀行業務不斷擴張，分行愈開愈多，如1971年在跑馬地（《華僑日報》，1971年10月22日）、1972年分別在油麻地新填地街的自置物業及北角電氣道（《工商日報》，1972年1月24日及8月23日）。

除分行數目增長外，從友聯銀行的盈利與存貸比率，亦能看到業務發展的表現，因為友聯銀行雖不是上市公司，但每年均需按條例規定公佈營運賬目。表1是1966至1972年銀行每年盈利與存貸比率的變化，可以看到截至1965年12月31日，銀行現金存款4,110,718.06元，借貸金額3,994,787.59元，存貸比率達97.18%，利潤為78,599.73萬元。[5] 由於1965年曾爆發擠提風潮，銀行業普遍表現欠佳，友聯作為一間年中才開業的銀行，一開始已錄得利潤，數目雖不多，仍是非常難得的事情。

1966年，銀行現金存款升至13,527,415.56元，借貸金額為8,514,226.94元，即存貸比率為62.94%，銀行純利為419,500.61元。[6] 單從純利看，金額大幅上升，反映銀行表現良好。1967年，香港受社會動盪影響，投資氣氛再次低沉，更曾湧現移民潮，但友聯銀行的業績未見倒退，且保持增長，其中現金存款為 20,613,429.18 元，借貸金額為 7,576,717.69 元，存貸比率大幅下跌至只有 36.76%，全年純利為 974,893.88 元。[7] 由此可見，在投資氣氛低迷下，借貸大幅減少，但利潤卻大幅上揚，相信是其他業務表現突出。

不過，到 1969 年，在銀行公佈的 1968 年賬目中，有關 1967 年的數據卻出現了重大調整，其中流動存款的數目變化不算很大，但抵押借貸及利潤則有顯著的更改，因此影響了存貸比率、利潤金額及增長率的計算。銀行未有公佈數據調整的原因，推測與壞賬計算有關。接着的 1968 至 1972 年間，[8] 流動存款與抵押借貸逐年上揚，存貸比率基本上維持在五成多至六成多之間，只有 1968 年低於四成，應與 1967 年社會動盪餘波未息有關；至於每年利潤則保持增長，而且增幅突出，例如 1968 年只有 791,617 元，到 1972 年已大幅攀升至 9,004,881 元。

1969 年，銀行的註冊股本增加至 2,000 萬元，實收股本為 700 萬元，儲備為 240 萬元（*South China Morning Post*, 19 March 1970）。到了 1972 年，註冊股本已倍升至 5,000 萬元，實收股本倍升至 3,000 萬元，儲備為 900 萬元，另有股份溢價（share premium）500 萬元，以及資本儲備（capital reserve）2,019,810 元（*South China Morning Post*, 3 April 1973）。從以上數據可見，友聯銀行在開始數年的表現相當理想，雖然營利在外圍環境下有升降，但總體上向好發展。

當然，經營銀行並不容易，由於相關條例管控甚嚴，友聯銀行亦曾「誤墮法網」。如在 1967 年 6 月，銀行十名董事因接受四張總值 400 多萬的信用狀，超過銀行資本額而被票控，對此銀行相當緊張，「延聘胡禮及余叔韶兩大律師辯護」。惟案件在銅鑼灣裁判署進行初次提訊時，控方聲明本案並非嚴重違法，亦無意懲罰銀行，只是想藉此事對該條例取得法庭指導，成為判例。因此法官「裁定各被告對控票毋須答辯，所告控票全部撤銷」（《華僑日報》，1967 年 6 月 20 日及 1967 年 7 月 4 日）。案件可說虛驚一場，相信只對溫仁才及銀行董事局造成一些困擾及金錢損失。

無論從銀行分行數目、註冊股本、實收股本、儲備金，或是每年獲得的利潤

表 1 ｜ 1966 至 1972 年友聯銀行每年盈利與存貸比率的變化

年份	流動存款	抵押借貸	存貸率（%）	利潤（元）	利潤增減率（%）
1965^	4,110,718.06	3,994,787.59	97.18%	78,599.73	--
1966	13,527,415.56	8,514,226.84	62.94%	419,500.61	433.72%
1967	20,613,429.18	7,576,717.68	36.76%	974,893.88	132.39%
1967*	20,013,429.00	13,103,894.00	65.48%	762,444.00	81.75%
1968	40,035,523.00	14,913,524.00	37.25%	791,617.00	3.83%
1969	45,438,969.00	27,087,335.00	59.61%	1,841,832.00	132.66%
1970	67,099,093.00	35,230,510.00	52.51%	2,143,725.00	16.39%
1971	94,468,836.00	56,113,038.00	59.40%	5,426,839.00	153.15%
1972	176,597,690.00	109,217,410.00	61.85%	9,004,881.00	65.93%

^ 只屬半年數據

* 此數據屬 1969 年的更新版，與 1968 年公佈時有出入，應與會計方法調整有關，1968 年的利潤變化按更新版計算。

資料來源：*South China Morning Post*, various years.

看，友聯銀行自投入營運後，除 1967 年表現大幅回落外，其他各年均有可觀利潤，而且每年增長十分突出，那是很不容易的事情，反映溫仁才的領導與經營確有過人之處。

人棄我取

從印尼轉戰香港、投資重建舊樓、在擠提風潮後創立銀行，均可看到溫仁才觸角敏銳，能拿捏人棄我取的時機。由於在低點開展投資，形勢反彈時便能發揮巨大的力量，令他可以乘時而起，事半功倍，取得更大發展成果。「低位買入，高位賣出」的投資策略，連投資初學者亦明白其重要性，偏偏這一個簡單的投資秘訣，卻非人人都做得到，因為就算是眼光獨到的投資者看出市場即將逆轉，但是否有實力與財力進行投資，又是否有魄力與膽識出擊，都是成敗的關鍵，溫仁才顯然是少數有眼光、有實力又有膽識的投資者。

正因溫仁才可謂財才兼備，亦有不容低估的商業網絡，當市場湧現難得機會時，便能更好掌握。1967 年社會動盪，市場低迷，導致不少人急於出售資產、移民他方，但溫仁才認定香港具有獨特商業地位，仍可繼續發展，因此把握這次機會，又一次人棄我取，吸納不少低價出售的地皮或物業，造就了下一階段的壯大與成長。有分析指溫仁才當時「以私人名義購入不少物業」，並認為那「可說是溫氏生命歷程中的第二個轉捩點」（鴻碩，1986：157）。能在社會及市場動盪不安、人心虛怯時反其道而行，需要一定眼光、膽識與財力，溫仁才便具有這些特長，最後證明時局動盪確實是短期性的，風浪過後便重回正常發展軌跡，低價時吸納的地皮物業一下子升值不少，不但強化了溫仁才的投資組合，亦讓他在彈指間賺得巨大收入。

眾所周知，無論做任何事情，順勢而行總是能夠事半功倍。可是，時勢在下一刻或長遠會如何變化，走向哪個方向，卻非一般人能準確掌握，基本上只能「事後孔明」。但溫仁才卻能在那個紛紜雜亂的時局中敏銳地洞悉正確方向，展現「眾人皆醉我獨醒」的眼光，人棄我取，取得巨大效果，令個人、家族與企業乘風破浪，屢創佳績。反過來說，溫仁才要堅持自己的決定，行事方式必然是「一言堂」，方能力排眾議。溫仁才這種能人所不能、特立獨行的能耐，《華僑日報》如下一則介紹，無疑可以作為很好的概括：

> 該行（友聯銀行）開業於一九六五年八月，當時適值本港發生史無前例之銀行擠提潮，市面人心惶惶，銀行業人人自危，該銀行董事長兼總經理溫仁才智慧卓越，眼光遠大，氣魄超人，資力雄厚，深信本港經濟前途必日趨繁榮，力排萬難，創立該行，經營銀行一切業務，尤着重於扶持工商業，輔導中小型廠商，及溝通東南亞、日本、美、加等地之僑資交流。稍後又遇英鎊貶值及六七年本港動亂，市場動盪，人心浮動，資金外流，經濟出現萎縮現象，該行賴溫董事長兼總經理明智領導，穩健經營，在波濤洶湧中，銀行仍能蒸蒸日上。（《華僑日報》，1973 年 2 月 23 日）

財富不斷積累後，溫仁才亦「達則兼善天下」，與不少富商巨賈一樣踏上慈善公益之路，慷慨捐獻。早於 1971 年，他已因樂善好施，獲推舉為華人核心慈善組織東華三院的總理（*South China Morning Post*, 1 April 1972; 東華三院，沒年份）。他又多次捐款予公益金（《工商日報》，1973 年 2 月 23 日）、能仁書院（《華僑日報》，1976 年 6 月 19 日及 23 日）、明愛中心及培正中學（《華僑日報》，1979 年 8 月 7 日）。其中，以他對浸會學院（現為浸會大學）的捐贈最大手筆，1968 年他出資於學院的工商管理系設立「香港友聯銀行獎學金」，以培育工商業人材（《工商日報》，1968 年 4 月 18 日）。1975 年為慶祝友聯銀行創立十周年，再捐出 100 萬元支持浸會學院發展，時任校長謝志偉代表校方答謝，將一座新興建的中央大樓名命為溫仁才大樓（《華僑日報》，1975 年 8 月 2 日及 5 日）。

總括而言，在市場低潮、投資信心薄弱時，溫仁才沒有如一般人掉進悲觀與退縮之中，而是「排除萬難」，帶領友聯銀行朝着與市場大潮相反的方向走。後來，事件的發展印證了溫仁才是正確的一方，銀行和他本人都獲得良好的回報，這相信亦是成功與失敗最關鍵的試金石。或者是明白到財富得來帶有一定的運氣色彩，並非光憑個人才能所能說明，在之後的人生中，溫仁才開始行善積德，把個人巨大財富的一部份以善慈方式回饋社會，這或者可以視作他爭取幸運之神繼續眷顧的其中一個註腳。

上市集資

自 1970 年代，香港股票市場有突出發展，不少具實力的華資企業或銀行先後上市，藉吸納公眾資本壯大力量（鄭宏泰、黃紹倫，2006）。商業觸角敏銳且心思縝密的溫仁才，顯然亦看出這個重大發展機遇，產生上市集資的打算，並開始作出鋪排。1971 年，友聯銀行進一步吸納了香港著名律師事務所翁余阮律師樓的翁國裕為副董事長，以處理各項申請手續，為上市進程掃除障礙。銀行又積極購入物業開設分行，擴張業務（《華僑日報》，1971 年 10 月 22 日及 27 日），讓社會和市場看到其實力，溫仁才推動銀行上市的努力溢於言表。

1973 年 2 月，報章報導友聯銀行即將發售新股，供公眾認購的消息。內文詳盡列出銀行當時所有分行，包括上文提過的中建大廈分行、跑馬地分行、油麻地分行及北角電氣道分行，又提到籌備中的土瓜灣分行及西區分行。另外又特別提及，銀行早年已籌劃將總行遷至中區的自置物業，那時建築工程亦在興建中。溫仁才亦透過報章發表談話，指銀行向以「忠誠」為行訓，上市後會成為「市民共有之銀行」，他對社會有更大責任等。這篇「鱔稿」顯然是為了展示實力、擘劃未來發展藍圖，吸引更多投資者認購（《華僑日報》，1973 年 2 月 23 日）。

數日後，友聯銀行正式發出公開發售股票的啟事，指股票將於遠東證券交易所、金銀證券交易所及香港交易所買賣。法定資本為 1 億元，實收資本 5,000 萬，當時計劃發行 150 萬股，每股面額 2 元，並以每股 7 元發售，截止認購日期為 1973 年 3 月 3 日，負責包銷的為盤谷銀行、廖創興銀行及海外信託銀行（《工商日報》，1973 年 2 月 26 日）。相較於同期發售股票的公司，友聯銀行的表現可謂一枝獨秀，錄得超額認購超過 82 倍，凍結資金近 50 億元。[9] 於 3 月 7 日進行抽籤時，由鄧肇堅及三間交易所的領導人蒞場監察，溫仁才及一眾董事自然笑逐顏開、面上生光（《工商日報》，1973 年 3 月 8 日）。

友聯銀行於 3 月 14 日正式掛牌，股價曾最高升至 20 元，最後以每股 16 元收市，在同日五家新上市公司中表現「平淡」（《工商日報》，1973 年 3 月 15 日），反映那時每逢新股上市必有一番炒作。事實上，當時股票市場已是花開荼蘼，恒生指數四年來不斷上升，1972 年更因牛奶公司收購戰一事，指數在年內瘋狂上漲超過六成，明顯出現泡沫情況（鄭宏泰，黃紹倫，2006）。在友聯銀行招股及正式掛牌之時，股票市場出現連串「轉角」先兆。先是 2 月末，政府緊急頒佈《1973 年證券交易所管制法案》，禁止新交易所成立，意圖令股市降溫「退燒」；3 月又發生合和假股票事件，市場出現恐慌情緒，恒指急速回落，熾熱氣氛難以為繼（《工商日報》，1973 年 2 月 24 日及 1973 年 3 月 14 日）。

雖然，溫仁才這次看來不像過去般好運，友聯銀行上市的時機碰上股市泡沫爆破，銀行股價之後節節下跌，但無論如何，銀行成功上市，已是重大里程碑。友聯銀行的營運並未太受股票市場左右，業務仍持續增長，同年如期在深水埗

香港友聯銀行有限公司
公開發售股票啓事

本公司現已向遠東證券交易所、金銀證券交易所與香港證券交易所申請，准予將本公司全部股票掛牌及買賣。

本公司法定資本為港幣[illegible]萬元，已實收資本伍仟萬元，分為貳千伍百萬股，每股貳元。

本公司現發行[illegible]萬股，每股面額港幣貳元，以每股港幣[illegible]元發售。

此次上市公開發售之股票，全部由[illegible]銀行，廣東興業銀行有限公司，海外信託銀行有限公司包銷。

關於認購之說明書及申請表格，請向下列各處索取：

(一)遠東證券交易所各會員。
(二)金銀證券交易所各會員。
(三)香港證券交易所各會員。
(四)香港友聯銀行及下列分行：

總　行：（香港文咸東街十六－廿號）。
中區分行：（香港[illegible]中建大廈地下）。
跑馬地支行：（香港成和道十四號）
電氣道支行：（香港電氣道一一三－一一五號）
九龍分行：（九龍尖沙咀漆咸道卅三－卅五號）。
油麻地支行：（九龍新填地街一九九A號）。

認購申請表格須於一九七三年二月廿六日起至三月三日上午十時十五分以前連同支票投交香港友聯銀行及各分行特設之箱。
（詳細說明以招股書為準）。

友聯銀行公開發股啟事，《工商晚報》，1973 年 2 月 27 日。

荔枝角道開設新分行（《工商晚報》，1973 年 11 月 11 日），收益亦維持良好，可以說股票市場雖未能為友聯銀行錦上添花，但銀行仍能憑藉本身條件向前邁進。不過，從日後發展看來，銀行上市卻是溫仁才事業由盛轉衰的交叉點：由於銀行成為公眾公司，需接受更嚴格的法例與市場規管，行政管理上不能如過去般只按「一言堂」行事，但溫仁才顯然未及適應，成為他失敗的導火線。

股市泡沫爆破的同時，香港商業和經濟又遭到環球性「石油危機」的衝擊。由於是開放性外向型經濟，加上能源長期仰賴外供，香港經濟深陷衰退，企業倒閉和失業率應聲上揚（鄭宏泰、黃紹倫，2006）。在這樣寒風凜烈的經營環境之下，雖然友聯銀行經營得當，又擁有自置物業，仍難免受到影響，1974 年雖保持近 2,000 萬元的收益，但盈利增長率卻是成立以來首次出現倒退（表

2）。幸好，溫仁才仍能駕馭變局，放緩銀行擴張步伐，持盈保泰，靜待衰退過去。

當恒生指數從 1974 年底的低位逐步回升後，溫仁才顯然察覺到市場即將反彈，又先人一步開始擴張，設立新的分行。1974 年 1 月，觀塘牛頭角道分行開業，繼續爭取市場佔有率，當時的報導指：「雖在 1974 年面臨世界性石油危機與通貨膨脹影響下，而該銀行同人通力合作，卻獲得空前優異的成績」（《華僑日報》，1975 年 1 月 15 日）。接着的 7 月份，友聯銀行再於皇后大道西開設西區分行，開幕儀式更一改過去的風格，由新任董事楊永棠及黃奕雲的兩位夫人主持，吸引不少傳媒的視野（《華僑日報》，1975 年 7 月 24 日）。

開設分行並非一蹴而就，需要不少準備及部署。換言之，友聯銀行於市道低迷時雖沒有太大動作，卻不是單純靜止或不作為，反而是緊貼市場動態，積極尋找發展機會，當察覺市道回暖，迅速作出反應，一年內旋即開設兩間分行，為下一階段發展作好部署。可見溫仁才確實擁有敏銳的商業目光，能守能攻，在市道不景時穩守，至市場復甦時及時應對，重上開拓之路。[10]

1976 年，友聯銀行公開的投資並不多，相信是為了儲備彈藥，為更長遠的發展作好準備。1977 年，銀行斥巨資購入皇后大道中 59-65 號一幅佔地 8,000 餘平方呎的地皮，計劃興建一棟樓高 24 層的商業大廈，作為銀行的新總部，地庫至五樓由銀行自用，餘下樓層供出租，增加銀行收入。奠基儀式於 5 月 10 日由溫仁才主持，除一眾董事外，還有不少生意夥伴及友好到場（《華僑日報》，1977 年 5 月 11 日）。相較當時不少企業仍未走出 1973 年股災的陰霾，財政狀況困難，友聯銀行的實力自然格外耀眼。

接下來的日子，因應銀行業務不斷發展，溫仁才又招攬更多有份量的投資者及專業人士進入董事局，如黃乾亨、李書才、莫慶堯、李東海、雷治強等（《工商晚報》，1977 年 7 月 14 日），揭示銀行投資者或管理層有一定轉變。[11] 值得注意的是，在 1979 年股東會上，溫仁才指當時「香港內部經濟活動過強，會導致貿易逆差，港幣貶值」（《華僑日報》，1979 年 8 月 7 日），觀察可謂見解深刻。後來，他更表達對貿易保護主義、高租金、高利息及過度投機等導致工廠普遍開工不足，甚至倒閉等情況的憂慮，認為政府應推出扶助工業的政策，不能只向地產傾斜（《華僑日報》，1982 年 4 月 17 日；《大公報》，1983 年 4 月 30 日）。這樣的言論，相信與他沒有捲入太多地產炒作有關。

總體而言，1973 至 1985 年友聯銀行的業務不斷發展，除 1974 年曾出現前文提及的利潤下跌外，近十年大多維持雙位數字的增長，其中 1975 年利潤升幅逾五成，接着的 1976 及 1981 年再升逾二成半，1978 及 1979 年又升逾二成，1980 年則升逾一成，只有 1982 年錄得僅 1.57% 輕微上升而已。流動存款方面，每年顯著上揚，同樣有雙位數字的增長，反而是抵押借貸方面較為波動，某些年份（如 1978 及 1981 年）增長幅度較大，某些年份則大幅收縮（如 1975 及 1980 年）。

正因如此，存貸比率亦起落甚大，1973 年達八成五，接着數年持續下調至 1976 年的五成多，之後兩年反彈，但之後又回落，1980 年跌穿五成，1981 及

表 2 ｜ 1973 至 1982 年友聯銀行每年盈利與存貸比率的變化

年份	流動存款	抵押借貸	存貸率（%）	利潤（元）	利潤增減率（%）
1973	202,296,269.00	172,044,503.00	85.05%	25,118,621.00	--
1974	236,378,297.00	181,774,998.00	76.90%	19,337,844.00	-23.01%
1975	332,047,994.00	179,490,529.00	54.06%	29,129,529.00	50.63%
1976	450,464,810.00	242,224,388.00	53.77%	36,433,057.00	25.07%
1977	589,048,046.00	366,478,821.00	62.22%	46,290,885.00	27.05%
1978	658,956,715.00	497,931,039.00	75.56%	57,252,116.00	23.67%
1979	759,648,678.00	511,205,182.00	67.29%	70,540,745.00	23.21%
1980	1030,148,519.00	496,760,694.00	48.22%	79,581,469.00	12.81%
1981	1474,241,475.00	789,602,642.00	53.56%	101,871,648.00	28.01%
1982	1635,638,692.00	860,987,031.00	52.64%	103,474,820.00	1.57%

資料來源：*South China Morning Post*, various years

1982 年粗略維持在五成多的水平（表 2）。正因友聯銀行業績表現理想，有分析指出，自上市後的十多年間，「投資報酬率平均每年能達百分之二十」，「在本港銀行界來說是偏高的，與同期的滙豐極為接近，而略遜於恒生銀行」（鴻碩，1986：159）。

就註冊股本而言，1973 年為 1 億元，發行（實收）股本為 6,700 萬元，股份溢價 45,889,850 元，資本儲備 2,019,810 元，儲備為 2,000 萬元（*South China Morning Post*, 6 May 1974）。1982 年，銀行的註冊股本已倍升至 4 億元，發行股本增至 194,604,996 元，股份溢價升至 67,222,000 元，資本儲備為 15,651,715 元，儲備為 255,514,168 元（*South China Morning Post*, 10 May 1983）。即是說，自上市後，友聯銀行仍保持着擴張勢頭，註冊資本、發行股本及儲備金等均保持增長。

不過，就在這個過程中，香港經濟與商業卻出現重大逆轉，尤其是 1980 年代初，樓市股市從高峰回落，衝擊了不少企業的發展。單就友聯銀行而言，1981 年 6 月，被香港社會喻為「神秘人物」的陳松青，透過佳寧集團旗下的保名利有限公司（鄭宏泰、李潔萍，2024），收購友聯銀行新發行的 8,845,000 股，每股作價 9.6 元，消息轟動市場（《大公報》，1981 年 6 月 5 日），連日出現「佳寧有意取得該行（友聯銀行）控制權」的傳言。事實上，友聯銀行在溫仁才領導下長期獲得可觀盈利，他實在沒有理由將會生金蛋的雞拱手讓出，故當傳媒問及此事時，他斷然指稱「無意出售」（《大公報》，1981 年 9 月 2 日）。儘管他的回應沒有給股票市場火上澆油，但市場仍然炒作不斷，溫仁才看來沒有參與其中，反映他對熾熱市況甚有保留。

就算溫仁才沒有參與股票市場炒作，佳寧集團據說還是持續在市場上吸納其股票，坊間估計最高峰時持有友聯銀行 27.7% 的股權（《大公報》，1982 年 1 月 1 日）。之後，據說陳松青曾出售部份友聯的股票，並聲稱因此獲得巨利。當記者憑此向溫仁才求證時，他回覆「在該行股票登記公司名單上，並無佳寧或林秀峰的名字，但他們是否有出售該行股票，則無法予以證實」。[12] 他同時提及自己持有五成以上友聯銀行股票，仍是銀行的單一控股大股東（《大公報》，

1983 年 4 月 30 日）。後來著名的佳寧案爆發，法庭檢控陳松青時，揭穿佳寧集團所謂持有大量友聯銀行股票，或出售友聯銀行等消息「純屬謊言」，陳松青並沒如傳聞所指購入近三成友聯銀行股票，更遑論獲得巨大利潤（《華僑日報》，1986 年 2 月 28 日）。

一言堂的利害

從社會發展的現實層面看，能夠洞悉時局轉變，作出準確判斷者，事業上就能取得豐碩成果，贏來艷羨的目光，成為人生「勝利組」。惟這種投資目光與能耐，並不能透過科學方法來量度，只能事後證明，因此開始時往往會引來他人質疑或反對。進入 1980 年代，香港經濟與商業出現巨大波動，不少風光一時的企業先後垮台倒閉，部份如佳寧集團、恒隆銀行、海外信託銀行等甚至被爆出弄虛作假等問題，令人懷疑他們根本沒有所謂點石成金的能耐。溫仁才過去的投資作風多是「一言堂」，單憑一己看法主導大局，卻未察覺時勢及社會氣氛轉變，仍一意孤行，無視其他人——特別是獨立第三方專業人士的意見，結果引發連串問題，不但連累了友聯銀行的發展，斷送控股大權，自己亦吃上官司，人生事業劃上句號，留下無法抹掉的污點。

1980 年代初，香港的投資環境波濤洶湧，不少企業和銀行紛紛倒閉，不但政府監管機構深受壓力，為企業核數的會計師亦不得不金睛火眼，打醒十二分精神，以免掉進違法陷阱。本來，友聯銀行財政穩健，經營表現長期良好，更曾被時任銀行監理專員霍禮義（Robert Fell）評為華資銀行中「流動性最好的」（the most liquid）（Fell, 1992: 173），卻在那個時期爆出另類危機，令人惋惜。

扼要地說，當樓市和股市在 1981 年中從高位節節下挫時，雖然「溫仁才和友聯銀行沒有受到打擊」，仍可維持股價及盈利（鴻碩，1986：158），但銀行借貸賬目中卻有一些資料未能澄清或獲得確認，溫仁才因此與負責核數的普華永道會計師樓（Coopers & Lybrands）出現爭拗，當中主要牽涉「一些海外貸款中，有為數達二億六千五百萬元的款項，因資料不足，未能確定是否能收回該款項」（《華僑日報》，1986 年 3 月 28 日）。但溫仁才認為那些賬目沒問題，不願接納核數師的建議（Fell, 1992: 173），雙方掉進意氣之爭，鬧得很不愉快。

或許由於友聯銀行過去一直是家長式管理，由溫仁才說了便算，其決定沒有人能反駁（鴻碩，1986：159），在他心目中，會計師是受銀行聘用提供服務的，理應「聽話」，想不到會計師樓卻對其批出的貸款提出質疑，引起他強烈反感和不滿，覺得對方「不分莊閒」。但對會計師而言，那時不少銀行和企業接連爆出賬目問題，更有會計師被告上法庭，為免惹上麻煩甚至官非，會計師核查賬目時自然加倍小心，發現疑點時亦會要求澄清，補充資料，因此便引發了雙方的衝突。由於溫仁才拒絕合作及提供更多資料解釋，會計師樓一直未簽署審計報告，導致友聯銀行的周年業績報告被拖延。

擾攘一段時間後，銀行終於在 1985 年 7 月公佈業績。股東會上，公司秘書李裕榮被問到延遲公佈的原因時，提及「一筆為數二億六千五百萬元的海外客戶貸款，沒有具備足夠的抵押保證」，並指溫仁才對該筆放款有信心，「願以一億二千萬元作其私人擔保」，「其後借貸者更以一筆相等於五千三百萬元的物業作為額外抵押保證」，說明出現問題的貸款，已很大比率獲個人及物業擔保（《大公報》，1985 年 7 月 25 日）。坊間有分析指出，核數師原本拒絕在 1984 年財政年度的友聯銀行賬目上簽字作實，是因為懷疑該筆 2 億多元的貸款不能收回，後得到溫仁才以私人資產作保證才願意簽字，算是為爭拗劃上句號（林鴻籌，1986：152）。股東會上，溫仁才特別提及：「隨着本港經濟增長和本行業務改善，相信八五年度可恢復派發股息」（《大公報》，1985 年 7 月 25 日），反映當時他仍對銀行經營充滿信心。

然而，那次股東會之後，卻發生了多項始料未及的變化：其一是那筆 2 億多元的貸款顯然出現問題，影響了銀行的財政狀況；其二是賬目亦被發現問題，執法部門展開調查；其三是溫仁才的健康亮起紅燈，主要是心臟方面；其四是溫仁才於 1985 年 9 月以健康問題為由，飛往美國接受治療。四者之間明顯相互扣連，第一點令溫仁才「老貓燒鬚」，顏面無存，不但要賠上擔保金，影響銀行財務，亦衝擊他的權威；第二點觸發更大危機，應讓他有所擔憂，因為那時不少銀行或企業負責人已因賬目問題遭警方檢控；而第一、二點又可能牽動他的健康，加劇本來沒那麼嚴重的心臟病，促使他作出第四點的決定：以健康為由離開香港。

由於銀行過去一直由溫仁才以「一言堂」的大家長方式管理，大小決策均由他拍板，他離港治病後，銀行一下子群龍無首，動搖了軍心，管理層更難以應對日趨多變尖銳的政經及營商環境。再加上那時銀行的財政因早前的債務出現問題，過去良好的銀行流動性亦持續變差，危及銀行的健全穩定，最終引來政府及監管機構出手干預。

1986 年 3 月 27 日，臨近復活節長假前的黃昏，銀行監理專員霍禮義突然通過政府新聞處召開記者會，宣佈諮詢財政司後，根據《銀行條例》第十三條（一）款（三）段所賦予的權力，接管友聯銀行，並授權怡富有限公司代政府經營。霍禮義在記者會上指出，友聯銀行主席自 1985 年 9 月以後在香港失去了蹤影，由於「群龍無首，在一些重要政策上，總經理也難作決定」，加上若干董事離職或準備離職，「影響了士氣」。[13] 雖然銀行過去的流動性資產良好，但自 1985 年中開始大降，「基於要顧及存款人的利益」，因此接管該銀行（《華僑日報》，1986 年 3 月 28 日）。

據報紙引述截至 1985 年 6 月 30 日的銀行中期報告指，發行（實收）股本仍為 1982 年的 194,604,996 元，未扣除稅項的利潤為 17,950,203 元，更宣佈派發中期股息每股 0.15 元，[14] 至於銀行股票在政府宣佈接管前的收市價為 1.32 元（《華僑日報》，1986 年 3 月 28 日）。按以上簡單數據看，銀行財政狀況仍然不錯，股票價格雖與高峰期比較相去甚遠，但仍不算壞。

對於政府的接管行動，銀行董事之一阮北耀那時身在北京，正參加全國人大政協會議，在接受記者訪問時透露：「溫仁才在美國養病，並非失蹤」，並強調「對銀行事務，他（溫仁才）一直都清楚」（《華僑日報》，1986 年 3 月 28 日）。按此說法，溫仁才是知悉政府行動的，但他選擇不作反應，任事態發展。翌日，阮北耀回到香港，在機場被記者問及對事件有何看法時表示，支持政府的行動，認為「措施合理」，同時批評銀行管理不善，他將辭去董事之職

（《華僑日報》，1986 年 3 月 29 日）。

無論霍禮義或阮北耀的說法，均可察覺因溫仁才遠走美國醫病，友聯銀行無人主持大局，導致財務不斷惡化，期間政府應曾與溫仁才接觸，尋求他回港應對問題，但明顯他不願回港主持大局，哪怕前銀行監理專員顧問范雅倫曾於 1986 年 1 月中一個公開場合中聲稱，「由政府接管有問題銀行是一件成本高昂

中華民國七十五年公曆一九八六年三月廿八日 星期五 華僑日報 WAH KIU YAT PO 夏曆丙寅年二月十九日 第一張第一頁 電訊版

華僑日報

港府宣布委託怡富公司
接管友聯銀行業務
下週繼續正常營業
友聯董事長長期不在港導致無人決策
被接管後存款人及債權人利益獲保障

美二月份貿赤遽降
出口業務增入口業務減

董事長不在港羣龍無首
接管業務存戶仍可提款

有關政府宣佈接管友聯銀行的報導，《華僑日報》，1986 年 3 月 28 日。

阮北耀

的事，當局不希望繼續做這類事情，因此有問題的銀行應自行尋求解決辦法，包括出售資產、股權，甚至在必要時將銀行清盤」。他同時指出，政府不能無休止地拯救出事的銀行，應如處理接受存款公司的方法般，吊銷其牌照（《大公報》，1986 年 1 月 14 日。由於意有所指，友聯銀行的股價單日內「一度下挫百分之三十」（林鴻籌，1986：153），但「吊銷牌照」的嚴厲警告仍沒令溫仁才知所進退，動身回港，而是堅持我行我素、不為所動，政府最後只能動真格，宣佈接管。

對於友聯銀行落得如斯田地，坊間的評論甚為客觀，疑中留情。一方面，評論認為溫仁才「算得上是個殷實的商人，看來不會涉及欺詐事件」，亦覺得「友聯銀行的股票持有人應該在這次接管事件中損失輕微。友聯事件不能與海託、工商、嘉華事件相提並論」，但對溫仁才以治病為由長期缺位，不在香港主持大局覺得不合情理，因為這樣會令不利傳聞此起彼落，更提出「若然是自己處於溫仁才的位置，就算『吊着鹽水』（即「打點滴」）也必會坐鎮銀行總部應付危機」（林鴻籌，1986：153-162）。由是可見，坊間對一家本來健全良好的銀行落得如斯地步感到可惜。

回到政府接管的事情上。這次的安排，與恒隆銀行和海外信託銀行的時候不同，既非由政府從外匯基金直接注資，亦不是由政府負責接管。由於當局認為友聯銀行財政基本健全，銀行本身資產足以償還債務，只是「管理決策階層出現問題」，因此將之「交由有經驗的投資銀行，以協助管理」，而那家有經驗的投資銀行，便是怡富有限公司（Jardine Fleming & Co.，簡稱怡富）（《華僑日報》，1986 年 3 月 28 日）。

怡富接管後，立即開展核查賬目、追討壞賬等行動，市場及社會對此反應尚算平靜，存戶亦沒爭相提走存款。查核賬目時，怡富發現友聯銀行因壞賬過巨，引至資不抵債，流動性更不符合銀行法例，因此提出以「增發額外股本」的方式應對。此一建議獲得溫仁才承諾，「願意在其他股東認購新股不足的法定數量時，他將負責認購餘下股數」，進一步說明政府與溫仁才之間其實有一定溝通（《華僑日報》，1986 年 6 月 27 日）。透過「增發額外股本」的方式，一家由招商局輪船股份有限公司佔股六成八、兆亞國際有限公司佔股三成二的公司——新思想公司——成為友聯銀行的最大股東，結束了溫仁才家族逾 20 年的掌舵地位。因此，政府宣佈結束接管安排，自 1986 年 7 月 13 日起把友聯銀行管理權交到新的控股大股東手中（《華僑日報》，1986 年 7 月 12 日）。

1986 年 8 月 7 日，友聯銀行股票恢復在市場交易，開市時報價 0.81 元，交投一度活躍，最終以 1.28 元收市（《華僑日報》，1986 年 8 月 8 日），與政府接管前的 1.3 元甚為接近。之後，新管理層就友聯銀行的業務發展進行多項重大行動，包括削減原來註冊股價（每股 2 元）、將四股合併為一股等（《華僑日報》，1986 年 10 月 11 日）；同時亦進行業務及組織重組，但期間受香港經濟與金融環境波動左右，前進道路並不順利。經歷 1997 至 1998 年金融風暴後，至 1999 年財政年度，更錄得高達 5.45 億元虧損，股價不斷尋底，市場傳出收購注資等傳聞。最終於 2000 年 7 月，工商銀行以每股作價 7.52 元，收購友聯銀行 53.24% 控股權成為大股東，同年 8 月底，友聯銀行易名中國工商銀行（亞洲）（羅建、王歆，2002：43）。至此，溫仁才於 1964 年親手打造的友聯銀行，完全退出了香港商業舞台。

官司的糾纏和結局

對任何個人或企業而言，牽涉官司都是惱人又不光彩的事，刑事訴訟尤甚。溫仁才白手興家，一生經歷不少風浪，多次扭轉逆境，肯定沒想過到晚年會失去自己辛苦建立的商業王國，更掉進官司的泥沼中。若深究原因，他的失敗，很大程度歸咎於其性格固執、不願妥協、「一言堂」的管理作風，加上錯判形勢，在危機出現之初以治病為由逃避問題，未能及時處理危機，令問題愈演愈烈、最終自尋苦果。

從政府接管友聯銀行時的說法，反映其實當時銀行的財政問題不大，主要是決策人長期缺席，無人負責追收呆壞賬，以致銀行由 1985 年 9 月至 1986 年 3 月短短半年間流動性大減，出問題的債項應該是那筆由溫仁才擔保的 2 億多元貸款。由於當時不少企業負責人都因商業犯罪遭警方調查，或許他心知銀行某些賬目確實有問題，擔心自己亦會成為調查對象，於是選擇以治病為由遠走美國，以為只要他人不在，警方鞭長莫及，事件就可以不了了之。

可是，溫仁才卻忽略了一個重要關鍵：香港奉行自由市場，為保護經營和商業秘密，對刑事調查設下不少掣肘，警方若要調查友聯銀行造假賬等行為，無論取證或傳訊相關證人均有相當難度，要向法庭提出充份證據，才能獲准到友聯銀行進行搜查。在 1986 年 3 月之前，警方很可能尚未全面掌握溫仁才造假賬及行使假文件的實證，但溫仁才不願從外國回港，導致銀行被接管，猶如中門大開，讓警方入內調查、搜集證據，所有賬目與經營記錄盡在政府掌握之中。溫仁才因「心中有鬼」而選擇逃避，反而親手將罪證送予執法機構，可謂聰明反被聰明誤。

政府接管銀行一年多後，警方掌控了確實證據，針對部份銀行高層作出通緝及引渡申請。首先被送上法庭的，是深得溫仁才信賴的友聯銀行董事暨副總經理李景生（英文姓名為 Paul Kin Sen Li、Li Wan Po 或 Paul Li），相信他在 1985 年辭去董事職務後到了美國。警方發出通緝令後，他於三藩市被捕，在 1987 年引渡聆訊展開前，他自願回港接受調查，被落案控以偽造賬目及作假口供等七項罪名（《華僑日報》，1987 年 6 月 14 日）。有關李景生的背景資料不多，從日後法庭資料可見，他約生於 1940 年，擁有毛里求斯國籍（*South China Morning Post*, 10 February 1988），至於他何時移居香港、何時加入友聯銀行，以及如何獲得溫仁才的信任等均不詳，但在友聯銀行上市時，他才 30 出頭，已是股東之一，反映他應是表現突出的商業精英。

李景生於 1988 年 11 月被送上法庭受審，控罪修訂為串謀詐騙及發佈虛假賬目等五項，其他控罪則獲撤銷。主要控罪包括於 1984 年「協同溫仁才及李裕榮等不忠實地造假賬，貸款與數間客戶公司，涉及款項二億一千萬元」（《大公報》，1987 年 11 月 16 日），以及「於八四年六月，發表不正確銀行業績，表示有十五億元借給客戶」（《華僑日報》，1988 年 11 月 15 日）。李景生否認所有控罪，最終於 1989 年 1 月被判串謀詐騙罪成，發佈虛假賬目罪則不成立。

判刑前，被告代表律師提及一些要點作為求情理由：其一是李景生沒有在案件中獲利，其二是本案幕後主腦為溫仁才，其三指溫仁才是控制慾強的人物（domineering man），李景生愚蠢地被捲入其中，實屬不幸。法官認同主謀為溫仁才，但被告亦需負責，以量刑最多十年為指引，判被告入獄七年（《華僑日報》，1989 年 1 月 27 日；*South China Morning Post*, 27 January 1989）。李景生不服判罪與刑期，提出上訴，其中判罪一項被上訴庭於 1990 年 10 月駁回；但在量刑方面，上訴庭考慮到他犯案時為 1984 年，那時相關控罪的最高刑期為七年，至 1986 年才改為十年，原審法官以十年作量刑起點不正確，故獲減刑至五年（《大公報》，1990 年 11 月 1 日；*South China Morning Post*, 1 November 1990）。

此案透露的資料，多少讓人更清楚地看到，向來財務健全、穩步發展的友聯銀行，為何會走上如斯境地。據中英文報紙引述控方指出，自 1975 年起，銀行有提供當時甚為流行的外幣離岸存款服務（俗稱 ACU deposit），溫仁才將存款轉入兩間在銀行設有戶口的印尼公司，應是進行套利，惟這兩間都是空殼公司，沒有任何資本，日後無法追回相關款項。1982 至 1983 年，政府撤銷了外幣及港元存款利息稅，外幣離岸存款不再流行，原來的存戶大幅減少，要取走存款。為了挽救嚴重的財務問題，溫仁才及李景生等人於 1983 年中及 1984 年兩次訛稱貸款給多間印尼公司，其實是將資金注入那兩家公司，以應付客戶取走存款，令銀行出現大量透支，周轉困難，陷入破產危機（《大公報》，1987 年 11 月 16 日；*South China Morning Post*, 27 January 1989）。

一個重大的問題是，把銀行存款轉到那兩家印尼公司的大量資金，到底去了哪裏？由於溫仁才以「一言堂」方式主導銀行的大小事務，最大可能應是由他用於其他投資，關鍵是他這次投資不像以前般幸運，而是遭遇了滑鐵盧；背後又應與 1982 至 1983 年間香港樓市股市迅速回落，利息飆升，中英兩國談判導致匯率大跌，投資市場極為波動有關，不少人的投資蒙受巨大虧損，溫仁才也是其中之一，促使他想方設法隱瞞自己將銀行存款用於私人投資，便有了弄虛作假的舉動。

作為本案核心人物的溫仁才，與李景生一樣於 1987 年中被美國警方拘捕。如本文開首提及，他一直以各種理由向美國法院申請反對引渡，令程序拖延日久。當申請被各級法庭駁回後，他即申請人身保護令，並以香港回歸在即，怕回港後得不到公平審訊為理由抗辯，同樣失敗告終。1989 年 11 月 4 日，他被遣送返港，面對行使假文件及造假賬等六項罪名（《華僑日報》，1987 年 11 月 8 日、1988 年 10 月 7 日、1989 年 6 月 13 日）。

回港後，溫仁才以健康理由住院，然後申請保釋並獲得批准，擔保金額（人事及現金）高達千萬元（《華僑日報》，1989 年 11 月 7 日）。惟之後辯方律師指溫仁才的病情每況愈下，不適合審訊。法庭資料顯示，溫仁才早於 1982 年已患有心臟病，促使他於 1985 年移居美國接受治療，期間又證實患上肺病和俗稱老人癡呆症的阿茲海默症（Alzheimer）。辯方律師以後者作為抗辯理由，指溫仁才的腦部已出現無法挽回的退化，有認知障礙及記憶力衰退等問題，令他無法獲得公平審訊，要求撤銷控罪（*nolle prosequi*）。控方聘來國際著名的醫學權威 Lord Walton 作全面檢查，確定溫仁才有嚴重健康問題，不適合審訊，最後只好同意撤銷控罪，溫仁才因此逃過了法律審判（Course, 1993）。至李景生上訴案於 1990 年 10 月審結，與友聯銀行相關的刑事訴訟亦全數劃上句號，溫仁才有否涉及造假賬、行使假文件等犯罪行為，則成了再無法解答的疑問。

對打造香港國際金融中心的影響

友聯銀行的例子，無疑最能說明二戰——尤其是進入 1950 年代之後，海外華人如何利用香港的特殊地位，開拓生意與多元投資。他們先後移居香港，在香港創立企業，進行各種生意與業務經營，同時又維持着與海外定居地及海外華人群體之間的緊密關係，揭示了香港乃這些海外華人營商投資的重要場域。

與其他華人銀行相類似的是，友聯銀行的大多數股東都是海外華商，尤其多居於印尼，他們不但投入銀行業務，亦參與到其他諸如貿易、工業生產、旅遊及房地產等多個層面，資本全面融入香港整體經濟，成為香港經濟及商業發展的一股重要力量。他們亦成為香港市民的一份子，而他們與定居國之間的緊密關係，則成為香港與這些地方連結的樞紐，尤其是商業貿易和投資上，令香港作為國際金融中心地位可以獲得更好發揮。

事實上，在友聯銀行不斷發展的進程中，亦特別強調銀行「其他股東分散在東南亞各地，與當地華僑，均有深切之關係」，銀行宗旨為「溝通南洋僑胞與本港商業之聯繫，並鼓勵與協助南洋僑胞資金出路，使港工商業更加繁榮」(《工商日報》，1965 年 8 月 4 日及 6 日）。即是說，銀行的創辦及經營者，基本上採取了立足香港、輻射海外華人華商市場的策略，自然吸引了不少海外華人資本，同時亦開拓了與相關海外華人居住地之間的貿易及生意投資。

由此帶出另一特點，1940 年代末以後，香港人口持續攀升及資本陸續流入的來源，不只來自中國內地，還有海外「回流」的華人及資金。與來自中國內地的移民人口不同，海外華人哪怕已把生意經營的大本營搬到香港，但仍會與定居國保持着緊密往來，甚至保留當地公民身份，這背後當然有分散政治風險的考慮。因為這種特殊關係，香港在連結海外華人華商方面的角色乃份外突出。

溫仁才的「一言堂」管理風格與出眾的商業眼光，帶出另一較少受人注視，但對打造香港成為國際金融中心同樣重要的現象或特點——熱衷創業、懂得投資的海外華人企業家或創業家，對推動香港商業發展佔有重要地位，成為促進香港經濟建設的關鍵力量。自 1950 年代以來，香港從海外吸納或集結了大量熱衷於創業，不斷打拚，靈活變通的商人群體，他們擁有一定的銀行金融知識，和強大的人脈關係網絡，在不同年代因應不同原因——例如原居國發生排華等——相繼轉到香港，成為推動本地經濟及金融發展的巨大力量。

傳統智慧告訴我們：「不以成敗論英雄」。儘管友聯銀行的個案以失敗告終，但其發展過程其實亦為香港商業發展及經濟建設作出貢獻，當中以集結及連繫海外華人華商方面最為突出，促進了香港作為國際金融中心的形成與建設。若拿香港與紐約、倫敦及其他地方的金融中心作簡單比較，吸納海外華人華商資本的流入和參與，絕對是香港最為鮮明的底色，這亦是海外華人在打造香港作為國際金融中心過程中最獨特的貢獻所在。

結語

在香港這個自由商港，很多個人或家族透過經商成為巨富，這些叱咤一時的商人來自不同種族或群體，具有不同個性和專長。其中溫仁才是印尼華僑，屬海外華人中「南洋幫」的一員，這個群體在 1970 至 1980 年代的香港相當活躍，但後來大多遭到挫折，被市場吞噬，部份如陳松青、溫仁才等更招惹官非；當然，亦有少數能對抗變幻莫測的商海，成功登上彼岸，成為香港富豪榜上的常客。這些「南洋幫」商人為何會在差不多時期到港投資？又為何不少人不但營商失敗更惹上官非？除外圍環境因素外，影響他們成敗的是否還有他們的特質？連串問題相當有趣，值得日後花更多時間深入探討。

撇開外圍環境或族群特質，溫仁才最突出之處，是他對市場敏銳的洞悉力，能「眾人皆醉我獨醒」，做出人棄我取的判斷，帶領公司不斷突破。要落實其與別不同的見解，便需要力排眾議的魄力及權威，由於事後往往證明他是正確的，久而久之，質疑和反對聲音不再出現，管理上必然出現「一言堂」的情況。這樣的領導風格有利有弊，他與友聯銀行迅速崛起與持續壯大，是利；友聯銀行突然敗亡、控股權易手，自己亦招惹官非，則是這種風格帶來的弊。

此外，晚年的溫仁才不斷出現誤判，如利用銀行存款作私人投資，蒙受巨大損失，卻不願正面應對，反而選擇逃避和造假，結果不但失去這家凝聚了他多年心血的旗艦企業，他自己亦晚節不保，招惹官司，無法安心度日。或許在他心目中，失去友聯銀行並沒甚麼大不了，畢竟錢財身外物，但他一直以種種理由迴避法庭審訊，雖然最後如他所願，獲撤銷控罪，但不表示他清白無辜。相反，他愈是千方百計逃避，愈令人相信他是心虛，令問題愈描愈黑，溫仁才亦由原本白手興家、受人讚頌的銀行家慈善家，變成為謀利不擇手段，出事後只知逃避責任的奸商，二者差距如雲泥之別。而他自此之後絕跡人前，相信除了病情，恐怕亦是深知自己在大眾心中的評價吧。

註

1 據一些零碎資料記載，溫仁才的族兄或堂兄是革命烈士溫生才（1870-1911），他早年曾在印尼日里埠（今棉蘭）及馬來亞吡叻州（今霹靂州）工作生活，1907 年加入同盟會，投身推翻滿清的革命運動（《工商日報》，1965 年 8 月 4 日及 6 日）。值得指出的是，溫生才於 1911 年 4 月 8 日刺殺廣州都統孚琦，得手離開後因被巡警跟蹤而被捕，同月 18 日被處死，壯烈犧牲，是「紅花崗四烈士」之一（本會資料室，2004：68-69）。溫生才的事蹟或與國民黨的聯繫，日後看來對溫仁才的生意經營和業務擴張具有一些助力。

2 溫仁才在戰爭與時局混亂的困難中創業，並成功積累財富，說明哪怕經營環境惡劣，市場仍有機會，懂得經營者如錐之在囊，必將脫穎而出。惟有關他如何在那個時期取得突破的資料極缺，有待日後深入研究。

3 儘管恒生銀行在利國偉出色的斡旋下，成功取得滙豐銀行的全力支持，但銀行控股權仍因此落入滙豐銀行手中，自此走上截然不同的發展道路（鄭宏泰，2015）。

4 從陳金德的名字推斷，他可能是溫仁才妻子陳亞妹之兄弟，因陳亞妹又名陳金葉（Union Bank of Hong Kong Limited, 1973;《華僑日報》，1975 年 12 月 1 日）。

5 那時，銀行的實收股本 500 萬元，接着的 1966 年，實收資本增至 600 萬元。

6 不過，在資產負債表上的可分配利潤只為 7,550.70 元，但設立了儲備金 85,000.00 元。

7 同樣，在資產負債表上，可分配利潤為 35,976.41 元，儲備金則升至 585,000.00 元，反映銀行爭取把利潤放入儲備金中，作為應急與防止波動之用。但是，在翌年的財務報告中，可用利潤修訂為 791,617 元，原因不明。

8 早期的會計方法常有變動，因此削弱了存款、借貸及利潤等數據的可比性。

9 同期發售的新股（新上市公司）超額認購全低於友聯銀行，如明仁企業 10 倍、偉益置業 15 倍、國際實業 17 倍、顯江置業 20 倍；寶光實業旗下的美漢企業，超額認購率最高，達 77 倍，但亦低於友聯銀行（《工商日報》，1973 年 3 月 5 日至 1973 年 3 月 15 日）。

10 另一可能是 1975 年底，溫仁才父親溫健民去世，因舉喪及守喪之故，不作過於高調的發展。順作補充，從其父去世的訃聞看，溫仁才有弟弟溫禮才、溫志才，其中溫志才早逝，溫禮才娶妻李提雲，溫仁才與溫禮才夫婦合共育有四子（溫雪達、溫秋達、溫威達及溫新達）、六女（溫秋玲、溫春玲、溫莉玲、溫淑玲、溫祖玲、溫六玲），其中溫秋玲及溫春玲已婚，分別嫁姓梁及姓鄧的丈夫（《工商日報》，1975 年 12 月 1 日），惟無法確定兩兄弟各自所生子女的姓名。

11 其中，黃乾亨為黃乾亨律師事務所創辦人；莫慶堯為醫生，來自太古首任買辦莫仕揚家族；李東海為東泰集團創辦人。

12 林秀峰乃恒生銀行創辦人之一林炳炎之子，與陳松青有多次合作，其中以收購金門大廈一項最為轟動（鄭宏泰、李潔萍，2014）。

13 據友聯銀行 1984 年年報，董事會原有 19 人，除溫仁才於 1985 年 9 月離港外，黃乾亨、李景生、李達三、鄧肇堅、李東海、莫慶堯先後於 1985 及 1986 年請辭，其中一人為常務董事（《華僑日報》，1986 年 3 月 28 日）。

14 此點即回應了早前溫仁才指 1985 年可恢復派息的說法，兌現了承諾。

第九章

康年銀行

行穩未能致遠的因由探討

1986 年 9 月 8 日，銀行監理專員霍禮義（Robert Fell）宣佈，為了維護存戶及債權人利益，防止因個別銀行財務困難影響香港金融穩定，在諮詢財政司翟克誠（Piers Jacobs）後，根據《銀行業務條例》第 52 條一款 C 段的授權，正式接管康年銀行，並會從外匯基金中撥款，作為維持銀行流動性的保證。在政府接管後，銀行雖繼續經營，原董事局亦繼續保留，但決策權力已轉到銀行監理專員手中。霍禮義指「採取是項行動是因為聯在一起的多項事件，使此銀行原來已處於低水平的流動資金承受更大的壓力，並有需要對銀行貸款組合的管理立即作出改善」。他同時透露，渣打銀行會提供管理資源，協助政府監管康年銀行。在此之前，市場已有消息指，印尼「南洋幫」林紹良家族旗下的第一太平洋實業曾洽購康年銀行，惟因價錢及條件等談不攏而遲遲未能成事，並指政府的突然接管，可能令雙方洽談告終（《華僑日報》，1986 年 9 月 9 日）。

當記者進一步質詢是甚麼原因促使政府要接管康年銀行時，霍禮義透露，在該年 6 月底，康年銀行公佈上一年度業績，錄得 9,700 多萬元虧損，令銀行流動資金銳減，「銀監處因此每日注視該銀行的財務狀況」，亦曾私下要求注資。惟銀行財務狀況不但沒有改善，在 8、9 月間更出現「存款水平太過低」的情況，基於保障存戶利益的考慮，才動用法例賦予銀監專員的權力，宣佈將之接管（《華僑日報》，1986 年 9 月 9 日）。

創行家族的背景

在一般香港民眾心目中，康年銀行不但規模小，經營作風也十分保守，被政府接管時只有四家分行，銀行資產值只有 3 億元左右，發展腳步緩慢。正面地說，康年銀行的經營是行穩致遠，但和其他華洋銀行在戰後急速發展、不斷壯大比較，就顯得停滯不前，被大幅拋離，與銀行的控股家族人丁旺盛，顯赫一時的背景不匹配。可是，儘管銀行經營作風已十分保守，卻也與那些發展過急的銀行一樣，擺脫不了資不抵債的財政危機。

康年銀行到底是一家怎樣的銀行？其創立與控股家族有何背景？有何發展特點？為何會選擇行穩致遠的投資方向，不作擴張冒險？這樣的保守經營最後為何仍會「出事」？結局又是如何？這個案又帶來哪些值得汲取和深思的教訓？為了較好地回答這些問題，下文先扼要介紹創立康年銀行的家族背景，再粗略回顧這家銀行的起落興衰之路，從而思考當中的教訓與啟示。

關於康年銀行的歷史，相信今日的社會大眾了解不多，就算聽過其名稱，印象亦應相當模糊。原因一方面是該銀行規模不大，存戶不多，其次是坊間對銀行的發展進程有不同說法。採用康年為名的公司，既有銀行，又有保險，幾間公司的股權重疊糾纏，創辦家族的祖籍、姓氏及業務等更有不少相似之處，再加上不同時期保險公司和銀行的管理權在幾個控股家族之間輪流替換，令人難以清晰分辨。

從商業登記文件看，康年銀行（全名為康年儲蓄銀行，Hong Nin Savings Bank Limited）是由一班從美國回流香港的華商共同創立，核心人物有李煦雲、黃衍堂、麥禮廷、伍耀廷、劉儒廩、譚煥堂、李星衢及 Lam Woo（原登記沒中文名，音譯林護）等，大多祖籍台山，19 世紀曾在美國舊金山營商，不少人還同時從事金山莊等貿易。銀行於 1921 年籌組，1922 年 5 月 11 日正式註冊成立，旋即投入營運（The Hong Nin Savings Bank Limited, 1922），初期應由李煦雲任主席、李星衢任總經理，主要客戶多為同樣在美國舊金山經商謀生的台山人，報章則形容「存戶多為金山阿伯僑港家眷」（《華僑日報》，1986 年 9

月 9 日）。

事實上，康年銀行並不是這群旅美華商首間合夥成立的公司。在銀行成立約 12 年前的 1910 年 3 月 21 日，他們已用現代化籌集資本的模式，創立「香港中國康年人壽燕梳有限公司」（The China Hong Nin Life Insurance Co. Ltd.，後易名為中國康年人壽保險有限公司，簡稱康年保險），牽頭人與康年銀行相若，原發行股份 1,000 股，每股 500 元，集資金額為 50 萬元（The China Hong Nin Life Insurance Company Limited, 1910-1944）。其股份更可在股票市場中自由買賣，揭示創行股東對西方現代化商業及資本市場運作有一定了解，這與他們早期飄洋海外經商的背景有關。

據《中國康年人壽燕梳有限公司保險章程》記載，保險生意的概念始於 1774 年的英國，由於這種業務強調「以人事之預備，補造化之偶虞；以多數之資財，彌少數之缺憾（原文，應為「陷」之誤植）」，具攤分風險特點，對社會及商業均有裨益，於是「此風一啟，人咸便之」，出現水火保險及人壽保險等不同業務（《中國康年人壽燕梳有限公司保險章程》，年份不詳：1）。不過，由於金融保險屬於經濟活動中的高端層次，多數華商那時仍埋首於貨物生產、零售、批發或進出口貿易，尚未察覺到保險與銀行服務在商業經營上的重要性，遑論有人創立現代化人壽保險公司，故「以華人資本，而作人壽保險公司之營業，則香港尚屬缺（闕）如」。

以李煦雲、李煜堂、李星衢、黃衍堂、伍乾初、伍耀廷、馬敍朝為首的華商精英，早年曾飄洋海外經商，具開闊視野，看到了金融保險的潛力，於是「聯合同志，科集鉅款，多舉值理，同擔義務」，創立了中國康年人壽燕梳有限公司。從以上可見，公司的創業核心人物對現代金融有深刻了解，亦發現華人社會缺乏相關服務或產品，難以打開經營格局，在資本主義社會處於劣勢，因此作出嘗試，牽頭成立康年保險，開創華商經營保險業務的風氣之先。康年保險以李煜堂為主席，甲寅（1914）年推舉永生和金山莊的蔡石泉為總司理，副總司理為明益銀號的李煦雲，[1] 司庫為同樣來自明益銀號的李星衢，副司庫為伍耀廷，來自萬益堂參茸莊，司理是劉毓雲，應不是公司股東（《中國康年人壽

康年儲蓄銀行廣告，《工商日報》，1926 年 5 月 5 日。

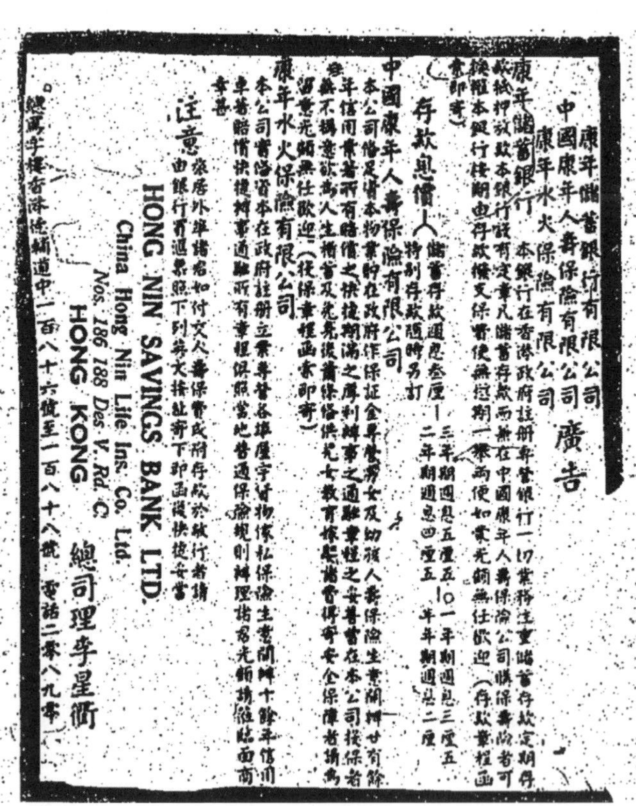

康年儲蓄銀行、人壽保險、水火保險聯合刊登廣告，《工商日報》，1936 年 1 月 8 日。

燕梳有限公司保險章程》，年份不詳：1-8）。

由此可見，康年保險走在康年銀行前方，還是康年銀行的主要控股股東。催生這兩家華人社會金融業先驅企業的核心人物，是李煜堂和李星衢，並因李煜堂的年齡、輩份、政經閱歷及社會地位較高，成為台面上的領袖人物，但實際執行的管理者則是李星衢，日後公司的管理大權基本上亦在這個家族之內輪替。二人在康年銀行的地位非同尋常，深切影響銀行日後發展，故下文先略述他們的背景，再分析康年銀行創立及發展進程的特殊經歷。

綜合各種資料顯示，李煜堂和李星衢祖籍台山新寧縣，乃同祖宗的同鄉。其中李煜堂生於 1851 年，較 1879 年出生的李星衢年長 28 年，因此，無論是從台山飄洋海外，或是創立企業，甚至在參與中國內地的政治或香港社會慈善福利等工作時，均是李煜堂走在李星衢之前。但二人都是獨當一面的人材，在不同領域、不同時期各領風騷，成為一時知名人物。

李煜堂原名李文奎，父親李經亭育有七子，兄弟七人均在美洲經商致富。排行第四的李煜堂在 18 歲時（約 1869 年）隨兄長出洋，積蓄一定資金後返港，與其弟李文啟創設金利源、永利源兩家藥材行，「專營運土產藥材至美國舊山，信用雄厚，為香港藥材業之第一家……煜堂尚有一直接管之商店曰永利源號，亦以經營參茸為業……（另有）附於金利源之遠同源外匯莊經理李海雲（此人相信便是前文提及的李煦雲或其兄弟）」（馮自由，1974：74-75）。按此說法，李煜堂和弟弟李文啟一開始經營的是南北行及金山莊業務，主要出口藥材往舊金山，供應海外華人市場，另外兼營外匯。

由於李煜堂曾在外國生活，見識到西方的強盛及現代化，希望將西方制度及現代工業引入中國，協助國家擺脫貧弱。他曾嘗試經營廣州電力公司及河南機器磨麵公司，可惜未能成功。1902 年，他聯合百多間香港華人出入口商互相保險，名為聯益公司，取得經驗後再成立康年人壽保險公司及羊城保險公司，分店遍設中國各口岸及南洋群島，「為吾國人自辦人壽保險之濫觴，成績亦大可觀」，被譽為「保險大王」（《李煜堂先生訃告》，1936；馮自由，1939）。

李煜堂

李自重

李煜堂除了在商業上取得相當成績外，政治參與度亦相當高。事實上，不少走出國門或有識見的華人華商，看到西方社會富裕強大，祖國則腐敗無能，自然會滋生恨鐵不成鋼的感受，希望盡一己之力改善國家。當時，改革方向主要分為革命派及保皇派，前者以孫中山，後者以康有為為代表。李煜堂是孫中山支持者，其子李自重及其婿馮自由在香港成立同盟會分會時，他與李文啟是第一批加入的。之後，兄弟二人除興辦實業救國外，還承擔向海外華人社會籌募革命經費的重責，利用旗下金利源藥材行作為「海外各地所匯義捐」的收集點，甚至為革命黨傳達函電、接受匯款，更曾儲藏軍械。由於家族中多人積極投身革命行列，被稱為「香港革命世家」(馮自由，1974：74；黎燕芬，沒年份)。

此外，李煜堂乃基督徒，於世紀之交參與創立香港中華基督教青年會及相關教會，和與孫中山亦師亦友的何啟有一定接觸。1904 年，李煜堂帶頭組織「廣州拒約會」，抗議美國禁止華工入境。與此同時，他又與友人合夥成立四邑輪船公司，並聘請革命黨人陳少白（孫中山同窗）擔任經理之職（Chung, 1998: 43-47），可見李煜堂是做生意和參與革命同步邁進的。

1911 年 10 月 10 日，武昌起義成功，革命之火席捲全國，各省紛紛宣佈脫離清政府統治。同年 11 月 9 日，廣東宣佈獨立，由胡漢民出任軍政府都督，李煜堂獲委任為財政司長，[2] 其多位四邑同鄉如陳少白、李樹芬、李紀堂（李陞兒子）及黎國廣（李煜堂外甥）則分別獲委任為外交副司長、衛生司長、交通司長及民政司長（蔡榮芳，2002）。李煜堂與親友多年追隨革命，至此終於獲得豐厚的回報。

當然，李煜堂與革命及政治圈子關係緊密，對打算保持中立甚至遠離中國事務的港英政府而言，絕對是「麻煩人物」，因此對他及其家族成員監視多年。港督梅含理（Francis May, 任期 1912-1919 年）在寫給殖民地部的函件中指李煜堂「a name enough to damn」（轉引自 Chung, 1998: 61），充份表現出對李氏的厭惡及不屑。梅含理之所以語氣重，除政治上港府不想香港過度涉及內地局勢外，還因為李煜堂出任廣東省財長時曾施行一些不利香港經濟的政策，同時覺得他在私德上有問題。

先說私德方面。梅含理指李煜堂：「他赴廣州時只是個窮人，出任省財政部長職位數月返港時，即已坐擁數十萬元巨富，他個人單是投資香港在地產方面，即已超過十萬元之巨」（Chung, 1998: 46-47），暗示他透過官職謀取私利，有貪污弄權之嫌。歷史學者鍾寶賢指辛亥革命前夕，李煜堂其實「處於破產邊沿」，之後不出十年卻搖身一變成為「保險王」，名下控制較大規模的企業計有兩家西式銀行，六家保險公司以及三家地產投資按揭公司，業務遍傳香港、廣州及上海等地（Chung, 1998: 46-47），言下之意，指其財富急增乃得益於政治形勢逆轉。

至於李煜堂施政與港府起衝突，則源於廣東軍政府成立之初財政緊絀，李煜堂身任廣東政府財政司長時，曾多次向香港華商「籌餉」，還透過立法局（今立法會）議員何啟向港府表示，希望在港發行彩票或債券，以集資支持廣東政府，但遭到梅含理拒絕。為了解決財困，李煜堂乃大量發鈔，梅含理指控他在沒有任何貴金屬儲備的情況下濫發紙幣。由於廣東貨幣在香港亦可流通，政府擔心廣東貨幣會大幅貶值，導致財政紊亂，衝擊香港金融體系，故於 1912 年 10 月發出通告，重申 1895 年《銀行紙幣發行條例》的規定，在香港發行的貨幣必須有充足儲備。但由於通告成效不彰，梅含理於 1913 年採取強烈措施，禁止所有境外貨幣在港流通，結束了中國銀元在香港自由流通的近70年歷史。此舉無疑對兩地人民交往貿易帶來極大不便，但對建立香港本土貨幣地位與本地金融制度，則可謂影響深遠。[3]

梅含理不滿李煜堂「紊亂香港金融」的同時，更擔憂政治上的巨大風險。在致殖民地部的信函中，梅含理強調辛亥革命後中國的政局並未明朗，且以袁世凱為核心的北方政府更具實力，香港（乃至背後的英國）不應貿然靠攏任何一方，而應力求中立。可是，不但李煜堂等四邑人站在南方革命黨人一邊，連立法局議員何啟和韋玉亦大力支持孫中山，與港英政府取向大有出入。基於政治考慮，政府於1913及1916年分別撤除了何啟及韋玉的立法局議員身份，同時排擠與革命黨人關係密切的四邑人，改向政治取向不同的劉鑄伯、周壽臣和何東等本地派招手，令香港的政治光譜丕變，後者的政治力量不斷提升，更成為華人社會中堅。

由此可見，李煜堂家族可說是「吃政治飯」、靠政治「上位」壯大的。不過，當所依附的黨派失勢時，家族難免亦受到牽連，失去昔日的光輝。由於中華民國草創之初政局動盪，不同政治力量像走馬燈般輪替上落，李煜堂亦難獨善其身，在失去政治靠山——尤其孫中山於1925年去世後，他重歸平淡。1936年1月1日，李煜堂於香港去世，家族訃告稱他享年88歲。由於他在香港商界有一定影響力，又是「九老會」（當時社會上九位有名望的長者如周壽臣、李佑泉、郭靖堂、傅翼鵬等合在一起的雅稱）中最年長的成員，出席喪禮者包括當時大部份著名華人，算得上是生榮死哀（《大光報》，1936年1月11日；《工商日報》，1936年1月11日）。

報導中提及由他出任主席或董事公司，包括上海銀行、上海保險、康年銀行、康年保險、聯益、聯泰等公司。家族方面，從訃聞看，李煜堂育有九子，包括李自重、李炳權、李炳芬、李炳超、李炳根、李炳彪、李炳瑞、李炳華、李炳耀，以及八名女兒，包括李基逢、李自平、李少平、李珍平、李寶平、李妙平、李愛平、李麗平，另有數目眾多的男女孫（《李煜堂先生訃告》，1936；《工商日報》，1936年1月11日）。

李煜堂去世後，其子李自重於 1 月 8 日致函國民政府，請求給予褒揚，國民政府發出「褒揚李煜堂」的批示，並稱譽他「振興實業、贊助革命、輸財濟餉、籌策匡時」（《香港華字日報》，1936 年 4 月 25 日）。同月，周壽臣與鍾榮光聯袂向時任國民政府主席林森提出請求，指香港華人社會將為李煜堂舉行追悼會，希望將其名字列入追悼名單之中，同獲接納（《革命先進褒卹案二》，各年）。6 月 27 日，李煜堂的追悼會在周壽臣主持及牧師主祭下完成，為這位在政商均有表現的人物的一生畫上句號（《工商日報》，1936 年 6 月 28 日）。

李煜堂離世對康年銀行及康年保險的影響倒不大，因為他在 1921 年創辦康年銀行時已 70 歲，所以雖然其家族成員一直維持創始股東的身份（見下文），但李煜堂本人應沒有參與實務，真正主事者是只有 42 歲的李星衢。資料顯示，李星衢名連賀，字軫明，其父李楷文乃武庠生（即武科舉的秀才），李星衢本人被評為「天資穎達，卓犖不群」，不過他沒有走上傳統考取功名之路，而選擇「棄儒就賈」，移居香港「開設廣泰隆辦莊」，業務主要是生活雜貨買賣及貿易生意，並因能「出其機杼，大展源圖」（《李星衢先生哀思錄》，1955：13-14）。

隨後，他「倡辦康年銀行，任總經理數十年，集海外之財源，助僑商以建業」。除了康年銀行，李星衢後來還「商辦廣東銀行、新寧鐵路公司、四邑輪船公司、上海新新公司、油麻地小輪公司及各保險公司等」（《李星衢先生哀思錄》，1955：14-15），但他在這些公司的角色，應不如在康年銀行般吃重。

中國傳統社會崇尚「商而優則仕」、「達則兼濟天下」等觀念，李星衢亦先後在台山商會、四邑工商總局、香港華商總會出任要職，同時是東華三院及保良局總理、嶺南大學校董（《李星衢先生哀思錄》，1955：14-15）。1936 年，李星衢替補突然去世的黃廣田，出任香港華商總會主席，[4] 成為進一步「上位」的轉捩點。當時，國民政府正推行國民大會代表選舉，香港、澳門及海外不同地區的華僑亦可參選（項浩男，2020：160），李星衢因其華商總會主席的身份，獲任命主持香港地區的華僑國大代表選舉（《香港區僑選事務一》，1936 年 8 月 26 日至 1937 年 3 月 30 日）。惟因這是首次選舉，制度設計如投票時間、劃區（九龍劃入香港區還是寶安區）等存在不少問題，加上經費不足，正式運作時出現不同爭議，令他窮於應付（《華字日報》，1936 年 7 月 30 日及 8 月 8 日）。

不過，李星衢顯然未被這些政治風波打消他向國民政府靠攏之心。1936 年，因應蔣介石 50 歲生日，有人提議「獻機」祝壽——即贈送飛機作為慶祝禮物，李星衢不但出任「香港華僑恭祝蔣公壽辰獻機紀念會」主席，向商會各界募捐，還率先捐出一萬元，金額遠較其他商會成員高（《工商日報》，1936 年 10 月 2 日）。[5] 同年 12 月 12 日，西安事變發生，他又以香港華商總會主席身份致函國民政府，指「西安突變，蔣公被圍，大局垂危，人心搖動」，因此要求「妥定大計，急救蔣公，以安國本」（《西安事變十案四》，1936 年 12 月 19 日），反映他對國事相當熱心，亦對蔣介石表達了支持和忠誠。

李星衢

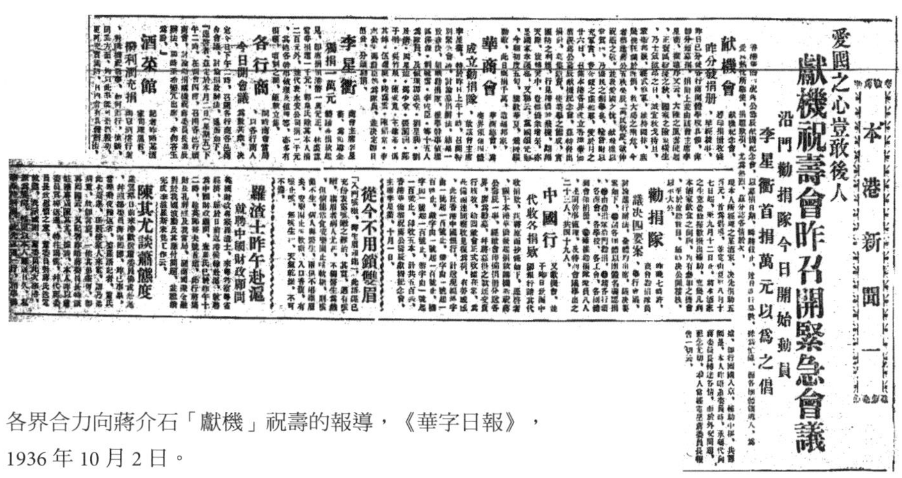

本港新聞

愛國之心豈敢後人

獻機祝壽會昨召開緊急會議

沿門勸捐隊今日開始動員

李星衢首捐萬元以爲之倡

獻機會 昨分發捐冊

華商會 成立勸捐隊

李星衢 獨捐一萬元

各行商 今日開會議

酒菜館

勸捐隊 議決四要案

中國行 代收各捐款

從今不用鎖雙眉

羅濟士昨午赴滬 就聘中國財政顧問

各界合力向蔣介石「獻機」祝壽的報導，《華字日報》，1936 年 10 月 2 日。

隨後，蔣介石請辭下野，李星衢再以香港華商總會主席身份發電報挽留，稱「公果辭職，全國民眾如嬰孩失慈母曷所託命」，並以街亭失守孔明仍留任的典故，請蔣介石「以昔賢為法、以國家為重」(《煽動西安事變三》，1936 年 12 月 30 日）。到 1937 年 2 月，因應「西安事變敉平」，李星衢又發起「祝蔣游藝大會」(《天光報》，1937 年 2 月 5 日）。商人熱心政治，可以是出於愛國情懷或關心社會，亦可能是基於商業考慮，李星衢如李煜堂一樣靠近政治，雖有一步登天的可能，但同時亦要承受相當高的風險，可能因此傾家蕩產甚至賠上性命。不過，李星衢的政治參與度始終較李煜堂低，未見有大成就。

此外，李煜堂與李星衢還經歷過一些風波與挫折。1932 年，二人捲入廣州三台別墅的訴訟案，新加坡寧陽會館指控李煜堂、雷蔭蓀、伍耀雲、李星衢等人，將三間別墅視作「台（山）人公有」，是「淆惑觀聽」甚至「概行佔據」。實際上，「該別墅係集股購置之物業」，因此要求法院主持正義，「以公理為保障」(《工商日報》，1933 年 6 月 16 日），訴訟日後沒有下文，相信最終和平解決。

另一件事對李星衢家族影響甚大的，則是其子於 1934 年捲入官非。報導指李星衢之子——初時報稱次子李達耀，後稱李達榮，[6] 因偷車及無牌駕駛被警方拘捕。法庭上，李星衢聘律師為子求情，指事件是其子「神經錯亂所致」，請求法官「給予自新機會」，獲法官接納，只是判罰款 250 元及保守行為一年，讓被告有「自新之機」（《工商日報》，1934 年 7 月 2 日及 7 月 25 至 26 日）。雖然法庭已從寬處理，甚至產生有錢人總能獲得法外開恩之感，但案件被大篇幅報導，對當時在社會上甚有名聲的李星衢而言，肯定感到相當難堪及丟臉。

回到康年銀行的發展。在李煜堂及李星衢主理時期，康年銀行及康年保險的業績如何？由於具體資料不多，且甚為零散，難以了解詳情，但從公司廣告宣傳及周年派息等資料，可見企業一直平穩緩進。如 1931 年 4 月，康年保險宣佈，「經集股東議決，週（年）息一分算，每（股）多派溢利銀七十五元正」（《工商日報》，1931 年 5 月 7 日）。1936 年 3 月，則派「息一分算，另派溢利六十四元正」（《工商日報》，1936 年 6 月 7 日）。康年銀行的資料更少，如 1937 年 3 月宣佈派息「八厘算，另派紅利三十四元正」（《工商日報》，1937 年 4 月 1 日）。若不考慮其他因素，單看康年保險的派息較康年銀行高，反映其盈利應較理想。此外，康年銀行一直沒有開設分行，反映銀行的業務進展不大，也沒太大擴張野心。

日佔期間的發展

日佔期間，香港人口銳減，工商百業大受打擊，不少康年銀行的股東及存戶應離開了香港。不過，康年銀行仍繼續開門營業，並由於日軍政府強制經營者必須進行登記，留下了重要記錄，有助了解期間的發展。從相關文件可見，李星衢為銀行支配人（經理），仍然統管銀行業務，另有銀行取締役（董事）伍耀廷、譚煥堂、伍于瀚、伍于笛、李文啟、馬敍朝、鄺光寬、李自重和李朝楨，後二人的住所一欄填報「離港」，且地址相同，記為「澳門巴素打爾古街四三號」。其次，文件附有資本金及股份摘要，註明銀行「公稱資本金」總額（authorized capital）為港幣 200 萬元，換算為軍票 50 萬元，每股 100 元，合共 20,000 股。公開發行的股份（issued/subscribed capital）共 4,070 股，集資 407,000 元 ，換算為軍票 101,750 元。

文件中還有一份股東名冊，記錄了 4,070 股股份的分配。當中 2,190 股註明為創辦股，另外有 1,880 股普通股。持有創辦股的股東共 67 名，大多為個人名義，亦有小部份為機構，持股量最多的是一間名為康記的商行，有 120 股，接續是李星衢 90 股、李炳超 60 股，餘下的個人或機構大多約 30 股。多數持股者報稱為商人，少數為已婚婦女、醫師及學生，李煜堂及李耀堂則註明「已故」。至於普通股方面，1,860 股由中國康年人壽保險有限公司持有，餘下 20 股由一位名為李甘棠的商人持有。以投入資本計，中國康年人壽保險持有的股份佔總股量 45.7%，乃銀行最大單一股東，說明了兩間公司之間的控股關係。

文件中更有截至昭和十八年（1943）12 月 31 日的資產負債表及損益表，可以看到期間的營運狀況及業績表現。在損益表方面，計算期為 1943 年 1 月 1 日至 12 月 31 日，收入主要來自屋租及利息，另有非經常性收入的「沽房屋溢利」及「交換軍票佣金」，其中利息收入最多，佔全年收入的六成半，屋租收入佔兩成，非經常性的沽房溢利及交換軍票佣金佔近一成半。支出主要是稅金、工資、銀行租金、維修、水電及電話等，其中工資佔比最大，次為稅金，再次為水電及電話等。該年的盈利為 16,084.08 元（日本軍票，下同），較上一年盈利 147,424.01 元大幅減少。

在資產負債表方面，資產主要為存放於同業銀行的軍票，佔三成多，其次為自置房產、存庫現金（軍票）及抵押放款，各佔兩成左右，餘下為股票及按金與預繳等，佔不足半成。負債主要為軍票預金（客戶存款），佔逾四成半，其次為股本，佔一成六，再次為壞賬及房產跌價儲備金，佔一成多，餘下為未付利息與股息、未付租金，該年利潤和上年利潤的總和則佔負債逾兩成半（The Hong Nin Savings Bank Limited, 26 September 1944）。從賬面看，哪怕較 1942 年大幅減少，1943 年畢竟仍有盈利，用作量度銀行經營表現的存貸比率（抵押放款除以客戶存款）約為四成半，比率不高，資產負債表亦甚健全。接着的 1944 及 1945 年，由於缺乏相關數據，不清楚其經營狀況。

事實上，或因銀行不少股東在日佔時期已離港，故沒有按慣例每年召開股東大會、派發股息，同時沒有公開賬目，股東及公眾無從知悉其財政狀況。重光後，康年銀行的財政報告曾提及此點，指「1941 年至 1945 年期間，因世界戰事影響，本銀行未便召集股東年會⋯⋯但每年均製定年結，以備查閱。1945 年軍票部份因未明令處置，故尚存庫中，數目足以應付全部存戶提取也」（Annual Return of the Hong Nin Savings Bank Limited, 14 February 1947）。按此所言，在經營困難的日軍佔領期，銀行仍能維持較穩定的財務狀況，「足以應付全部存戶提取」，而且保留了財務記錄，「以備查閱」。

戰後逐步復元

在日佔時期仍能撐持經營，且有一定成績的康年銀行，在香港重光後應較其他銀行有較好條件復元，獲得更大發展才對，不過隨後的情況卻並非如此。重光翌年（1946），康年銀行董事局進行改選，主席由馬敍朝出任，[7] 總經理為李煜堂之子李炳超，董事數目由八人增至 12 人。股份分配方面，基本上一如舊觀，已去世的李煜堂和李耀堂仍在股東名冊上，唯一變化是一位名叫雷鑑全的人不見了，其名下的 30 股轉到康記手中（Annual Return of the Hong Nin Savings Bank Limited, 14 February 1947）。

由此看來，李星衢在戰後退下前線，把職位交回給李煜堂一房的李炳超，再加上馬敍朝，組成新的管治班子。雖說李星衢當時已過 66 歲，但馬敍朝比他還要大一歲，故李星衢選擇退下，除了健康欠佳或安享晚年等原因外，有可能是基於「避嫌」。因為他於日佔時期負責管理銀行，難免要與日軍「合作」，為了避免銀行沾上「通敵」污點，他主動避席，不讓銀行與自己高調或公開地扯上關係，自然對各方都更有利。

李星衢自從不再站在前線後，生活轉趨低調，至 1955 年 8 月 28 日因病去世，享壽 76 歲，喪禮採用天主教儀式。較特別的是，時任港督葛量洪（Alexander Grantham）及華民布政司均向其致送花圈，反映他雖然在政治上走得較前，但仍與港英政府保持良好關係（《華僑日報》，1955 年 8 月 29 日至 30 日及 9 月 1 日）。從訃聞看，李星衢育有七子，包括伯均、伯堯、伯達、伯樑、伯榮、伯湛、伯煊，以及 14 名女兒：鳳清、鳳眉、玉清、鳳新、玉珍、婉雲、淑娟、碧墀、瑞意、美意、金意、碧廉、碧恥、婉蘭（《李星衢先生哀思錄》，1955）。[8] 李星衢去世時，名下遺產約有 165 萬元，由李伯堯、李伯達、李伯榮及繼室李梁氏、妾周佩卿等代管（《工商日報》，1956 年 6 月 24 日）。

至於新任的董事會主席馬敍朝，亦是香港商界的重量級人物。他早年跟隨叔父馬持隆營商，馬持隆曾與利希慎一起經營鴉片生意（鄭宏泰、黃紹倫，2010），而馬敍朝亦因曾沾手鴉片生意，長期招來非議。馬氏家族經營的核心業務，主要是公有源綢緞莊及昌華有限公司，另外亦有華僑匯款業務，據說因此賺得大量財富（李培德，2016）。馬敍朝在 1920 年代曾擔任東華三院主席，後更成為東華三院永遠顧問、保良局永遠總理，以及不少商會及團體的領導層及顧問（《華僑日報》，1959 年 6 月 25 日），予人樂善好施、社會賢達的形象。

至於康年銀行在和平後的表現，根據其資產負債表及周年報告，1946 年的額定資本仍為 200 萬元，實收資本仍為 40.7 萬元。客戶流動存款為 672,013 元，抵押貸款為 645,245 元，計算銀行的存貸比率，則為相當高的 96.02%，揭示

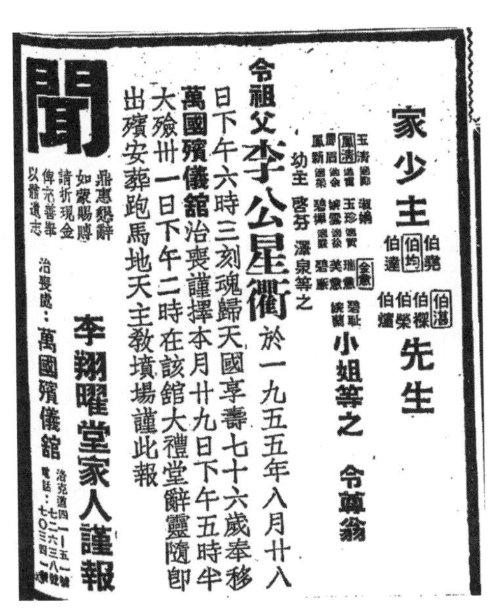

家少主 伯堯 伯均 伯達 伯湛 伯樑 伯榮 伯燿 先生

小姐等之 令尊翁

幼主 啓芬 濼泉等之

令祖父李公星衢於一九五五年八月廿八日下午六時三刻魂歸天國享壽七十六歲奉移萬國殯儀館治喪謹擇本月廿九日下午五時半大殮卅一日下午二時在該館大禮堂辭靈隨即出殯安葬跑馬地天主教墳場謹此報

聞

鼎惠懇辭 如蒙賜賻 請折現金 俾充善舉 以體遺志

李翔曜堂家人謹報

治喪處：萬國殯儀館

李星衢訃聞，《華僑日報》，1955 年 8 月 29 日。

當時正值戰後重建，市場對資金需求殷切。至於該年盈餘為 92,364.02 元，相對於抵押貸款的金額而言，表現亦算不錯（Balance Sheet of the Hong Nin Bank Limited, 14 February 1947）。由此可見，在社會與經濟百廢待興時，康年銀行算是較早開始重建業務的一群。

接着的 1947、1948 及 1949 年，康年銀行的客戶流動存款與抵押貸款均大幅上升。存貸比率雖顯著回落，但仍超逾六成。至於利潤亦有突出增長，揭示銀行在戰後重建時期早着先鞭，發展不俗，原因或許是銀行在日佔時維持運作，戰後才能迅速恢復業務。其中一點值得注意的是，1948 年政府稅務局批准，存戶從康年銀行存款獲得的利息可以豁免徵稅（*South China Morning Post*, 23 October 1948），[9] 此點自然有利銀行業務的發展。

之後的 1950 及 1951 年缺乏資料，難以了解康年銀行的發展。不過，那時朝鮮半島爆發戰火，以美英為首的聯合國對中國實施貿易禁運，令香港的轉口貿易急速回落，經濟陷入低潮，銀行紛紛收緊銀根，批核貸款更為謹慎，又提高押匯及出口信用狀的保證金，「其按金可能提升至百分之八十，以至百分之百」（《工商日報》，1950 年 7 月 10 日），不但商戶叫苦連天，亦對銀行業務帶來巨大衝擊。因此雖缺乏數據詳細說明，但相信康年銀行亦面對同樣情況，發展大受局限（《工商日報》，1950 年 7 月 2 日及 12 月 16 日）。

幸好，不景氣並沒持續太久，至 1951 年，康年銀行業績已大有改善。當時，銀行額定資本仍為 200 萬元，發行股本略增至 51.4 萬元，客戶流動存款與抵押貸款則有所增長，但存貸比率變化不大，仍是六成半左右，利潤亦不錯，達 435,896 元。翌年，客戶流動存款與抵押貸款仍增長突出，存貸比率更接近七成半，但利潤卻有所回落，只有 429,189 元，按年輕微回落了 1.54%。

1954 年缺乏資料，接着的 1955、1956 及 1958 年數據揭示，額定股本及發行股本不斷增加，如 1958 年額定股本升至 500 萬元，發行股本升至 1,221,000 元（其中創辦股為 219,000 元，普通股為 1,002,000 元）。客戶流動存款與抵押貸款金額均有上升，存貸比率更一度超逾 100%，即借貸金額較客戶存款還

表 1 ｜ 1946 至 1958 年康年銀行存貸比率與利潤變化

年份	流動存款（元）	抵押貸款（元）	存貸率（%）	溢利（元）	利潤增減率（%）
1946	672,013	645,245	96.02%	92,364	-
1947	2,114,630	1,269,470	60.03%	110,710	19.86%
1948	2,623,901	1,778,998	67.80%	169,837	53.41%
1949	2,546,496	1,631,213	64.06%	344,745	102.99%
1952	4,504,607	2,904,075	64.47%	435,896	-
1953	4,911,122	3,619,912	73.71%	429,189	-1.54%
1955	6,174,845	6,261,913	101.41%	657,732	-
1956	7,492,122	7,649,466	102.10%	815,804	24.03%
1958	8,586,319	9,687,297	112.82%	1,094,588	-

資料來源：Balance Sheet of the Hong Nin Bank Limited, various years.

多，是一種不正常的借貸情況，由於當時銀行業條例沒有相關規定，即銀行存戶承擔了相當風險。銀行利潤則保持上揚，1955 年為 657,732 元、1956 年為 815,804 元、1958 年則為 1,094,588 元，反映業務有不錯發展（表 1）。

由於 1959 年未能找到資產負債表及周年報表等資料，沒法了解該年發展，但從銀行向來穩健保守的作風，估計變化應該不大。不過，在那段時期，由於香港的經濟與商業進展急速，不少新成立的銀行已憑藉進取的投資手法後來居上。正因如此，康年銀行二戰後的業務與利潤雖大致上維持增長，客戶流動存款與抵押貸款亦有所增加，但其規模、分行數目或盈利能力明顯已被後起之秀趕上。

這一年的 6 月 24 日，康年銀行及康年保險主席馬敍朝，在港島半山羅便臣道 32 號的大宅去世，享年 84 歲。從訃聞可見，馬敍朝共有一妻二妾，六子六女，兒子倫脩、維相、維壎、維炬、維烈、維超，女兒佩娥、擷芳、佩嫻、佩貞、佩嫦、佩碧，另有三名男孫及一名女孫。可惜其元配、三名兒子及幼女等已早於馬敍朝去世（《工商日報》，1959 年 6 月 25 日）。馬敍朝在兩家公司的主席職位，則由輩份及社會地位都較高的李煜堂長子李自重接任，李炳超則繼續出任董事總經理，反映康年銀行重由李煜堂家族掌控業務。

較特別的是，包括馬敍朝三名尚在世的兒子在內，馬氏家族未有代表進入董事局。從後續發展看到，原來馬敍朝家族內部發生了激烈的爭產風波，最後演變成一宗倫常慘案。由於事件的原因與家業傳承時犯下的多重致命錯誤有關，值得了解當中的來龍去脈，故在介紹康年銀行 1960 年代的發展前，先討論這宗慘案。

馬敍朝家變的教訓

馬敍朝去世後才剛過兩年，屍骨未寒之時，家族卻因爭產引發一宗骨肉相殘的血案，馬敍朝三子馬維壎殺害四子馬維炬，因謀殺罪成被判處繯首死刑，消息轟動中外社會（《華僑日報》，1961 年 8 月 16 日及 11 月 18 日；《工商日報》，1961 年 8 月 16 日及 11 月 18 日）。家族頓失兩子，隨後一直為愁雲慘霧籠罩，難以走出衰落的宿命。這一不幸事件，是世家大族在傳承上一個值得深思的教訓。

綜合法庭資料及報章報導，馬敍朝去世時有三名兒子在生，分別是馬維壎、馬維炬、馬維烈，[10] 三人同為妾室黃氏所出，即同父同母。馬維壎及馬維炬均就讀香港華仁書院，20 多歲時，馬維壎患上肺病，在瑞士等地獨自療養，之後曾到英國學習裁縫兩年，回港後似乎想從事裁縫生意（家族經營綢緞莊），但馬敍朝覺得他不是經商材料而拒絕，父子間關係緊張。至於馬維炬中學畢業後沒有繼續升學，曾經營玩具生意，但失敗告終，反映經商才能一般，但或因他較受父親喜愛，所以獲父親安排接手家族生意。[11] 至於最年幼的馬維超，1958 年在澳洲悉尼大學醫學院畢業，[12] 案發時正在美國，十多年未曾回港（《華僑日報》，1961 年 8 月 16 日及 11 月 17 日）。

馬敍朝死後，他於 1948 年底撰寫的遺囑公佈。據悉他將兩名妾侍、四子馬維炬及一名長孫列為執行人，卻排除了當時年紀最長的三子馬維壎（上面兩名長

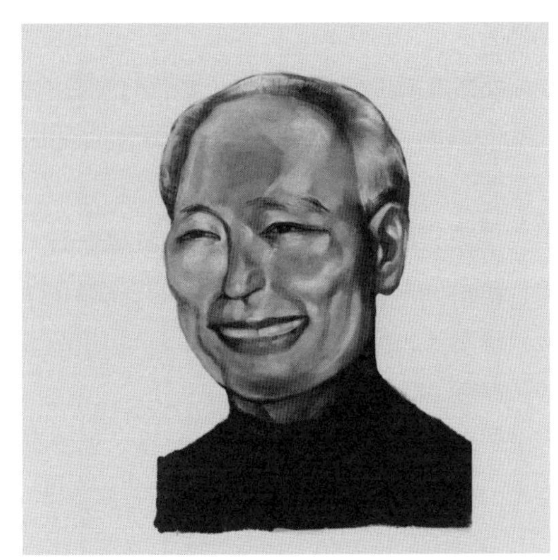

馬敍朝

家少主 維相 維烈 倫脩 維炬 維壎 維超 少爺 擷芳 佩嫦 佩娥 佩貞 佩嫻 佩碧 小姐之

令尊翁 幼主 家成 作樑 邦成 孫少爺 頴芳孫小姐之

令祖父馬公敘朝老爺 痛於一九五九己亥年六月廿四（五月十九）日卯時壽終港寓正寢溯生於清光緒五年九月二十九日戌時積閏享壽八十有四歲奉移萬國殯儀館治喪謹擇六月廿五（五月二十）日正午十二時大殮廿六（廿一）日下午一時出殯隨在該館大禮堂辭靈安葬香港仔華人永遠墳場謹此報

聞

鼎惠懇辭如蒙賜賻請折現金撥捐東華三院保良局

馬逑昌堂家人稟報

治喪處：萬國殯儀館 灣仔洛克道41-45 電話：七七三八〇一

馬敍朝訃聞，《工商日報》，1959 年 6 月 25 日。

兄早逝），令馬維壎極度不滿，認為遭到父親及家族排斥，對他不公。此外，他亦反對遺囑讓被收養的孩子亦有財產繼承權，覺得這樣不合理，會分薄他的利益（*South China Morning Post*, 18 November 1961）。[13]

由於不滿父親的遺囑安排，在兇案發生前，馬維壎已曾與馬維炬有過肢體衝突，健碩的馬維壎把身材略矮細的馬維炬打傷。或不想將事情鬧大，馬維炬之後只是盡量迴避兄長，沒將事件公開，但兄弟關係更差。家族亦曾舉行內部會議試圖解決問題，但馬維壎提出分家或重組家族生意等要求均不獲接納，令他更感不滿。[14] 家庭會議不歡而散後，馬維壎曾到律師事務所理論，同樣不得要領，律師則繼續按法律程序進行遺產處理。

1961 年 8 月 15 日上午，當時其他家族成員及家傭都不在家，馬維壎找馬維炬再理論遺產問題。據馬維壎指，因馬維炬對他不理不睬，他在憤怒下才向馬維炬施暴，但他「不記得」自己手上拿着利刃。醫生作證時指馬維炬身中八刀，包括下頸、前後胸等致命部位，傷口更深入體內，並因失血過多當場死亡。法庭上，馬維壎以自己患有精神分裂作為辯解，稱自己行兇時「如在夢中」，對各項行為均「記不清楚」。在聽取控辯雙方各種舉證後，陪審團一致裁定被告謀殺罪名成立，法官依例判馬維壎繯首死刑（*South China Morning Post*, 16 August 1961；《華僑日報》，1961 年 11 月 15 日至 18 日；《工商日報》，1961 年 11 月 15 日至 18 日）。

罪成後，馬維壎提出上訴，理由是法庭沒有充份考慮他犯案時的精神分裂狀況，上訴法庭指判決沒問題，維持原判。馬維壎再上訴至英國樞密院，但同樣被駁回（《工商日報》，1962 年 1 月 18 日、1962 年 3 月 28 日）。在等候執行死刑期間，胞姐馬佩嫻曾為他四出奔走，上書港督柏立基（Robert Black，任期 1958-1964 年）請求特赦，馬敍朝生前廿多位好友亦上書求情（《華僑日報》，1962 年 5 月 28 日至 31 日）。不過，柏立基會同行政局商討後，決定「照原判執行」（《工商日報》，1962 年 6 月 3 日），馬維壎終於 1962 年 6 月 8 日伏法，時年 40 歲（《華僑日報》，1962 年 6 月 9 日）。

中華民國五十年公曆一九六一年八月十六日 星期三

WAH KIU YAT PO

本港新聞

已故港紳馬叙朝家中發生殺案

馬維炬喪命

死者乳媼老家人何[illegible]手臂亦被兇刀剌傷

事後其兄馬維壎隨警官上警署

有關馬維炬被殺案報導，《華僑日報》，1961 年 8 月 16 日。

在這宗倫常慘案中，馬維壎行兇殺弟，固然是罪大惡極，應負上罪責。但就像眾多封求請信中指，他雖「法無可恕，但情有可原」，因為他之所以會走到這地步，多少與家人間關係欠佳，以及馬叙朝遺產安排欠缺通盤考慮有關。其姐馬佩嫻指馬維壎是個「可憐的人」，自幼得不到父親及家人的喜愛（《華僑日報》，1962 年 5 月 29 日），可見家族中的矛盾糾纏並非始於朝夕，而是長期互動與積累。馬維壎早年患肺病，獨自在印度及瑞士接受治療多年，沒有親人陪伴，可見彼此關係疏離。而他學習裁縫，或向父親表示想做生意，相信是試圖突破現狀，反映他曾作出努力，希望獲得父親及家人的支持和重視，可惜亦未成功。

馬叙朝的遺囑安排亦是引發兄弟鬩牆的因素之一。[15] 心思縝密、長袖善舞的馬叙朝在撰寫遺囑、思考財產分配時，明顯低估了傳承或親人矛盾的複雜性，沒有做好各種準備，安排上亦有不少疏忽，結果加劇了馬維壎的怨憤，令他產生「同歸於盡」的心態犯下大錯。馬叙朝立遺囑時，由於長次子俱亡，三子馬維壎屬最年長的兒子，按照中國長幼有序的傳統，他認為自己將在父親死後成為家族之長，擁有最大話語權，亦是合理及正常的期望。但馬敍朝或許對此沒有充份考慮，甚至越過他讓其弟及晚一輩的孫兒擔任遺產執行人，對馬維壎而言自然是極大的打擊，不但期望落空，更代表父親對他的否定與不信任，成為行兇的導火線。

馬敍朝撰寫遺囑時，相信已充份考慮過馬維壎在現實上具長子的身份，只是覺得他性格孤僻、能力不濟，未能擔當重任，甚至可能如馬維壎本人及其姐所稱，他患有精神方面的疾病，馬敍朝擔心他無法好好管理財產，才不讓他沾手，交由其弟、其姪代勞⋯⋯無論馬敍朝基於甚麼原因作此安排，最大問題是他沒有在生前與家人——或至少沒與馬維壎——討論，了解彼此看法，釐清各人的權利及責任等問題，故待遺囑在他死後公開，馬維壎知悉自己被排除時，才會大受打擊。

之後，馬維壎多次試圖改變遺囑安排，但家人顯然不想違背死者意願而拒絕，令他覺得不但父親對他不好，其他家人亦將他排擠在外，最後怨恨化為殺意，寧可玉石俱焚。顯然，馬敍朝過於相信法律能保障他的「遺囑自由」，認定自己有權完全依照自己想法分配遺產，忽略了傳統慣例與兒子的期望，加上缺乏溝通，最後導致慘劇，給家族造成難以挽回的致命打擊。

家業傳承與分家析產的問題若處理得不好，可以是致命而令人傷感的，偏偏不少家族卻低估或忽略了這一重大問題。雖然，像馬氏家族這種演變成血案的事例極為罕見，但因財失義，親人反目的個案仍屢見不鮮，有些爆發出來，對簿公堂；有些半隱半顯，親人從此各走各路，不相往來，甚至水火不容。這些事件的背後，說明本是血濃於水的親人，反而容易因生活中各種事情起磨擦，又或因觀點與角度不同起紛爭。若這些小衝突未能盡快疏導、開解，令矛盾鬱結積聚，親人有可能變成仇敵，並在權威人物——尤其父親——去世後爆發出來，演變成悲劇，這實在是任何有目光、有思想的創業家長，甚至任何家人均應注意之事。低估問題與風險的代價是極為巨大和沉重的，馬氏家族慘案正是血淋淋的慘痛教訓。

馬氏家族在慘劇之後，財產分配應有一定轉變，而家族在康年銀行的股份分配狀況，可作為關鍵說明。由於銀行的發展腳步和股份分配長期保持穩定，馬敍朝在生時的持股數量，到 1986 年銀行遭政府接管時，均粗略維持。

在 1986 年的銀行股東名冊中，馬氏家族成員計有馬佩嫦、馬佩嫻、馬作樑、馬維超、馬佩貞及馬穎芳六人，未見馬家成及馬邦成的名字。[16] 其中馬佩嫦、馬作樑和馬維超持有銀行創辦股和普通股，可視為家業傳承主軸；馬佩嫻、馬佩貞及馬穎芳只持有普通股，股份數目則以馬作樑和馬維超佔比較多（表 2）。

康年銀行的創辦股在 1946 年前為 2,190 股，創辦股東大多各持 30 股；1955 年增至 2,340 股，創辦股東大多按比例增至 35 股。至於普通股則由原來的 1,880 股多次大幅增加，到 1980 年代增至 997,660 股，令創辦股和普通股合共增加至 1,000,000 股，每股仍維持 100 元，即是已繳股本為 1 億元。其中最值得注意的，是康年保險的持股量，那時該公司持有康年銀行 261 股創辦股及 30,598 股普通股，在創辦股中佔比 11.15%、普通股中佔比 30.67%，可見康年保險乃康年銀行最大單一控股股東（Annual Return of Hong Nin Bank Limited, 28 July 1986）。

表 2 ｜馬氏家族後人在康年銀行控股情況

姓名	地址（略）	職業	創辦股	普通股
馬佩嫦	港島干德道	已婚婦女	7	2,573
馬佩嫻	尖沙咀金馬倫道	同上	--	633
馬作樑	北角英皇道	商人	14	3,233
馬維超	夏威夷 Lusitana Street	同上	14	2,773
馬佩貞	紐約 Nepperhan Avenue	文員	--	1,308
馬穎芳	港島羅便臣道	未婚婦女	--	1,200
總股數			35	11,720

資料來源：Annual Return of Hong Nin Bank Limited, 28 July 1986

按以上情況看，發生慘劇後的馬氏家族仍保持着 35 股創辦股、11,720 股普通股。不過，馬家六名持股人中有兩人已移居美國，其餘股東亦不見有參與康年銀行的運作，反映家族在銀行的影響力已大減。作為馬氏家族發展的註腳，馬敍朝六子中唯一尚存的馬維超，長居美國夏威夷，乃當地一名骨科專科醫生，至 2023 年 7 月去世，享年 95 歲（Dr Gabriel W.C. Ma, 2023）。至於其他家族成員的生活則更趨低調，無法了解他們的人生際遇和經歷。

控股家族另闢蹊徑的挫折

回到康年銀行進入 1960 年代的發展進程。馬敍朝家族的慘劇，必然令銀行各主要控股家族議論紛紛，對於子女教育、親人關係與分家析產等問題有更多思考。在那個年代，香港的巨富家族大多妻妾子女成群，人丁眾多，要減少或化解家族內部矛盾談何容易。作為康年銀行控股家族的李煜堂家族與李星衢家族，顯然亦在思考如何防止悲劇發生，儘管具體安排外人難以了解，但某些表現出來的實質行動則容易觀察。

從不同層面的生意與投資安排看，康年銀行仍堅持保守穩健的經營策略，沒有重大投資與開拓，銀行亦吸納了不少李煜堂和李星衢兩個家族的後人成為董事或管理層，而其他家族成員則應被鼓勵向外闖蕩，以減少內部矛盾。李星衢家族中，有兩人表現較突出，那便是李星衢在生諸子中最年長的李伯堯和李伯達，前者曾參與廣東信託商業銀行的生意，後者則負責家族其他重要企業，如主持建國漆廠，亦長期擔任油麻地小輪公司的董事。同時，他們在康年銀行及康年保險中擔任董事，保留家族的影響力。[17] 由於廣東信託商業銀行的發展對康年銀行有重要參考，亦牽動或影響了康年銀行的腳步，值得在此扼要介紹。

綜合不同文獻資料，廣東信託商業銀行原名廣東信託公司（Canton Trust Co.），1930 年創立於廣州，牽頭創立者主要為舊金山歸國僑領黃安信（又名黃光鋭）、陳伯興、林逸民、李晉南、梁仍楷等，1931 年在香港以有限公司模式註冊，原本從事信託及建築業務，曾參與廣州天河機場及中航大廈等多項大型建築工程。1946 年，公司遷移香港，較專注於信託業務，並於 1951 年改名為銀行（Canton Trust and Commercial Bank Ltd.），主要持股人是黃光銳、陳伯興、陳慶華、趙士蘭及張培啟等，銀行位於香港商業心臟地帶的中環畢打街中建大廈（《工商日報》，1958 年 5 月 19 日；1960 年 5 月 24 日）。

兩年後的 1960 年，李伯堯加入成為重要投資者之一。從股權變動可見，最主要投資者仍為陳伯興，他以旗下的陳伯興置業及德懋有限公司持股，但當時董事局主席由名望崇高、長袖善舞的周埈年出任，大股東陳伯興只任副董事長，董事總經理為李蔭楠，李伯堯擔任董事，其他董事還有張發奎夫人、陳慶華、林逸民等（《工商日報》，1960 年 5 月 24 日）。由此可見，在康年銀行管理大權落到李煜堂家族後，李星衢家族的李伯堯雖仍任董事，但亦另闢蹊徑，再投資另一間銀行。

廣東信託商業銀行雖然在 1950 年代才正式開展銀行業務，但發展速度極快，將歷史較悠久、實力較強的康年銀行比了下去。綜合那時的發展資料看，1960 年股權變動後，廣東信託商業銀行旋即在旺角開設分行，然後 7 月深水埗及 11 月元朗，在短短「六個月內，連續增設三間分行」（《工商日報》，1960 年 11 月 17 日），發展勢頭甚為凌厲。

1961 年 1 月 2 日，廣東信託商業銀行又在上水開設分行，之後再於長沙灣、屯門、大埔墟、香港仔、粉嶺、紅磡、筲箕灣、西營盤、灣仔、荔枝角及大角咀等地設立多家分行（《華僑日報》，1961 年 3 月 23 日、9 月 18 日及 11 月 30 日），一年內分行數目大幅增加了 12 家，平均每月一家，至 1961 年底銀行已有 16 家分行（Annual Return of the Canton Trust and Commercial Bank, 16 May 1964），與康年銀行形成強烈對比。李伯堯的名字亦緊隨周埈年、陳伯興及李蔭楠等，經常出現在大小報紙之上。

1961 年，廖創興銀行發生擠提，雖然事件在外資銀行支持下很快平息（《華僑日報》，1961 年 6 月 17 日），但仍對華資銀行帶來一定經營壓力。在銀行業趨向保守的氣氛牽動下，廣東信託商業銀行的擴張腳步略為放緩，在 1962 及 1963 兩年只增加了四家分行而已，分別落腳於尖沙咀、馬頭圍、九龍城及荃灣，令分行數目到 1964 年底達至 20 家（Annual Return of the Canton Trust and Commercial Bank, 16 May 1964）。儘管如此，每年增加兩間分行的速度，其實已相當突出。當時的報紙更指廣東信託商業銀行「分行之多，在本港佔第二位，僅次於滙豐銀行」（《工商日報》，1965 年 2 月 7 日）。

不過，急速發展的腳步及進取的投資取向卻埋下了巨大財政隱患。由於當時地產市道興旺，不少銀行大舉向地產投資者放貸，甚至親身投入炒賣，但地產市場卻於 1964 年大幅回落，導致那些過度放貸的銀行出現流動性緊絀等問題。其中最先出現問題的是明德銀號，在 1965 年農曆新年前夕，由於無法應對存戶提款而被政府接管，因而觸發更嚴重的恐慌，市民擔心其他銀行亦有問題，紛紛湧去提款，造成大規模的擠提風潮（《大公報》，1965 年 1 月 28 日）。

廣東信託商業銀行
灣仔分行開幕熱鬧
周埈年指出該區重要設分行配合發展
致謝社會合作盼服務網發揮更大作用

廣東信託商業銀行灣仔分行開幕圖片（鍾振球攝）

廣東信託商業銀行灣仔分行開幕報導，《華僑日報》，1961 年 9 月 18 日。

大約一個多星期後的 2 月 6 日（農曆年初五），香港仔的廣東信託商業銀行亦出現排隊提款的人龍，銀行延長營業時間至深夜。哪怕銀行已作出澄清，指「銀行大把銀紙」（《工商日報》，1965 年 2 月 7 日），但爭相要求取回存款的人潮已由香港仔擴散至其餘各分行，財政司於 2 月 8 日宣佈接管廣東信託商業銀行，之後滙豐銀行終止了廣東信託商業銀行的「票據交換資格」。其他華資銀行如恒生銀行、廣安銀行、道亨銀行、永隆銀行及嘉華銀行等均被波及，出現或多或少取款人龍，給香港金融體系造成巨大壓力（《工商日報》，1965 年 2 月 7 日至 12 日；《華僑日報》，1965 年 2 月 7 日至 12 日）。

政府在接管廣東信託商業銀行後，着手核查賬目，發現銀行債務達 1.48 億元，其中 0.63 億元為壞賬，可收回的債務只有 0.84 億元。造成這種局面的原因，是銀行在放貸時沒有收取充足抵押品，而市場的急速變化更導致抵押品價格大幅下滑。因此，政府勒令銀行清盤，變賣資產、追討欠債，再清還所欠債務、員工薪酬及存戶存款（《華僑日報》，1966 年 5 月 7 日）。

其後警方深入調查，拘捕廣東信託商業銀行多名董事及管理層（《華僑日報》，1968 年 9 月 10 日），並將大股東暨副董事長陳伯興、董事總經理李蔭楠及董事經理岑祥光三人告上法庭，主要控罪為串謀行騙及偽造賬目。經連串審訊，三人被判罪名成立，其中李蔭楠入獄兩年、岑祥光入獄 18 個月，陳伯興則罰款 7.5 萬元，若未能交付則入獄九個月（《工商晚報》，1969 年 7 月 28 日；《大公報》，1969 年 7 月 29 日）。1971 年，清盤官完成所有清算工作，宣佈給存戶發回存款，但每 1 元只獲派回 0.15 元，即八成多的存款化為烏有（《華僑日報》，1971 年 9 月 5 日）。

由於李伯堯沒有直接參與廣東信託商業銀行的管理和運作，因此他和其他普通的董事局成員一樣，沒有惹上官非。不過，在他出任廣東信託商業銀行董事的五年間，應曾因該銀行急速發展，將康年銀行比下去，以此為例子向康年銀行的管理層施壓，催促銀行採取更進取的擴張策略，以免被其他同行追過；至廣東信託商業銀行被接管和清盤、部份管理層入獄後，康年銀行又難免擔心前車可鑑，反過來採取更保守的投資策略。

進退揚抑的決策錯誤

廣東信託商業銀行的急速發展，自然給康年銀行帶來一定壓力，李伯堯應是催促其調整發展腳步的推手之一。資料顯示，向來保守的康年銀行，於 1964 年作出擴張，連串籌備後，分別在 1965 年 1 月及 8 月在九龍彌敦道與九龍城聯合道開設首兩家分行。開幕儀式由董事局主席李自重親自主持，銀行高層或董事如李炳超、李炳根、李伯堯、李學佑、李偉民等均有出席（《工商晚報》，1965 年 1 月 3 日；《華僑日報》，1965 年 8 月 22 日）。

第一家分行開幕時場面熱鬧，由於社會尚未爆發銀行擠提風潮，市場仍向好，管理層亦表現出一番雄心壯志。可是，首家分行開立不足一個月，便爆發明德銀號擠提，然後是廣東信託商業銀行，甚至連恒生銀行、永隆銀行等多家華資銀行均受衝擊，令康年銀行管理層的壓力驟增。幸好，由於銀行經營保守的形象深入民心，亦沒甚麼重大地產投資，在那次擠提風潮中沒被波及。到第二間分行於 8 月份開幕時，雖然擠提風潮已過，管理層的壓力大大減少，但仍表現得小心翼翼。同年，李伯堯辭去了家族在康年銀行內的董事之職，數年後才由其弟李伯樑頂上。

接着的 1966 及 1967 年，香港先後爆發社會騷動，尤以後者曠日彌久，令樓市、股市和經濟一度低迷，人心虛浮，有不少人選擇變賣資產離開，香港社會出現二戰之後首次大規模移民潮，因此影響了康年銀行的營業表現，令管理與經營更趨保守。

1971 年 6 月 17 日，李自重去世，享年 89 歲，喪禮備極哀榮。從訃告看，李自重有一妻四妾，育有煥才、偉才、斌才、漢才、殷才五子，以及碧才、桂才、燕才、珍才、坤才、美才、就才、錦才、德才、滿才、穎才、珠才、潔才、芳才 14 名女兒，內外孫數目眾多（《華僑日報》，1971 年 6 月 20-21 日）。李自重去世後，康年銀行董事局主席一職由長年管理實務的李炳超接任，他同時兼任董事總經理，亦即銀行的管理大權轉到李炳超一房手中。銀行還增加了副總經理之職，由其子李禹才出任，明顯有意培養他為接班人，標誌家族企業傳承的新方向。

自進入 1970 年起，由於香港股市、樓市和經濟持續向好，不少企業乘勢上市集資，康年銀行雖沒有跟隨這股風潮，但仍再次踏上開拓之路，主要推手相信為副總經理李禹才，他早年留學美國，擁有名牌大學的商科學位，且曾在美國著名銀行實習兩年，至 1960 年代中回港接班（《華僑日報》，1962 年 12 月 13 日）。[18] 在康年銀行工作數年後，李禹才成功說服父親及管理層開展新的投資項目，並於 1973 年夥同馮平山家族及美國北卡羅萊納國家銀行（North Carolina National Bank，簡稱 NCNB），合資成立欣亞財務有限公司（Inter Asia Finance Limited），主力「發展貸款投資業務」。新公司總投資額 1,000 萬元，北卡羅萊納國家銀行佔六成股份，為最大股東，康年銀行和馮秉芬家族則各佔兩成，公司主席由馮秉芬出任（《大公報》，1973 年 12 月 27 日；《華僑日報》，1973 年 12 月 29 日）。為了配合這一業務開拓，銀行於 1973 年 9 月成立了康年託管有限公司（Hong Nin [Nominee] Limited），以此持股欣亞財務，相信是為了風險管理，以免財務公司的表現牽連母公司。不過，從日後發展看，這家欣亞財務似乎表現平平，沒有在香港商場中做出甚麼成績。

李炳超

李禹才

翌年 1 月，康年儲蓄銀行改名為康年銀行（*South China Morning Post*, 10 January 1974），相信這是年輕一代逐步接班的過程中一些「變革」。然而，康年「易名」之時，香港股市已大幅回落，加上全球石油危機，令香港經濟持續尋底，失業率驟升，不少企業被逼上破產倒閉之路，原來籌劃的擴張舉動驟遇冷鋒，康年銀行因此又退回了保守經營的陣地。

1975 年底，香港股票市場跌到最低點，隨後經濟逐步回暖，才輾轉上升，1976 及 1977 年更錄得不錯的增長，不少地產商或企業已迅速邁出發展腳步，惟康年銀行仍維持審慎的經營策略，沒有甚麼開拓動作。之後的 1978 及 1979 年，香港無論樓市、股市均有突出表現，中國內地開始推行改革開放政策，促使一定資金及資源流入香港，同時亦吸引不少早着先鞭的投資進入廣東與福建一帶。

到了 1979 年，康年銀行終於再有開拓之舉，一方面於 1979 年 2 月創立康年財務有限公司（Hong Nin Finance Limited），直接參與財務生意，同時再度開設分行，落腳點在筲箕灣——銀行上一次開設分行已是 1965 年了。有見樓市和股市持續興旺，銀行於 1980 年代初再在深水埗大埔道開設第四家分行，隨後還在美國新澤西州註冊成立了 Hong Nin（Overseas）Limited（Hong Nin Nank Limited: Annual Report and Accounts of 1984, 1985），惟因缺乏此公司的資料，不清楚其業務、資產或營運詳情。

總括而言，在李煜堂家族重掌公司業務，李炳超及李禹才管理下，銀行基本維持穩定增長，其資本金額及營運數據就是有力說明。1960 年，銀行的額定

康年銀行標誌。

資本仍為 500 萬元，實收資本為 2,035,000 元，流動存款方面已升至 11,803,491 元，抵押借貸為 12,070,549 元，存貸比率高達 102.26%，借貸金額高於流動存款，這種特殊情況維持了數年。該年銀行獲利 1,085,494 元，佔抵押借貸近一成，表現不錯。1961 年，流動存款雖微跌，但抵押借貸則顯著上升，利潤大升逾六成，表現也不俗（表 3）。之後一年沒有資料。

表 3 ｜ 1960 至 1984 年康年銀行存貸比率與利潤變化

年份	流動存款	抵押借貸	存貸率（%）	利潤（元）	利潤增減率（%）
1960	11,803,491	12,070,549	102.26%	1,085,494	--
1961	11,531,236	13,266,378	115.05%	1,755,225	61.70%
1962	--	--	--	--	--
1963	11,885,328	18,976,331	159.66%	2,021,076	--
1964	16,224,944	21,556,767	132.86%	1,974,307	-2.31%
1965	18,722,324	24,111,394	128.78%	1,883,857	-4.58%
1966	23,618,168	25,054,536	106.08%	2,457,320	30.44%
1967	24,119,663	25,965,980	107.65%	2,222,888	-9.54%
1968	29,894,531	22,646,291	75.75%	2,081,820	-6.35%
1969	32,184,629	26,931,509	83.68%	3,098,772	48.85%
1970	43,023,138	34,398,273	79.95%	3,323,263	7.24%
1971	49,882,781	39,508,320	79.20%	3,710,757	11.66%
1972	51,487,138	49,467,435	96.08%	4,532,992	22.16%
1973	63,339,836	63,613,558	100.43%	5,783,327	27.58%
1974	66,779,692	75,183,616	112.58%	7,829,734	35.38%
1975	82,828,648	67,629,703	81.65%	8,592,763	9.75%
1976	93,137,170	84,324,398	90.54%	7,191,914	-16.30%
1977	111,721,646	92,793,479	83.06%	9,289,297	29.16%
1978	156,239,892	119,053,712	76.20%	12,302,640	32.44%
1979	256,125,500	150,530,716	58.77%	21,361,941	73.64%
1980	240,259,015	208,346,903	86.72%	27,005,184	26.42%
1981	127,805,316	266,367,734	208.42%	30,625,099	13.40%
1982	363,533,570	319,736,764	87.95%	23,558,951	-23.07%
1983	638,977,242	463,369,465	72.52%	30,515,824	29.53%
1984	655,313,358	577,342,768	88.10%	17,057,545	-44.10%

資料來源：Balance Sheet of the Hong Nin Bank Limited, various years.

1963 年，銀行的額定資本沒有變動，但實收資本大幅增至 500 萬元。至於流動存款，雖與 1960 年相若，但抵押貸款則大增，存貸比率升至 159.66%，那年的利潤因此亦達 2,021,076 元。接着的 1964 及 1965 年，銀行擴張業務，增設分行，惟同時碰上擠提風潮，流動存款和抵押借貸雖有增長，但存貸比率和利潤略為回落，反映銀行在經營上小心審慎的一面。

自 1966 至 1979 年，銀行實收資本大幅增加，如 1968 年為 1,000 萬元，1973 年增至 4,000 萬元，到 1979 年再增至 5,000 萬元。同時期，流動存款亦持續大幅上揚，抵押借貸則略為波動、時有起落，但總體而言增長顯著。存貸比率因此亦有不少變化，不少年份降至低於 100%，但某些年份仍逾 100%。利潤雖甚為波動，但每年均有不錯盈利，不少年份更有雙位數增長，只有 1966、1967 及 1976 年出現利潤倒退。到 1979 年，流動存款高達 256,125,500 元，抵押貸款為 150,530,716 元，存貸比率為 58.77%，利潤達 21,361,941 元，較 1978 年上升 73.64%。由此可見，那段時間內銀行其實表現不俗。

自 1980 至 1984 年，數字波動甚大，常見大起大落的情況。如 1980 年，實收資本為 5,000 萬元，1981 年跳升至 1.5 億元（創辦股仍為 2,340 股），此股份組合一直維持至 1986 年 7 月。至於流動存款方面，1981 年時急速減少，隨後又倍升，1984 年升至 655,313,358 元；抵押借貸則拾級而上，1984 年升至 577,342,768 元。存貸比率都在七成以上，1981 年更突然急升至 208.42%，情況驚人，之後回落至較低水平，但仍在七、八成以上。每年盈利同樣變化巨大，1980、1981 及 1983 年錄得雙位數增長，可 1982 及 1984 年又出現雙位數大跌，1984 年的跌幅更逾四成。由是可見，進入 1980 年代，無論流動存款、抵押借貸及利盈表現，均驟升急跌，原因與那時香港股市、樓市及營商環境變化巨大有關。

從以上資料，可以看到在李炳超父子治下，康年銀行的擴張與開拓腳步略有增加，但基本上仍維持保守的經營方針。令人意外的是，銀行在 1980 年代中卻如那些過度進取的銀行一樣，出現流動性困難，最後更遭政府接管。導致這個困局的原因，並非銀行本身經營不善或投資出現問題，而是受到長期客戶及多代世交的拖累，該名客戶在樓市與股市火熱時過度投資，市場逆轉時自然虧損嚴重。由於康年銀行向該名客戶提供巨額放貸，卻缺乏充足抵押和擔保，結果受到牽連，令銀行的控股權被奪。

無奈的城下之盟

進入 1980 年代，香港股市、樓市及經濟出現巨大波動，尤其是 1981 年，股市與樓市輾轉上揚至高位，隨後急速回落，利息則大幅飆升，不少財務公司、銀行及企業先後掉入資不抵債的困境，資金鏈斷裂。其中謝利源金舖、大來集團、信通財務、益大集團、佳寧集團、恒隆銀行等先後「爆煲」，轟動社會，牽動投資市場神經。康年銀行亦未能免難，雖曾作出一番掙扎，惟最終無法力挽狂瀾，遭政府接管，賣盤收場。

自 1982 年底，各大小企業陸續出現財政困難的消息，令投資市場氣氛緊張，草木皆兵。想不到連經營作風保守的康年銀行，在 1983 年亦傳出將被印尼華商林紹良家族的第一太平實業收購。不過，當時董事副總經理李禹才斷然否認，指消息「完全無稽」，強調「即使有合理建議，該行董事局亦毫無出售銀行控股權的意思」。據報導，第一太平實業那時在香港已掌有一家接受存款公司，名為第一太平財務，一直經營財務生意，而且在三藩市亦有另一家財務公司，名叫 Hibernia Bank（《工商晚報》，1983 年 10 月 27 日）。

雖然李禹才指家族無意出售銀行，但事實上，當時銀行經營確實出現問題。1986 年 6 月，銀行公佈 1985 年時的綜合虧損高達 9,717 萬元，有消息指這是基於一間航運公司的貸款無法如期歸還所致（《大公報》，1986 年 7 月 16 日）。從日後資料可見，令康年銀行掉進困境的欠債者，原來是當時赫赫有名的馮平山家族。在討論相關債務前，先簡單介紹這個家族。馮平山祖籍廣東新會，乃香港早年著名華商，憑經營藥材、冬菇、海味等南北貨起家，後將生意投資至僑匯、找換、物業地產，更與友人合夥創立東亞銀行、華人置業及中華百貨等企業，令家族財富躍上層樓。同時，他亦熱心社會公益，捐巨資支持教育，在社會享譽甚隆（Fung and Wan, 2012）。

家族企業傳到第二代馮秉芬手上後，成績更是斐然。馮秉芬長袖善舞，政商圈子比乃父更為廣闊，1960 年代曾先後擔任立法局及行政局（今行政會議）議員，因對社會有卓越貢獻，於 1971 年獲英國皇室賜予爵士頭銜，風頭一時無兩。馮秉芬有馮慶麟、馮慶彪、馮慶鏘、馮慶炤四子，另有一女馮賜儀，全畢業於美國著名大學。1970 年代起，眾子女逐步加入家族企業馮秉芬集團有限公司，[19] 該公司由馮秉芬創立，用以統合家族生意。第三代馮慶鏘與馮慶炤接手後，應是想乘市場形勢向好做出成績，於是採取連串進取的投資策略，不但在香港發展物業地產，亦於 1980 年代開拓美國物業市場（《工商日報》，1984 年 2 月 13 日）。起初勢頭不錯，但後因過度借貸擴張，在營商環境逆轉、利息高企的衝擊下虧損巨大，掉進債台高築的泥沼，遭法國國家巴黎銀行（Banque Paribus）、日本三和銀行（Sanwa Bank）、荷蘭 Algemene Bank 及美國北卡羅萊納國家銀行等入稟追討欠債。康年銀行雖沒有入稟，但卻是馮氏家族的最大債主，涉及金額巨大（Ko, 1986a）。

有說法指 1985 年，馮氏家族向康年銀行的借貸已累積至 1.6 億元（Mulcahy, 1986），但康年銀行 1984 年的總資產只有 2.6 億元，反映單一客戶（馮氏家族）的借貸額佔比太高。更重要的是，銀行在 1985 年錄得虧損 9,700 多萬元，即總資產減少至只有 1.6 億元左右，令那筆大額壞賬貸款的問題更為突顯，成為

馮秉芬

銀行被政府強行接管的導火線。因為政府早前修改法例，規定持牌銀行向任何單一組織的貸款額，不能超過實收資本總額的 25%，康年銀行明顯已違規，單一借貸佔比超出上限且過度集中，所以要求控股家族注資，以降低借貸比率。

為了解決財務困擾，康年銀行曾向馮氏家族追討欠債，但馮氏家族的債務缺口極為巨大，根本無力還款，只能諸多推搪。銀行的持股家族其實亦想過自己注資，但因涉及的成員眾多，財富因分散變得薄弱，難以集中，加上赤字過於龐大，實際無力應付。據說，康年銀行及馮秉芬家族為了應付財政危機，曾向在改革開放後到港發展的光大集團求助，請求注資 3 億元拯救銀行，但遭對方拒絕（Sham, 1986）。

既然追債不成、注資無力，剩下最有可能的方法是出售控股。儘管李禹才早前一口否認與第一太平實業商討賣盤，但顯然兩間公司曾私下進行洽談。到了 1986 年 7 月，外間再傳出康年銀行主要股東已與第一太平實業達成初步協議，「以 1.5 億元的代價，提出附有條件的全面收購」（《華僑日報》，1986 年 7 月 31 日），至於收購的全部法律程序，預計於 1986 年 11 月完成（《大公報》，1986 年 8 月 12 日）。

不過，正當買賣雙方仍因價錢或條件討價還價之際，政府卻突然於 9 月 8 日發出公告，以「聯在一起的多項事件使此銀行（即康年銀行）原來已處於低水平的流動資金承受更大的壓力，並有需要對銀行貸款組合的管理立即作出改善」（《大公報》，1986 年 9 月 9 日），宣佈接管康年銀行，並委派渣打銀行暫時處理該銀行的管理工作。康年銀行成為繼恒隆銀行（1983 年 9 月 26 日）、海外信託銀行（1985 年 6 月 7 日）、香港工商銀行（1985 年 9 月 12 日）、友聯銀行（1986 年 3 月 27 日）之後，第五家被政府接管的銀行，令不少人感到訝異（《華僑日報》，1986 年 9 月 9 日及 14 日）。

由於康年銀行規模細小，公眾存款不多，欠債亦只限於家族友好、圍內人士，就算「爆煲」也對社會整體影響甚微，而且當時又沒有出現擠提，根本不會導致社會恐慌或骨牌效應。此外，銀行的流動資金比率一時略低於條例規定，也不是致命問題，尤其當時康年銀行與第一太平實業的收購談判已進入最後階段，只要給點時間，財困問題解決在望，政府卻突然祭出接管的「殺手鐧」，自然招來不少質疑。要知道政府出手接管並非「免費午餐」，既要動用外匯基金「為該銀行提供備用信貸」（《華僑日報》，1986 年 9 月 14 日），最終更可能要動用公帑「包底」，由納稅人「埋單」，另一方面亦損害政府不干預自由市場的形象。

更重要一點是，康年銀行的經營作風一向保守，業界評論「康年的其餘業務大致不壞」（黎偉成，1986），政府在接管該銀行後亦強調：「康年銀行在被接收前，並無違反銀行條例……康年銀行業務正常」，而且據估計銀行存款及負債不足 3 億元（《華僑日報》，1986 年 9 月 9 日、14 日及 19 日）。若然康年銀行的問題基本上不嚴重，在高舉自由市場的商業環境下，政府為何要把手伸得那麼長，那不是越俎代庖嗎？

促使政府違背自由市場傳統政策也要插手的原因，主要有如下兩端。其一是康年銀行規模小、實力薄弱，可是一直採取傳統家族式管理，較為封閉，外人難以知悉內部運作情況，亦長期被貼上負面標籤。政府明顯亦不是全面了解銀行或家族底蘊，擔憂銀行隱藏着更嚴重的問題，所以寧可採取較極端的做法，消除潛在風險、困擾或不穩定性。

其次是康年銀行與第一太平實業的收購協議雖已進入討價還價的階段，但銀行管理層仍抱着「皇帝女不憂嫁」的心態，[20] 不願降低條件，加上銀行控股股東甚多，在人多口雜、意見不一的情況下，有可能令交易告吹。當時離海外信託銀行爆出造假欠債等醜聞後不久，銀行及金融體系仍弱不禁風，容易受風吹草動牽引，政府擔心若資金緊絀的康年銀行在洽談中糾纏過久，難免夜長夢多，一旦談判失敗更會牽動金融體系，因此「快刀斬亂麻」將之接管，相信是有意迫使李氏家族面對現實，及早就範。市場因此認為第一太平實業收購康年銀行是「撿平價貨，提出相當苛刻的條件，要康年的股東接納」（賈第復，1987：165）。

儘管如此，人丁眾多的李氏家族，明顯仍視銀行為祖業，不願出售，遲遲未能與有意收購的財團達成最終協議。霍禮義因此又再「出口術」，在 10 月一個公開場合上說：「若不能成功出售，康年銀行或清盤」，並一再強調「港府一向的政策是避免銀行突然倒閉，引起金融市場混亂不安」（《華僑日報》，1986 年 10 月 5 日）。這便更好地回應了為甚麼政府在康年銀行既「無違反銀行條例」，又「業務正常」的情況下，仍突然宣佈將之接管，且言語上更帶有「敬酒不吃吃罰酒」的暗示，敦促李氏家族盡快落實賣盤。

李氏家族雖然仍想掙扎，但在形勢所迫下亦只能就範，於 1986 年 10 月 9 日簽訂了城下之盟，將康年銀行售予第一太平實業，當然作價與康年銀行股東們的要求仍有一定差距。因應這一變化，銀行監理專員在 1987 年 3 月 12 日收購正式生效時，將管理大權交還新組成的董事局（《華僑日報》，1986 年 10 月 10 日、1987 年 3 月 13 日）。由李氏等四邑商人家族經營逾一個甲子的康年銀行，自此轉到第一太平實業旗下。之後，憲報公佈，康年銀行自 1987 年 4 月 3 日起易名第一太平銀行有限公司，康年銀行的名字從此成為歷史（《華僑日報》，1987 年 4 月 25 日）。

作為該次交易的註腳，到了 1987 年 6 月，易名後的第一太平銀行首次公佈業績，新董事局不無喜悅地表示銀行業績有很大進展，資產淨值由 1986 年底的 3,740 多萬元跳升至 2.23 億元，即增加近 1.86 億元，增幅驚人，主要原因是「部份呆賬已順利收回」（《大公報》，1987 年 6 月 20 日）。[21] 由此可見，政府當初指銀行有大筆壞賬、可能倒閉、影響市民利益及金融系統等說法，明顯有誇大其詞之嫌，若非政府步步進逼，康年銀行本來的股東亦有機會挺過難關，或至少以較佳的價錢出售股權。

當然，世上沒有水晶球讓人預視未來，但單從結果論，政府強行干預，確實對銀行前股東有不公平之處，令他們成為事件中最大的受害者。惟城下之盟已簽，誰也無力回天，只能徒呼奈何。或者是因黯然賣盤愧對祖宗，自此之後，李煜堂及李星衢家族成員均變得低調，很少出現於社交場合，也不見他們在商界活躍的足跡。

康年銀行的歷史只有 60 多年，且屬小型銀行，至 1984 年的實收資本為 1.5 億港元，分行四間，實力不算雄厚。而且，銀行長期維持家族管理，雖然創辦股東有數十個，但以李煜堂和李星衢兩個家族為主，如 1984 年的董事總經理為李炳超，董事副總經理為李禹才，董事則有李炳根、李偉民、李伯樑、李卓如、李術懷，另有高級經理李張麗珏，經理李奕堯、李敏才、李端才，可見無論董事局或管理部門，大多數都是創辦家族的成員。此外，銀行還有一個特點，就是「街外客」只佔業務的極少數，「主要客戶都是相熟家族」（Fell, 1992: 172），報章則指其「深受美國台山伯信任」（《華僑日報》，1986 年 9 月 9 日）。可是，向相熟客戶提供借貸時，很容易只講人情、靠關係，導致手續不齊、低押品不足，亦會出現借貸過度集中於某些客戶的情形，一旦相關客戶出現問題，便會對康年銀行造成致命打擊。

行穩未能致遠的因由深思

康年銀行由創辦到不同年代的經營，清晰表現出行穩致遠、寧穩莫急的宗旨，原因相信是創行家族早已從各自的高風險業務中賺取了巨大財富，因此希望銀行能穩定發展，讓財富收納長存，所以康年銀行強調穩紮穩打，不求突出增長。換言之，康年銀行乃創行諸家族藏富、守富的基石，在功能上屬財富管理與家業傳承的中流砥柱，各創辦家族因此長期持有相關股份，既沒在股價走高時出售套現，亦不會在股價走低時趁機吸納，就算經歷日佔或社會動盪、經濟低迷等時期，主要股東亦不見動搖或大變動。

可是，哪怕定下如此保守穩健的發展目標，康年銀行仍難以逃離虧損與被吞併的命運。雖然當中部份屬「非戰之罪」：如當時銀行界正值風雨飄搖，政府為求穩定大局突然出手，以及康年銀行受到長期信賴的老客戶拖累，令原來的股東成了犧牲品。但說到底，物必先腐而後蟲生，銀行及各創行家族本身有其問題，才會招致這個結局。綜合思考銀行的整體發展，其成敗得失與以下三個因素關係甚大。

首先，是創行家族的政治取向及政治聯繫。無論李煜堂或李星衢，在政治上都走得較前，如支持孫中山的革命運動，靠攏國民黨，由此獲得強大的政治後台，甚至由「破產邊沿」成功翻身，帶動家族及銀行發展，名成利就。可是，當國民黨敗北、退守台灣後，銀行本可透過更換主理人順勢「洗底」，改變政治取態或聯繫，就算不願與中國內地拉上關係，至少亦要加強與港英政府的聯繫。可惜，李煜堂、李星衢和馬敍朝等家族的選擇，似乎是遠離政治，以致第三、四代仍未能與政府建立較強關係。雖不知原因是之前的經歷令他們起了「一朝被蛇咬，十年怕草繩」的心態，變得過於小心翼翼；還是接手管理者不如父輩長袖善舞，雖有想法卻不知從何入手。坦白說，若康年銀行在「朝中」有人協助遊說政府，政府未必會在銀行沒有違反條例，存款及負債又不算多的情況下強行接管。因此，雖說在商言商，從商者卻不可漠視大環境，以為低頭幹實事便能自保，反而應對周遭環境保持敏感，在合法合理的情況下好好培養及善用各方力量。

其次，康年銀行主要的經營策略一直是不積極擴張，但牢牢抓穩忠心的客戶群，因此在其他銀行不斷開設分行，擴大市場佔有率時，仍採取不徐不疾的步調，於 1965 年才增設首兩間分行，再開立第三間分行更是十年之後。此外，除創立初期，銀行甚少在報章刊登廣告或買「鱔稿」宣傳，可見銀行的主要服務對象不是廣大市民，而是那群從銀行創立伊始已支持銀行、且與創辦者背景接近的「美國台山伯」，單靠這批固定客戶便足以維持銀行的盈利，銀行亦為他們提供更貼心、更個人化的服務，形成雙贏的局面。

但成也蕭何、敗也蕭何，康年銀行之所以在 1985 年出現近億虧損，正是受其長期支持者所累。這些支持者與康年銀行合作多年，相信已經不是單純的商務關係，在評估借貸風險時，難免滲入私人感情，或因不想得失客戶而放鬆原則，在客戶沒有足夠抵押品下仍憑情面批出貸款。至客戶初現財務問題時，沒有即時催債或要求追加抵押品；或曾催債，卻難以「撕破臉」公事公辦，畢竟家族在不同層面關係糾纏，甚或可能再批出更多貸款，與客戶「共渡時艱」，等等。這種具人情味的做法，在世態炎涼的商業社會固然難得，若然成功或會成為一時佳話，可惜碰上當時金融系統不穩、政府「寧可殺錯不可放過」的方針，康年銀行便落得賣盤收場。因此，與忠心的客戶維持良好關係固然重要，雪中送炭的行徑更值得稱許，但亦要衡量本身的承受能力，小心拿捏界線，否則只會落水救人反遇難，成為令人惋惜的教訓。

康年銀行案例最後一個值得深思的地方，是繼承與培養人材的問題。銀行一開始控股家族眾多，李煜堂、李星衢、黃衍堂、伍耀廷、馬敍朝、林護等，都是當時著名的四邑商人，有獨當一面的能力。令人驚訝的是，銀行數次轉換主理人，統領大權在幾個家族間流轉，卻沒有鬧出甚麼爭奪的風聲，每次都能無縫接軌。雖說可能是因銀行向來低調，外界不太關注，又或是銀行保密功夫一流，但從創辦股的分配由始至終沒太多變動可見，既沒人因爭逐落空憤而決裂離場，也沒人因不甘失敗向外界抱怨露出口風，或出現一家獨大，吞併他人股份並將銀行納為自家企業的情況，顯示很大程度上，銀行確實做到和平交接，殊為難得。可惜由於繼承屬內部事務，外人難以窺見其安排，到底是有能者居之？是約定各家族輪流上位？還是純粹由持股最多者接手？種種問題，值得日後深入研究，以作其他合夥企業參考。

雖然康年銀行的管理權交接順利，但有份創立銀行的馬敍朝家族，繼承卻出現問題，不但多少影響銀行發展，更成為家族巨大的創傷。馬敍朝先有三名兒子早逝，後來更發生三哥殺害四弟的血案，家族元氣大傷，只剩一子長居美國，馬敍朝留下的多項家業無人接手管理，只能賣盤、結業或當幕後合夥人（sleeping partners）。可以肯定，為人父母者若只顧壯大事業，未能兼顧家庭，甚至忽略子女教育，子女很容易出現性格或價值觀偏差等問題，再加上家人感情淡薄，或只懂「向錢看」，最後往往會因爭產而反目。因此，除了專注生意，亦要多花時間與家人溝通，盡早梳理矛盾或不滿，這雖是老生常談，卻經常被人忽略。[22]

馬氏家族的慘劇還有一點值得深思，那就是處理及分配財產時不應獨斷獨裁，以為只要撰寫周詳的遺囑便能確保平穩過渡，不需多作溝通。老闆管理公司或許可以一言堂，要求下屬遵從自己指示，員工如有不滿大可辭職，但家人之間卻斷不可以此方式相處，否則，養出沒獨立能力的「裙腳仔」事小，落得妻離子散、手足相殘，那絕對是所有家族最慘痛的夢魘。

由此引伸出，最能決定一個家族或一家企業發展的關鍵還是人。在生意上，時勢不斷變易，對於保守經營還是進取開拓的選擇，不能墨守成規、「一本通書讀到老」，若果不能因時制宜，只是蕭規曹隨地操作，很容易會掉進困境，遭市場淘汰；在家庭上，人會長大、衰老，每段時期均有不同需求，關注重點不一樣，家庭結構及向心力亦會隨之改變，若自以為是地要求家人跟從，漠視他們的需要，最後只會落得分崩離析的下場。

當然，無論是李煜堂、李星衢、馬敍朝，甚至馮平山家族，都與大部份中國人一樣，十分重視後代的教育，故第二、三代多會負笈海外，不少人擁有世界著名大學的亮麗學歷及專業資格，「硬件」部份可以說建立得相當成功。可眾所周知，優越學歷並不代表必然有領導力、創造力或經營管理的能力，這些能力既有先天因素，或後天通過考驗與歷練才能鍛煉起來。生於富裕家族的後代，往往因缺乏歷練，難以建立領導權威與創業識見，這是世家大族的家長長期顧此失彼，必須注意的事情。但就如《戰國策》中呂不韋提出的論點：「耕田之利幾倍？曰：十倍；珠玉之贏幾倍？曰：百倍；立國家之主贏幾倍？曰：無數」。可見投資在人身上的回報，收穫可以無限大，更何況那是自己的血脈及子孫後代。

對打造香港國際金融中心的影響

康年銀行早在 1920 年代已創立，與嘉華銀行一樣，發展歷史相對悠久。銀行的創辦股東多為曾在海外（尤其舊金山）謀生，早染洋風的一群，他們對現代金融業有一定認識，並因創立銀行的主要目的是確保財富代代相傳，防止後代因奢華習氣敗壞家財，經營作風因此較為保守。惟無論康年銀行或嘉華銀行，兩者都在 1980 年代初市場及社會風高浪急的時期，陷入財政困窘，難以為繼。儘管如此，兩者走過的道路及連串業務開拓，畢竟為香港打造金融中心地位作出了實實在在的貢獻，在聯繫海外華人華商方面的表現至為突出。

相對於海外信託銀行或恒隆銀行主力面向南洋一帶海外華人提供服務，康年銀行（也包括本章曾提及的廣東商業信託銀行）較聚焦於北美舊金山的華人華商，這與銀行創辦股東及主要客戶多屬早期飄洋舊金山的一群有關。事實上，哪怕新金山（澳洲墨爾本）及南洋一帶興起，吸引一浪接一浪華工前往該地謀生，生活於舊金山一帶的華人仍為數不少，且他們是走在時代前沿「先富起來」的一群，擁有較大的財力及實力。由是之故，自 1950 年起美國牽頭對中國實施貿易禁運後，在舊金山華人原本計劃匯寄回鄉的款項中，有很大比例「滯留」香港（Wong, 1958），可見北美的海外華人力量不容小覷。

由此帶出的特點是，海外信託銀行和恒隆銀行較聚焦南洋一帶市場，康年銀行較放眼北美市場，嘉華銀行則介乎兩者之間，既放眼南洋市場，又兼有北美市場，其背後與各地華人族群存在一定差異有關。各銀行對不同市場的開拓，反映了海外華人遍及全球不同角落，香港金融市場在不同年代充份利用不同海外華人網絡，作有效開拓和連結，長期經營扎根，因此能夠打造成具實質內涵的國際金融中心。

從發展進程看，康年銀行選擇了行穩致遠的方向，寧可深耕細作某些生意與客戶，尤其只着眼於較為熟識的老客戶，長期作為香港與舊金山之間海外華人金融服務的平台或管道，曾克服不同商業週期、家族困難與社會變遷，最終卻因老客戶投資失利而受到牽連，導致財政危機，然後在政府壓力下被迫出售控股權。此一結局雖令不少人感到意外，但還是十分清晰地說明銀行長期着眼於服務海外華人群體的重大特色。

同樣值得注視的是，創行或主持銀行業務的家族，其海外華人網絡及關係既深厚又多元化，那是長期經營和發展的結果，反映他們不但在海外擁有生意及投資，亦有親屬、同鄉及生意合作夥伴等，因為他們曾在當地生活過不短時間，對相關社會及經濟發展較為了解。這些人脈關係及網絡，既對維持銀行生意有重要作用，對其他層面的投資及業務開拓也有支援功能。香港能成為這些海外華人資本配置平台，根基自然更為深厚紮實，其地位非其他城市所能比擬。

結語

康年銀行由一批海外「回流」的廣東商人共同創立，他們在外國經歷過艱苦，憑藉互相幫助、敢拚敢闖等因素，逐漸積累了財富，成為巨富家族。他們深刻體會到富貴險中求的道理，同時亦明白「馬上得天下，不能馬上治之」，為了家族及企業能長治久安、富過多代，他們想到將財富投資在風險較低，但可穩定發展的行業。康年銀行便是在此背景下成立，最主要目的是為家族「藏富守財」，故一直以行穩致遠作為經營方針。

然而，這種力求降低風險、不追求利潤最大化、寄望長存久遠的發展策略，最終事與願違，關鍵在於社會與家族同時出現巨大變遷，管理層卻未能重新調整策略，雖曾稍作擴張，偏又遇上危機，因此重回蕭規曹隨老路。哪怕銀行不追求利潤最大化，只想守住財富，可惜仍被長期大客戶拖累出現財困，加上港英政府突然插手，以接管方式迫使其與第一太平實業談判，最終在極不利的條件下出售控股權。坦白說，銀行若能渡過那次危機，或有機會等到雨過天青，但市場規律是不進則退、大魚吃小魚，當下一次風暴來臨時，若銀行主事者仍然不思進取，恐怕會又一次遭到淘汰。可見一個家族或一家企業要長盛不衰、世代相傳，實在極不容易。

註

1 關於李煦雲的背景，無論透過不同方法搜查資料，都沒所得。按一般情況，能擔任康年銀行主席者，應有相當的知名度、地位或輩份，惟除知道他是明益銀號的東主外，難查出其他資料，這可能與他使用了個人的字或號之故，或者是李煜堂或李星衢的父叔輩。

2 期間，李星衢曾在廣東省造幣廠任職，並在 1923 年 4 月獲委任中央財政委員會委員（中華民國政府官職資料庫 https://gpost.lib.nccu.edu.tw/view_career.php?name=%E6%9D%8E%E6%98%9F%E8%A1%A2）。

3 港府在 1911 年底初步禁止廣東貨幣在香港流通時，更發生了一場杯葛電車公司的運動，加深港府與李煜堂的嫌隙。事緣電車公司跟隨政府政策，拒收廣東貨幣，被指侮辱中國政府，引發華人拒乘電車運動，得到不少響應。事件擾攘多月，最終在港府強硬政策下結束，李煜堂及四邑商人則被指為此事的發起人（蔡榮芳，2002）。

4 1937 年，李星衢在華商總會的選舉中勝出，擺脫了「替補」色彩。到 1939 年，華商總會換屆改選時，他又再次勝選。之後的換屆選舉則由永安百貨的郭泉勝出，惟不久後香港淪陷。

5 最後，本地共籌得逾 40 萬，足以購買四架飛機。不過，李星衢作為「獻機會」主席的風頭後來卻被何東搶了，因何東一人捐出十萬，獨自包下一架飛機（《工商日報》，1936 年 10 月 12 日及 28 日）。

6 李星衢的訃聞中未見李達耀或李達榮的名字，故有可能是指李伯達。

7 馬敍朝同時擔任康年保險的主席。

8 其中兩子（伯均、伯湛）兩女（鳳清、金意）早於李星衢離世。

9 當時同獲政府豁免利息稅的，還有國華銀行、昭泰銀號、大有銀號、友邦銀行（《工商日報》，1948 年 10 月 23 日）

10 按傳媒報導的資料推算，馬維壎約生於 1921 年，案發時約 40 歲，未婚，無業；馬維炬約生於 1924 年，被殺時約 37 歲，在父親公司任職，父親去世後成為老闆；馬維超則生於 1927 年（Dr Gabriel W.C. Ma, 2023），沒參與家族生意。

11 在接班問題上，馬敍朝其實沒有甚麼選擇。在生的三子中，第六子尚在求學，應打算走專業之路；三名孫兒馬作樑、馬家成和馬邦成年幼，所以就算馬維炬在商場上表現一般，私生活亦不依傳統，如年過 30 仍未婚，與一名據說曾在舞廳任職的婦女同居，但仍然比馬維壎好，所以馬敍朝只能把家業交給他。

12 以馬維超生於 1927 年計，1958 年他在悉尼大學醫科畢業時已經 31 歲，可能是因為求學之路不順暢，又或者是完成其他學位後再轉修醫科。據其後一封為馬維壎求情的信函指，馬維超已在美國入贅並改姓蕭，16 年來未曾回港（《華僑日報，1962 年 5 月 30 日》），惟相信是求情時誇大之語。

13 由於三名在生兒子尚未結婚，男女孫應為已去世的兒子所出。當中部份可能是領養或過繼的孩子，為已去世的兒子繼後香燈。馬敍朝在遺囑中為他們預留了部份遺產，估計是作為未來生活所需。

14 當時家族內部的爭拗，亦可見繼承安排上傳統對現代、東方對西方之間的二元矛盾和碰撞，可雙方只是執着於對自己有利的理據或價值，刻意忽略相關責任或義務。就以馬維壎為例，他一方面持中國傳統觀念，認為自己於在生的兄弟中排行最高，有更大權力與地位，並重男輕女，認為只有兒子才有繼承權，所以他應分得三分之一；但他同時又採取現代觀念，拒絕父親按傳統給已去世諸子收養孫兒、繼承香燈的安排，當然還有同居共財，未婚子女不分家的傳統等。即是說，在那個年代，傳統與現代、東方與西方的價值觀念並行，在華人社會的家業繼承問題上產生尖銳矛盾，相信不少大家族已有察覺。

15 可惜，香港歷史檔案館並沒保存此份遺囑，無從了解當中具體安排。

16 若馬家成和馬邦成乃馬敍朝已去世兒子所生的血脈，理應獲得康年銀行的股份，但兩人都沒出現在股東名單上，反映他們應是「收養孫兒」，故只獲得現金等遺贈，而不能獲得重要家族企業的股份。馬敍朝五名女兒中，後來又有兩人——相信是馬佩娥和馬擷芳——去世，股份相信由剩下三女及一孫女繼承。

17 李星衢家族雖淡出康年銀行，但其諸子卻算活躍，表現出分途並進、各有發展的趨勢，例如李伯達除管理家族生意外，還曾出任傑志足球隊主任（領隊），熱心推動香港的體育運動。其他如李伯煊、李伯樑等則負笈美國，學歷突出，先後在 1960 年代成家立室，發展各自的事業。

18 李禹才於 1963 年結婚，妻子乃泰國著名華商張志鈞的長女張麗珏（《華僑日報》，1963 年 11 月 9 日）。張麗珏後來亦加入銀行，並成為銀行的高級經理

19 長子馮應麟長期在美國生活，次子馮應彪乃專科醫生，二人均沒興趣接手或參與家族生意。

20 的確，當時對康年銀行有興趣的不只第一太平，鵬盛投資有限公司主席陳永杰亦曾與銀行商討收購之事，甚至一度簽訂意向書，打算購入銀行三成股份（《大公報》，1986 年 7 月 16 日）。而政府接管後，身任外匯基金委員及東亞銀行主席的李國寶指，有數個財團正與銀行洽談收購（《華僑日報》，1986 年 9 月 19 日），反映銀行確實有吸引力，可以待價而沽。

21 能夠收回的債項，不少應來自馮秉芬家族。因為該家族在債台高築的危急關頭，獲得了交情深厚的影視大亨邵逸夫協助（Ko, 1986b），加上變賣華人置業、東亞銀行控股權及多個家族物業等資產。由於當時市道明顯改善，資產價值上升，才得以克服財政危機，不過該家族亦因此元氣大傷，成了「富不過三代」的例子。

22 2017 年，李星衢去世 62 年後，家族亦鬧出爭產案。三名姓李的人士入稟法院，控告七名遺產執行人，要求將之撤換，並將家族大宅羅便臣道 15 號的地皮納入遺產部份。被告七人中五人姓李，地址報稱全為羅便臣道 15 號，相信都是李星衢的後人（《東方日報》，2017 年 8 月 31 日）。顯然，經過這麼多年，李氏各房的感情已變得相當淡薄，再加上財帛動人心，就算再縝密的遺囑仍無法確保家人不會鬧出事端。可惜由於找不到後續資料，未知李家祖屋花落誰家。

第十章

海外華人

家族、企業、儒家文化與香港國際金融中心

從進出口貿易生意起家，到發展輕工業生產，再轉為提供金融服務，協助企業或個人融資、集資、投資，「以錢生錢」賺取利潤，香港的經濟與商業在不同年代因應不同環境成功蛻變，取得驚人成就，常被視為神話。相對於轉口貿易及工業生產，金融業無疑令人覺得較為輕鬆容易，安坐辦公室之內，一個電話或鍵盤上彈指之間便能落盤買賣、批出合約、發出指令，那種指點江山的力量，絕非一般社會或經濟體所能輕易達到，因此說香港乃發展神話，實在一點不為過。尤因香港只屬彈丸之地，資源缺乏，人口規模不大，對比所取得的，確實極為巨大和不平凡。

香港轉口貿易生意的主要推手（prime mover）較容易看到為南北行的金山莊與南洋莊，到經濟及商業結構轉向輕工業生產時，亦不難看到上海移民企業家充當領導角色，但關於建立香港國際金融中心的進程或舉措，過去的研究討論卻甚為模糊，既沒有提到主角或主要推手是誰，對資金從何而來等重大問題亦缺乏針對性分析。要知道，二戰結束後英國的綜合國力已大不如前，沒能力及財力支持香港的金融發展，英資洋行在香港亦已所剩無幾；中國內地自 1950 年代因政制改變及貿易禁運等因素，與香港近乎割蓆，金融活動和投資銳減，換言之，曾推動香港經濟發展的兩大引擎動力大減。至於亞洲中經濟實力較強的日本，戰敗投降後社會經濟近乎崩潰，要依賴美國援助重建，更沒能力向外投資，就算之後成功走上工業化道路，在港的經濟活動亦多是工業製品銷售，鮮少參與銀行金融業，後來投資逐步增加，但當時香港金融中心已見雛形，日本資金基本只是錦上添花而已。那麼到底是怎麼一股力量，可以如此巨大和持久地推動香港經濟與商業，由輕工業生產走向金融發展，甚至壯大成為國際金融中心？這股力量又為何對香港情有獨鍾？反映的是何種獨特文化？

研究主題回應

綜合本研究從中國歷史發展、文化特點、香港商業變遷與海外華人移民紐帶作切入點，再結合多個長期追蹤的深入個案分析，不難發現在時局巨變下，那些深受儒家文化薰陶的華人，雖被迫飄洋海外，卻在歷盡千辛萬苦中仍與家鄉桑梓保持緊密關係，若非文化因素，實難解釋這樣的特點。香港因曾受英國殖民統治，又與中華大地一衣帶水，在那個變幻年代成為關鍵的連結管道，無數海外華人曾利用這個管道進出，亦利用這個管道營商創業、維持與故鄉的物資、音信及情感等連結，他們因此不但促使香港轉口貿易發展、輕工業蛻變，更成為打造香港國際金融中心的核心力量。

更具體地說，清末以來中國國力急墜，促使數千萬鄉民飄洋海外謀生，中國文化所注重的落葉歸根、埋骨桑梓（Sinn, 2013）、強調血脈及孝道等儒家價值與觀念，既帶動了東西南北貿易，亦產生了僑匯回鄉的生意，發揮了布羅岱爾理論中的「數字的份量」，香港則因其獨特地位成為最重要管道，將海外華人與家鄉緊密聯繫起來。不過香港此時主要是僑匯僑批的中間點，資金甚少在港長時間停留，海外華人亦不會在港作出重要投資。

但二次大戰後國內及國際局勢發生翻天覆地的巨變，中國內地改行社會主義，加上前所未見的冷戰格局及貿易禁運等，香港與中國內地往來驟斷，不但影響了兩地經貿及人民互動，令原來的僑匯資金「滯留」香港，亦有不少人或企業只能在香港「臨時」落戶，等待時機返回故里，建設家鄉。與此同時，反殖浪潮興起，歐美前殖民地相繼擺脫宗主國獨立，不少海外華人選擇在旅居國落地生根，成為這些新獨立國家的公民，但由於心繫桑梓，故與香港保持連結，以便密切觀察國內情況。在這個過程中，那些本來只屬「臨時性質」的資金、個人或企業，開始慢慢在香港扎根。

透過深入接觸，海外華商察覺到香港商業環境的優勢，於是不斷增加在香港的資本。特別當定居地出現排華浪潮、反移民思潮或本土化運動——如馬來西亞巫化運動時，海外華商擔心他們在定居國的身份或地位受到挑戰，需要進行風

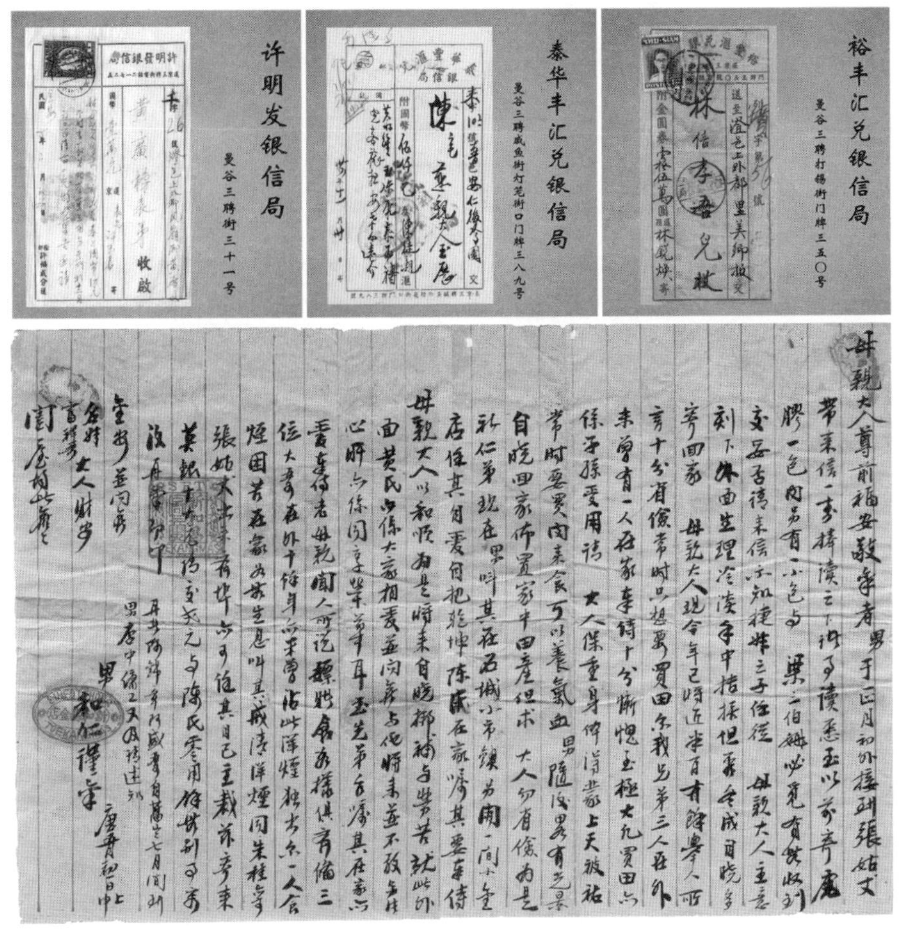

海外華僑與故鄉的親人聯絡時，往往把匯款結合家書寄出，這種形式稱為「僑批」。

險管理，香港往往成為他們分散風險與擴大投資的重要選項。這些不斷進入的海外華商及其資金形成一股強大力量，促進香港經濟的發展。

然而，由於海外華人一般以族群或祖籍為身份認同的標記，加上他們大多與原旅居地維持緊密關係，故哪怕他們來自全球不同國家或地方，甚至已經是移居地的國民，但當他們選擇「回流」、落戶香港時，在香港政府「不計較」雙重國籍的情況下，社會往往仍視之為華商，再根據其籍貫被冠上廣東商人、四邑商人、潮州商人或福建商人等身份，與由中國內地移民到港的商人等同，故湮沒在數目龐大的商人群體中。換言之，由於族群與祖籍的身份標記更清晰明確，因此儘管海外華人華商數目不少，但其「外籍」身份卻被淡化，甚至是隱形了。

但事實上，相對於由內地移居香港的商人，從本書中多個案例可見，海外華人華商擁有多重優勢，亦有其獨特性。如他們多在移居地有強大的商業網絡、對現代商業管理認識更深刻、更了解西方的知識、有更寬廣的世界觀以及對世界局勢發展更敏銳等。再加上他們在移居地已做出成績，積累了深厚的資金及營商經驗，當他們來港開設公司時，不單帶來了資金，亦會將相關優勢帶來香港，令香港建立起高度國際化的企業及商業網絡。由於當中不少人將資金投入金融銀行業，不但壯大了本港的相關行業的規模，亦成為本地製造業、地產業的重要推手。

當然，本研究討論的案例全都失敗收場，反映確實有不少海外華商在投資時擴張過度、低估風險，或犯下剛愎自用、用人唯親等錯誤，部份人經營或應對危機時更曾弄虛作假、欺詐貪污，跨越了法律底線。我們必須承認，從這些案例可看到當時香港社會和市場的缺點：過度自由有欠規管、法例粗疏予人可乘之機、「向錢看」的觀念濃厚，但求賺錢不顧道德，因此容易滋生各種不良行為，損害公眾及投資者利益，衝擊法律和體制，對社會發展造成傷害（鄭宏泰、李潔萍，2024）。

但亦要明白，1980 年代初香港的商海確實風高浪急，企業無論是華洋資金都有不少挺不過而倒閉，連龍頭大行怡和洋行也一度資不抵債，差點便清盤告終，故部份海外華商的失敗亦是時勢使然。此外，要緊記不應單以成敗論英雄，只着眼其結局或錯失之處，忽略海外華商在創立及經營企業時的亮點及貢獻。更重要的是，連串銀行與財務公司倒閉不是香港獨有現象，在其他國家亦可找到相近的例子，故不能把某段時期某些失敗案例歸咎為華人文化的缺失，以偏概全地指中華文化或家族企業的模式只會發展出裙帶資本主義（crony capitalism），窒礙經濟發展。

就如功能社會學派的分析，罪惡或社會越軌行為（deviance behaviour）亦有其正面功能，能夠鞏固或維護社會主流規則，推動社會變革，令制度配合時代轉變等（Merton, 1957）。香港社會經歷了 1980 年代的風潮後，發展力量並沒有消滅或一沉不起，反而能從危機困窘中汲取教訓，自我完善，撥亂反正，之後發展更見順暢，甚至成為國際最重要的金融中心之一，足以與紐約、倫敦並肩（Elliot, 2008）。至於海外華商的投資雖有部份擱淺沉沒，有家族從此退出香港市場，但同時仍有不少成功個案，如盤谷銀行陳弼臣家族、郭氏集團郭鶴年家族，亦有受革新後的香港營商環境吸引，繼續來港投資，形成俗語所謂「一雞死一雞鳴」的現象。

在本研究的最後部份，首先會探討 1980 年代美國銀行的倒閉潮，探討當時國際金融環境的風起雲湧；接着檢視在經歷 1980 年代金融風潮後，香港法律、金融制度及社會出現什麼變化，令香港得以保持發展；之後會討論海外華人對香港成為國際金融中心扮演的重要角色，及其身影卻不明顯的原因，亦會探究他們在 1980 年代後在香港的投資。最後會討論華人家族企業的特質，以及中國文化如何成為促進香港國際金融中心建設的關鍵力量。

同時期的美國銀行風暴

1980 年代，香港多家華資銀行掉進財務困境，亦有大量財務公司倒閉及被吊銷牌照，以及不少企業高層被揭發有欺詐違法行為，確實反映當時的制度、市場或法規有缺失及漏洞。當時，韓國、中國台灣及新加坡等亞洲「四小龍」亦同樣受到金融浪潮衝擊，由於香港與這些地方都深受中華文化影響，因此有人直觀地把問題歸咎於中華文化，認為這種重視家庭血脈的文化令華人企業過於着重家族利益，滋生裙帶主義及孕育出「亞洲教父」。當時甚至有評論筆鋒辛辣地指「四小龍」已經變成了「四大蟲」：

> 邁向八十年代中期，亞洲的四條小龍看來要變成四條大蟲了。作為四蟲之首的香港，每隔三兩個月就發生一宗懾人心弦的金融風暴。自從益大、大來財務倒閉後，短短三年間，接連發生了佳寧、行通、

巴拿馬財務、恒隆銀行、海外信託銀行、永安銀行、嘉華銀行、友聯銀行等事件。在同一時間，遭遇債務困難而停牌的上市公司超過十家，在這一連串被接收或資產重整或倒閉事件中，小股東無疑是最無辜的受害人。（林鴻籌，1986：151）

同時，由於出問題的企業、銀行及財務公司不少為海外華人資本，或由「南洋幫」掌控，當危機爆發後，「南洋幫」一度變成了「洪水猛獸」（趙平，1986：216），當然亦招來不少冷嘲熱諷：「這些『南洋幫』鉅子的起落，給人的感覺，只可能是『眼看他起高樓，眼看他樓塌了』！」（齊以正、郭峯，1982：111）。惟這樣的論調，無論是出於恨鐵不成鋼的情懷或妄自菲薄的心態，均是戴上了有色眼鏡，甚至是有意貶低一方文化以抬高另一方的身價，其實都有欠客觀科學，犯了視野狹隘見樹不見林的問題。

因為若能從宏觀或全球角度看，會發現 1980 年代銀行及財務公司「爆煲」倒閉的浪潮，並非香港或東南亞獨有，那時全球不同地區均遭遇相同的問題，如千里之外的美國、加拿大及智利等亦有同樣情況，經濟社會受到巨大衝擊（Fell, 1992: 178-179; Akerlof and Romer, 1993）。各地之所以出現嚴重的金融業風暴，背景其實與追求「美國夢」有關。美國人相信個人能憑努力向上流動、過上更豐裕的物質生活，政府支持民眾置業以實現「美國夢」，故對樓宇買賣的放貸業務監管過於寬鬆，滋生濫放信貸問題，同時由於行業競爭激烈，就算抵押不足或借貸品質不好亦視若無睹，照樣批出房貸。

引爆事件的觸發點是美國在 1980 年代通貨膨脹肆虐，為了遏制飆升的通脹，故大幅加息，不少貸款者無力還款，企業則因經營成本驟升而倒閉，放款公司及銀行因呆壞賬急增而掉進資金斷裂的困局。對於這場嚴峻的銀行倒閉潮，一般稱為「儲蓄貸款協會危機」（Savings and Loan Associations Crisis）。由於美國乃世界最重要的經濟體，影響力遍及全球，故危機蔓延各地，多個國家及地區受到嚴重衝擊。

從美國聯邦存款保險公司（Federal Deposit Insurance Corporation, FDIC）的統

計資料，可看到當時銀行倒閉風潮之激烈。二戰後至 1970 年代末的 30 多年間，美國銀行的倒閉數目變化不大，每年均低於 10 家，如 1981 年只有七家，是經濟及金融發展的正常狀況。但自 1982 年起，美國銀行業便因聯儲局大幅加息，導致那些經營不善、投資失利與濫發信貸者掉進資不抵債的困境，最後關門大吉，銀行倒閉數目急升至 34 家。接着數年，數目持續攀升，如在 1983 及 1984 年分別為 45 及 78 家，1985 年突破百家至 116 家，1986 及 1987 年各有 138 及 184 家，1988 及 1989 年再分別升至 200 及 206 家。至 1990 年數目才開始從高位回落至 168 家，之後的 1991、1992、1993、1994 及 1995 年，進一步下跌至 124、120、41、13 及 6 家（表 1）。即是說，直至 1994 年，銀行業倒閉浪潮才算終止，回復到 1980 年代前每年少於 10 家的正常發展狀態（FDIC, no year）。

表 1 ｜ 1981 至 1995 年美國銀行倒閉數目

年份	銀行倒閉數目（家）
1981	7
1982	34
1983	45
1984	78
1985	116
1986	138
1987	184
1988	200
1989	206
1990	168
1991	124
1992	120
1993	41
1994	13
1995	6

資料來源：FDIC, no year.

由此可見，1980 年代香港及東南亞地區出現華資銀行及財務公司倒閉潮，主因並非中華文化，反而是因為這些地區融入了世界體系，受到主導市場的美國體系影響。而香港是四個地方中最受衝擊的，新加坡因「制度較緊、監管較嚴，執行力度亦較大」，故「尚能獨善其身」（賓加，1986：102）。即是說，因香港的經濟體系是「四小龍」中最開放自由的，故出現的問題亦最大。經濟政策愈自由開放愈容易生亂，但保守壓抑卻不利發展，要收緊還是放寬、程度如何拿捏，恐怕是所有經濟體共同面對的難題。

另一方面，香港爆發金融機構結業潮後，發現不少銀行及財務公司高層有串謀詐騙、互相包庇等違法行為，有人指顯然是中華文化講人情及裙帶關係帶來的弊端。不過事實上，美國那次儲貸危機，同樣揭露不少金融管理層及政治人物有嚴重違法行為，包括銀行總裁、董事、專業人士（會計師、核數師、律師、金融分析師等）、監管官員、參議員（選民代表）等白領精英們（high fliers），在事件中的行為猶如「超級捕獵者」（super-predators），以「操控式詐騙」（control frauds）進行種種報大數、造假賬或虛假交易等，事件爆發後，又同樣以不同方法掩蓋，總之為了私利無所不用其極。那次危機中涉事被調查者不計其數，最後判罪成的亦多逾千人，可見問題之嚴重，牽涉層面之廣（Mayer, 1992; Black, 2005）。

其實，這種企業高層利用職權進行掠奪的行為古今中外屢見不鮮，如美國的龐氏騙局（Ponzi Scheme）、安然事件（Enron），香港的佳寧「神話」，馬來西亞的一馬基金案（1MDB）等，都是冰山一角的例子，相信有不少還未曝光。這些例子具體地反映人性中貪婪與不光彩的一面，同時亦印證了人類尋租逐利的本質，不同文化、社會與種族並無二致。因此，不能片面地認為華人儒家文化或東方文化更容易滋生貪污詐騙等行為。在討論香港經濟發展的奇蹟與危機時，更要撇除偏見，承認不同文化各有優劣，釐清文化中精華糟粕，去蕪存菁，才能找出香港成為國際金融中心的關鍵力量。

風暴後的行業監管

香港經歷了 1980 年代那次巨大金融風浪衝擊後，政府政策、經濟社會均出現了不少轉變。一直以來，香港政府高舉自由市場旗幟，對商業活動不作太多干預，依仗商界或市場本身自我調節、自我完善，其管治原則與哲學是「如果沒壞，便不要修理它」（if it ain't broke, don't fix it），所以只能是爆發問題後才「落場救火」，然後是事情之後的查找不足、堵塞漏洞，對那次銀行金融巨浪的應對，亦抱持同樣原則。事實上，香港過去亦曾發生不少金融風暴與危機，如 1890 年代首次股災、1925 年省港大罷工導致股市停市逾月、二戰後 1965 年銀行擠提風潮、1973 年股災等，同樣是事件平息後針對問題提出修正，包括訂定新法例、收緊相關法規，強化對市場的監管，以免重蹈覆轍，令經濟及社會可繼續發展（鄭宏泰、黃紹倫，2006）。

在第一章中曾粗略提及，20 世紀前，已有數量不少的華人經營傳統銀行或金融業務，包括錢莊、銀號、匯兌及找換店等，雖然業務範圍有限、規模細小，但數目眾多。政府則視這些生意與其他生意無異，只要登記領牌即可經營，沒有另訂法例規管，行業因此充滿活力，同時亦出現良莠不齊的狀況。進入 20 世紀，愈來愈多華人精英看到用現代化模式經營的銀行有巨大發展空間，乃合夥成立現代銀行，開始與傳統金融銀行業分道揚鑣。不過，因傳統金融組織具有簡便、監管不多、投資門檻低等優點，故仍能在市場佔一片天，歷久不衰。

由此帶出香港銀行金融業的特點，不但有華洋資本之分，更有現代傳統之別，當中少數是華洋資本創立的大型現代銀行，大部份則為華人資本成立的傳統銀號、錢莊及兌匯店，雙方市場區隔不同、各有千秋。二戰不久後的 1948 年，政府因應社會及行業發展狀況，訂立了第一條《銀行業條例》，但相關法例相當寬鬆，包括引入發牌制度，限制銀行業務予有牌照的銀行，並要求每年公佈基本賬目等。至於「類銀行」的傳統金融業務如錢莊、匯兌等更沒有納入規管之例，仍然放任自由。難怪香港銀行歷史研究者 Schenk（2001: 45）批評那時期銀行業良莠不齊，甚至因缺乏監管而臭名遠傳。

1961 年，香港廖創興銀行發生擠提潮，雖然風潮在外資銀行宣佈支持下很快平息，但促使政府設立專責小組進行研究，之後發表的檢討報告指行業內有不少陋習，更建議政府設立銀行監理專員專責規管。政府採納相關建議，於 1964 年通過第二條《銀行業條例》，規範銀行的資本、流動資產和關連人士的借貸活動，並由政府官員專職監管。不過在條例發揮作用前，1965 年又爆發另一場擠提，多間華資銀行受牽連，最大華資銀行恒生銀行亦受波及，嚴重打擊社會及經濟的穩定。

擠提風潮平息後，為了整頓市場，政府暫停發出銀行牌照。不久後香港經濟恢復興旺，市場對資金的供需殷切，但有意創立銀行者無論華洋都被拒諸門外，故自 1960 年代末起財務公司如雨後春筍般成立，爭佔市場空間。那些財務公司與傳統錢莊、銀號或匯兌店的業務結合，甚至是「一間門店兩個招牌」，加上財務公司不受《利率協議》約束，[1] 吸引大批客源。銀行為了增加競爭力，亦在旗下增設附屬財務公司，以高息吸納大額存款，亦能批出較高風險的借貸。據估計，1980 年代約 300 多家財務公司中，有 96 家和銀行有直接關連（Fell, 1992: 153），就連行業龍頭滙豐銀行亦成立了獲多利有限公司，爭取市場空間。

在這樣的環境下，財務公司發展迅速，在 1973 年股市高峰期，財務公司估計高達 2,000 家（Fell, 1992: 152），行業競爭激烈，亦因缺乏監管而滋生不少問題。政府意識到問題所在，故於 1981 年制定《接受存款公司（修訂）條例》頒佈多項規管措施，包括將銀行牌照改為三級制，即在持牌銀行及註冊接受存款公司（財務公司）之間，新增一個持牌接受存款公司（licenced deposit taking companies）的級別，又重新發出銀行牌照，但對獲發牌者訂下更高門檻，同時又成立銀行業協會，訂定利率協議，規定各會員必須遵守（香港金融管理局，2023）。

變革出台的同時，樓市和股市在 1982 年逆轉，在 1983 至 1986 年間爆發本書案例討論的多間銀行及財務公司倒閉，再次衝擊經濟及社會民生，政府亦要出場應對。不過，對於這些經營失敗的銀行及財務公司，政府採取的卻是截然不同的手法。當財務公司大來財務、迅通財務、巴拿馬財務、多明尼加財務等先後爆出資不抵債的問題時，政府不曾干預，任其按自由市場規律掙扎求生，故不少公司最後都清盤告終，政府的角色則只在調查有否違法行為需要作出檢控。據統計，在 1981 年財務公司數目高達 349 家，至 2023 年只剩 27 家（香港金融管理局，2023），反映行業萎縮嚴重。政府採取此做法的原因，是財務公司一般規模不大，業務不多，資產不厚，存戶多屬大額存戶，存續與否對社會影響不大。

銀行業的情況則截然不同。一來銀行業務牽涉一般民眾，影響社會民生，牽動安定基石；二來銀行一般資產雄厚，規模較為巨大，一旦倒閉會對社會多個層面帶來較大衝擊；三來銀行大多兼營信託、保險及按揭等業務，亦有物業地產投資，擁有不少固定資產，若能克服一時流動性緊絀，不排除仍能重展腳步。政府在 1980 年代的銀行危機中，就是因為擔心銀行接連倒閉可能引發連鎖效應，衝擊金融穩定，遂決定動用公帑進行干預，接管了多間銀行。

在 1980 年代中那場銀行及財務公司相繼倒閉的浪潮中，政府、社會及金融界明顯察覺到體制的漏洞或缺陷，有批評直指銀行內部的不良管理、過於寬鬆的監管法例留下漏洞，如對圈內人或圈內機構之間的借貸監管便過於寬鬆，董事權力亦太大，缺乏制衡（Fung, 1993），因此出現修改法例以作堵塞的呼聲。到了 1986 年 3 月，時任財政司彭勵治向立法局提出銀行條例草案，進行三讀立法，連番審議之後於同年 5 月通過，是為《1986 年銀行業條例》（*Banking Ordinance*, 1986）。

針對銀行業積存的弊病，新法例在如下多個層面作出較重要的修正。一、把銀行與財務公司一併納入監管範圍，防止之間出現顧此失彼的問題；二、就監管部門的權責作出更清晰的界定和授權，以免產生敷衍塞責問題；三、對持牌銀行及接受存款公司的不同業務與牌照，作更清晰的劃分和規管；四、對發出、廢除及轉移牌照、申請手續及條件要求等，訂定明確指引；五、對開設本地分行及本地代理辦事處等，定立清晰的要求或條件；六、對專業核數、賬目發告及董事局會議與記錄等，作嚴格規定；七、對組織章程修訂、資料披露及授權機構等，作嚴格披露要求；八、對董事、公司秘書及總裁等重要人事的任命，規定必須呈報；九、對儲備金維持、實收股本及盈利分配等，作嚴格規定；十、對借貸比例及利息訂定，作嚴格規定；十一、對銀行廣告、代理辦事處及銀行名稱的應用，作系統規管；十二、對資本充裕度、流動性比率及授權機構等，作清楚要求。

此外，條例還就「非公司註冊模式銀行」（unincorporated banks）的營運與監管，銀行、市民或業界糾紛與投訴的處理等，訂立清晰指引，尤其賦予銀行監理專員一定酌情權，讓其在有確實需要時，有權為了維持金融系統穩定，保障公眾利益而接管有問題的銀行（Fell, 1992: 181-187）。重新通過的《銀行條例》中巨細無遺、十分詳盡的內容可見，在經歷了 1980 年代的銀行金融危機後，政府在立法規管上表現得遠較過去進取，乃香港成為國際金融中心的極重要基礎。

社會與經濟走上正軌

除了對銀行及財務公司的業務經營作更為全面的法律規管，令業界可以在規章更明確的市場環境下相互競爭，那時的投資文化與社會意識，顯然亦有了前所未見的重大變化。這一方面是市民大眾及大小企業經一事，長一智，從連串銀行及財務公司倒閉和被接管的風潮中汲取教訓，看到投資市場可升可跌及集資融資的風險，但更重要的，是政府為了杜絕過去市場上弄虛作假、串謀詐騙與貪污舞弊等事件重演，下定決心推動廉政建設，並獲市民大力支持。

貪污舞弊乃由權力滋生的必然之惡，在世界各地都會發生，基本沒有文化差異。就連被譽為亞洲最清廉國家的新加坡，在立國之初李光耀已別具慧眼，意識到「物必先腐而後蟲生」，採取嚴格手段強力反貪，但仍出現高官因貪污罪而自殺或入獄的案例。至於香港在 1970 年代前仍充滿「暴發戶」意識，為了賺錢可以不擇手段，有權者謀私、無權者行賄，貪污問題極為嚴重。

雖然，如自由經濟理論學者亞當・斯密（Adam Smith）所指，市場的「無形之手」可以更好地刺激市場經濟效率，促進資源分配，但這無疑是達爾文（Charles

R. Darwin）進化論所強調大自然物競天擇、適者生存的人類社會生存版本，嚴格意義上是不講對錯、不辯是非對錯，亦無論善惡和原則，總之「金錢為王」（cash is king）。這種價值觀在物質匱乏、社會動盪、發展困難，未夠進步之時，或者有其號召力，但當社會處於和平狀態，物質日趨豐盛之時，這套理論在道德上的缺失便會顯化。

「倉廩實而知禮節，衣食足而知榮辱」，當香港社會日漸發展，金融市場愈趨成熟，自然對違背道德、只求賺錢不擇手段的行為愈來愈難容忍，亦更渴求一個更公平、廉潔、正義的社會。但 1970 年代中，香港人口劇增但資源供應未到位，分配問題顯得尖銳，令貪污問題更為氾濫，市民的怨氣與日俱增，英籍總警司葛柏面對貪污調查卻輕易離港一事更令全港震怒，政府為回應民憤及根治問題，在 1974 年成立廉政公署，並成功將葛柏引渡回港受審。

不過，真正令人相信政府已決心改正，對貪污採取零容忍態度，是政府之後對大批貪污詐騙者提出起訴，如本書提及恒隆銀行的李海光、海外信託銀行的黃長贊、多明尼加財務的葉椿齡、嘉華銀行的劉氏兄弟，以及同時期的保利工程案、陳松青案、胡禮達案等，全都轟動一時。而且無論犯案者是巨富高官，或早已遠逃海外，執法機構都堅持追究到底，反映政府推行廉政的意志堅定。同時，政府亦積極推行廉潔教育，鼓勵市民舉報貪污，民眾與企業的守法意識大大提升，令香港從「暴發戶社會」成功蛻變為全球最廉潔的地方之一。由於公平競爭的環境獲得保證，外國投資者對香港市場更有信心，亦是香港成為國際金融中心的重要因素。

由此可見，要令社會及經濟蓬勃發展，不能依靠弱肉強食、叢林法則，更遑論要打造世界性金融中心，吸引四方之財。正因香港能建立公平公正的制度，為來自不同地方的錢財、人材或企業提供充裕的法律保障，令大家相信在此地可以展開公平競爭，不需要「送禮」、「走後門」，投資的資金可以隨時取回，不會被留難、沒收；有能之士能獲得平等待遇，不會被歧視針對。廉潔、透明而高度自由開放的特質，令香港自 1980 年代起將新加坡、中國台灣及韓國比下去，率先成為亞洲第一個國際金融中心。

因此，1980 年代香港雖經歷了銀行與金融風暴洗禮，多間金融機構被揭發出嚴重違法問題，但香港的銀行業與金融中心的地位沒有由盛而衰，經濟反而更趨興旺，一方面固然是得力於中國內地資金在回歸期湧入，但本地法制在危機後力臻完善，社會廉潔，建立起更正確的投資意識及文化亦功不可沒，之後一段長時期有限公司的註冊數目不斷增加，便是香港經濟持續向好的有確切證據。

在第一章中曾粗略提及，1983 至 1985 年間，香港新註冊有限公司數量的增長放緩，這與當時營商環境逆轉有關。之後開始回復較強增長，1986 年有限公司總數突破 15 萬家，1988 年增至 19 萬家，接着更迎來另一波高度增長，到 1994 年已升穿 40 萬家，短短八年間迅速增加逾 1.86 倍。惟接着增速又再放緩，某些年份更出現負增長，這與當時「亞洲金融風暴」及「沙士」疫情等問題的接連衝擊有關。

問題解決後，新註冊的有限公司數目自 2005 年起又迎來另一波強勁增長，某些年份新公司數目錄得逾 10 萬家，反映商業發展動力充沛。到了 2008 年，美國《時代》雜誌一篇有關全球金融中心的專題報導，將香港的地位與紐約和倫敦並列，別有創意地把三個城市統稱為「紐倫港」，這無疑是對香港自 1980 年代中金融危機以還取得突出成就的重大肯定。

正因如此，哪怕 2008 年後期美國爆發「金融海嘯」，香港股票市場受到波及與衝擊，連過去表現亮麗的東亞銀行亦曾因流言導致擠提，但香港整體經濟及金融市場基本上保持穩定，每年新註冊的公司數目自那年起突破 10 萬家。到 2013 年，有限公司的總數更突破百萬大關，比 1994 年增加了 1.49 倍，反映增長快速，商業動力依舊充沛。2014 年，再有 20 萬家新公司註冊，但之後淨增長放緩。

至 2019 年，香港經歷社會動盪，接着 2020 年又受新冠肺炎疫情衝擊，為保障公共衛生不得不將經濟發展的優次放後，商業活動變得較不活躍，加上疫情後市民生活消費模式有明顯改變，在接二連三的不利因素衝擊下，香港經濟和社會深受壓力，新公司註冊的數目回落，淨增長再次出現負數。2023 年情況有所改善，淨增長為 39,080 家，仍在登記冊上的公司總數為 1,430,758 家（表 2）。

由於以獨立法人模式組成的有限公司對促進商業發展有重要作用，有研究者提出可根據註冊公司數目與人口比例作指標，量度及比較不同社會商業經營的狀況。按此指標，在 1994 年時，香港每 12.7 人便有一家有限公司，與新西蘭及澳洲每 20.6 和 21.5 人的比例較接近，香港的長期競爭對手新加坡每 28.0 人有一家、英國和馬來西亞每 57.6 和 65.5 人有一家、南非更是每 173.7 人才有一家（Lawton and Tyler, 2001），「足證香港當時已成為一個有眾多註冊公司的社會，部分原因是由於公司註冊手續方便，而部分是由於香港作為營商自由港的優越地位」（吳世學，2013：46）。若以 2023 年香港總人口約 750 萬、有限公司數目為 1,430,758 家作計算，則可看到每 5.2 人便有一家。香港有限公司數量星羅棋布，儘管近年增長幅度放緩，但企業的總體力量仍然巨大，並在這 30 年間成為支撐香港經濟及商業發展的巨大力量。

隱形的資金與國際金融中心

在香港成為國際金融中心的道路上，早於 1865 年成立的滙豐銀行顯然貢獻巨大，惟獨木不成林，香港其他數目眾多的銀號或華資銀行，發展進程雖不如獲港英政府支持的滙豐銀行般亮麗，受注視程度也較低，但它們卻是香港銀行金融業的中流砥柱，因其經營相對靈活，可按照不同市場區隔進行開拓，又較易適應經濟與商業週期，故在二戰後內外政經與社會急速變化的年代得以茁壯成長。這些華資銀行中，部份為本地港商開設，如東亞銀行、恒生銀行等，亦有部份被列為華資銀行的，資金卻是來自外地，主要股東也是「外國商人」，如本研究中列舉的海外信託銀行、友聯銀行等。之所以會出現此情況，與海外華人獨特又複雜的身份有關。

在討論海外華人身份與資金的複雜性前，先看看 1980 年代外國資金或企業在香港的情況。曾任證券監理專員及銀行監理專員霍禮義，[2] 退休後曾出版著作回顧香港的金融業的發展，提及在他臨近離任時銀行界的情況：「共有 150 家持牌銀行、36 家持牌接受存款公司、279 家註冊接受存款公司，以及 129 家銀行在香港設有代理辦事處」，若將總行及分行一起計算，香港的銀行辦事處有 1,541 家。[3] 他亦簡略提供海外資金在本地金融業的份額，指有「來自 49 個國家的 294 家海外銀行，在香港共有 110 家分行、9 家銀行附屬公司或聯營公司、190 家接受存款公司，以及 129 家代理辦事處」，此外還有 43 家接受存款公司是由非銀行的企業設立，資金來自 21 個海外國家的 48 家企業（Fell, 1992: 176）。由此看來，1987 年在港開設金融機構的國家及企業似乎沒想像中多。

若果把範圍放寬至整體商界，可看到自 1949 至 2023 年間，海外公司（非香港公司）在香港註冊的數目不斷增加。1949/50 年度，在香港註冊的海外公司只有 431 家，之後數目緩緩上升，至 1977/78 年度首次突破千家，接着升幅加大，並在 1984/85 年度突破了 2,000 家。進入 1990 年代，每年淨增長突破 200 家，增幅明顯加快，當然在個別年份又會因經濟低迷而回落。至本研究進行期間的 2023/24 年度，仍留在登記冊上的海外公司有 14,826 家，較 1980 年代已大幅提升（表 3）。以上數據反映香港外資銀行及海外公司的數目不算少，但數量上顯然未達「國際級」水平，還有不少國家的企業完全沒有在香港投資。

1980 年代前後在香港註冊的外國公司（包括銀行或財務公司）數目沒預期多，與香港國際金融中心的地位似乎不匹配。之所以出現此特殊現象，部份原因是在港投資的國家不少是已發展國家，經濟較成熟，國民生產水平較高，在全球經濟中佔重要地位，就如英諺語中 the cream of the crop（精英份子），因此當它們投資香港、視香港為重要市場，足以反映香港在全球經濟中的重要性。

表 2 ｜ 1988 至 2023 年香港註冊成立有限公司數目

年份	新註冊公司總數	登記冊內公司總數	淨增長 / 減少（-）
1988	27,024	190,935	24,128
1989	34,548	223,054	32,119
1990	27,371	247,620	24,566
1991	28,862	272,883	25,263
1992	48,163	316,096	43,213
1993	61,685	373,406	57,310
1994	59,784	429,070	55,664
1995	36,775	457,994	28,924
1996	33,570	474,451	16,457
1997	58,011	486,997	12,546
1998	39,016	469,176	-17,821
1999	30,705	474,761	5,585
2000	39,506	499,031	24,270
2001	41,498	512,357	13,326
2002	38,692	508,052	-4,305
2003	53,549	504,246	-3,806
2004	48,463	500,919	-3,327
2005	66,466	525,447	24,528
2006	75,817	555,745	30,298
2007	84,545	604,993	49,248
2008	101,512	667,144	62,151
2009	109,416	732,961	65,817
2010	107,416	791,347	58,386
2011	143,797	886,371	95,024
2012	139,366	968,665	82,294
2013	162,277	1,067,434	98,769
2014	191,713	1,205,268	137,834
2015	143,349	1,281,182	75,914
2016	135,358	1,293,295	12,113
2017	165,116	1,362,974	69,679
2018	151,739	1,400,950	37,976
2019	124,741	1,380,185	-20,765
2020	99,405	1,387,919	7,734
2021	110,840	1,375,172	-12,747
2022	104,120	1,391,678	16,506
2023	132,246	1,430,758	39,080

註：按《公司法》註冊的公司有不同類別：有公眾公司、擔保有限公司及私人有限公司，當中絕大部份為私人有限公司。

資料來源：吳世學：《香港公司註冊的歷史——研究報告》（香港：公司註冊處，2013），頁 80-81；《香港統計月刊》，2014-2017。

表 3 ｜ 1949/1950 年度至 2023/2024 年度香港海外公司註冊數目統計表 ^

年度	註冊成立數目	登記冊內公司總數	淨增長 / 減少（-）*
1949/1950	38	431	不詳
1950/1951	22	435	4
1951/1952	30	450	15
1952/1953	20	440	-10
1953/1954	23	457	17
1954/1955	36	477	20
1955/1956	38	353	-124
1956/1957	32	369	16
1957/1958	37	371	2
1958/1959	29	385	14
1959/1960	36	402	17
1960/1961	44	429	27
1961/1962	46	449	20
1962/1963	55	493	44
1963/1964	52	521	28
1964/1965	54	547	26
1965/1966	49	567	20
1966/1967	50	592	25
1967/1968	34	600	8
1968/1969	46	609	9
1969/1970	62	655	46
1970/1971	91	713	58
1971/1972	105	781	68
1972/1973	97	843	62
1973/1974	74	853	10
1974/1975	74	877	24
1975/1976	67	906	29
1976/1977	84	945	39
1977/1978	146	1,052	107
1978/1979	165	1,155	103
1979/1980	190	1,303	148
1980/1981	180	1,433	130
1981/1982	201	1,574	141
1982/1983	235	1,740	166
1983/1984	245	1,902	162
1984/1985	202	2,017	115
1985/1986	257	2,122	105
1986/1987	279	2,256	134

年度	註冊成立數目	登記冊內公司總數	淨增長 / 減少（-）
1987/1988	253	2,309	53
1988/1989	240	2,370	61
1989/1990	308	2,532	162
1990/1991	352	2,690	158
1991/1992	413	2,893	203
1992/1993	560	3,284	391
1993/1994	517	3,648	364
1994/1995	592	4,073	425
1995/1996	583	4,429	356
1996/1997	655	4,683	254
1997/1998	711	5,159	476
1998/1999	586	5,387	228
1999/2000	683	5,728	341
2000/2001	838	6,220	492
2001/2002	773	6,520	300
2002/2003	741	6,804	284
2003/2004	687	7,057	253
2004/2005	681	7,299	242
2005/2006	638	7,501	202
2006/2007	611	7,762	261
2007/2008	833	8,212	450
2008/2009	783	8,313	101
2009/2010	692	7,867	-446
2010/2011	760	8,227	360
2011/2012	781	8,621	394
2012/2013	693	8,931	310
2013/2014	821	9,366	435
2014/2015	798	9,714	348
2015/2016	904	10,110	396
2016/2017	889	10,078	-32
2017/2018	1,061	10,525	447
2018/2019	1,180	11,166	641
2019/2020	2,155	12,767	1,601
2020/2021	1,688	13,870	1,103
2021/2022	1,213	14,447	577
2022/2023	884	14,643	196
2023/2024	1,010	14,832	289

^：數字為財政年度終結時數字，以政府最後的公佈為準。因統計口徑差異，不同年份的統計報告對海外公司的定義略有出入。

*：其中淨增長的計算，除受到該年註冊數目影響外，亦受到停業 / 解散數字影響。

資料來源：政府統計處：歷年《香港統計月刊》；註冊總署：歷年 Annual Departmental Report by the Registrar General；Census and Statistics Department, Hong Kong Statistics 1947-1967。

而另一個較少人談論的原因，是香港雖匯聚了大量海外華商的資金，卻因種種因素而「隱形」了。一方面，在香港生活經商的海外華人不少持有多重國籍，但在香港成立本地公司時，由於他們對祖籍認同感較強，外貌習性又與一般中國人無異，往往以華人身份進行，甚至仍積極參與同鄉會或本地的商業組織，與本地華商同聲同氣，社會亦按其祖籍將他們歸類。此外，亦與香港成立公司手續簡便、費用廉宜，沒必要將自己在外地經營的公司以海外公司模式註冊有關。結果單從數字看，在香港註冊的海外公司數目或者不及紐約倫敦般國際化，但實際上不少本地公司其實亦有海外背景，可是政府統計數字沒特別註明資金來源或國籍，故未能全面反映香港經濟及社會的內外聯繫網絡，也看不到企業內部盤根錯節、相互糾纏的深層次特質。

以 1980 年已上市、規模較大的銀行為例，可看到這些隱形的資金對香港銀行業的影響力。當時的上市銀行包括匯豐銀行、恒生銀行、東亞銀行、海外信託銀行、工商銀行、永隆銀行、友聯銀行、嘉華銀行（《工商日報》，1980 年 12 月 31 日），除匯豐銀行外，其餘都被視為華資銀行，但若細看當中的資金組成，會發現只有恒生銀行、東亞銀行與永隆銀行是地道香港華人創辦及經營的銀行，其餘海外信託銀行、工商銀行、友聯銀行、嘉華銀行，當時的主要股東或控股家族都是來自南洋的海外華人。由此可見，不少海外華人積極投入本港銀行業，同時又善於運用股票市場壯大自己的力量。

你方唱罷我登場

在 1980 年代，當多家由海外華人掌控的銀行、財務公司及大企業相繼倒閉，調查後更發現公司高層牽涉嚴重違法行為，難免令社會「聞南洋幫而色變」，將「四小龍」謔稱為「四大蟲」（林鴻籌，1986），甚至認為南洋資金會撤離香港市場。但現實上相關情況並沒出現，南洋資金與其他海外華人資金一樣，仍繼續大舉投資香港。而且當時中國內地推行「改革開放」，出現國家資金湧入的情況，令香港經濟及金融市場的發展更趨活躍。

在海外信託銀行被政府接管不過三個月後，便有報章刊登署名文章，細數「南洋幫」在香港新近的投資項目，稱新加坡、馬來西亞等南洋財團接連不斷將資金投入本港的物業、金融及工商市場，包括購置工廠及商業大廈、參與投標土地，亦有資金收購香港公司。文章指，據不完全的統計，「以上各項購置、收購所動用的資金已達十億元以上」（《華僑日報》，1985 年 8 月 26 日）。可見雖然有前人搶灘失敗未竟全功，但仍有不少資金財團看好香港前景。

此外，若細看那些出現問題及被政府接管的銀行，不難看到取而代之的，主要還是「南洋幫」以及中國內地的資本。表 4 是本研究談及問題銀行於 1985 至 1993 年被收購的情況，可看到收購企業主要分為兩類，一是具國家背景的內地資本，另一類便是「南洋幫」，還有一家是 1950 年代移民香港的上海企業家族。

扼要地說，在國家資本收購的類別中，嘉華銀行於 1986 年落入中國國際信託（中信）之手，日後易名中信嘉華銀行，再之後轉為中信國際金融控股，脫去了嘉華銀行之名。而友聯銀行則由新思想公司收購，其背後的主要控股公司——招商局輪船股份公司，日後將友聯銀行控股權轉售予工商銀行，隨後再易名中國工商銀行（亞洲），友聯銀行的名字就此消失。

在「南洋幫」資本收購的類別中，康年銀行出售予印尼籍海外華商林紹良家族

表 4 ｜ 1985 至 1993 年各個案銀行被收購狀況

年份	客戶流動存款（元）	完成收購年份	分行數目	資產值（億元）	控股權佔比（%）	交易價格（億元）
嘉華	中國國際信託	86 年 4 月	24	64	95	3.50
友聯	新思想公司	86 年 12 月	12	30	61.6	2.00
香港工商	大新金融	87 年 8 月	23	17	100	5.31
康年	第一太平實業	87 年 3 月	5	11	100	1.50
恒隆	道亨銀行	89 年 9 月	24	40	100	6.00
華人	Airfield Ltd.	92 年 11 月	16	53	15	1.74
海外信託	道亨銀行	93 年 7 月	48	159	100	44.50

資料來源：Fung, 1993; *South China Morning Post*, 16 October 1993

的第一太平實業，易名第一太平洋銀行。恒隆銀行先由政府直接接管，在處理好債務問題後轉售予馬來西亞籍海外華商郭令燦家族的道亨銀行，日後兩行合併，壯大道亨銀行的力量。本書各個案中規模最大的海外信託銀行，最後亦是被郭令燦家族所收購，家族同時還收購了另一家香港華資銀行廣安銀行，組成銀行集團，之後又將整個銀行集團與星展集團合併，以星展銀行（香港）的名稱進軍市場，各間銀行原本的名稱乃成為歷史。收購華人銀行的 Airfield Ltd. 乃由印尼籍海外華商李文正家族掌控，但銀行經過一番整頓之後又被轉售予國家資本的華潤企業，之後又與中信嘉華銀行合併，提升競爭力。

香港工商銀行本為海外信託銀行的附屬公司，隨着海外信託銀行被政府接管，亦步其後塵，但因其資產與業務不及海外信託銀行般巨大和龐雜，因此較早獲政府拍板，出售予上海籍香港華商王時新家族的大新金融。大新金融日後取代了香港工商銀行的上市地位，並收購另一間本地華資銀行——永安銀行，壯大自身的金融實力與市場地位。

換言之，那些由回流華商與「南洋幫」創立和經營的銀行，主要還是落入另一些更具實力，又同樣在香港發展業務的「南洋幫」華商手中，反映以「南洋幫」為代表的海外華人資本，仍然是香港金融力量的中流砥柱，而國家資本及中國內地的資本也逐步進入香港。相關的銀行經過這次風暴洗禮與重整後，不但業務與規模更為巨大，控股集團的實力更強，風險意識亦有所提升，原來的家族色彩則逐步淡化。

之後，銀行業配合香港金融業興旺而發展至另一平台。部份銀行成為國家資本掌控的企業，因此有背靠祖國的優勢；部份則透過不斷收購合併，壯大成為跨國集團，大部份小型家族銀行先後被收購或退出市場，情況就如過去的士多店，原本為市民購買生活雜貨的主力，在大財團旗下連鎖超級市場與便利店的夾擊下，大規模地結業，在市場中失去蹤影。當然，或有人會歎惜行業出現壟斷局面，過去那種充滿活力、多元多樣的行業生態便一去不返，但從另一個角度看，市場始終是汰弱留強的地方，而香港亦需要企業更壯大更國際化，否則難以在國際金融市場中爭一席位。

家族企業的特殊動力與變貌

本研究的案例以及無數華商成功的案例，都顯示受中華儒家文化薰陶至深的香港及海外華商，都能在資本主義社會做出成績，建立成功且國際化的經濟體，令人想到歷史與文化的基本學術理論問題，也即韋伯所指促使一個社會走向現代資本主義的商業精神和倫理。透過深入考察海外華人的商業活動，王賡武提及一個值得深思的重要現象：到南洋一帶英國殖民地謀生經商的海外華人，雖然在種族、語言、文化與資本方面都處於不利，卻在商業上表現得充滿自信和競爭力，不亞於英國商人（Wang, 2003），與一般認知中儒家文化與傳統不利商業發展的印象大相逕庭。到底當地的中國商人具有哪些優勢與特長，令其在多重不利的環境下也能取得突破、轉弱為強？

若以亞洲「四小龍」的經濟奇蹟作例子，會察覺同屬儒家文化圈的「四小龍」，經濟結構上有不少共同點，例如主要由中、小及微型企業組成，跨國巨型財團的數目甚少，反映民眾具強烈的創業意欲，視創業或經營自己生意為一條重要出路，當然創業意識強烈一部份亦與現實因素有關：身為移民的海外華人較難加入定居地的政府、成為專業人士或是到大型企業打工，故創業成了最可能改善生活或致富的選項。此外，那些中、小及微型企業絕大多數由家族創立和掌控，可見家族企業乃「四小龍」成功的中流砥柱，乃經濟發展的活力源頭（Redding, 1993）。

綜合本研究的觀察與學術界過去的重點發現，家族企業實乃歷史上推動經濟和商業發展的主要力量泉源。儘管世界上不同地方或社會均有家族企業，但在不同宗教信仰、歷史文化及繼承制度的影響下，各地的家族企業展示出的家族主義色彩濃淡不一，導致不同地方家族企業的發展動力、特質和世代傳承亦各有不同。就如韋伯主力研究在新教倫理影響下的家族企業、以長壽見稱的日本家族企業，與本研究聚焦的華人家族企業，三者之間已存在極龐大的差異。

簡單而言，不同信仰或文化均追求長存、永生或不朽，惟表達方式與形態則有分別，新教徒追求的是上帝救贖，上天堂、得永生；日本文化強調的是保住家名，家名永續即為不朽；中華文化則強調血脈，子孫世代延續才能不朽。因此，新教倫理下的文化可視為「救贖至上」的文化；重視家名的日本，可稱為「家名至上」文化；而注重子孫世代相傳的中國，則屬「血脈至上」文化。從現實主義說，中國文化這種藉延續血脈以達不朽的生存之道可謂更接近自然法則，因具生命的物種均透過代代相傳延續本身的長存不絕。

從企業發展上說，由於新教倫理強調個人「救贖至上」，後代接手後的家族企業發展如何，對創辦人而言可謂無關宏旨，不是其重要關注點；對於「家名至上」的家族企業而言，只要能保留企業的家名，控制權交到誰手上亦不要緊。但對於「血脈至上」的家族企業而言，便只有傳給自己血脈才有意義，而且須確保有自己的血脈，所以便有「不孝有三，無後為大」的古訓，因為只有延續血脈，才能彰顯不朽。

東南亞政經穩定貿易順差幣值堅好

南洋幫餘資南返存放竟銳增

港乏出路尤使儲欵漸多南調

成為三四月來美元星馬泰匯需求殷切主因

新港資減少幾近整年保值心理影響港資南返仍將持續

匯價扳起一成各地來貨成本隨會形成港市南洋貨逐漸漲價

南洋資金去留影响非輕

縱橫談

前一段日子，股市受不斷傳來好消息刺激而節節報高，可是近日卻是壞消息不絕如縷，剛渡過政治敏感反應後，又再有新加坡及馬來西亞股市受泛電工業集團財務重整失敗打擊而暫停，本港股市勢必受到多或少牽連，指數千七關失守，是否只屬開始，目前尚言之過早，須待南洋資金動向明朗才可見端倪了。

笠華銀行宣佈停牌，原因是包括中資在內之財團有意認購笠華增發之新股，以鞏固笠華之財政及業務，早在十月初時，中國方面卻否認中資有意注資笠華，而本欄已曾指出消息仍未改變，好戲估不到言猶在耳便已上演，由此可見中國方面處理公開場上之言論仍未夠「火候」，但無論如何，今次笠華能擴大股本及獲得中外資金加入為重要股東，今後業務發展將獲益良多，同時亦可減少謠言的散播了。

市場經紀有人認為今次新加坡泛電工業一家上市公司財政出現問題，便導致新加坡及馬來西亞股市停開，可見當地股市未臻成熟，而投資者之投資意識尚弱也。但今次新加坡及馬來西亞股市暫停，對港股市影響會不輕，因為南洋資金可能受此事件而有回調之可能，觀其過往南洋資金之來去表現，若有急切需求，通常並不會太計較在港利益得失，若然如此，則南洋客手上股票回吐壓力非常強，其動向足以左右短期內之股市走勢，尤以近日股市已進入調整階段，南洋資金在股市動向未可忽視，心水清之大戶及基金經理已停止入貨，反而伺機套現，所以週一大市成交不多，指數跌廿多點，未始與此無關，而委諸政治消息及其他理由構成跌市時，則仍須要顧及南洋資金之去留趨勢的。

大市果然在千七關口爭持，但現時千七關口又失守，形勢上對後市發展不利，特別年關過近，南洋資金去留未明朗，散戶又極受不利消息所「嚇窒」，入市信心已沒有先前般高，後市反覆偏軟之勢相信短期內仍會持續下去的。

天椒

當年報評亦多指南洋資金對香港經濟及商業發展至關重要，《華僑日報》，1985 年 12 月 3 日；《華僑日報》，1978 年 10 月 31 日。

正因如此，相關的繼承制度亦呈明顯差異，如西方信奉新教的社會，一般沿襲單子繼承制，若無子可傳女，若子女皆無，可傳本家兄弟姐妹或妻家兄弟姐妹，以及他們的後代；日本亦沿襲單子繼承制，若無子有女，可招婿養子，若子女皆無，可招養子，而婿或養子須改姓以繼承家名；中國採用諸子均分繼承制，若無子有女，以同宗昭穆過繼為子繼承，就算以女招婿繼承，亦一般以所生男孫承繼香火，女婿既不易姓氏，亦不視為繼承人。

簡單從以上三大例子的比較可見，中國文化下的家族企業具有重視血脈且高度強調父子世代相傳不能中斷的兩個基本特點，因而會產生由點成面且至立體的三面向一致性：（一）、一家上下求存發展目標一致，（二）、家族與企業利益一致，（三）、祖宗與子孫後代命運一致。由此可見，與其他文化相比，中國文化下的家族企業，會令創業、經營和傳承均能保持目標和腳步一致，同時亦具有較為濃烈的家族主義。

企業具較濃烈的家族主義可謂有利有弊，利的地方包括可令企業有較大的積極性、較高的營運效率，以及具較長遠的發展視野，從而可以產生較強競爭力和發展動力。弊的地方是因為強調血脈，容易用人唯親，選擇繼承人就算明知後代才幹不足、能力有限，亦會「頂硬上」交到自己血脈手中，導致企業敗亡。另一方面，因採用諸子均分制，理論上子孫都有權接手家業，內部難免有較多衝突，導致分家析產、企業分裂，不利資本累積與企業長存。惟分裂後各房如自行創立新企業，又因其與自己一房的利益高度一致，可重拾發展動力和效率。由此可見，中華文化孕育的家族企業具強大發展動力，令其可在多重不利環境下持續取得突破。

正因中華文化下的家族企業具有與其他文化下家族企業甚為不同的競爭優勢，所以哪怕在多重不利的環境下，海外華人華商仍能在商界闖出新天，拚出成績，並積累巨大財富。當然必須注意的是，作為經濟單位與商業組織，家族企業會在成長與發展過程中不斷發生變化，如為了擴張必須吸納其他非家族股東，令本來屬單一家族掌控的企業控股權逐步稀釋。儘管從廣義上，只要是單一家族主導企業的決策、左右傳承，該企業——不管是否上市——均可視為家族企業，但當家族控股比例逐步減少，家族與企業的命運共同體關係亦同步消滅，負責領導和管理的控股家族成員，其身份角色與一般職業管理人無異，出現管理學上所指的「控股權和管理權分家」局面。

一般來說，企業由家族創立，由家族中人帶領，任何盈虧均由家族承擔，自然令家族和企業形成命運共同體，最能照顧家族和企業的利益，亦最有效率和最具積極性。相反，當家族控股權和管理權分家，不但會產生中間人或代理人費用（agency cost），更是一種相信保姆必然能夠比生母把嬰兒照顧得更好的謬誤，效率與積極性較低更屬人所共知，公營機構的營運效率及積極性遠不及私營企業便是很好的說明。

可是，當家族企業不斷成長壯大，控股權逐步稀釋後，相關家族難免會透過不同方式或手法以維持對企業的主導和控制，惟這樣的家族企業，內部組織實在已有重大變化，哪怕外表看來仍屬某一家族掌控的企業，但其命運與共的性質已變，風險意識亦然。細看本研究的那些個案，不難發現起步點大多為家族企業，可逐步發展下去，已變成家族控股的大型企業，反映家族雖是相關旗艦企業的控股大股東，但實質持股比率已遠低於一半，甚至不及二成。

出現這種情況的主要原因，與層層相控的運作模式有關。簡單而言，一個家族成立 A 公司，利用這家公司與其他股東合夥成立 B 公司，並持有 B 公司的逾五成股權，再以 B 公司和另一些人合夥成立 C 公司，並持有 C 公司逾五成股權。這個家族雖是 C 公司的大股東，掌控了 C 公司，但實質持股量只佔 C 公司的二成左右。若然家族分為多房，負責領導 C 公司的那個家族成員，個人的實質股權利益將會更少。

因此在某種意義上，巨型企業的控股家族其實有如受聘的非家族專業管理人——總經理或行政總裁，只是持股量略多一點而已，情況與一些持有小量股權或認股權證的大型公司非家族專業管理人並沒兩樣，並因其仍是單一大股東，可以繼續把持相關企業。更大的問題是，隨着企業擴張，很多時已演變成股東資本遠低於企業資產值，而企業資產值之所以大幅壯大，與大幅融資舉債有關。例如一家建築工程公司在承辦大型建築工程時，常向財團大筆借貸，用作購入建築材料及設備等，以推動工程，公司的資產負債表因此出現債務與資產同步增加的狀況。這樣的發展過程，產生債權人投入的資本比股東投入的股本還要大的現象。

一般情況下，債權人獲得利息回報，股東因應經營狀況獲得股息，大家各得其所，由此帶出一個重要的理論問題：投資回報與成本風險是否相扣連。若然投資獲利，股東可以獲得股息紅利，債權人基本上只獲固定的利息；若然公司突然掉進困境，嚴重虧損，甚至到了資不抵債的地步，問題便會出現。前文提及據 Black（2005）所指，在美國發生的連串「操控式詐騙」，背後都有巨大誘因與動機。因為企業資不抵債，股東的投資已轉為零，再大的虧損都不會由其承擔，而是落到債權人身上，於是部份人便會鋌而走險，透過造假賬、串謀不同專業人士以欺詐債權人，支撐企業繼續營運。

在我們研究的個案中，當海外信託銀行發現多明尼加財務的「支票輪」令其蒙受巨大虧損，或恒隆銀行驚覺大來財務的「支票輪」令其泥足深陷時，兩者的對應方法都墮入了上述思維。其他不少由專業管理人或已淪為小股東的控股家族掌控的巨型企業，如同時期的佳寧集團，或是 2008 年前後的貝爾斯登（Bear Stearns Co. Inc.）及雷曼兄弟（Lehman Brothers Holdings）等，均採取了類似的手法，反映問題並非單一事件，而是具有制度及人性的共同點。

從這個角度看，促使巨型企業崩潰倒閉的，原來是領導人本身，有時甚至是創辦人或主要股東，令不少人大惑不解，為甚麼連控股家族也要毀掉自己的基業。核心原因則是因為進行操控式詐騙的回報，大大超過所要負擔的風險成本，直接回報是繼續掌控企業，獲取豐厚收入和社會名望等，並透過不同操控，爭取時間影響企業下一步發展，希望有轉機，只要能克服「危機」，便有另一番風景。由此可見，在掉進危局時，企業領導人不是懸崖勒馬，壯士斷臂、止蝕離場，反而選擇鋌而走險，主要由於投資回報和風險承擔嚴重脫鈎。

換言之，問題的癥結是企業與家族原本的命運共同體連結被打斷或是已經失衡了，控股家族在巨型企業中的持股量，只是較一些行政總裁略多而已，在巨大債務面前已無關宏旨，反映他們基本上已與專業管理人無異。由是之故，將企業因違法行為而敗亡歸咎成家族企業獨有的問題，甚至指摘家族的腐敗，實在令家族企業變成了「代罪羊」。在資本主義社會，私營企業比公營企業更有效率是基本認知，亞洲「四小龍」的主體力量為中、小、微型企業，而它們絕大多數又為家族企業，中華文化下的家族企業，更具一家上下求存、發展目標一致、家族與企業利益一致、祖宗與子孫後代命運一致的特質，所以既充滿活力，亦別具韌性，對經濟及社會的貢獻與作用不容低估，亦不應抹煞。

海外華人、儒家文化與香港金融發展

從全球層面上說，無論是亞洲「四小龍」的成就，或是中國經歷長期積貧積弱終於走向富強，躍升全球第二大經濟體，都突破社會學巨匠韋伯的關鍵論述，是極為獨特的學術議題，引來歷史與世界關注。更引人好奇的，則是香港成功升級轉型，打造成與紐約及倫敦分庭抗禮的國際金融中心，背後其中一些長期被忽略的力量便是海外華人及其經營的家族企業。他們既促成了一個獨特模式的資本形成，令香港在金融發展方面「彎道超車」，又令香港與世界各地的連結深入商業、經濟及社會的脈絡肌理。當中，儒家思想與中華文化又是取得突破的核心力量。

說海外華人的資本形成獨特，是因為在一般情況下，資本形成都是從巨額積蓄、生意獲利、重大天然資源、專利發明收入，以及市場集資等重要途徑得來，但中國向以農立國，國家、企業或人民的商業基礎與知識均十分薄弱，缺乏資本形成的多種工具和條件，遑論走上工業化道路。正因國弱民窮，商業不發達，自然難以達至資本積累與資本形成，因此當列強侵略打壓，農村經濟破產，人民迫不得以便飄洋海外謀生。他們在旅居地又面對多重不利環境，難以與原居民平起平坐。長年累月經歷災難挫折後，更有人因此產生低人一等的感覺，視洋人馬首是瞻，惟美英與西方是從。

可是，哪怕在多重不利的環境及條件下，儒家文化的特殊性仍有助不少人取得突破，以家為本、孝道為先、強調血脈、光宗耀祖與落葉歸根等價值和傳統，出人意料地產生神奇效果，大量飄洋海外的華人華工，心無旁騖地把他們辛勤工作或營商所得的收入，大筆大筆地匯寄回鄉，滋生了各種各樣銀號、匯兑店與僑批局生意，更令本來零星分散的華人資本可以匯集在一起，亦刺激了那些已在海外生活多年，甚至接受西方現代教育者，作出更進取的舉動。香港則成為無論華工出洋或是僑匯回鄉等活動的中轉站、橋頭堡，與無數海外華人建立起緊密關係，二戰之後這種關係尤其變得糾纏深入，乃無數海外華人投資、集資及風險管理的其中一個重要平台。

海外華人以家族模式經營的企業，因為有較大的積極性、較高的經營效率，以及較長遠的發展視野，因而具備了較強的競爭力及發展動力。然後，又利用集中起來的資金在香港創立現代化銀行或財務公司、投入物業地產等中作長期投資，令這些資金可以更好發揮，神奇地促成了現代資本主義社會極難實現的資本形成，在商業發展的高速公路上風馳電掣，與西方大型企業並駕齊驅，爭一日之長短。即是說，海外華人匯寄回鄉的資金集腋成裘，這一種獨特模式的資本形成，為香港金融業注入資本動力，因此可以取得突破性發展。

作為國際金融中心，香港與世界各地的連結，深入到商業、經濟及社會的脈絡肌理之中，這都有賴於無數海外華人。他們在定居地的發展，王賡武指是從多重不利的經營環境中，憑辛苦經營和努力闖出新天，而不是如歐美企業般有政府、資本及現代管理等支持（Wang, 2003），正因如此，海外華人與定居地社會的關係自然深入基層。而且他們人口數目龐大，當中不少與當地人民通婚，甚至主動接納當地主流宗教，更為全面地融合到當地社會之中。到他們的生意不斷壯大起來後，又逐步把商業及社會網絡拓展至上流社會及政治層面，令海外華人與當地人民間的人脈關係更加深入到不同層面中。

尤須指出的是，由於儒家思想並非宗教信仰，與其他宗教較少出現相互排斥，加上海外華人較能入鄉隨俗，在碰到定居國推行本地化政策時作出較好調適，例如改用當地姓名，皈依當地宗教，更好地進行「在地化」，故已不能單從姓名分辨他們是否海外華人。正因這種特點，海外華人華商在香港登記成立公司時，亦會產生表面看屬「外資」，實際上卻是海外華人資本的情況。當海外華人以香港人的身份成立公司，注入資本，令表面看起來屬華資，但其實又有「外資」的本質。以上這些微妙狀況，說明在理解香港的國際金融中心地位與連結時，海外華人的力量不容低估。

毫無疑問，香港能夠在近代歷史中不斷取得突破，轉危為機，與香港在歷史的不同轉折時期均能成為經貿、人力、資金、資訊與文化交流互動的支點有關，因此說歷史造就了香港實在不為過。鴉片戰爭之後英國佔領香港，實行殖民統治，開展國際貿易；隨後又因中國國力持續下滑，一浪接一浪華工飄洋海外，令香港不但成為內外貨物流通之地，同時亦是人力、資金與資訊的重要進出管道。到 1950 年代，貿易轉口戛然而止，香港又隨即踏上工業化道路，同時更有海外華人原本打算匯寄回鄉的資金「滯留」下來，促進了香港經濟及商業的發展，同時又強化了香港與海外華人及其定居國之間的關係。

進入 1980 年代初，雖然樓市股市一度從高峰回落，中英有關香港問題的談判又爭拗激烈，終於確立了香港回歸的歷史性發展；中國內地的「改革開放」又為香港帶來新機遇，注入新動力，不但轉口貿易再趨活躍，內地資金亦進入香港，而海外資金則利用香港的管道投資中國內地。可以這樣說，無論在哪個時期，海外華人均是香港商業、經濟及社會發展一股不容忽略的力量。

總結

嬰兒的成長過程從爬行，再到學習走路，布羅岱爾指出人類社會也有着相似的「進化模式」。從某種意義上說，香港由小漁村到貿易轉口港，然後到工業生產，再到作為區域國際金融中心的過程，亦是如此。在某些時期突然爆發的事件，對香港造成十分嚴重、深刻的傷痛，但亦促使香港從困難、危局與挑戰中學習，然後肅清弊病，完善規則，建立體制，從而一步一腳印地發展成為國際金融中心。由是可見，社會或經濟的發展，其實有如孩子成長的過程，必然是逐步成長、循序漸進的，期望一個地方在發展貿易時又大力推進工業、在剛走向工業時又提升科技，或是大力發展金融業務時又要求制度完美無瑕，均不符合發展實情。至於香港這個甚為突出的「進化」過程，不是皇朝時期治亂興衰的循環，而是能夠逐步提升，則是關鍵所在。

當然，細心看，在不同年代，香港其實也曾碰到不同的困難與挑戰，因成功應對，才可奠下不同基礎。例如在 1970 年代，金融市場由壟斷封閉走向開放，到 1980 年代時則遇上中英有關香港前途談判的關鍵時刻，兩次都是前所未見的局面，同時亦出現不同發展力量與市場競逐。不同地區的海外華人在旅居地遭遇不同的政經歧視或排擠政策，促使他們轉到香港發展，香港金融、經濟與社會因此面對更為複雜多樣的挑戰，政經與社會環境波濤洶湧，令無數個人、企業或社會組織無可避免地需要作出各種調適，體制上的因時制宜及變革亦是如此。其中，無數曾在香港商海中泅泳的大小公司，既有被風高浪急吞噬者，亦有經歷各種磨練最終存活下來者，而無論存歿、起落與成敗，都書寫並見證了那個時代香港金融、政經和社會的發展和變化，豐富了香港商業的內涵。

順着社會在不同階段有不同發展的視角，海外華人與香港發展的起落盛衰，明顯讓人看到了相互扣連、禍福與共的面向，呈現命運共同體的特質。因為無論香港踏上轉口貿易港或輕工業生產之路，甚至是接着開始打造國際金融中心的地位，以及自 1980 年代起中國內地「改革開放」，令香港恢復作為連結華洋內外的管道，當中海外華人均扮演了極為重要的角色，但這一點在過去長期被忽略和低估。作為本研究的總結，鄧小平的名言「海外關係是個好東西」可以作為重要註腳。過去，我們低估了海外華人對建設香港的貢獻，甚至到了今天，基本上仍未對其關鍵角色給予充份肯定，未來相信亦因種種原因，難以確立他們的力量與地位。這與他們身份日趨敏感有關，但現實上他們對香港打造成為國際金融中心貢獻巨大，不應抹煞。

註

1 《利率協議》規定所有持牌銀行須劃一貸款及存款息率，相關規定於 2001 年撤銷。

2 霍禮義在 1981 至 1984 年出任證券監理專員，1984 至 1987 年則為銀行監理專員。

3 香港銀行當時的發展情況，與日本學者吉原久仁夫研究提及二戰後華人在泰國開始銀行的進程十分相似（Yoshihara, 1988: 48-49）。

跋

完成研究文稿，送交出版社之時，總會對儒家文化與海外華人的現狀反覆思考，主要圍繞儒家文化的韌力到底有多強與海外華人後裔到底還留有多少儒家文化觀念這兩個令人好奇的問題，並因思想激蕩未止，乃寫下一點「研後感」作補充，為日後有機會作進一步探討留個註腳。

中國自鴉片戰爭敗北，積弱積貧，招來外侮開始，儒家思想便接連遭遇到前所未有之挑戰。自強運動、百日維新、晚清變法等多次變革均以失敗告終，雖有孫中山革命成功，終止了千年帝制，中國還是難以走向富強道路，儒家思想繼續被視為不利國家發展、窒礙社會進步的力量，因此有了 1919 年「五四運動」，高呼打倒封建禮教和孔家店，提倡引入賽先生（科學）與德先生（民主），國家應全盤西化，拋棄傳統桎梏等，又被稱為「新文化運動」。

可是，哪怕在「五四運動」之後，國家不但無法立即走向富強，反而進一步四分五裂，內外交困依舊，各地軍閥割據，日軍虎視眈眈。處於那個民族存亡之初，尤其在知識份子之間，全盤西化的呼聲更加高唱入雲，「醉心歐化」的思潮瀰漫，社會上甚至有極端聲音，主張廢棄中國文字，代之以「萬國新語」(即英文)（趙立彬，2005：24-29）。中國的文化自信掉進谷底，亦反映了儒家思想與傳統文化所受到的攻擊之巨大。

到了中華人民共和國成立，「中國人民站起來」之後，儒家思想仍持續不斷地遭遇到攻擊，在「文化大革命」時期尤甚，惟如此激烈和巨大的衝擊，仍沒完全抹掉儒家文化的觀念與價值。對儒家思想有深厚認識和研究的辜鴻銘（1996: 237）曾指出：「洋人絕不會因為我們割去髮辮，穿上西服，就對我們稍加尊敬的。我完全可以肯定，當我們都由中國人變成歐式假洋人時，歐美人只能對我們更加蔑視」，藉以批評那些提倡將西方一套照單全收的「全盤西化」人士，認為中國文化有其特殊性，不能與西洋文化混為一談。

但是，在那個眾人皆醉我獨醒的年代，尤其西方十分強盛，中國則貧弱不振，且瀕臨崩潰的時期，這番話明顯欠缺吸引力。年少氣盛、充滿理想的青年一群——無論國內或國外——更是對之嗤之以鼻，對儒家思想不感興趣，認為辜鴻銘等人只是食古不化，其聲音乃沒成為社會主流。

直到推行「改革開放」政策，放鬆民間限制之後，儒家文化與傳統才重獲活力，清明祭祖與重陽登高等慎終追遠、高舉孝道及祖先崇拜旗幟的活動，又再成為民眾重要節日。更引人注視的是，當中國發展成為全球第二大經濟體，擺脫自鴉片戰爭以降的積貧積弱，重回國際舞台中心地位之時，終於重拾文化自信，強調「文化自信是一個國家、一個民族對自身歷史和文化價值的清晰認知、充份肯定和積極踐行」（楊金衛，2023）。可以預期，在未來的歲月，儒家思想與中國文化應可獲得更好發展，亦應有某程度上的去蕪存菁、精華提煉，更好地配合時代變化。

中華大地上不同時期對儒家思想的冷熱變化，與香港及海外華人社會形成甚為特殊的對比，因此亦份外令人好奇：對海外華人的後代而言，儒家文化對他們到底還有多少影響？同樣從歷史上看，因為國家積貧積弱而飄洋海外的第一代華人，由於深受儒家文化影響，長期心繫桑梓，因此絕大多數不但會把辛苦工作獲得的收入匯寄回鄉，亦長期抱着落葉歸根與衣錦還鄉的心態。當然，亦有一小部份到海外謀生後，見識了西洋人的現代強盛，很快便融入其中，不但生活舉止，連思想、姓名亦也完全西化。

不過，總體而言，絕大多數第一二代海外華人哪怕已在移居國落地生根，可他們仍傳承了一定儒家思想與文化，大多仍懂中文與祖籍方言。當中不少海外華人的儒家文化觀念甚至比中華大地的人民更為濃厚，既沒視儒家文化為敝屣，要棄之而後快，亦珍而重之，強調詩禮傳家，視之為文化認同的重要內涵。證據是，在海外華人社區——如較多華人聚居的檳城，或是各大都會的唐人街等——一般都設有同鄉會、宗親會及中國廟宇，對中國傳統節日也依舊重視。

但是，一個毋庸置疑的普遍現實是，二戰後在定居國出生的海外華人後裔，絕大多數已不懂中文、普通話或祖輩方言了，在這樣洋化 / 西化 / 本地化的海外華人後裔心中，到底還保留有多少儒家文化價值與中國傳統思想？

另一方面，當年正值中國貧弱、西洋強盛之時，不少人因而變得崇洋，貶視儒家文化，甚至寧可讓孩子學習英文，放棄學習中文，以滿口英文為榮，尤其極不願意在社交場合講中文。自「改革開放」後，中國經濟終於逐步走出低谷，進入新千禧世紀以來更持續攀升，再次走向了世界舞台中心，散居全球不同角落的海外華人後裔，會否因為中國綜合國力的這一重大轉變，重拾對儒家文化的興趣，或是加強了尋根或認祖歸宗的意欲與傾向？

以上問題均令人好奇，而且十分重要。儘管心態的變化不易量度，惟順理成章的一個簡單推斷是，當中國社會和平安定，經濟保持發展，綜合國力逐步提升時，海外華人後裔重拾中國文化、重踏中國土地，溯源尋根、了解祖輩歷史的意欲應會增加。這一方面與中國經濟持續發展必然產生更多機會，中國加強和世界的接觸又必然有助多方互動，海外華人後裔便會在這個發展過程中有更多時間和空間，在不同程度上接觸及體會中國文化。

儒家文化在中華大地哪怕經歷連番巨大打擊，仍能在社會環境改變後重拾活力，海外華人社會過去對儒家文化比本土更為珍重，他們的後裔按常理應較不抗拒，再受薰陶的意願應有所增加。作為重新發展或接觸的起點，若能吸引海外華人後代多與中國或中國文化接觸，例如到中國旅行，或回到祖籍尋根，看看祖輩出生成長的地方，了解或見證時代巨變，必然是情感與關係紐帶重建的重要一步，值得推動，香港則因具有獨特地位之故，應多發揮其中功能。

在全球化年代，互聯網及社交媒體乃文化傳播的極重要媒介，中國在相關產業亦佔有一席之地，如華為（Huawei）、微信（WeChat）及抖音（Tik Tok）等在海外社會的日漸流行，應有助中國文化在國際社會的接納與傳播。當然，海外華人後裔是否真的會重燃對儒家文化與中國傳統的熱愛，珍而重之，甚至與祖輩故鄉重啟接觸，又是否仍能成為支持香港國際金融中心發展的關鍵力量，實在有待觀察。

若然以上這兩個令人好奇的問題，答案均屬肯定、正面，則儒家文化在歷史長河中雖歷經挫折考驗仍能保持發展活力的核心問題，無疑獲得全面證明，因此必然能在全球化年代的多層面、多領域發展中扮演更為吃重的角色。

大事年表

1867 年	謝利源於澳門開業。
1923 年	馮達純、張新基、顏成坤等在廣州創立嘉華銀行。
1924 年 12 月	嘉華銀行在香港註冊並開設分行，名為嘉華儲蓄銀行有限公司。
1935 年 1 月	廣州地產市場泡沫爆破，廣洲嘉華銀行發生擠提，波及香港與上海分行，銀行停業。
1936 年 4 月 1 日	香港嘉華銀行復業。
1937 年	日軍侵華。
1940 年代	毛豐翔移居香港，開設義豐行經營出入口貿易。
1941 年	關能創、關沃池三兄弟在香港創立恒隆銀號。
1941 年	香港淪陷。
1945 年	日本投降。
1952 年	林子豐接掌嘉華銀行。
1953 年 3 月	恒隆銀號以有限公司模式註冊，改名「恒隆銀號有限公司」。
1953 年	毛豐翔將義豐行註冊為有限公司。
1956 年 3 月	由張明添、曹耀等人創立的海外信託銀行正式營業。
1961 年	銀行擠提潮。
1964 年	政府頒佈《銀行業條例》，加強對銀行業的規管。
1964 年	溫仁才入股友聯銀行，成為最大股東並出任銀行主席。
1965 年	香港出現大規模銀行擠提。
1965 年	關能創兄弟將恒隆銀號售予張鎮漢和趙聿修等，並按新銀行條例註冊為恒隆銀行。
1965 年 8 月	海外信託銀行與馬來西亞合眾銀行組成關連公司。
1967 年	香港社會動亂。
1968 年	陳錦泉、莊順成和蔡普中等入股恒隆銀行，成為大股東。
1968 年 11 月	謝志超在香港註冊成立謝利源金舖有限公司。
1969 年 1 月	葉椿齡因走私黃金案被判入獄一年。
1970 年	林子豐將售予嘉華銀行卓觀信、劉本贊及林子明家族合組的財團。
1971 年	毛豐翔次子毛凱元加入義豐行。
1972 年 10 月	海外信託銀行掛牌上市。

1973 年 3 月	友聯銀行掛牌上市。
1973 年	香港股災。
1973 年	海外信託集團收購香港工商銀行。
1973 年 8 月	謝利源金舖在佐敦開設首家門店。
1974 年 7 月	葉椿齡成立泛寶來國際集團。
1974 年	劉燦松、劉燦賢兄弟不斷吸納嘉華銀行股份，至 1976 年掌控銀行。
1975 年 10 月	毛凱元與楊碩鐘等註冊成立大來財務有限公司，專營借貸與財務生意。
1975 年 12 月	謝志超收購仁成珠寶首飾有限公司。
1976 年 11 月	謝志超註冊成立羅曼首飾有限公司，以銷售鑽石珠寶為主。
1976 年 11 月	葉椿齡出任多明尼加共和國名譽領事。
1977 年 10 月	位於銅鑼灣希慎道的恒隆銀行大廈落成。
1978 年	葉椿齡向香港社會推銷多明尼加共和國的置業投資移民計劃。
1978 年 11 月	位於灣仔告士打道的海外信託銀行大廈落成。
1979 年 7 月	葉椿齡註冊成立多明尼加財務有限公司。
1980 年	謝利源開設五間門店，並購入彌敦道總行舖位。
1980 年 6 月	位於德輔道中的嘉華銀行大廈落成。
1980 年 7 月	嘉華銀行上市。
1980 年 10 月	香港工商銀行上市。
1981 年	張明添收購香港華人銀行。
1981 年	葉椿齡之子葉子滿出任多明尼加共和國名譽副領事。
1982 年 9 月	謝利源十間門店停業。
1982 年 9 月	恒隆銀行因謠言誤傳引起擠提。
1982 年 9 月	英國前首相戴卓爾夫人會見鄧小平，中英談判爭拗嚴重。
1982 年 11 月	大來集團突宣佈停牌，集團董事莊榮坤與李海光辭去恒隆銀行的職位。
1983 年 1 月	政府宣佈吊銷大來財務接受存款公司的牌照。
1983 年 1 月	謝利源被頒令清盤。
1983 年 2 月	莊榮坤和李海光恢復在恒隆銀行的職位。
1983 年 7 月	金融三級制正式實施。
1983 年 9 月	恒隆銀行再次出現擠提，一日後政府接管銀行。

1983 年 10 月	政府實行聯繫匯率制度，將港元與美元掛鈎。
1984 年 10 月	海外信託銀行將香港華人銀行售予李文正家族。
1984 年 12 月	中英兩國簽署聯合聲明。
1985 年 1 月	政府暫停多明尼加財務的註冊，至 8 月，正式撤銷其註冊。
1985 年 4 月	葉椿齡父子多明尼加共和國名譽領事職務被廢除。
1985 年 6 月	海外信託銀行因無力償還債務突然宣佈停業，被政府緊急接管，銀行高層張承忠傍晚企圖離港時被捕。
1985 年	溫仁才與核數師因問題貸款起爭議，令友聯銀行延遲公佈業績。
1985 年 8 月	毛凱元自願引導回港受審。
1985 年 9 月	溫仁才因健康問題飛往美國接受治療。
1985 年 12 月	毛凱元串謀行騙罪成，判監三年。
1986 年 3 月	政府宣佈接管友聯銀行，並交由有經驗的投資銀行管理。
1986 年 5 月	葉椿齡及黃長贊在美國被拘捕，葉椿齡自願受引渡回港受審。
1986 年 6 月	因友聯銀行資不抵債，決定增發額外股本，招商局輪船及兆亞國際組成的財團購入大部份股份，成為銀行最大股東。
1986 年 6 月	中國國際信託投資公司收購嘉華銀行九成半股權，成為銀行最大單一股東。
1986 年 7 月	張承忠承認串謀行騙、造假賬、發佈虛假賬目等多項罪名，被判入獄三年。
1986 年 8 月	海外信託銀行公司秘書兼總經理鍾潮發，承認兩項訛騙罪，被判入獄三年，上訴後改為兩年。
1986 年 12 月	海外信託銀行前高層張啟民承認串謀行騙等罪，被判入獄兩年，政府就量刑提出上訴，上訴後改為四年。
1987 年 3 月	溫仁才在美國被捕。
1987 年 5 月	海外信託銀行前主席黃長贊被引渡回港。
1987 年 5 月	葉椿齡承認兩項串謀行騙罪，被判入獄八年，上訴後改為六年。
1987 年 6 月	劉燦松和劉燦賢分別於吉隆坡及新加坡被捕。
1987 年 7 月	劉燦松和劉燦賢自願引渡回港受審。
1987 年 12 月	黃長贊承認偽造賬目、串謀行騙罪，被判入獄兩年。
1988 年 1 月	劉燦松和劉燦賢候審期間棄保潛逃。
1988 年 3 月	恒隆銀行前高層李海光在聆訊開始前，獲控方撤銷控罪，當庭獲釋。

1988 年 6 月	嘉華銀行前高層黃家寧承認串謀詐騙等六項罪名，被判入獄兩年。
1988 年 9 月	恒隆銀行前高層韋如錚串謀隱瞞銀行損失、偽造紀錄的罪名成立，被判入獄三年。
1989 年 1 月	楊碩鐘被引渡回港受審。
1989 年 1 月	友聯銀行前高層李景生串謀詐騙罪成，判入獄七年，上訴後減至五年。
1989 年 1 月	劉燦賢因違反新加坡刑法被判入獄 30 個月。
1989 年 9 月	政府將恒隆銀行售予郭令燦家族掌控的道亨銀行。
1989 年 11 月	溫仁才自美國引渡回港受審。
1989 年 12 月	楊碩鐘串謀行騙罪成，判監四年。
1990 年 9 月	劉燦賢在新加坡服刑期滿後，自願引渡回港受審。
1991 年 7 月	劉燦賢承認串謀行騙，被判入獄五年半。
1992 年 6 月	李海光串謀行賄罪成，被判入獄七年，後上訴得直，無罪釋放。
1993 年 6 月	溫仁才因嚴重健康問題不適合審訊，控方撤銷控罪。
1993 年 7 月	政府將海外信託銀行售予郭令燦家族旗下的道亨銀行。

參考資料

中文資料

〈中琉文化經濟協會理事長方法函呈前總統嚴家淦陳述應將琉球劃入亞太海外僑選民意代表區域之意見〉。1980。《嚴家淦總統文物》，典藏號：006-010906-00008-010。台北：國史館。

〈日本雜卷十一〉。1975。《外交部／東亞太平洋司／日本／其他》，典藏號：020-010199-0109。台北：國史館。

〈日本雜卷十二〉。1977。《外交部／東亞太平洋司／日本／其他》，典藏號：020-010199-0110。外台北：國史館。

〈毛人鳳呈蔣中正摘述江海關人員勾結奸商貪污舞弊案過程並附尹蘭蓀毛豐翔等〉。1948。《蔣中正總統文物：一般資料呈表彙集一二一》，典藏號：022-080200-00548-028。台北：國史館。

〈我海軍官校學生艦隊敦睦演習訪問關島琉韓國等〉。1970。《外交部／東亞太平洋司／韓國／交通電訊》，典藏號：020-010206-0001。外台北：國史館。

〈琉球華僑總會理事長毛豐翔暨全體華僑電總統府秘書長鄭彥棻轉呈總統夫人宋美齡之元首蔣中正哀弔文〉。1975。《總統府／行政事項／其他類》，典藏號：011-089900-0052-227。台北：國史館。

〈副總統兼行政院長嚴家淦接見琉球僑領毛豐翔〉。1970。《民國五十八至五十九年嚴家淦副總統活動輯》，典藏號：006-030203-00040-034。台北：國史館。

〈張群呈蔣中正文電簡報表一〉。1971。《蔣經國中正總統文物：一般資料呈表彙集一二一》，典藏號：005-010201-000014-010。台北：國史館。

《大公報》。各年。

《大眾夜報》。各年。

《工商日報》。各年。

《工商晚報》。各年。

《中國康年人壽燕梳有限公司保險章程》。年份不詳。香港：中國康年人壽燕梳有限公司。

《中銀月刊》。1935。〈粵港滬嘉華銀行停業〉，1935 年第 10 卷，第 1、2 期，頁 147-148。

《文匯報》。各年。

《日事新報》。各年。

《亦報》。各年。

《西安事變十案四》。1936 年 12 月 19 日。《國民政府》，典藏號：001-072460-00004-005。台北：國史館。

《李星衢先生哀思錄》。1955。香港：李星衢先生治喪處。

《李煜堂先生訃告》。1936。香港：沒註明出版社。

《明報》。各年。

《東方日報》。各年。

《東周刊》。2012。〈跨世紀 · 金王　謝利源第四代改革翻生〉，2012 年 3 月 24 日。

《前線日報》。各年。

《南洋商報》。各年。

《南都廣州》。2008。〈名門望族　陳澤球家族：「花紗大王」富貴不忘鄉里「工商地主」原本菩薩心腸〉，2008 年 6 月 25 日。https://www.gzlib.org.cn/mmwz/152632.jhtml。

《星島日報》。各年。

《革命先進褒卹案二》。1934 年 11 月 10 至 1936 年 6 月 21 日。《國民政府／人事／褒卹》，典藏號：001-036000-00089-000。台北：國史館。

《香港區僑選事務一》。1936 年 8 月 26 日至 1937 年 3 月 30 日。《僑務委員會》，典藏號：033-020102-0014。台北：國史館。

《時代雙月報》。2000。「一個澳門人的故事」，2000 年 2 月號。https://www.macaubible.org/wp-content/uploads/2019/03/%E3%80%8A%E6%99%82%E4%BB%A3%E9%9B%99%E6%9C%88%E5%A0%B1%E3%80%8B%E7%AC%AC36%E6%9C%9F-2000%E5%B9%B42%E6%9C%88.pdf

《益世報》。各年。

《馬來西亞駐美大使 Ong Yoke Lin（翁毓麟）訪華》。1966。《外交部／禮賓司／亞洲人士訪華》，入藏登錄號：020000013937A。台北：國史館。

《商訊》。2012。〈謝利源延續世紀傳奇〉，2012 年（第 84 期）8 月。https://www.bizintelligenceonline.com/content/view/1207/lang

《華夏導報》。各年。

《華僑日報》。各年。

《傳書雙月刊》。2001。〈神要我唱多久就多久〉，2001年 12 月號・第 9 卷・第 6 期，總第 54 期 。https://ccmhk.org.hk/frontend/web/history/Common/Reader/News/ShowNewsdc47.html?Nid=3300&Pid=16&Version=54&Cid=37&Charset=big5_hkscs。

《新明日報》。各年。

《新聞報》。各年。

《經濟日報》。各年。

《嘉華銀行一九五六年董事會報告》。1957。香港：公司註冊處。

《漢口導報》。各年。

《煽動西安事變三》。1936 年 12 月 30 日。《蔣中正總統文物》，典藏號：002-090300-00006-218。台北：國史館。

《福爾摩斯》（報紙）。各年。

《廣州日報》。各年。

一知。1986。〈莊清泉從香港偷渡出境去台北？〉，載齊以正（編）《銀行大風暴》，頁 133-136。香港：龍門文化事業出版有限公司。

丁新豹、盧淑櫻。2014。《非我族裔：戰前香港的外籍族群》。香港：三聯書店（香港）有限公司。

文信。1991。〈海外信託資產值逾十億元〉，《大公報》，1991 年 1 月 12 日。

方思涌。1986。〈新泛電事件的來龍去脈〉，載齊以正等（編）《X 氏王朝》，頁 229-234。香港：龍門文化事業有限公司。

王成斌、劉炳耀、葉萬忠、范傳新。1988。《民國高級將領列傳》，第一集。北京：解放軍出版社。

王非。1978。《三狼案：二十年目擊奇案精選》。香港：文藝書屋。

王德威。2022。《南洋讀本：文學、海洋、島嶼》。台北：麥田出版。

本會資料室。2004。〈溫生才烈士事略〉，載《台北市梅縣同鄉會會刊》，2004 年，第 18 期，頁 68-69。

江華。1982。〈張明添和他蛛網般的王國〉，載齊以正、郭峯（編）《這裏講的就是錢錢錢！》，頁 77-85。香港：文藝書屋。

西奧。1983。〈我所了解的香港資本家心態〉，載齊以正（編）《香港資本家和他們的第二代》，頁 75-82。香港：龍門文化事業有限公司。

余英時。1986。〈儒家思想與經濟發展：中國近世宗教倫理與商人精神〉，《知識分子》（1986 年），第 2 卷第 2 期，頁 30-33。

冷眼。1985。〈張明添與香港海外信託銀行〉，載齊以正等（編著）《豪門大曝光》，頁 57-60。香港：龍門文化事業有限公司。

吳世學。2013。《香港公司註冊的歷史 —— 研究報告》。香港：公司註冊處。

吳秋全。2007。《流金歲月》。澳門：謝利源金舖。

李江濤。沒年份。〈深切緬懷錢偉長院士〉，《中國科學院》。https://www.cas.cn/zt/rwzt/zmkxjqwcss/zydn/201008/t20100803_2916879.html。

李金強、劉義章。2016：《聲教廣披：基督教與華南方言族群》。香港：建道神學院。

李雨田。1982。〈「紙上黃金」多風險：行內人士談今昔金行經營手法〉，《大公報》，1982 年 9 月 7 日。

李培德。2016。〈移民、匯款、投資：香港華商馬敍朝的商業網絡，1900 年代—1940 年代〉，載鄭宏泰、周文港（編）《利來利往：金融家族的開拓與創新》，頁 124-146。香港：中華書局。

汪敬虞。2001：《中國近代經濟史：1895-1927》下冊。中國：人民出版社。

沈允熬。2018。〈大使說：49 年前，周恩來總理就開始做多米尼加的工作了…〉，《上觀》，2018 年 11 月 7 日。https://www.jfdaily.com/news/detail.do?id=115004。

冼錫鴻。1965。〈嘉南堂・南華公司・嘉華儲蓄銀行〉，載中國人民政治協商會議廣州市委員會、文史資料研究委員會編《廣州文史資料》第 14 輯，1965 年 1 月刊。

協群公司編輯部。1940：《香港華僑工商業年鑑》。香港：協群公司。

東華三院。沒年份。〈歷屆董事局成員芳名〉，《企業管治：董事局》。https://www.tungwah.org.hk/upload/CH/organization/bd/bd1971.pdf。

林大安。1985。〈有關嘉華銀行的一些統計數字〉，載齊以正等（編）《豪門大曝光》，頁 97-102。香港：龍門文化事業有限公司。

林鴻籌。1986。〈銀樓昨夜又驚風 —— 兼談友聯金艮行主席的職守〉，載齊以正（編）《銀行大風暴》，頁 145-154。香港：龍門文化事業出版有限公司。

芝加哥大學。《叮叮故事：香港電車的 120 年》。https://heritage.uchicago.hk/exhibits/current-exhibits/Tram-Tales-120-Years-of-Hong-Kong-Tramways-exhibition/extended-reading/the-history-of-the-1912-boycott-1

金門會館。2020。〈蔡普中〉，《金門先賢錄》，頁 164-165。https://www.kimmui.com/wp-content/uploads/2021/10/%E8%94%A1%E6%99%AE%E4%B8%AD.pdf。

政府統計處。各年。〈表 340-45021：港元利率〉。https://www.censtatd.gov.hk/tc/web_table.html?id=122。

香港佛教聯合會。沒年份。〈歷任會董：周有居士〉。https://www.hkbuddhist.org/zh/top_page.php?cid=1&p=chairman&ptype=2&psid=148&id=17。

香港金融管理局。2023。《檢討銀行三級制諮詢文件》，2023 年 6 月 26 日。香港：香港金融管理局。

香港浸信會醫院。1993。香港浸信會醫院 30 周年紀念特刊》。香港：香港浸信會醫院。

香港培正同學會。沒年份 a。〈先賢小傳〉。https://www.puiching.org/ova_dep/elementor-10638/。

香港培正同學會。沒年份 b。〈省港澳培正中小學歷任校長〉。https://www.puiching.org/ova_dep/%e7%9c%81%e6%b8%af%e6%be%b3%e5%9f%b9%e6%ad%a3%e4%b8%ad%e5%b0%8f%e5%ad%b8%e6%ad%b7%e4%bb%bb%e6%a0%a1%e9%95%b7/。

香港電話局。1943。《電話番號簿》。香港：香港印刷工場。

孫自法。2010。〈謝志成教授：文革結束後錢偉長動員追趕力學研究〉，《中國新聞網》，2010 年 7 月 31 日。https://news.sina.com.cn/c/2010-07-31/003820794819.shtml。

晉人。2016。〈知名人物：菲華僑富商莊清泉〉，載《泉州文史資料》，頁 100-101。http://www.mnwhstq.com/szzy/qzwszlqwk/201608/t20160816_102398.htm。

桂華山。1975。《桂華山八十回憶》。香港：香港華僑投資建業有限公司。

桂華山。1986。《桂華山九十憶述》。香港：香港華僑投資建業有限公司。

袁求實。1997。《香港回歸大事記》。香港：三聯書店（香港）有限公司。

張郁蘭。1957。《中國銀行發展史》。上海：上海人民出版社。

梁漱溟。1963。《中國文化要義》。台北：正中書局。

清華大學校史館。沒年份。〈清華與「兩會」〉上。https://xsg.tsinghua.edu.cn/info/1003/1329.htm。

莊國土。2020。〈21 世紀前期世界華僑華人數量、分佈和籍貫的新變化〉，《僑務工作研究》，總第 215 期，http://qwgzyj.gqb.gov.cn/yjytt/215/3341.shtml。

郭峯。1982。〈從輝百美到佳寧——也來談「南洋幫」〉，載齊以正、譚隆等（編著）《商場如戰場》，頁 52-56。香港：文藝書屋。

陳旭。2023。〈國務院關於新時代僑務工作情況的報告〉，http:// www.npc.gov.cn/npc/c30834/202304/69eec66402c94eaba162c46924a9b45b.shtml。

陳樹森。1994。〈祖籍潮州的泰國華人對泰國米業發展之貢獻淺析〉，載鄭良樹（編）《潮州學國際研討會論文集》（上下冊），頁 667-684。廣州：暨南大學出版社。

陳翰笙。1981-1984。《華工出國史料匯編》。北京：中華書局。

陶世明。1984。〈不尚虛名的鑽石大王〉。載齊以正等（編著）《上岸及未上岸的有錢佬》，頁 24-31。香港：文藝書屋。

陶世明。1986。〈「陳群川王國」土崩瓦解〉，載齊以正等（編）《X 氏王朝》，頁 235-243。香港：龍門文化事業有限公司。

陸觀豪、鄭心翹。2018。〈一子錯滿盤皆落索的潘繼光與明德銀號〉，載鄭宏泰、周文港（編）《大浪淘沙：家族企業的優勝劣敗》，頁 184-227。香港：中華書局。

凱君。1982。〈從一連串的收購看海外信託銀行〉，載齊以正、郭峯（編）《這裏講的就是錢錢錢！》，頁 86-94。香港：文藝書屋。

凱君。1985。〈「海外信託」出事有跡可尋〉，載齊以正等（編著）《豪門大曝光》，頁 61-64。香港：龍門文化事業有限公司。

創世電視。2020。〈奚秀蘭〉，《喜樂婆婆會客室》。https://tmea.us/%E5%A5%9A%E7%A7%80%E8%98%AD3/。

紫華。1985。〈嘉華銀行幾乎被謠言拖垮〉，載齊以正等（編）《豪門大曝光》，頁 103-112。香港：龍門文化事業有限公司。

舒懋官。2003。《嘉慶新安縣志》（清嘉慶二十四年［1819 年］刻本），王崇熙（纂）。上海：上海書店出版社。

華克。1983a。〈莊榮坤禍不單行〉，載齊以正等（編著）《香港巨富家族的興衰》，頁 21-22。香港：文藝書屋。

華克。1983b。〈「鬼王」葉漢向子追債上法庭〉，載齊以正等（編著）《香港巨富家族的興衰》，頁 231-24。香港：文藝書屋。

辜鴻銘。1996。《中國人的精神》，黃興濤、宋小慶（譯）。海口：海南出版社。

項浩男。2020。〈1936 年國大代表選舉的制度設計與縣級運作〉，《國史館館刊》，第 66 期，2020 年 12 月，頁 147-203。

馮自由，1939。〈李煜堂事略〉。《革命逸史》第一集。上海：商務印書館。

馮自由。1974。《華僑革命組織史話》（第二版）。台北：正中書局。

黃仁宇。1997。《資本主義與二十一世紀》。北京：三聯書店。

黃紹倫。2016。〈魂歸何處：中印僑民探微〉，《二十一世紀雙月刊》，2016年10月號，總第157期，頁27-40。

黃紹倫。2022。《移民企業家：香港的上海紗廠老闆》，王國璋（譯）。香港：中華書局。

黃嫣梨。1996。《香港浸會大學校史》。香港：香港浸會大學。

廉政公署。沒年份。〈海外信託銀行事件〉。https://www.icac.org.hk/new_icac/big5/cases/otb/html/page_invest.html。

楊金衛。2023。〈堅定文化自信走好中國道路〉，《經濟日報》，2023年12月13日。https://dangjian.people.com.cn/BIG5/n1/2023/1213/c117092-40137550.html。

楊紫雲。1925。〈廣州嘉華銀調查記〉，《商學月刊》，1925年，第38期，頁26-28。

賈第復。1987。〈樹大招風，第一太平集團要與林紹良劃清界線！〉，載齊以正《超級名利場》，頁161-165。香港：南北極月刊。

雷默。1937。《外人在華投資論》，蔣學楷、趙康節（譯）。上海：商務印書館。

廖志勤。沒年份。〈認識本會——歷史及簡介：浸聯會事工回顧〉。https://www.hkbaptist.org.hk/acms/content.asp?site=bchk&op=showbyid&id=87586。

賓加。1985。〈港府必須向納稅人交待！評海外信託銀行事件〉，載齊以正等（編）《豪門大曝光》，頁79-83。香港：龍門文化事業有限公司。

賓加。1986。〈四條小龍三染癩〉，載齊以正（編）《銀行大風暴》，頁102-107。香港：龍門文化事業出版有限公司。

趙平。1986。〈香港家族銀行的碩噩夢〉，載齊以正等（編）《X氏王朝》，頁213-228。香港：龍門文化事業有限公司。

趙立彬。2005。《民主立場與現代追求：20世紀20-40年代的全盤西化思潮》。北京：三聯書店。

趙仲子。1982。〈南洋幫天王級人物逐個談（上）〉，載齊以正、譚隆等（編著）《商場如戰場》，頁141-147。香港：文藝書屋。

齊以正、郭峯。1982。《這裏講的就是錢錢錢！》。香港：文藝書屋。

齊以正。1982。〈香港人眼中的「南洋幫」之一〉，載齊以正、譚隆等（編著）《商場如戰場》，頁49-51。香港：文藝書屋。

齊以正。1985。〈林氏家族與嘉華〉，載齊以正等（編）《豪門大曝光》，頁87-96。香港：龍門文化事業有限公司。

齊以正。1986。《銀行大風暴》。香港：龍門文化事業有限公司。

劉偉森。1996。〈本會監事關能創在美病逝，十二團體聯合舉行追思會〉，《僑協雜誌》，第53期，頁77-78。

蔡榮芳。2002。《香港人之香港史》。香港：牛津大學出版社。

鄭宏泰、李潔萍。2024。《佳寧神話：陳松青的造神毀神》。香港：三聯書店（香港）有限公司。

鄭宏泰、李潔萍。快將出版。《真假特務：羅盛茂的暴起暴落》。香港：三聯書店（香港）有限公司。

鄭宏泰、高皓。2019。《富過三代：華人家族企業傳承研究》。北京：清華大學出版社。

鄭宏泰、高皓。2023。《揸莊家族：澳門龍頭產業造王者》。香港：三聯書店（香港）有限公司。

鄭宏泰、黃紹倫。2006。《香港股史：1841-1997》。香港：三聯書店（香港）有限公司。

鄭宏泰、黃紹倫。2007。《香港大老：何東》。香港：三聯書店（香港）有限公司。

鄭宏泰、黃紹倫。2010。《一代煙王：利希慎》。香港：三聯書店（香港）有限公司。

鄭宏泰。2015。〈恒生擠提：利國偉的奔走與斡旋〉，載鄭宏泰、周文港（編）《危機關頭：家族企業的應對之道》，頁62-89。香港：中華書局。

鄭宏泰。2022。《渣甸家族：龍頭洋行的特殊發展與傳承》。香港：三聯書店（香港）有限公司。

鄭明彬。1985。〈新馬富商葉椿齡失踪疑涉及疑賬五億港元〉，載齊以正等（編）《豪門大曝光》，頁77-78。香港：龍門文化事業有限公司。

鄭紫燦。1915。《香港中華商業交通人名指南錄》。香港：沒註明出版社。

黎偉成。1986。〈康年尋求注資因由〉，《大公報》，1986年7月16日。

黎燕芬。沒年份。〈多維審視的「辛亥革命百周年展」〉。香港：香港中文大學校友事務處。

曉蕾。1987。〈「海託」風潮終於人頭示眾〉，《南北極》月刊，1987年第206期，頁19-24。

澳門特色店。沒年份。〈謝利源金舖〉。https://www.mcbrand.mo/page-39。

澳門特區政府旅遊局。沒年份。〈精品零售：謝利源金舖〉。https://www.macaotourism.gov.mo/zh-hant/shopping/boutique-retail/che-lee-yuen。

澳門經濟局。各年。《澳門指南》。澳門：澳門經濟局出版。

謝志成。2012。〈謝志成教授在清華大學紀念錢偉長先生誕辰 100 周年座談會上的發言〉，《清華校友總會》，2012 年 9 月 26 日。https://www.tsinghua.org.cn/info/1014/10820.htm。

鴻碩。1986。〈嘉華銀行一葉滄桑〉，載齊以正等（編）《X 氏王朝》，頁 204-212。香港：龍門文化事業有限公司。

薩奇。1985。〈張明添之子張承忠機場被捕〉，載齊以正等（編著）《豪門大曝光》，頁 52-56。香港：龍門文化事業有限公司。

羅建、王歆。2002。〈工商銀行併購友聯銀行對國有商業銀行改制的啟示〉，《西南金融》，2002 年第 3 期，頁 43-44。

譚隆。1982。〈活躍香港的四大「南洋幫」〉，載齊以正、譚隆等（編著）《商場如戰場》，頁 27-41。香港：文藝書屋。

譚隆。1983。〈百年金舖謝利源倒閉！〉，載齊以正等（編）《香港巨富家族的興衰》。香港：文藝書屋。

饒美蛟：〈香港工業發展的歷史軌跡〉，載王賡武主編：《香港史新編》，上冊（香港：三聯書店，2017），頁 393-444。

英文資料

Akerlof, G. A. and Romer, P. M. 1993. "Looting: The economic underworld of bankruptcy for profit", *Brookings Papers on Economic Activity*, No. 2, pp. 1-73.

Annual Return of C.C. Tse (Agencies) Limited. Various years. Hong Kong: Hong Kong Companies Registry.

Annual Return of C.C. Tse (Estates) Limited. Various years. Hong Kong: Hong Kong Companies Registry.

Annual Return of C.C. Tse Textiles Limited. Various years. Hong Kong: Hong Kong Companies Registry.

Annual Return of Empire Engineering Company Limited. 4 May 1964. Hong Kong: Companies Registry.

Annual Return of Far East Financial Hong Kong Limited. 31 December 1970. Hong Kong: Companies Registry.

Annual Return of La Mode Jewellery Limited. Various years. Hong Kong: Hong Kong Companies Registry.

Annual Return of Lim Teck Lee Hong Kong Limited. 31 December 1953. Hong Kong: Companies Registry.

Annual Return of Perfect Jewellery Limited. Various years. Hong Kong: Hong Kong Companies Registry.

Annual Return of Tse Lee Yuen Holding Limited. Various years. Hong Kong: Hong Kong Companies Registry.

Annual Return of Yee Fong Hong Limited. Various years. Hong Kong: Companies Registry.

Berger, S. and Lester, R.K. 1997. *Made by Hong Kong*. Hong Kong: Oxford University Press.

Block, W. K. 2005. *The Best Way to Rob a Bank is to Own One: How Corporate Executives and Politicians Looted the S&L Industry*. Austin: University of Texas Press.

Bowring, P. 1985. "Broken trust bank: The dramatic OTB collapse caps an era of dubious dealing", *Far East Economic Review*, 20 June 1985, pp. 86-88.

Braudel, F. 1981. *Civilization and Capitalism, 15th –18th Century, Vol. 1: The Structure of Everyday Life*. New York: Harper & Row.

Ch'ng, D.C.L. 1993. *The Overseas Chinese Entrepreneurs in East Asia: Background, Business Practices and International Networks, CEDA Monograph Series, M 100*. Australia: Committee for Economic Development in Australia.

Chang, M.T. 1976. "A day of joy, gratitude and new dedication", *South China Morning Post*, 12 October 1976, p. 37.

Chen, E.K.Y. 1979. *Hyper-growth in Asian Economies: A Comparative Study of Hong Kong, Japan, Korea, Singapore, and Taiwan*. London: Macmillan.

Chen, E.K.Y., Nyaw, M.K. and Wong, T.Y.C. 1991. *Industrial and Trade Development in Hong Kong*. Hong Kong: Centre of Asian Studies.

Cheung, W. 1986. "Police hampered by fraud checks hitch", *South China Morning Post*, 19 June 1986, p. 21.

Chiu, T.N. 1973. *The Port of Hong Kong: A Survey of Its Development*. Hong Kong: Hong Kong University Press.

Chung, S.P.Y., 1998. *Chinese Business Groups in Hong Kong and Political Change in South China, 1900-25*. London: MacMillan Press Limited.

Clad, J. 1985. "Outposts of empire: The OTB collapse sends tremors through Aian countries where it had traditional links", *Far East Economic Review*, 20 June 1984, pp. 90-91.

Cottrell, R. 1985. "The final solution: The Hong Kong Government's rescue of OTB may be the last bail-out of a troubled bank", *Far East Economic Review*, 20 June 1984, pp. 89-91.

Course, L. 1993. "Case against ex-banker dropped", *South China Morning Post*, 22 June 1993, p.2.

Dr Gabriel W.C. Ma. 2023. *Hawaii Obituaries*, 23 July 2023. https://hawaiiobituaries.com/us/obituaries/hawaiiobituaries/name/gabriel-ma-obituary?id=52526904.

Elliott, M., 2008, "A tale of three cities", *The Time*, 17 January 2008, URL: http://www.time.com/time/magazine/article/0,9171,1704398,00.html.

Endacott, G.B. 1964. *An Eastern Entrepot: A Collection of Documents Illustrating History of Hong Kong*. London: Her Majesty Stationary Office.

Eun, M.K. 1998. *The Four Asian Tigers: Economic Development and Global Political Economy*. San Diego, C.A.: Academic Press.

Euromoney. 1984. "Ka Wah Bank, standing tall in Hong Kong", *Euromoney*, pp. s1-s16, June 1984.

FDIC. No year. *Managing the Crisis: The FDIC and RTC Experience, Chronological Overview*. https://www.fdic.gov/bank/historical/managing/chronological/index.html.

Fell, R. 1992. *Crisis and Change: The Maturing of Hong Kong's Financial Markets, 1981-1989*. Hong Kong: Longman.

Fenton-Jones, M. 1983. "Hongkong cash pours into Caribbean island", *South China Morning Post*, 13 October 1983, p. 33.

Fisher, M. 1983. "Macau link in collapse still a mystery", *South China Morning Post*, 5 October 1983, p. 25.

Fong, B. 1988. "The rapid rise of Dr Tse", *South China Morning Post*, 24 September 1988, p. 34.

Frederick, W. 1989. *Visions and Heat: The Making of the Indonesian Revolution*. Athens: Ohio University Press.

Fung, C. L. and Wan, Y.C. 2012. *Fung Ping Shan: The Man, His Life and His Library*. Hong Kong: The Commercial Press.

Fung, N. 1993. "OTB sale ends a sorry saga", *South China Morning Post*, 29 July 1993, p. 34.

Gomez, R. 1989. "Ex-banker on fraud charges", *South China Morning Post*, 7 November 1989, p.2.

Hamilton, G.G. 1999. *Cosmopolitan Capitalists: Hong Kong and the Chinese Diaspora at the End of the 20th Century*. Seattle, London: University of Washington Press.

Hang Lung Bank Limited: Return of first allotment. 1953. Hong Kong: Companies Registry.

Hang Lung Bank Limited: Return of share allotment. 1957. Hong Kong: Companies Registry.

Hang Yuen Company Limited: Return of first allotment. 1948. Hong Kong: Companies Registry.

Heaver, S. 2018. "When Russian spies tried to infiltrate Hong Kong to destabilise China", *South China Morning Post*, 8 November 2018.

Hicks, G.L. 1993. *Overseas Chinese Remittances from Southeast Asia*. Singapore: Selected Books.

Hofheinz, R. and Calder, K.E. 1982. *The East Asia Edge*. New York: Basic Books.

Hofstede, G. and Bond, M.H. 1988. "The Confucius connection: From cultural roots to economic growth", *Organizational Dynamics*, Vol. 16, Issue 4, Spring 1988., pp. 5-21.

Hong Nin Nank Limited: Annual Report and Accounts of 1984. 1985. Hong Kong: Companies Registry.

In the Matter of the Ka Wah Savings Bank Limited. 14 July 1948. Hong Kong: Companies Registry.

In the Supreme Court of Hong Kong, Original Jurisdiction, Misc. Proc. No. 65 of 1935. 20 February 1936. Hong Kong: Companies Registry.

Intercontinental Housing Development Limited. 1973. "New issue by placement of 25,000,000 shares of HK$1.00 each at par", *South China Morning Post*, 14 February 1973, p. 35.

Ka Wah Bank: Standing tall in Hong Kong. 1984. *Euromoney*, Special Issue, June 1984, pp. S1-S16.

Ko, C. 1985. "Watchdog that lost its bark", *South China Morning Post*, 15 October 1985, p. 30.

Ko, M. 1986a. "Embattled Fung Ping Fan faces another writ", *South China Morning Post*, 1 October 1986, p. 33.

Ko, M. 1986b. "Run Run comes to rescue of Fung", *South China Morning Post*, 22 November 1986, p. 21.

Kraar, L. 1995. "The death of Hong Kong", *Fortune*, Vol. 131, No. 12, pp. 118-132.

Krugman, P. 1994. "The myth of Asian miracle", *Foreign Affairs*, Vol. 73, No. 6, November-December 1994. Pp. 62-78.

Kwan Nang Chong, Kwan Chung Man & Kwan Nang Gay and Hang Lung Bank Limited: Agreement. 1953. Hong Kong: Companies Registry.

Lawton, P. and Tyler, E. 2001. *Division of Duties and Responsibilities between the Company Secretary and Directors in Hong Kong: Final Report*. Hong Kong: Hong Kong Chartered Company Secretary.

Lewis, P. 2001. "Juan Bosch, 92, freely elected Dominican president, dies", *The New York Times*, 2 November 2001, p. 9.

Lewis, W. A. 1978. *The Evolution of the International Economic Order*. New Jersey: Princeton, N.J. University.

Life and history of Dominican President Joaquin Balaguer. No year. *Dominican Republic Presidential History*. https://presidentsofthedominicanrepublic.com/president/life-and-history-of-dominican-president-joaquin-balaguer/.

Life and history of Dominican President Juan Bosch. No year. *Dominican Republic Presidential History*. https://presidentsofthedominicanrepublic.com/president/life-and-history-of-dominican-president-juan-bosch/.

Lo, Y. 2019. "Brothers: Knitwear pioneer Yap Chuin-siu and financier Simon Yip", *The Industrial History of Hong Kong Group*, 12 August 2019. https://industrialhistoryhk.org/brothers-knitwear-pioneer-yap-chuin-siu-and-financier-simon-yip/.

Lo, Y. 2021. "True gold fears no fire: 150 years of Tse Lee Yuen (謝利源)", *The Industrial History of Hong Kong Group*, 26 July 2021. https://industrialhistoryhk.org/true-gold-fears-no-fire-150-years-of-tse-lee-yuen-%E8%AC%9D%E5%88%A9%E6%BA%90/.

Mak, K.S.R. and Wong, M.K. 2016. *Reaching a New Milestone: Sixty Years of Excellence at Hong Kong Baptist University*. Hong Kong: Hong Kong Baptist University.

Mao Feng Siang: Letters of Administration. 2012. *Probate Jurisdiction*, File No. HKRS96-75-7484. Hong Kong: Public Records Office.

Mayer, M. 1992. *The Greatest Ever Bank Robbery: The Collapse of the Savings and Loan Industry*. New York: C. Scribner's Sons.

Merton, R. K. 1957. *Social Theory and Social Structure.* New York: The Macmillan Company.

Michaelson Limited. 1972. "New issue of 10,000,000 shares of HK$1 each at par payable in full on application", *South China Morning Post*, 14 February 1973, p. 39.

Mulcahy, J. "Fung family linked with banking crisis", *South China Morning Post*, 10 September 1986, p. 1.

Myrdal, G. 1968. *Asian Drama: An Inquiry into the Poverty of Nations.* New York: Pantheon Books.

Nicholls, L. 1983. "Hang Lung in irregular deals", *South China Morning Post*, 29 September 1983, p. 27.

O' Che 1867。沒年份。〈謝利源的流光歲月〉。http://www.oche1867.cn/aboutUs.html。

Ong, A.M. 2000. "Fishing—Village boy who made good", *Malaysian Business*, 1 November 2000, p. 19.

Our Alumni: Ma Gabriel Wai Chiu. No year. The University of Sydney. https://www.sydney.edu.au/medicine/museum/alumni/viewuserdetail.php?id=8037.

Overseas Trust Bank Insolvency: Media Coverage and Comment. 1985. Issue No. 2, 8 June 1985.

Overseas Trust Bank Limited. 1972. "Offer for sale by private placing of 12,500,000 shares of HK$1.00 each at HK$3.00 per share payable in full application", *South China Morning Post*, 9 October 1972, p.17.

Overseas Trust Bank, 1985. *Press Library Files.* HKRS70-11-63, 6 June 1985 – 9 June 1985. Hong Kong: Government Information Services, Press Library.

Overseas Trust Bank, 1985-1988. *Press Library Files.* HKRS70-11-64, 7 June 1985 – 28 October 1988. Hong Kong: Government Information Services, Press Library.

Panama Director Reports: Mao Feng Siang. Various years. *Dato Capital*. https://en.datocapital.com.pa/executives/Mao-Feng-Siang.html.

Parsons, D. No year. "Chang Ming Thien and the O.T.B. Group—Building an International Bank in Hong Kong". Hong Kong: Private circulation.

Particulars of Dollar Credit and Financing Limited. Various years. Hong Kong: Companies Registry.

Pedido de confirmacao da nacionalidade portuguesa ao cidadao Willie Wu, alias Yu Sit Chiong.... 1971. File No. MO/AH/AC/SA/01/24061. Macau: Arquivo Historico de Macau.

Press Library: Jewellery--Tse Lee Yuen Jewelry Limited. Various years. HKRS No 70-8-2364. Hong Kong: Public Records Office.

Quon, A. 1985. "Probe into ex-consul's deals", *South China Morning Post*, 21 April 1985, p. 1 and 7.

Redding, S.G. 1993. *The Spirit of Chinese Capitalism*. New York and Berlin: Walter de Gruyter.

Riedel, J. 1974. *The Industrialization of Hong Kong.* Tubingen: Mohr.

Roy, R.H. 1996. *David Lam: A Biography.* Vancouver/Toronto: Douglas & McIntyre.

Schenk, C. 2001. *Hong Kong as an International Financial Centre: Emergence and Development, 1945-1965.* London: Routledge.

Schumpeter, J. A. 1934. *The Theory of Economic Development: An Inquiry into Profits, Capital, Credit, Interest, and the Business Cycle*. Cambridge: Harvard University Press.

Sham, P. 1986. "Fung, Hong Nin sought help from Everbright", *South China Morning Post*, 13 September 1986, p. 29.

Shum, P. "CITIC sweeps board in new-look Ka Wah", *South China Morning Post*, 24 June 1986, p35.

Sinclair, K. 1984. *Who's Who in Hong Kong.* Hong Kong: *South China Morning Post* Ltd.

Sinn, E. 1994. *Growing with Hong Kong: The Bank of East Asia, 1919-1994.* Hong Kong: Hong Kong University Press.

Sinn, E. 2013. *Pacific Crossing: California Gold, Chinese Migration, and the Making of Hong Kong*. Hong Kong: Hong Kong University Press.

South China Morning Post. Various years.

Spackman, J. 1986. "HK, China deal saves ailing bank", *South China Morning Post*, 23 March 1986, p.1.

Stiglitz, J.E. and Yusuf, S. 2001. *Rethinking the East Asian Miracle*. New York: Oxford University Press.

Studwell, J. 2007. *Asia Godfathers: Money and Power in Hong Kong and Southeast Asia.* New York: Atlantic Monthly Press.

Surry M. 1976. "80pc of Tai Shun sold in $20m deal", *South China Morning Post*, 25 September 1976, p. 21.

Szczepanik, E. 1958. *The Economic Growth of Hong Kong.* Hong Kong: Oxford University Press.

[書名] 財神到——海外華人與香港金融中心建立
[作者] 鄭宏泰　李潔萍

[責任編輯] 寧礎鋒
[書籍設計] 姚國豪
[插畫] 許婉萍

[出版] 三聯書店（香港）有限公司
香港北角英皇道四九九號北角工業大廈二十樓
Joint Publishing (H.K.) Co. Ltd.,
20/F., North Point Industrial Building,
499 King's Road, North Point, Hong Kong

[香港發行] 香港聯合書刊物流有限公司
香港新界荃灣德士古道二二〇至二四八號十六樓
[印刷] 美雅印刷製本有限公司
香港九龍觀塘榮業街六號四樓 A 室
[版次] 二〇二五年三月香港第一版第一次印刷
[規格] 十六開（168mm × 240mm）四七二面
[國際書號] ISBN 978-962-04-5629-9

三聯書店
http://jointpublishing.com

JPBooks.Plus
http://jpbooks.plus

Tan, P.P.S. No year. "Dato Tan Kim Chua" , *Geni*. https://www.geni.com/people/Dato-Tan-Kim-Chua-%E9%99%88%E9%94%A6%E6%B3%89/6000000001764637351.

The China Hong Nin Life Insurance Company Limited. 1910-1944. *Files and Papers of Companies Incorporated During the Japanese Occupation*, File No: HKRS122-5-9. Hong Kong: Hong Kong Public Records Office.

The Dominican Republic: Appointment. Various years. *Consular & Diplomatic-Foreign*, 25 September 1945 – 29 June 1987, File No.: HKRS 833-9-29. Hong Kong: Public Records Office

The Hong Nin Savings Bank Limited. 1922-1944. *Files and Papers of Companies Incorporated During the Japanese Occupation,* File No: HKRS122-5-37. Hong Kong: Hong Kong Public Records Office.

The Ka Wah Bank Limited. 1980. "New issue of 35,000,000 ordinary shares of $1.00 each at $1.30 per share payable in full on application" , *South China Morning Post*, 25 June 1980.

The Queen v Wai Yu Tsang, Judgment. 1990. Case No. CACC000444/1988. Hong Kong: The Court of Appeal.

The Young Report. Various years.

To, E. 1992. "Bailout of OTB may never be repaid" , *South China Morning Post*, 19 July 1992, p. 17-18.

Tse Lee Yuen Jewellery Shop. Various years. HKRS1037-2-1. Hong Kong: Public Records Office.

Union Bank of Hong Kong Limited. 1973. "New issue of 8,500,000 shares of HK$2 each at HK$7 per share payable in full on application" , *South China Morning Post*, 24 February 1973.

Vogel, E.F., 1991. *The Four Little Dragons: The Spread of Industrialization in East Asia.* Cambridge, Mass: Harvard University Press.

Wang, G. W. 2003. *Anglo-Chinese Encounters since 1800: War, Trade, Science and Governance*. Cambridge: Cambridge University Press.

Weber, M. 1976. *The Protestant Ethic and the Spirit of Capitalism*, trans. By T. Parsons. London: Allen & Unwin.

Wong, P.S. 1958. "The influx of Chinese capital into Hong Kong since 1937" , A paper read at the Contemporary China Seminar, Economics & Political Science Department, University of Hong Kong, May 15th, 1958. Hong Kong: Printed by Kai Ming.

World Bank. 1993. *The East Asian Miracle: Economic Growth and Public Policy.* New York: Oxford University Press.

Wu, Y.L. and Wu, C.H. 1980. *Economic Development in Southeast Asia: The Chinese Dimension*. Standford, Calif: Hoover Institution Press.

Yau, L.C.L. 1983. "Call for tighter supervision: DTC failures worry financial leaders" , *South China Morning Post*, 12 February 1983, p. 23.

Yau, L.L.C. 1982 "Overseas Trust Bank ends liaison with Hang Lung" , *South China Morning Post*, 18 September 1982, p. 21.

Yip Chi Mau. 1981-1983. *Criminal Appeal No. 811/1983,* File No.: HKRS 1330-1-2062. Hong Kong Public Records Office.

Yoshihara, K. 1988. *The Rise of Ersatz Capitalism in Southeast Asia*. Singapore: Oxford University Press.

Zheng, V. & S.L. Wong. 2009. "Taking-off through the Stock Market: The Evolution of Chinese Family Business and Hong Kong's Regional Financial Position" , in S.L. Wong et al (eds.) Economic Dynamism in the Sinospheres and Anglospheres: Identities, Integration and Competition, pp. 147-165. Hong Kong: Centre of Asian Studies, The University of Hong Kong.

Zheng, V. 2009. *Chinese Family Business and the Equal Inheritance System: Unravelling the Myth*. London: Routledge.